케네스 E. 베일리는 레바논, 팔레스타인, 사이프러스, 이집트 등에서 40여 년을 보냈다. 그가 그곳에서 거주하고 연구한 결과 중 하나가 바로 이 책이다. 이 책은 비유해석 방법론에 새로운 시각을 제공해 줄 뿐만 아니라 실제로 예수님의 여행 기사(눅 9:51-19:48), 누가복음 11, 15, 16장 비유에 대한 값진 통찰을 준다. 예를 들면, 손님을 위해 이웃에게 세 덩이의 빵을 요구하는 것의 '정당성', 아버지 사망 이전 재산 분배 요청의 '비상식성' 등이다. 이런 점에서 이 책은 복음서의 '언어'를 배우기에 더없이 좋은 책이다. 성경을 읽는 독자들과 연구자들이 신약성경 세계로 들어가는 데 큰 역할을 할 것이다. 필독을 권한다.

_김영호 **합동신학대학원대학교 신약학 교수**

복음서 비유, 특히 누가복음 비유 해석을 위한 필독서로 오랫동안 자리매김해 온 베일리의 『중동의 눈으로 본 예수님의 비유』(원제: *Poet & Peasant*[시인과 농부])가 마침내 다시 번역되어 한국 교회에 소개되니 기쁘기 이를 데 없다. 예수님의 비유를 중동의 문화(사고방식, 관계, 반응, 가치 판단)와 문학 전통(특히 다양한 대구법)에 비추어 이해할 것을 촉구하는 본서는 기본적으로 서양 문화와 문학 양식의 틀을 크게 벗어나지 못하던 비유 해석의 흐름에 강렬한 도전을 던져 왔다. 본서는 한국 교회 독자들이 예수님의 비유들을 그 원래 문화와 문학의 시각으로 접근할 수 있도록 도와주는 신선한 안내자가 되리라고 확신한다.

_양용의 **에스라성경대학원대학교 신약학 교수**

베일리 박사의 비유 해석은, 당시 청중이 비유를 듣고 실제로 어떤 정황을 떠올렸을지를 상상하는 데 많은 도움이 된다. 비유의 문화적 배경에 대한 그의 남다른 이해는, 기존의 비유 해석 방법론의 부족했던 부분을 잘 보완한다. 문학적 분석이나 신학적 균형도 돋보인다. 누가복음의 비유를 이해하고 가르치고자 하는 이들에게 이 책은 다른 참고서들이 줄 수 없는 도움을 줄 것이다.

_채영삼 **백석대학교 신학대학원 신약학 교수**

예수님의 비유에 대한 베일리의 해석이 갖고 있는 차별성은 팔레스타인의 '문화적 배경의 창문'과 텍스트의 '문학적 구조의 거울'을 함께 활용하는 독법이란 점이다. 더불어 아랍어와 시리아어의 다양한 역본들의 줌렌즈를 장착하여 비유에 대한 중동 그리스도인들의 이해와 통찰을 심도 있게 반영하고 있다. '비유에 대한 동양식 주해'인 셈이다. 이 책을 접하는 한국 독자들은 비유의 밑그림을 참신하게 업데이트 할 수 있는 해석학적 전원을 새롭게 소지하게 되리라 본다. 흔쾌히 일독을 권하지 않을 수 없는 이유이다.

_허주 아세아연합신학대학교 신약학 교수

복음서에 나오는 예수님의 비유는 그 표현 방식과 문화적 차이로 말미암아 그 의미를 충분히 깨우치고 누리기가 쉽지 않다. 좋은 학자들의 수고를 통해 많은 진전이 있었으나 여전히 미진한 부분이 적지 않다. 이 책은 비유들이 가지고 있는 시적 구조에 대한 종합적인 통찰과 당시 중동 문화 배경 연구를 통해 오늘을 사는 우리가 예수님의 비유를 더 잘 이해하고 누릴 수 있도록 큰 도움을 준다. 누가복음을 사랑하고 예수님의 비유를 즐겨 읽던 이들에게 말씀을 깨달아 누리는 즐거움을 크게 더할 것이라 여겨지므로 즐거운 마음으로 이 책을 추천한다.

_화종부 남서울교회 담임목사

중동의 눈으로 본

예수님의 비유

일러두기: 이 책의 성경 인용은 〈개역개정〉을 기본으로 하되, 원서 표기 및 영어 성경 어순에 따라 일부 수정했습니다.

누가복음 비유의 문학적 · 문화적 접근

중동의 눈으로 본

예수님의 비유

케네스 E. 베일리 지음
오광만 옮김

이레서원

중동의 눈으로 본

예수님의 비유

Poet & Peasant

케네스 E. 베일리 지음
오광만 옮김

초판 1쇄 발행 2017년 2월 7일
초판 4쇄 발행 2021년 9월 1일

기획, 마케팅 김정태
편집 송혜숙, 오수현
총무 곽현자

발행처 도서출판 이레서원
발행인 문영이
출판신고 2005년 9월 13일 제2015-000099호

경기도 고양시 일산동구 백석로71번길 46, 1층 1호
Tel. 02)402-3238, 406-3273 / Fax. 02)401-3387
E-mail: Jireh@changjisa.com / Facebook: facebook.com/jirehpub

책값은 표지에 있습니다.

ISBN 978-89-7435-482-4 03230

이 도서의 국립중앙도서관 출판예정도서목록(CIP)은 서지정보유통지원시스템 홈페이지(http://seoji.nl.go.kr)와 국가자료공동목록시스템(http://www.nl.go.kr/kolisnet)에서 이용하실 수 있습니다. (CIP 제어번호: 2016031810)

이 책을 저의 부모님(유잉 베일리 박사와 아네트 베일리 여사[Ewing and Annette Bailey])께 바칩니다. 두 분은 켄터키, 이집트, 에티오피아에서 하나님을 섬기면서 겸손한 삶을 사셨습니다. 중동의 농부들과 함께 사셨고 일하신 두 분의 삶을 보면서 저는 이 연구를 시작할 식견을 얻었습니다. 부모님께서 지속적으로 삶의 본보기가 되시고 영감을 주시는 등 희생하며 사신 덕택에 저는 중동에 갈 기회가 있었고, 이 책을 저술하게 되었습니다. 이 책을 감사와 사랑의 표로 부모님께 바칩니다.

역자 서문

이 책은 케네스 E. 베일리의 *Poet & Peasant*(『시인과 농부』, Grand Rapids: Wm B. Eerdmans Pub. Co., 1976)를 우리말로 옮긴 것입니다. 저자 베일리 박사님은 1930년 11월 24일 미국 일리노이즈 주 블루밍톤에서 목회자의 자녀로 태어났습니다. 미국 몬머스대학교에서 철학을 전공했고, 피츠버그신학교에서 신학을 공부했습니다. 그 후 미국장로교(PCUSA)에서 목사 안수를 받았습니다. 베일리 박사님은 부친이 아프리카 지역에서 선교사로 봉사하시는 바람에, 부모님을 따라 이집트, 수단, 에티오피아 등에서 어린 시절을 보냈는데, 자신도 부친의 뒤를 이어 선교사가 되었습니다.

1955년에 이집트 선교사가 된 것을 시작으로 1995년에 이르기까지 이집트, 레바논, 팔레스타인, 이스라엘, 사이프러스 등 여러 나라에서 교수 생활을 동반하는 선교 사역을 수행했습니다. 특히 1970년부터 레바논 베이루트의 근동신학교를 중심으로 활발한 교수 활동을 하셨으며, 1985년부터 1995년에는 예루살렘의 에큐메니칼신학연구소를 운영하기도 했습니다. 미국에서는 프린스턴신학교, 더뷰크대학교, 매코믹신학교, 피츠버그신학교, 풀러신학교, 컨콜디아신학교에서 강의했습니다. 베일리 박사님은 말년에 펜실베이니아 주, 뉴 윌밍턴에 사시면서 미국 감독교회의 피츠버그 교구장을 지내셨고, 2016년 5월 23일에 주님의 부름을 받았습니다. 그가 중동에서 생활하고 가르친 경험은 복음서 연구에 새로운 빛을 비춰 주는 새로운 기초를 놓았는데, 특히 비유 연구에 끼친 영향은 말로 다 할 수 없을 정도로 지대합니다.

베일리 박사님은 선교사로서의 삶과 실제로 중동에서 생활한 것을 근거로 신약성경을 중동의 눈으로 보는 것의 중요성을 알리기 시작하셨습니다. 그래서 오랫동안 서구 중심으로 성경을 읽어 왔던 현대인들에게는 박사님의 통찰이 얼핏 낯설게 느껴질지도 모릅니다. 하지만 예수님이 중동의 문화와 비슷한 팔레스타인의 농촌 마을에서 태어나서 사역하셨다는 것을 생각하면, 서구 학자들의 결론을 무조건 고집할 수만도 없습니다. 적어도 신약 시대의 문화와 그 문화의 관점으로 신약성경을 설명하는 책 중에서는 베일리 박사님의 저서들이 독보적이라고 할 만큼 생생하고 타당하고 정보가 풍성합니다.

간략한 논문들은 제외하고라도, 단권으로 나온 박사님의 저서들 대부분은 중동의 눈으로 보는 신약성경에 집중되었습니다. 박사님은 *The Cross and the Prodigal*(St. Louis: Concordia, 1973)을 필두로 그의 통찰을 책으로 펴내기 시작하여, *Poet & Peasant*(Eerdmans, 1976), *Through Peasant Eyes*(Eerdmans, 1979), *Finding the Lost: Cultural Keys to Luke 15*(Concordia, 1992), *Jacob and the Prodigal: How Jesus Retold Israel's Story*(InterVarsity, 2003), *The Cross & the Prodigal*(2nd edition, InterVarsity, 2005.『십자가와 탕자』, 킹덤북스 역간), *Jesus Through Middle Eastern Eyes*(2nd edition, InterVarsity Press, 2008.『중동의 눈으로 본 예수』, 새물결플러스 역간), *Paul Through Mediterranean Eyes*(InterVarsity Press, 2011), *The Good Shepherd*(InterVarsity Press, 2014.『선한 목자』, 새물결플러스 역간)를 출간했습니다.

이 중에서 무엇보다도 베일리 박사님을 세상에 알리고 그분의 트레이드마크가 된 책이 바로 *Poet & Peasant*(시인과 농부)입니다. 이 책은 "누가복음 비유의 문학적, 문화적 접근"이라는 부제에서 알 수 있듯이, 예수님의 비유가 베풀어진 팔레스타인 농부의 입장에서 누가복음에 기록된 예수님의 비유 네 개를 설명한 책입니다. 중동의 농촌 문화를 배경으로 하고 청중이 쉽게 이해할 수 있는 문학적 기교를 구사하여 베풀어진 비유로서 예수님 비유의 의미를 분석했습니다. 이 책은 처음 출판되었던 1970년대 중반이나 그 이후 수십 년이 지난 오늘날에도 비유의 문화적 · 문학적 연구와 관련하여 거의 독보적인 위치를 차지합니다.

이 책에서 베일리 박사님은 그간의 비유 해석 방법론을 소개하고, 그것의 장점과 단점을 비평합니다. 그러면서 비유의 1세기 당대의 문학적 · 문화적 배경을 알아야만 예수님의 비유를 정확히 이해할 수 있음을 피력합니다. 비유의 현대적 해석 방법이 소개된 율리허(1888년) 이전의 비유 이해는 차치해 두고라도 20세기를 지배하던 비유 연구의 방향을 몇 가지로 요약할 수 있습니다. 예수님 당대의 상황에 초점을 맞춘 역사적 종말론적 해석 방법(도드와 예레미아스), 비유를 예술 작품으로 이해하는 문학적 해석 방법(존스), 비유를 철학적 · 신학적 전제를 가지고 접근하는 실존주의적 해석 방법(불트만, 린네만, 비아) 등 모두가 예수님이 실제로 말씀하신 비유의 의미를 제대로 전달하는 데 실패했습니다. 이 방법들은 오랫동안 비유를 알레고리로 이해해 오던 관습에서는 벗어났지만, 너무 단편적인 시각에서 비유를 연구하려고 시도했기 때문입니다. 당대의 상황과 문화의 중요성을 주장하는 사람들이 이해한 문화는 표면적이었고 실제 1세기 농촌 사회를 충분히 이해하지 못했다는 것과 비유의 문학적인 내용을 도외시했다는 것이 그 방법들의 문제입니다. 비유의 문학적인 특성을 강조한 사람들은 비유의 역사성, 곧 비유가 구체적인 시간과 공간에서 나온 이야기라는 점을 간과하고 무시간적인 교훈에 문을 열어 주고 말았습니다. 비유의 신학적인 요소를 강조하는 사람들은 자신의 주관적인 신학을 비유에 첨가했고, 1세기 상황과 예수님의 하나님 나라 사상을 무시하는 오류를 범했습니다.

베일리 박사님은 비유에서 예수님이 1세기 농부들의 상황을 얼마나 잘 관찰하고 그것을 적극적으로 활용하셨는지(농부로서의 예수님), 그리고 그것을 문학적으로 얼마나 탁월하게 표현하셨는지(시인으로서의 예수님)를 간파했습니다. 베일리 박사님이 이 책에서 강조하려고 하는 것은 너무도 분명합니다. 우리가 예수님의 비유의 말씀을 제대로 알아듣고 신학적인 내용을 간파하려면, 예수님이 예로 드신 중동의 문화(상황, 풍습)와 예수님이 그것을 말로써 표현한 문학적 기법을 알아야 한다는 겁니다. 이 책에서 베일리 박사님이 비유 연구에 사용하신 해석 방법은 "동양식 주해"입니다. 박사님은 동양식 주해를 세 가지 측면으로 이해합니다.

첫째는 동양(중동)의 농경문화입니다. 이것은 비유의 상황과 관련이 있습니다. 그 상황은 보수적인 농부들의 문화와 관련이 있고, 그것은 지금도 동양(중동)의 오지에 있는 농촌이 보유하고 있는 문화입니다. 예수님의 비유 대부분이 서양 학자들에 의해 서양화되어 읽히고 연구되었던 것과 달리, 비유는 반드시 동양, 그것도 팔레스타인의 농경문화 속에서 읽어야 한다는 것입니다. 이 점에서 베일리 박사님은 무척 유리한 위치에 있습니다. 우리가 알고 있는 1세기 팔레스타인 사람들의 삶 및 정서와 관련된 지식은 사실 그곳을 잠시 여행하거나, (외부인들에게 마음의 문을 열지 않는) 중동 사람들의 표면적인 삶을 살짝 지나가면서 또는 짧은 기간 동안만 맛보고 자신의 입장에서 서술한 학자들의 글에 의존한 것인 반면에, 베일리 박사님은 적어도 40년 넘게 그들과 함께 살면서 경험한 중동의 깊은 정서를 전해 주기 때문입니다. 도시의 삶과 동떨어져 사는 고립된 마을일수록 고대의 전통을 오래 보존한다는 문화인류학의 원칙이 비유를 이해하는 데도 적용됩니다. 시간적으로 2000년이나 떨어진 예수님 당대의 삶은 베일리 박사님이 경험한 중동의 농촌 체험으로 어느 정도, 아니 상당히 우리와 가까워졌습니다. 이보다 더 가까워질 수 없다고 판단할 수 있을 정도로 본서에 반영된 문화는 우리를 1세기 예수님 당대로 돌아가게 합니다. 이런 의미에서 예수님은 "농부"의 시각을 가지고 당대 사람들의 삶을 주의 깊게 보셨습니다.

둘째는 동양어 역본들의 사용입니다. 우리 모두가 인정하다시피, 교회사 2000년은 서양 교회, 특히 로마 교회를 중심으로 하는 서방 교회가 주도해 왔습니다. 신학도 서양 교회의 관점에서 전해 준 것으로 훈련되었고, 번역 성경 역시 서방 교회가 사용해 왔던 원리를 선입견으로 해서 번역한 성경들이 대부분입니다. 우리는 이런 신학적 사고와 성경 읽기에 익숙해져 있습니다. 이것은 번역의 정확성 문제는 차치하고라도 예수님의 비유에 담긴 정서적 공감대 문제와 깊이 관련이 있습니다. 신약의 헬라어 본문은 이미 일찍부터 팔레스타인 주변의 비헬라어 문화권으로 번역되어 알려졌습니다. 베일리 박사님이 고대와 현대의 시리아어와 아람어는 물론이고 아람어와 콥틱어 역본들까지 섭렵하여 그 번역 성경에 담긴 예수님 비유의 정서를 우리에게 전해 준 것은 우리로서는 참으로 감사할 일입니다. 동양어 번역 성경은 전문적인 주석 못지않게 복음서의 내용을 잘 설명해 주는 주석입니다. 베일리 박사님은 우리가 알고 있는 현대적인 비유 해석법을 이 두 자료와 병행해서 활용해야 한다고 주장합니다.

셋째는 비유의 문학적 구조입니다. 예수님은 당대의 (유대) 시인이라면 으레 그랬듯이 청중이나 독자가 비유를 암기하기 쉽고 신학적인 주제를 이해할 수 있도록 잘 구성된 문학 구조로 제시하셨습니다. 글 문화가 아니라 말 문화인 사회에서는 동일한 이야기를 여러 번 하게 되고, 그것을 듣는 사람들이 잘 기억할 수 있도록 독특한 문학적 구조로 표현합니다. 구약 시대부터 유대인들의 삶에 자리 잡은 문학 기법은 대구법과 수미상관법입니다. 구약의 시편과 선지자들의 글 중 운문으로 표현된 것들은 대부분이 대구법입니다. 베일리 박사님은 예수님도 이러한 문학 기법을 사용하시는 데 예외는 아니셨다고 믿습니다. 실제로 그는 미묘하게 다양한 대구법의 종류를 분석하고 각각의 기법이 지니는 강조 효과를 중심으로 예수님의 비유에 적용합니다. 비유 각각의 신학적인 메시지는 비유의 문학적 구조를 떠나서는 생각할 수 없습니다. 천재적인 통찰력을 가지고 그의 메시지를 청중, 특히 자신을 대적하는 사람들에게도 효과적으로 전달하시는 예수님은 언어 구사가 탁월한 '시인'이셨습니다.

이 세 가지 해석학적 원칙과 관점을 가지고 베일리 박사님은 예수님의 대표적인 비유를 주해하셨습니다. '불의한 청지기 비유'(눅 16:1-8)와 그 비유 뒤에 이어지는 재물과 하나님을 섬기는 문제에 관한 시적 말씀(눅 16:9-13), '밤에 찾아온 친구 비유'(눅 11:5-8)와 뒤에 이어지는 기도에 관한 비유적/시적 말씀(눅 11:9-13), 복음 중의 복음이라고 할 만큼 예수님 비유의 핵심이 되는 '탕자 비유'(눅 15:11-32), 그리고 같은 맥락에 등장하는 쌍둥이 비유인 '잃은 양 비유'와 '잃은 동전 비유'(눅 15:4-10)가 세 해석학적 원리에 의해 분석 · 설명되었으며, 거기에 담긴 신학의 주제들이 제시됩니다.

본서는 예수님의 비유를 이해하기 위해 해석학적 안목을 넓히고 싶은 신학생과 목회자는 물론이고, 예수님의 비유를 깊이 있게 연구하려고 하는 성도와 예수님이 사시던 환경에서 청중의 정서를 이해하면서 당대의 감흥을 간접적이라도 경험하고 싶은 분들의 모든 바람을 충분히 만족시켜 줄 것입니다. 이 책을 읽고 난 후에 *Through Peasant Eyes*(1979)를 읽으면 좋을 것입니다. 이 책에서는 누가복음에 있는 비유 열 개를 본서에서 소개한 원리로 설명했습니다.

이 책이 번역 출판되는 데 감사를 드려야 할 분이 있습니다. 이미 20년 전에 번역해서 『시인과 농부』라는 이름으로 출판된 적이 있던 이 책의 진가를 알아보시고, 제게 이 책을 다시 출판하자고 제의한 이레서원의 문영이 사장님과 이혜성 편집기획 팀장님께 감사합니다. 여름방학 동안 제가 다시 번역해서 넘긴 이 책의 원고를 원서와 꼼꼼하게 대조하면서 좋은 우리말 표현과 원문에 가까운 정서적 표현을 제안하여 번역책의 수준을 한층 높여 준 편집부의 오수현 씨에게 무한한 감사의 마음을 전합니다.

많은 사람이 본서에서 비유를 통해 계시된 하나님의 은혜를 만끽하시고, 우리 주 예수님의 음성을 좀 더 가까이 듣기를 기대합니다.

2016년 12월 2일

역자 오광만

저자 서문

시인과 농부는 도서관이 없어도 일을 할 수 있지만, 성경 주석가들은 도서관이 없으면 작업할 수 없다. 매우 희귀한 자료들을 구하느라 힘에 지나도록 수고해 주신 컨콜디아신학교 도서관(미주리 주 세인트루이스 시 소재)의 사서였던 루실 해그너 양과 윌리엄 댕커 여사, 바티칸 도서관의 귀중한 보고를 이용할 수 있게 해 준 로마 가톨릭 우애 공제회 바티칸 영상자료 도서관(세인트루이스대학교의 교황 피우스 12세 도서관)의 댈리 신부님과 에르마팅거 박사님, 그리고 아랍의 여러 사본들을 이용할 수 있도록 허락해 준 대영박물관(런던 소재)의 여러 직원들에게 특별히 감사의 말을 전하고 싶다.

이 책은 기록된 자료들 이외에 비유 본문 이해에 도움을 주는 문화를 주제로 중동 전역의 농부, 시장(市長), 성직자를 비롯해서 교수, 상인, 의사에 이르기까지 셀 수 없이 많은 친구들과 20년 동안 나눈 토론에 근거했다. 수백 명이 넘는 이 모든 사람에게 진 빚에 감사를 표현할 만한 적절한 말을 찾을 수 없을 정도다.

레바논 베이루트에 위치한 근동신학교(Near East School of Theology)의 학생들과 동료 교수들에게 특별히 감사의 말을 전한다. 그들은 끊임없이 내게 관심을 보여 주었고 나를 격려했다. 무엇보다도 근동신학교의 교장이신 호바네스 아하로니안 목사님께 감사하고 싶다. 아하로니안 교장은 친절하게도 내가 이 책을 쓸 수 있도록 안식년 휴가를 주셨다. 이 책이 나오기까지 많은 조언과 격려를 해 주신 파울 뢰플러 박사, 구약의 시편을 신약 연구에도 새로이 적용할 수 있도록 나의 눈을 열어 준 윌리엄 홀러데이 박사에게도 감사의 마음을 전한다.

미주리 주 세인트루이스에 위치한 컨콜디아신학교의 교수들에게 진 빚은 어떤 말로도 감사를 다 표현할 수 없을 정도다. 원래 이 책은 내가 컨콜디아신학교의 교수로 재직할 무렵에 그 신학교 교수들을 위해 1972년에 썼던 것이다. 이 책이 비유 연구에 기여하고, 독자들이 이 책에서 어떤 유익을 얻을 수 있다면, 그것은 전적으로 나의 논문 지도교수였던 마틴 샬레만 박사(Dr. Martin Scharlemann)의 지칠 줄 모르는 수고 덕택이다.

내가 어느 누구에게보다도 먼저 공식적으로 감사를 표현해야 할 사람은 나의 아내 에델과 두 아이 사라와 데이비드다. 아내는 밤을 꼬박 새는 나를 격려해 주었고, 사라와 데이빗은 오랫동안 '아버지 없이' 지냈다.

케네스 E. 베일리

차 례

약어표

Arndt *St. Luke*	William F. Arndt, *The Gospel According to St. Luke* (St. Louis: Concordia, 1956).
ATR	*Anglican Theological Review*
Bauer-A., G. *Lexicon*	W. Bauer, *A Greek-English Lexicon of the New Testament and Other Early Christian Literature*, trans. and adapted by W. F. Arndt and F. W. Gingrich (Chicago: University of Chicago Press, 1957).
Bengel *Gnomon*	Johann A. Bengel, *Gnomon of the New Testament*, trans. C. T. Lewis and M. R. Vincent; 2 vols. (New York: Sheldon, 1963[1742]).
Bishop *Jesus*	E. F. F. Bishop, *Jesus of Palestine* (London: Lutterworth, 1955).
BJRL	*Bulletin of the John Rylands Library*
Black *Aramaic Approach*	Matthew Black, *An Aramaic Approach to the Gospels and Acts*, 3rd ed. (Oxford: Clarendon, 1967).
Bornkamm *Jesus*	G. Bornkamm, *Jesus of Nazareth*, trans. Irene and Fraser McLuskey from the 3rd German ed. (New York: Harper, 1960).
Bruce Synoptic *Gospels*	A. B. Bruce, *The Synoptic Gospels. The Expositor's Greek Testament*, Vol. I (New York: Doran; Grand Rapids: Eerdmans, n. d.).
Bruce *Parabolic*	A. B. Bruce, *The Parabolic Teaching of Christ*, 3rd rev. ed. (New York: A. C. Armstrong, 1890).
Bultmann *Tradition*	Rudolf Bultmann, *The History of the Synoptic Tradition*, trans. from the 2nd German ed. by John Marsh (New York: Harper, 1968)
Burney *Poetry*	C. F. Burney, *The Poetry of Our Lord* (Oxford: Clarendon, 1925).
Cadoux *Parables*	A. T. Cadoux, *The Parables of Jesus* (London: James Clarke, n. d.).
Caird *Luke*	G. B. Caird, *The Gospel of St. Luke* (Baltimore: Penguin, 1963).
CBQ	*The Catholic Biblical Quarterly*
Creed *St. Luke*	J. M. Creed, *The Gospel According to St. Luke* (London: St. Martin, 1930; New York: Macmillan, 1965).
Crossan *In Parables*	J. D. Crossan, *In Parables* (New York: Harper, 1973).
Daube "Inheritance"	David Daube, "Inheritance in Two Lukan Pericopes," *Zeitschrift der Savigny-Stiftung für Rechtsgeschichte, Romanistische Abteilung* 72 (1955), 326-344.

Derrett "Prodigal Son"	J. D. M. Derrett, "Law in the New Testament: The Parable of the Prodigal Son," *NTS* 14 (1967), 56-74.
Derrett "Steward"	J. D. M. Derrett, "Fresh Light on St. Luke XVI. 1. The Parable of the Unjust Steward," *NTS* 7 (1961), 198-219.
Dodd *Parables*	C. H. Dodd, *The Parables of the Kingdom*, rev. ed. (London: Nisbet, 1961).
ExpT	*The Expository Times*
Feldman *Similes*	A. Feldman, *The Parables and Similes of the Rabbis*, 2nd ed. (Cambridge: University Press, 1927)
Fitzmyer "Manager"	J. A. Fitzmyer, "The Story of the Dishonest Manager (Lk. 16:1-13)," *Theological Studies* 25 (1964), 23-42.
Fletcher "Riddle"	D. R. Fletcher, "The Riddle of the Unjust Steward. Is Irony the Key?" *JBL* 82 (1963), 15-30.
Gächter "Oriental"	P. Gächter, "The Parable of the Dishonest Steward after Oriental Conceptions," *CBQ* 12 (1950), 121-131.
Giblin "Luke 15"	Charles H. Giblin, "Structural and Theological Considerations on Luke 15," *CBQ* 24 (1962), 15-31.
Godet *St. Luke*	F. Godet, *A Commentary on the Gospel of St. Luke*, trans. from the 2nd French ed. by E. W. Shalders and M. D. Cusin (New York: Funk & Wagnalls, 1887).
Goebel *Parables*	Siegfried Goebel, *The Parables of Jesus*, trans. Professor Banks (Edinburgh: T. & T. Clark, 1883).
Horowitz *Jewish Law*	George Horowiz, *The Spirit of Jewish Law* (New York: Central Book, 1953).
HUCA	*Hebrew Union College Annual*
JBL	*The Journal of Biblical Literature*
Jeremias *Jerusalem*	Joachim Jeremias, *Jerusalem in the Time of Jesus*, trans. F. H. and C. H. Cave; 3rd ed. (Philadelphia: Fortress, 1969)..
Jeremias *Parables*	Joachim Jeremias, *The Parables of Jesus*, rev. ed.; trans. from the 6th German ed. by S. H. Hooke (London: SCM, 1963).
Jeremias *Theology*	Joachim Jeremias, *Theology of the New Testament* (New York: Scribner, 1971).
Jones *Art*	G. V. Jones, *The Art and Truth of the Parables: A Study in Their Literary Form and Modern Interpretation* (London: SPCK, 1964).
JSS	*Journal of Semitic Studies*
JTS	*Journal of Theological Studies*
Jülicher *Gleichnisreden*	Adolf Jülicher, *Die Gleichnisreden Jesu*, 2 vols. (Tübingen: J. C. B. Mohr, 1910).

Kelley *Significance*	Robert Kelley, "The Significance of the Parable of the Prodigal Son for Three Major Issues in Current Synoptic Study" (unpublished Ph. D. thesis, Princeton University, 1971).
Leaney *St. Luke*	A. R. C. Leaney, *A Commentary on the Gospel according to St. Luke. Black's New Testament Commentaries*; 2nd ed. (London:A. & C. Black, 1966).
Levison *Local Setting*	N. Levison, *The Parables: Their Background and Local Setting* (Edinburgh: T. & T. Clark, 1926).
Linnemann *Parables*	E. Linnemann, *Jesus of the Parables, trans.* John Sturdy (New York: Harper, 1966).
Lund *Chiasmus*	N. W. Lund, *Chiasmus in the New Testament* (Chapel Hill: University of North Carolina Press, 1942).
Manson *Sayings*	T. W. Manson, *The Sayings of Jesus* (London: SCM, 1937).
Manson *Teaching*	T. W. Manson, *The Teaching of Jesus*, 2nd ed. (Cambridge: University Press, 1935).
Miesner *Chiasm and Paul*	D. R. Miesner, "Chiasm and the Composition and Message of Paul's Missionary Sermons" (unpublished Th. D. Thesis, Concordia Seminary in Exile, 306 North Grand, St. Louis, Missouri, 1974).
Miller *Luke*	Donald G. Miller, *The Gospel According to Luke* (Richmond: John Knox, 1959).
Montefiore *Rabbinic*	C. J. G. Montefiore, *Rabbinic Literature and Gospel Teaching* (London: Macmillan, 1930).
NTS	*New Testament Studies*
Oesterly *Jewish Background*	William O. E. Oesterley, *The Gospel Parables in the Light of Their Jewish Background* (London: SPCK, 1936).
Plummer *St. Luke*	A. Plummer, *The Gospel According to St. Luke. International Critical Commentary*, ed. C. A. Briggs et al., Vol. XXVII (New York: Scribner, 1906).
Rengstorf *Re-Investitur*	K. H. Rengstorf, *Die Re-Investitur des Verlorenen Sohnes in der Gleichniserzählung Jesu Luke 15:11-32* (Cologne: Westdeutscher Verlag, 1957).
Rihbany *Syrian*	A. M. Rihbany, *The Syrian Christ* (Boston: Houghton Mifflin, 1916).
Sa'īd *Lūqā*	Ibrāhim Sa'īd, *Ṣharḥ Bishārat Lūqā* (Beirut: Near East Council of Churches, 1935, 1970).
Scharlemann *Parables*	Martin H. Scharlemann, *Proclaiming the Parables* (St. Louis: Concordia, 1963).
B. T. D. Smith *Parables*	B. T. D. Smith, *The Parables of the Synoptic Gospels* (Cambridge: University Press, 1937).

C. W. F. Smith *Parables*	C. W. F. Smith, *The Jesus of the Parables* (Philadelphia: Westminster, 1948).
Str. -B.	P. Billerbeck and H. Strack, *Kommentar zum Neuen Testament aus Talmud und Midrasch*, 6 vols.; 2nd ed. (Munich: C. H. 1924, 1956).
Stuhlmueller *Luke*	Carroll Stuhlmueller, "The Gospel According to Luke," *The Jerome Biblical Commentary*, ed. Raymond E. Brown, Joseph A. Fitzmyer, and Roland E. Murphy (Englewood Cliffs: Prentice-Hall, 1971), Vol. II, pp. 115-164.
TDNT	*Theological Dictionary of the New Testament*, ed. G. Kittel and G. Friedrich; trans. and ed. G. W. Bromiley; 9 vols. (Grand Rapids: Eerdmans, 1964-1974).
Thomson *The Land*	W. M. Thomson, *The Land and the Book*, 2 vols. (New York: Harper, 1871).
Trench *Notes*	R. C. Trench, *Notes on the Parables of Our Lord* (New York: Harper/Revell, n. d.).
Via *Parables*	D. O. Via, *The Parables: Their Literary and Existential Dimension* (Philadelphia: Fortress, 1967).
ZNW	*Zeitschrift für die neutestamentliche Wissenschaft und die Kunde der älteren Kirche*

제1부
서론

1

문제와 과제

1. 끝나지 않은 일

19세기 유명한 선교사이며 여행가이자 작가였던 윌리엄 톰슨(William Thomson)은 성경과 관련해서 팔레스타인을 주제로 25년간 작업한 표층 연구(surface study)를 두 권으로 된 책 *The Land and the Book*(『성지와 성경』)에서 기술했다. 톰슨은 예루살렘을 묘사하는 부분에 이르러 다음과 같은 놀라운 말을 남겼다.

> 뭔가를 **발견해 보겠다**는 마음으로는 여행하지 말라. 당신의 예리한 눈만큼이나 예리한 수천 개의 눈이 이미 꼼꼼하게 보아 파헤쳐 놓지 않은 땅은 한 치도 없다. 옛날부터 내려오는 **"진리라면 새롭지 않고, 새롭다면 진리가 아니다."**라는 격언은 예루살렘과 그 유적지에 가장 적절하게 들어맞을 것이다.[1]

오늘날 많은 사람은 틀림없이 예수님의 비유에 대해서도 동일한 감정을 가지고 있을 것이다. 수 세기에 걸쳐 비유를 연구하고 읽고 음미한 덕택에 비유 이야기에서 근본적으로 새로운 것은 발견할 일이 없다고 생각할 것이다. 하지만 지난 수십 년간 예루살렘 시(市)에 관해 사람들은 톰슨이 상상했던 것보다도 훨씬 더 많은 것을 발견해 냈다. 이와 마찬가지로, 단순하다고 속기 쉬운 예수님의 비유에서도 비유를 정확하게 이해하기

1. Thomson, *The Land*, II, 468(강조는 톰슨의 것). 톰슨은 1857년에 팔레스타인 전역을 여행하면서 자료를 수집했다.

위해 찾아야 할 것이 엄청나게 많이 있다.

예나 지금이나 학자들은 다방면에서 비유에 관심을 보인다. 하지만 여전히 진지하게 주목할 필요가 있는 비유 해석의 두 가지 측면이 있다. 그것은 비유의 문화적인 정황과 문학적인 구조다.

우리 주님의 비유에 반영된 문화는 1세기 팔레스타인의 문화다.[2] 비유와 관련해서 팔레스타인의 정경(scene)과 같은 외적인 측면들은 정확히 분석되어 온 반면에, 사람들과의 관계 및 사고방식과 같은 내적인 측면들은 부정확하게 이해되었다. 누가복음 비유 중에서 중요한 네 가지 비유 이해에 유용한 정보를 주는 동양 문화를 좀 더 정확히 묘사하려는 것이 본 연구의 첫 번째 과제다. 두 번째 측면은 문학적인 구조와 관련이 있다. 비유의 문학적인 구조는 다른 것보다 비교적 덜 주목을 받아 왔던 것으로 사료된다. 이 책에서 선정한 네 가지 비유의 저변에 깔려 있는 문화를 재검토하고 그 구조를 분석함으로써 그 비유들의 신학을 제시하려고 한다.

문화적 정황 이해와 문학 형식 분석이라는 이 두 도구는 여기서 그 자료와 관련된 현대의 비평적 논의에 비추어 누가복음의 네 가지 주요 비유에 적용되었다. 이 두 도구를 논의하기 전에 비유에 대한 현대의 접근법 세 가지를 간략하게 검토해 보기로 하자.

2. 현대 비유 해석의 주요 경향

수 세기 동안 교회가 수행하고 채택해 왔던 주요 해석 방법은 알레고리 방법이다. 알레고리 방법과 알레고리 해석 역사에 대한 충분한 검토는 여러 곳에서 개진되어 왔으므로 여기서 다시 되풀이할 필요는 없을 것이다.[3] 현대적 비유 해석은 율리허(Adolf Jülicher)로부터 시작되었다. 율리허

2. Bultmann, *Tradition*, 166.

3. A. M. Hunter, "The Interpreter and the Parables," *Interpretation*, 14 (1960), 77-81; Jülicher, *Gleichnisreden*, I, 203-322; Kelly, *Significance*, 4-19.

는 알레고리 방법의 부적절함을 결정적으로 증명해 보였지만 만족할 만한 다른 대안을 제시하지는 못했다.[4] 부게(Bugge)와 피빅(Fiebig)은 스트락(Strack)과 빌러벡(Billerbeck)의 입장을 따라 비유의 유대적 배경을 학문적으로 탐구할 수 있는 길을 열었다.[5] 이렇게 해서 우리는 현대의 비유 접근법 가운데 주요한 방법 세 개를 검토할 차례가 되었다. 이 중에서 첫 번째 접근법이 도드(C. H. Dodd)와 예레미아스(Joachim Jeremias)의 접근법이다.

(1) 역사적–종말론적 접근: 도드와 예레미아스

도드는 율리허가 내린 전제 가운데 다른 측면을 진지하게 문제 삼았다. 도드의 유명한 표현인 "실현된 종말론"은 그의 영향력 있는 책인 *The Parables of the Kingdom*(『하나님 나라의 비유』, 1935, 1961년에 개정됨)에서 비유를 재평가하는 출발점이 되었다. 이 책에서 도드는 일반적인 도덕적 원리를 가지고 백성을 위로하면서 이곳저곳을 돌아다니는 순회 설교자(예수님을 뜻함 - 역자 주)를 못 박을 사람은 없었을 것이라고 자신 있게 지적했다. 헌터(Hunter)는 도드의 견해에 동의하면서 이렇게 썼다. "별로 중요하지 않은 진부한 의견을 강조하기 위해 그림 같은 이야기를 하는 갈릴리의 한 촌사람을 사람들이 십자가에 못 박았겠는가? 당연히 그렇지 않다."[6] 도드는 예수님의 사역에서, 그리고 그 사역 전반에 걸쳐 실현되고 있었던 하나님 나라에 대한 예수님의 설교를 비유의 상황으로 여겼다. 그와 동시에 도드는 비유를 두 차원에서 검토하는 데 관심을 기울였다.

---

4. 비아가 율리허를 주의 깊게 분석했다(Via, *Parables*, 2-22). 율리허의 의견에는 네 가지 결정적인 약점이 있다: 알레고리적 요소를 전부 거부한 것, 비유 이해의 모델로 아리스토텔레스의 범주를 용납한 것, 비유를 일반적인 도덕적 원리로 평가 절하한 것, 비유마다 단 하나의 비교점만을 고집스럽게 주장한 것.

5. C. A. Bugge, *Die-Haupt-Parabeln Jesu*(Giessen: J. Ricker, 1903) (Bugge의 견해에 대해서는 Jones, *Art*, 20 참조); Paul Fiebig, *Altjüdische Gleichnisse und die Gleichnisse Jesu*(Tübingen: J. C. B. Mohr, 1904); *idem, Die Gleichnisreden Jesu im Lichte der rabbinischen Gleichnisse des neutestamentlichen Zeitalters* (Tübingen: J. C. B. Mohr, 1912); *Str. -B.*, I-IV.

6. Hunter, "The Interpreter," 83.

그중 하나는 예수님 사역의 차원이고, 또 다른 하나는 초대 교회의 차원이다. 도드는 초대 교회가 예수님의 비유를 재사용했으며, 종종 비유의 강조점을 바꾸었다고 생각했다. 복음서의 비유는 초대 교회의 상황 속에 있는 셈이다. 그래서 도드는 비유의 원래 정황을 예수님의 사역에서 발견하기를 시도했다.[7]

예레미아스는 그의 유명한 책 『예수의 비유』(*The Parables of Jesus*, 1958년에 영어로 번역되고 1963년에 개정됨. 분도출판사 역간)에서 도드에게 찬사를 표하고 자신의 책이 도드가 한 일에 이어지는 것이라고 이해한다.[8] 예레미아스는 열 가지 방법론적인 도구 세트를 만들어 비유에 적용했다. 이 도구들을 가지고 그는 초대 교회 삶의 정황과 예수님 시대 삶의 정황을 구별하려 했다.[9] 예레미아스는 도드가 종말론적인 하나님 나라에만 초점을 맞추었다고 비판하고, 자신은 예수님의 사역에 반영된 비유의 갈등 양상을 강조하기로 선택했다. 예레미아스는 많은 비유가 원래 복음을 변호하기 위한 것이었다고 이해했다.[10]

예레미아스는 현대의 여느 학자보다도 비유 속 팔레스타인 배경과 관련된 기존 정보들을 매우 신중하게 사용한 사람이다. 그는 1947년에 사해 사본을 처음 발견한 목동에 관한 언급에서부터 고대 랍비 문헌까지 두루 인용한다. 여행자 잡지, 팔레스타인의 현대식 서양 가옥을 관찰한

---

7. 도드의 입장은 많은 학자들에게 "철저하게 역사적"이라는 비판을 받았다. 1961년판 서문에서 도드는 이러한 비평에 대해 다음과 같이 대답했다. "나는 독자들 중에 비유를 철저하게 역사적으로 취급하면 비유의 보편적이고 동시대적인 관심사가 없어질 것이라고 느끼는 사람들이 있다는 것을 잘 알고 있다. 그들에게 내가 할 수 있는 말은 나의 책 146-147쪽에서 했던 말을 반복하는 것뿐이다. 혹 우리가 비유의 원래 의도에서 배울 수 있는 것과는 다를 수 있을지 모르겠지만, 비유에서 비유가 제시하는 것이라고 생각되는 어떤 '교훈'을 끄집어내라. … 복음서는 우리에게 우선적으로 도덕적 교훈을 제시하려는 것이 아니다. 그리스도인들이 믿듯이, 비유는 영원이 시간 속에 독특한 방식으로 계시된 상황으로 우리를 인도함으로써, 우리에게 삶을 해석해 준다. 그 상황은 가장 깊은 의미에서 역사적이면서 동시적인 상황이다."(Dodd, *Parables*, 8).

8. Jeremias, *Parables*, 21.

9. Jeremias, *Parables*, 113-114.

10. Jeremias, *Parables*, 21.

것, 그 밖에 이와 관련된 것들을 조심스럽게 검토해서 비유의 원래 의도를 밝히는 데 값진 단서를 제공했다.[11] 예레미아스는 예수님의 삶에서 비유가 갖는 의미에 대한 관심을 비유 속 팔레스타인 배경 연구와 결합해서 20세기에 가장 영향력 있는 '비유 연구서'를 내놓았다.

(2) 존스: 예술로서의 비유

예수님의 사역에서 비유가 갖는 원래 의미를 탐구한 예레미아스와 동시대에 비유 연구를 수행한 사람은 존스(G. V. Jones)다. 존스는 *The Art and Truth of the Parables*(『비유의 예술과 진리』, 1964)를 출간했다. 비유를 예술 형식으로 이해하는 존스의 연구는 비유 해석에서 중요하고 새로운 모험이다.

존스는 "철저하게 역사적인" 접근에서나 가능했던 것을 넘어 비유를 더욱 광범위하게 적용할 것을 부르짖은 학자들 가운데 한 사람이다. 존스는 자신의 책 여러 곳에서 비유를 연구한 이전의 책들을 상당히 많이 평가했다. 존스는 양식사 비평(form-critical)의 공헌, 히브리적 전통, 상징과 알레고리에 대한 논의 등을 검토했다. 그가 마지막에 내린 결론은 해석을 인위적으로 제한하는 엄격한 전제를 가지고 작업을 해서는 안 된다는 것이다.[12] 존스 자신의 견해는 제5장과 제6장에서 "The Art of Parable and the Parable as Art"(비유의 예술과 예술로서의 비유)[13]와 "Towards a Wider Interpretation"(보다 광범위한 해석을 위해)[14]이라는 제목으로 개진했다. 존스의 논지는, 비유는 창조적인 상상에 의해 인간의 삶이라는 가공되지 않은 재료에서 만들어졌다는 것이다. 존스에 따르면, 예술 작품

---

11. 도드와 예레미아스를 더 상세하게 비평한 Kelly, *Significance*, 30-43; Jones, *Art*, 26; Schalemann, *Parables*, 24; Via, *Dimension*, 21-24를 보라.

12. Jones, *Art*, 109.

13. Jones, *Art*, 110-132.

14. Jones, *Art*, 135-166.

으로서의 비유는 "우리가 어떻게 행동해야 하고 하나님이 어떻게 행동하시는지와 관련한"[15] 명제적인 주장일 뿐만 아니라 "시간과는 관계가 없다."[16] 비유는 "시간의 흐름이나 변화하는 환경과 상관없이"[17] 하나님과 인간에 대한 진리를 진술한다. 그래서 존스에게 비유는 "독립적이고 '전형적인' 실존을 성취한다."[18] 존스는 알레고리화하지 않더라도 폭넓은 적용이 가능하다고 믿는다. 그는 자신의 입장을 다음과 같이 요약한다.

> 하지만 전반적으로 알레고리적 동일시는 필요 없다. 만일 비유가 지시하는 것이 인간 행동의 패턴, 실존의 유형 또는 하나님과 사람의 관계를 그림처럼 묘사하는 것이라면, 알레고리적 동일시 없이도 비유를 얼마든지 폭넓게 적용할 수 있다. 이와 같은 확장된 해석법은 (철학적인 측면에서 전문적인 의미는 아니라고 하더라도) "실존적 (해석법)"으로 묘사될 수 있다. 해당 비유는 언제든지 실존의 구체적인 상황을 다루며 삶을 서술하거나 평가하기 때문이다.[19]

그래서 존스는 비유를 시간과 상관없이 독자적인 실존을 다루는 예술 작품으로 봄으로써 "비유의 당대의 의미(What it meant) 대(對) 현대적 의미(What it means)"의 문제를 해결할 수 있다고 생각한다. 하지만 존스는 이것이 모든 비유에 해당하는 것은 아니라고 주장한다. 존스는 비유를 세 유형으로 나눈다. 비유 중에는 철저하게 역사적으로 제한되어 있어서 1세기 팔레스타인을 벗어나서는 적용될 수 없는 것이 있다. 원래의 정황을 넘어 어느 정도 적용 가능한 교훈적인 내용을 담고 있는 비유도 있다. 세

15. Jones, *Art*, 122.
16. Jones, *Art*, 123.
17. Jones, *Art*, 123.
18. Jones, *Art*, 125.
19. Jones, *Art*, 163.

번째 그룹을 존스는 "좀 더 일반적으로 적용할 수 있는 비유"라고 부른다. 존스는 그의 책 후반부에서 이 세 번째 유형의 예로 탕자 비유를 주해한다.

정리하자면, 존스는 비유를 시간과 관계없는 중요성을 지닌 예술 작품으로 이해한다. 이 비유들의 예술적인 특성 때문에 비유는 역사적인 정황을 넘어 적용될 수 있다.

(3) 린네만과 비아: 실존적 관점

비유 해석에서 가장 최근의 흐름은 실존적인 경향이다. 에타 린네만(Eta Linnemann)과 단 비아(Dan O. Via)가 이 견해를 대표한다.

린네만은 최근에 낸 책 *Jesus of the Parables*(『비유의 예수』, 1966년에 영어로 번역됨)에서 비유의 특성을 논하고 그의 관점에 가장 부합하는 비유 열한 개를 주해했다. 린네만의 접근은 예레미아스의 역사적 방법에 대한 관심을 비롯해서 예레미아스의 전제 및 방법론과 푹스(Ernst Fuchs)의 실존적 해석적 접근법을 결합한 것이다.[20] 린네만의 논지는 그가 적어도 슐라이어마허(Schleiermacher)로 거슬러 올라가 딜타이(Dilthey)와 불트만(Bultmann)을 거쳐 이후 하이데거와 푹스에 이르는 철학적인 흐름에 속해 있다는 사실을 알지 못하면 충분히 이해할 수 없다. 린네만에게 푹스는 여기에 언급한 사상가들 중에서 가장 중요한 인물이다. 푹스의 해석학적 원리는 여러 사람들이 충분히 설명했기 때문에 여기서 그것을 다시 논할 필요는 없을 것이다.[21]

---

20. 린네만은 책 서문에서 불트만, 예레미아스, 푹스의 업적을 찬사하는 글을 썼다(*Parables*, xiii). 푹스는 린네만의 책에 서론을 써 주었다. 사실, 푹스는 린네만의 논문 지도교수였으며, 그때 쓴 린네만의 논문이 바로 *Jesus of Parables*라는 제목으로 출간되었다. 린네만의 책 여러 곳에서 푹스와 예레미아스의 영향이 분명히 드러난다.

21. Richard N. Soulen, "Biblical Hermeneutics and Parable Interpretation in the Writings of Ernst Fuchs" (unpublished Ph. D. thesis, Boston University, 1964), 28; Paul J. Achtemeier, *An Introduction to the New Hermeneutic* (Philadelphia: Westminster, 1969).

린네만은 그의 책 첫 장에서 그가 취하고 있는 해석학의 기본적인 원리를 제시한다. 린네만은 확대된 직유(similitude), 비유(parable), 예화(illustration), 알레고리(allegory)를 구별하는 것으로 시작한다.[22] 린네만은 비유 분석을 위한 불트만의 유명한 법칙을 인용하고는[23] 비유를 시작하는 정형화된 도입 어구를 간략히 검토한다. 그는 예수님의 비유가 그분을 대적하는 사람들에게서 동의를 얻어 내는 것을 목적으로 하는, 갈등의 비유(parables of conflict)라고 단언한다. 이와 관련해 린네만은 이렇게 말한다.

> 화자가 어떤 생각을 비유와 연결했는지 상고하는 것만으로는 충분하지 않다. 이와 아울러 그 비유를 들은 청중 안에서 어떤 생각과 이미지와 평가가 작용을 일으켰는지, 화자와 그의 청중 사이에 어떠한 불일치가 있었는지, 그렇다면 그의 말이 청중에게 어떠한 영향을 주었어야 했는지를 주목해야 한다.[24]

이 점에서 린네만은 예레미아스의 입장과 같다.

율리허와 비슷하게 린네만은 오직 하나의 비교점만 있을 수 있다고 주장한다.[25] 비유 자체는 화자가 그의 원래 청중에게 말한 것이 전부라고 린네만은 주장한다.[26]

린네만이 푹스에게 영향을 받았다는 사실은 이해(understanding)에 대한

---

22. Linnemann, *Parables*, 2-8; 예레미아스는 히브리어 마샬(*Mashal*)이 광범위한 범위의 중복되는 범주들을 포괄한다는 입장을 취한다. 참조, Jeremias, *Parables*, 20.

23. Bultmann, *Tradition*, 188-192.

24. Linnemann, *Parables*, 22-23.

25. Linnemann, *Parables*, 23. 놀라운 사실은 린네만이 아무런 증거나 논증 없이 이것을 주장한다는 것이다. 이렇게 함으로써 린네만은 율리허 이후 이 문제를 둘러싼 계속된 논쟁을 무시한다.

26. Linnemann, *Parables*, 24. 린네만은 비유에 등장하는 모든 적용들이 후대에 첨가된 것이라고 이해한다.

그의 논의에 분명히 나타난다. 린네만은 이해를 "실체가 '언어 속으로 들어가는' 방식에 의해 설명되는 것이다."라고 주장한다.[27] 린네만은 푹스가 사용한 용어를 다시 빌려서, 비유를 "언어사건"(language event)으로 묘사한다. 린네만은 이렇게 썼다.

> 가장 성공적인 비유는 상황을 결정적으로 변화시키는 사건이다. 그 비유는 이전에는 존재하지 않았던 새로운 가능성, 즉 비유를 들은 사람이 비유를 말한 사람과 자신 사이에 놓여 있는 여러 장애물을 극복하여 비유를 말한 사람과 동일한 이해에 이르는 가능성을 창조한다.[28]

린네만은 계속해서 비유의 "언어사건적인 특성"은 이해에 대한 새로운 가능성을 창조할 뿐만 아니라 비유를 들은 사람들에게 결정을 내리게 하는 것이기도 하다고 설명한다. 청중은 설령 이해에 대한 새로운 가능성을 거절한다고 해도 여전히 결정을 내린다. 청중은 새로운 이해를 거절할 수 있다. 그럴 경우 그 거절은 비유를 대적하는 것이다.[29] 그래서 린네만은 푹스의 저서 위에 그의 비유 해석을 견고히 세운다. 그러나 동시에 푹스보다 한 걸음 더 나아간다.

푹스의 실존적 해석에서 진일보한 린네만의 독특한 점은 "맞물림"(interlocking)에 대한 이해다. 린네만에 따르면, 비유는 비유 안에서 대적자들의 관점을 제시함으로써 반대 견해에 "양보"한다. 비유는 화자의 주장도 제시한다. 비유에는 두 관점이 "맞물려 있으며" 이 맞물림에서 두 진영 사이의 새로운 이해의 가능성이 창조된다. 비유를 말하면서, 화자는 하나의 관점이 다른 관점을 대표한다고 주장한다. 이 점에 대해 린네만

27. Linnemann, *Parables*, 24.

28. Linnemann, *Parables*, 30. 이와 관련해서 린네만은 여기에 연루된 위험을 설명한다. 화자는 위험을 무릅쓰고 "언어의 힘에" 모든 것을 내맡긴다(Linnemann, *Parables*, 32).

29. 비유에 대한 이러한 이해는 비유가 대적자들에게 베풀어진 것이라는 사실에 근거한다. 린네만은 모든 비유가 실제로 이처럼 대적자들에게 베풀어진 것이라고 주장한다.

은 이렇게 썼다.

> 이처럼 "하나의 관점을 다른 관점으로 주장하는 것"으로 말미암아 "양보"와 더불어 **맞물림** 현상이 생겨난다. 비유에서 해당 정황에 내린 화자의 판단은 청중의 판단과 "맞물린다." 정황에 대한 양편의 평가가 비유 안으로 들어간다.[30]

이 시점에서 린네만의 사고의 흐름은 약간 혼란스러울 정도로 논리가 비약된다. 린네만은 처음에는 비유로 말미암아 창조된 "새로운 가능성"이 원래의 화자와 청중 간의 새로운 이해라고 주장했다. 그러고 나서 린네만은 청중이 "존재의 변화"와 "새로운 삶"으로 정의되기도 하는 자신에 대한 새로운 이해에 이르게 된다고 주장한다. 마지막에 강조된 것은 린네만의 지도교수인 푹스에게서 온 것이라는 것을 쉽게 추적할 수 있다. 그러나 린네만이 한 쪽에서 다른 쪽으로 어떻게 이동했는지, 또는 이 둘이 어떤 방법으로 서로 관련되는지는 분명하게 설명하지 않는다.

린네만은 다음과 같이 주장함으로써 "언어사건" 논의를 결론짓는다. 우리는 선포라는 매체를 통해 비유를 처음 말할 때 창조된 동일한 사건에 참여할 수 있다고 말이다.[31] 여기서 린네만은 그가 불트만의 영향을 받았음을 드러낸다.

정리하자면, 린네만은 역사적인 접근의 필요성을 주장한다. 그는 이 사실에 근거해서 비유를 우리가 설교를 통해 참여할 수 있는 "언어사건"으로 해석한 푹스와 불트만의 비유 이해와 결합한다.

이 학파에 속한 최근의 두 번째 의견은 비아(Dan O. Via)다. 비아는 *The*

---

30. Linnemann, *Parables*, 27. 강조는 린네만의 것임.

31. 린네만은 논의를 진행하는 내내 비유에 대한 건전한 역사적 근거의 필요성을 주장한다. 린네만의 주해의 대부분은 역사적인 질문과 씨름하는 데 집중되었다. 여기서 린네만이 예레미아스에게 힘입은 바가 크다는 것이 분명하다.

Parables(『비유들』, 1967)에서 존스와 린네만을 논하면서 두 사람의 취약점을 지적한다.[32] 예레미아스가 역사적인 측면에 관심을 집중했고, 린네만이 역사적-실존적인 측면에 관심을 가졌다면, 비아는 실존적-심미적인 측면에 관심을 보였다. 그래서 비아는 심미적인 측면에 흥미를 보인 존스의 입장을 공유하고 실존주의를 적용한 린네만의 견해도 받아들인다. 비아는 자신의 견해를 잘 서술했다. 그는 한편으로는 실존주의 철학자 및 신학자들과 토론하고, 다른 한편으로는 광범위한 분야의 문학 비평가들과 논의했다. 잠깐 살펴보는 것만으로는 비아를 공정하게 평가할 수 없을 것이다.

비아의 책 전반부는 방법론 논의에 집중한다. 비아는 "철저하게 역사적인" 이해와 단절하기로 결정한다. 비아가 생각하기에 "철저하게 역사적인" 이해는 실존적인 이해와 심미적인 이해를 공정히 평가하지 못한다. 비아는 역사적인 측면에 대한 연구는 도드, 예레미아스, 맨슨(T. W. Manson) 등 여러 사람들이 완성했고 그들을 신뢰할 만하다고 생각한다.

비아는 그의 책 제1장에서 비유와 알레고리를 논한다. 그는 "하나의 요점" 찾기 식 접근을 "인위적으로 제한하는" 방법으로 생각하여 거부한다.[33] 하나의 요점 찾기 식 접근은 한 가지 요소만 떼어내어 그것을 지시 대상과 직접 관련시킴으로써 비유의 기본적인 통일성을 파괴한다. 그와 동시에 그는 과거의 알레고리화 역시 거부한다. 알레고리에서는 비유의 각기 다른 요소들의 의미는 비유 **내부**에 있는 요소들에 의해서가 아니라 비유 **바깥**에 있는 지시 대상에 의해 결정된다. 그러나 비아에 따르면, 비유를 알레고리화하지 않고도 비유 안에 알레고리적 요소가 있을 수 있다. "알레고리 작가들은 하나의 의미(a meaning)를 제시하는 한 이미지에서 시작하지 않고 사상이나 의미에서 시작하며, 그것을 표현할 이미지를

32. Via, *Parables*, 23. 어떤 의미에서 비아와 가까운 현대의 비유 연구자들 가운데 주목할 만한 사람은 크로산이다. J. D. Crossan, *In Parables*(1973).

33. Via, *Parables*, 3.

찾는다."[34]라고 비아는 말한다.

역사적 접근이 비판받았던 까닭이 바로 이것이다. 원래의 상황이 어떠했는지 우리가 확신할 수 없고, 그러한 접근이 "비유에 있는 기본적인 인간적 요소를 무시"하기 때문이다.[35] 더욱이, 비아는 역사적 방식으로 접근하면 그 비유에는 현대인을 향한 메시지가 없고 예술 작품으로서 비유가 가진 심미적 특성도 무시된다고 생각한다.

제2장에서 비아는 신학적인 언어의 문제에 관심을 갖는다. 비아는 "번역할 때 기울인 우리의 수고는 우리가 이전에 가지고 있던 생각을 울려주는 단순한 소리판에 불과한 것이 아니기" 때문에 역사적인 것이 중요하다고 주장한다.[36] 예술가는 자신이 알고 있는 것보다 글로 더 잘 표현하고, 비유의 목적은 실존에 대한 더 나은 이해를 제공하려는 데 있다.[37] 실존은 얻을 수도 있고 상실할 수도 있다는 사실을 아는 데 필요한 유명한 실존적 범주들, 곧 언어사건, 자기 이해, 진정성, 검증 분석, 기능적인 분석, 정당성 원리, 비진정성, 선이해, 존재론적이고 본체론적인 것이 모두 푹스, 딜타이, 불트만, 린네만의 저서들에 근거해 논의된다.[38] 비아는 본문을 새로운 언어로 번역하여 "본문의 언어로 하여금 하나의 사건이 될 수 있도록 하는 것"이 해석의 목표라고 정의한다.[39] 이 부분에서 비아는 분명히 푹스의 실존주의 전통에 서 있다. 설명(Exposition)은 해석학이며, 해석학의 목표는 청중 편에서의 새로운 자기 이해에 있다.

비아의 책 제3장은 비유, 심미학, 문학 비평을 다룬다. 그는 비유가 순수한 예술 작품이며, 이러한 사실을 다루지 못함으로써 해석의 한 가지

34. Via, *Parables*, 6.

35. Via, *Parables*, 22.

36. Via, *Parables*, 28.

37. Via, *Parables*, 39.

38. 비아의 책의 이러한 면들에 대한 충분한 평가를 보기 위해서는, Kelley, *Significance*, 92-120을 보라.

39. Via, *Parables*, 52.

요점 이론(one-point theory)이 생기게 되었다고 주장한다. 비아는 이렇게 말한다.

> 심미적 관점에서 볼 때, 특별히 고려해야 할 어떤 한 요소를 문학 작품에서 분리하면 작품의 통일성은 파괴된다. 본문의 의미를 제공하는 문맥에서 한 요소를 제거하면 그 요소의 의미는 모호해진다.[40]

하지만 동시에 일반적으로 예술 작품은, 그리고 특히 비유에서 그 의미는 내향적일(inward) 뿐만 아니라 외향적(outward)이기도 하다. 예술 작품이나 비유에는 그 자체로도 의미가 있을뿐더러 그것을 넘어서는 의미도 있다. 이것을 비아는 현대 문학 비평가인 크리거(Murray Krieger)의 예를 빌려 설명한다. 비아는 이렇게 쓴다.

> 〔예술〕 작품이 제 기능을 잘 발휘한다면, 그것은 창문, 거울, 창문 순으로 세상과 관계한다. 첫째, 예술 작품은 우리에게 친숙한 세계를 우리와 관련이 있는 것으로 보게 하는 창문 세트다. 그 후 창문은 서로를 내향적으로 비춰 주는 거울이 된다. 이같이 반사하는 거울 세트에서 친숙한 것과 지금까지 인지되지 않았던 것이 새로운 패턴으로 연결되어 조직되고 그 결과로 이 패턴 안에는 암시적이거나 선개념적이고 실존적인 이해가 존재한다. 마지막으로 거울은 다시 창문이 되어 우리에게 세상에 대한 새로운 조망을 제시해 준다. 그래서 예술 작품은 단어이면서 동시에 세상이 된다. 이렇게 해서 그 작품은 다른 어떤 곳으로 안내하는 동시에 결국 그 작품 자체로 안내한다. 그러나 다시 창문이 되는 그 순간에도 그 작품은 여전히 선개념적인 이해를 제공하고, 그 이해는 비평 안에서만 개념화된다.[41]

---

40. Via, *Parables*, 76.

41. Via, *Parables*, 84.

이렇게 해서 비아는 서로 간에서만 의미를 지니는 다른 요소들의 내적인 통일성에 여지를 두면서, 동시에 이 요소들의 개념화를 허용한다. 나중에 비아는 자신의 주장을 이렇게 요약했다. "이 장에서 나는 문학 작품이 그 작품 안에서, 그리고 그 작품을 통해서 의미를 지니지만 내적이고 비(非)지시적인 의미가 더 우세하다고 주장해 왔다."[42]

비아는 이 "형식과 내용이 구심적으로 구성된 통일성"을 파괴하는 한 가지 요점 찾기 식의 주석학적 접근에 의해 비유가 손상되는 것을 논하는 문제로 계속해서 되돌아간다.[43] 차선책으로 비아는 예수님의 비유의 경우 "해석할 때 한 가지 요점을 제외해서는 안 되지만 반드시 전체적인 윤곽이나 상호 연관성, 그리고 그 안에 암시적으로 들어 있는 이해에 주목해야 한다."라고 제안한다.[44]

비아가 비유에 사용하고 싶어 하는 그만의 문학적인 도구는 문학 비평과 근사한 범주들에서 빌려 온 것들이다. 이를테면, 내러티브(narrative), 픽션(fiction), 플롯, 마주침(encounter), 대화, 주인공의 행동의 힘, 상징, 비극, 희극 등이다.

비아는 그의 책 후반부에서 일련의 "비극적인" 비유와 일련의 "희극적인" 비유를 해석함으로써 그의 방법을 예증한다. 거기서 비아는 자신의 주장을 "역사적-문학적 비평", "문학적-실존적 분석", 그리고 "실존적-신학적 해석"으로 나눈다. 그의 주요 관심사는 "문학적-실존적 분석"인 것 같다.

42. Via, *Parables*, 86.

43. Via, *Parables*, 88. 그와 동시에 비아는 철저하게 역사적인 방법은 파괴적인 일을 수행하는 '한 가지 요점 접근법'과 필연적으로 함께할 수밖에 없다고 생각한다. Via, *Parables*, 89.

44. Via, *Parables*, 93.

3. 반응과 평가: 남아 있는 과제

앞에서 우리는 1960년대와 1970년대에 제기된 것이지만 지금도 여전히 목소리를 내고 있는 비유 해석학 방법론 중에서 중요한 다섯 가지에 초점을 맞추었다. 각각의 방법론에서 강조하는 것을 다음과 같이 요약해서 도식화할 수 있다.

도드, 예레미아스 =	역사적				
존스 =	(역사적)				심미적
린네만 =	역사적	-	실존적		
비아 =	(역사적)	-	실존적	-	심미적

도드와 예레미아스는 역사적 측면에 관심을 기울였다. 이것으로 두 사람은 비유에 종말론적 측면이 포함된다는 것을 증명했다. 존스는 역사적 작업이 이미 수행되었다는 가정하에 심미적 측면에 초점을 맞추었다. 존스는 심미적으로 구성된 비유를 강조하려고 무시간성(timelessness)을 주장했다. 린네만은 역사적인 측면을 진지하게 취급하고, 그것에 따라 비유를 해석했다. 여기에 린네만은 실존적인 측면을 추가했다. 비아는 역사적인 측면을 기본적으로 취하면서 자신은 도드와 예레미아스의 터 위에 쌓아 올리고 있다고 주장한다. 비아는 존스가 심미적인 문제를 처음으로 논의하기 시작한 것에 감사하면서도 존스가 그 문제를 발전시키지 못했다고 비판한다. 비아는 린네만이 실존적인 문제를 진지하게 논의한 것은 칭찬하지만 그가 심미적인 문제를 도외시했다고 비판한다.

20세기 비유 해석학의 흐름을 켈리(Kelley)는 주의 깊게 요약한다.

> 각각의 해석 방법론에서 주로 강조했던 것은 이전 방법에서 물려받은 상황을 수정하는 것이었다. 그러고 나서는 그 강조점 역시 수정되어야 했다.

> 비유에 대한 실존적 접근과 가장 최근에 실존적 해석의 추종자인 비아의 경우에서 그 패턴이 다르게 나타날 것이라고 믿을 이유는 아무것도 없다. 율리허는 비유를 터무니없이 알레고리화하는 것에서 해방시켰지만 예수님의 비유가 지니는 고유의 특성을 오해했다. 역사적 해석은 비유를 비평적으로 재구성되고 종말론적으로 묘사된 예수님 사역의 틀 속에 놓았고, 그로 인해 우리는 비유를 일반적인 도덕 원리의 단순한 예화로 해석할 상황을 피하게 되었다. 이와 같은 철저한 역사적 방법론은 결과적으로 자가당착에 빠지게 되었다. 이를테면, 비유를 우선적으로 1세기 상황에서 교훈과 논쟁을 위한 구체적이고도 기능적인 도구로 생각하다 보니, 비유는 20세기 현 상황에 대해서는 거의 언급하지 않는 것이 되어 버렸다. 비아는 적실성(relevance)을 찾으려는 현대의 압박에 따라 비유를 심미적인 대상으로 취급함으로써 이러한 결함을 치유하려 했다. 심미적인 대상으로서 비유가 지니는 지속적인 주제와 번역 가능한 내용은 바로 실존에 대한 이해다. 그것을 믿든지 믿지 않든지, 또는 그것이 진정성이 있는 것이든지 진정성이 없는 것이든지 간에, 비아의 접근에 대한 우리의 평가는 이렇다. 비아가 비유를 현재로 가져와 그것으로써 많은 현대인에게 의미 있는 사건이 되게 했지만, 그는 비유 전체와 **예수님의** 비유 둘 모두에 상당히 해를 끼치는 대가를 톡톡히 치르고 말았다.[45]

앞에 제시된 도표에서 비유에 대한 역사적-심미적 접근이 이루어지지 않았음을 볼 수 있을 것이다. 심미적인 질문을 제기한 두 명의 학자들(존스와 비아)만이 역사적인 정황에 최소한의 관심을 보였을 뿐이다. 역사적인 문제로 진지하게 씨름한 사람들(도드, 예레미아스, 린네만)은 심미적인 측면에는 관심을 기울이지 않았다. 이들의 접근 방식에 가해진 간략한 평가에 의하면, 역사적인 측면은 심미적인 면과 어울리지 못한다는 것이 분

45. Kelley, *Significance*, 127-128. 강조는 켈리의 것임.

명해졌다.

예레미아스와 도드는 그들의 영향력 있는 책을 통해 비유의 역사적-종말론적 정황을 20세기의 관점에서 회복하는 기초를 놓았다. 그들의 유일한 어려움은 비유 본문 이해에 단서를 제공하는 문화의 정확한 윤곽을 그리는 데 필요한 원재료가 없는 경우가 종종 있었다는 점이다. 더욱이, 두 사람은 비유를 예술 형식으로 평가하고는 심미적인 틀을 제시하지 못했다. 이러한 부족함으로 인해 비유는 교회가 수집한 잡다한 이차적인 모음집으로 판단을 받곤 했다. 이를테면, 비유는 조금 더 좋게 말해서 그 자체로 완전무결한, 초기의 통일된 인용구로 이해되는 자료집이었다. 하지만 비유가 나온 원래의 정황에서 비유를 이해하려고 씨름하는 사람은 예레미아스나 도드에게 말할 수 없이 많은 빚을 지고 있다.

앞의 도표에 제시된 네 접근법 중에서 원래의 역사적 정황과 단절하기 위해 가장 많은 관심을 기울인 사람은 존스인 것 같다. 존스가 잘 지적했다. 누구든지 미켈란젤로의 모세상(Moses) 앞에 서 있으면, 16세기 이탈리아의 모세상이 아니라 "분노하는, 하나님의 사람"이라는 인상을 받는다. 위대한 예술 작품에는 처음 만들어졌던 역사적인 정황에서 벗어나게 하는, 시간을 뛰어넘는 무시간적(timelessness) 요소가 있기 마련이다. 그러나 비유의 경우에는 만일 역사성을 진지하게 취급하지 않으면 비유는 바람 부는 대로 떠돌아다니는 풍선처럼 된다.

켈리는 실존적 접근이 지니는 총체적인 난제를 한마디로 이렇게 요약했다.

> 이런 유형의 방법론에서 우리가 깨닫는 위험은 이것이다. 예수님의 모습을, 제자들에게 교훈하시고 대적자들에게 응대하시고 군중을 자극하시면서 순회하는 유대 랍비로서가 아니라, 불트만이나 하이데거의 얼굴을 하고 비유의 말씀으로 청중에게 본체론적인 가능성을 극적으로 표현하는 실

존주의 신학자로 그리게 된다는 사실이다.[46]

만일 실존적 접근이 일부 현대인들에게 비유의 여러 측면을 분명히 밝히는 데 도움을 준다면, 이 접근은 이렇게 논의되고 평가되어야 한다. "본문의 현대적 의미"(What it means)에 포함된 범주들을 "본문의 당대의 의미"(What it meant)에 첨가하는 것은 어떤 의미에서 새로운 형태의 알레고리화라고 말이다.

린네만은 갈등을 다룬 긴 이야기 식 비유가 원래 작용했음이 분명한 방법론적 특성을 이해하기 위해 매우 심오한 통찰력을 제시했다. 탕자 비유의 경우, 그 비유에는 "맞물림"이 있다. 탕자 비유는 진정으로 바리새인의 입장을 대표한다. 바리새인들은 죄인이 이방인을 위해 일하는 돼지치기처럼 불의한 자라고 여겼다. 그다음에 바리새인들의 견해는 성부 하나님의 말씀과 행동으로 나타나는 예수님의 견해와 "맞물린다." 예수님과 그의 대적들 사이에 존재하는 관계에 대한 새로운 가능성이 비유를 말함으로써 열린다.

그러나 제자들을 향한 비유를 논하게 되는 경우에는 린네만의 이론이 여지없이 무너진다. 그 모든 비유를 린네만은 조용히 무시한다. 설교에서 그 사건을 재창조함으로써 우리가 그 사건에 참여할 수 있다는 린네만의 확신 역시 해석학적 문제를 풀 수 있는 방법에 대한 부분적인 이해에 지나지 않는다. 갈릴리의 랍비에 맞서 적대적인 위치에 서 있던 1세기의 바리새인들이 했던 것과 동일한 방법으로 우리가 비유의 언어사건에 참여할 수 있겠는가?[47]

---

46. Kelley, *Significance*, 132.

47. 린네만은 이 문제를 단지 슬쩍 언급하고 지나갈 뿐이다. "본문의 당대의 의미"에 집중하고 해석학적인 문제를 그의 연구 범위에서 제외시키려는 것이 그의 의도였다. 이것은 우리의 의도이기도 하다. 하지만 우리는 각각의 비유에 "당대의 의미"에 속하는 "신학적인 묶음"(theological cluster)이 있다고 확신한다. 우리가 느끼는 이 묶음은 비유의 예술적인 요소들의 영향에 힘입어 설교를 통해 번역될 수 있다(참조, Linnemann, *Parables*, 37-38).

우리는 앞에서 1세기 팔레스타인의 비유 연구에 적용되는 비아의 실존적 범주들이 적합한지 이미 의문을 제기했다. 이 의문은 잠시 제쳐 두고 이것만은 반드시 짚고 넘어가야 할 것 같다. 비아가 비유를 예술 양식으로 이해하자고 주장한 것은 시의 적절했다고 말이다. 하지만 비아는 비유를 분석하면서 서양 문학을 그 범주로 사용했다. 켈리는 이러한 사실을 주목하고 이렇게 언급한다.

> 비아는 서양을 표준으로 삼아 비유를 세밀하게 설명한 것에 어떻게 맞서야 할지 결정하려고 동양적인 형식을 갖춘 비유와 관련된 자료들을 너무도 성급하게 끝내고 만다. 서양의 문학적 전통은 현대의 상황에 있는 서양인들에게 더 의미가 있을 수 있다. 하지만 일찍이 팔레스타인의 배경과 관련된 것들 역시 중요하다. 특히 예수님의 비유가 논의되는 상황에서는 더욱 그러하다.[48]

비아가 했던 것처럼 "희극", "비극", "주인공의 행동의 힘", "플롯"을 찾는 대신에 동양 문학은 그 자체의 문학적 예술 양식을 사용해서 검토해야 한다. 그렇다면, "동양 문학에서 제일 중요한 문학적 예술 양식은 무엇인가?"라는 질문이 제기될 경우, "이야기와 시(詩)"라는 대답이 거의 절대적이다. 그러므로 우리가 만일 비유를 심미적으로 탐구하려 한다면, 동양의 시 형식이 본문에 등장하는지, 이야기에 독특한 문학 양식이 있는지를 반드시 살펴야 한다.

마지막으로, 비아는 심미적인 내용을 역사적인 것보다는 실존적인 것과 관련시키는 데 훨씬 더 관심을 기울였다. 그렇게 해서 비유의 심미적인 측면은 비유 자체의 문학 형식에 비추어 검토하지 않았을 뿐만 아니라, 비유의 역사적인 정황을 1세기 팔레스타인과 관련시켜 진지하게 연

48. Kelley, *Significance*, 130, n. 2.

구하려고도 하지 않았다.[49]

역사적인 측면은 비유의 문화적인 상황에서 비롯된 부가적인 증거에 비추어 재검토해야 한다고 우리는 확신한다. 게다가 심미적인 측면은 반드시 동양 문학의 형식에 비추어 이해해야 한다. 떼려야 뗄 수 없는 이 두 가지 과제가 본서의 주제다.

이것을 염두에 두면서 적절한 방법론을 논의하려고 한다.

49. 킹스베리(J. D. Kingsbury)는 현대 해석학적 방법을 다룬 비유에 관한 일련의 탁월한 논문 세 편을 썼다. "Ernst Fuch's Existentialist Interpretation of the Parables," *Lutheran Quarterly*, 22 (1970), 380-395; *idem*, "Major Trends in Parabolic Interpretation," *Concordia Theological Monthly* 42 (1971), 579-596; *idem*, "The Parables of Jesus in Current Research," *Dialog* 11 (1972), 101-107.

2

방법론 (1): 문화적인 문제

1. 기본적인 문제: 문화적인 이질성

비유는 문화적인 문제라고 부를 수 있는 주해 문제에 직면한다. 누구나 사도 바울을 연구할 때에는 개념화된 언어로 표현된 신학을 다룬다. 하지만 비유의 경우, 비유의 신학은 역사의 특정한 시간에, 특정한 문화적인 정황에 살았던 구체적인 사람들에 대한 이야기로 표현된다. 그러므로 비유의 신학을 이해하기 위해서는 본문 이해에 정보를 제공하는 문화를 복원해야 한다. 공관복음서 비유가 속한 문화는 1세기 팔레스타인 문화다.[1] 팔레스타인에 살던 그리스도인들은 비유에 반영된 자신들의 문화를 보았고 거기서 화자 또는 저자의 의도를 즉각 이해할 수 있었다. 그러나 교회의 문화적 배경이 팔레스타인을 벗어나면, 비유는 불가피하게 외국인들에 관한 이야기가 되고 만다. 비유를 특징짓는 문화의 이러한 "이질성"(foreignness)을 사람들은 **문화적인 문제**라고 칭해 왔다.

본서 제2장의 목적은 이러한 문화적인 문제를 해결하기에 최상의 적절한 방법론을 제시하는 데 있다. 우리가 밝히려는 것은 다음과 같은 내용이 포함된 방법론이다: ① 근동 사람들과 비유의 문화적인 측면에 대해 토론하기, ② 관련된 고대 문헌 살펴보기, ③ 복음서의 동양어 번역성경 검토하기. 여기서 한 걸음 더 나아가, 우리가 비유 내용을 이해하기 위한 정보를 가능한 한 정확하게 제공하는 문화를 확정했다고 해도, 해석자가 그 비유의 **요점**에 어떻게 도달할 수 있는지, 또 그 요점이 하나인

1. Bultmann, *Tradition*, 166.

지 아니면 여러 개인지를 밝히는 문제가 남아 있다. 우리는 여기서 각각의 비유에는 청중에게 하나의 반응을 강요하는 신학적인 주제들의 "묶음"(cluster)이 있다는 사실을 밝히려고 한다.

2. 문화적인 문제 해결의 유형들에 대한 검토

이 문화적인 문제에 대한 수많은 해결책이 있었다. 교회는 수 세기에 걸쳐 이 문제에 직면해서 알레고리화하기도 했고, 토착화하기도 했고, 보편화하기도 했으며, 실존화하기도 했고, 경우에 따라서는 절망하며 포기하기도 했다. 이 해결 방법들을 하나씩 간략히 검토해 보는 것이 좋을 것 같다.

오리겐(Origen)의 해결책은 비유의 세부적인 내용을 알레고리화하면서 비유 해석에서 문화의 어떠한 역할도 부인하는 것이었다. 어느 비유에든지 거의 무엇이든 집어넣도록 허용한 이 주해 방법의 부당함을 지적해 준 율리허[2]에게 우리 모두는 감사한다.

거의 무의식적으로 사용된 두 번째 해결책은 비유의 문화적인 요소들을 "토착화", 즉 현대의 문화로 바꿔 표현하는 것(indigenize)이다. 그러면서 해석자는 1세기 사람들이 자신처럼 생각했다고 짐작한다. 1세기에 밤중에 이웃집 문을 두드리는 것은 어떤 의미일까? 아마도 오늘날 이웃집 문을 두드리는 것과 거의 같은 의미라고 생각하는 것이 이치에 맞다고 득달같이 말할 것이다. 이내 해석자는 "…라고 주장하는 것이 이치에 맞습니다."라고 말할 것이고, 우리는 "도대체 누구에게 그렇다는 겁니까?" 라고 물을 수밖에 없다. 또는 그 해석자는 "…라고 주장하는 것이 자연스럽다."라고 말할 것이고, 우리는 "누구에게 자연스럽다는 겁니까?"라고 물을 수밖에 없다. 해석자가 자연스럽다고 하는 대상이 미국 사람인가?

2. Jülicher, *Gleichnisreden*, I, 여러 곳.

아니면 영국 사람인가? 아니면 독일 사람인가? 그 대상이 누군지가 밝혀지면, 현대 문화로 바꿔 표현하기의 오류가 금세 감지될 것이다.

예를 하나 들어보자. 플러머(Plummer)는 탕자 이야기에 나오는 아버지가 아들의 고백을 듣자마자 종들에게로 몸을 돌려 지시를 내렸다는 사실을 주목한다. 플러머는 길가까지 달려 나온 종은 없을 것이기 때문에, 이러한 지시는 아버지와 아들이 집으로 돌아온 후에 내려진 것이 틀림없다고 단언한다.[3] 플러머는 분명히 19세기 영국의 집사를 염두에 두고 있으면서, 중동의 청중은 종들이 아버지를 따라 길로 달려 내려갔다고 자연스럽게 생각했을 것이라는 사실을 인식하지 못했다. 플러머는 무의식적으로 그가 속한 영국의 문화적 패턴을 이용해서 비유를 읽었다. 주석가들은 비유에 들어 있는 중요한 요소들을 너무도 자주 간과한다. 그 요소들이 주석가들의 세상에서는 중요하지 않은 까닭이다.

세 번째 방법은 문화적인 요소를 "보편화하는 것"이다. 이 경우, 주석가는 모든 인간이 근본적으로 유사하다고 가정한다. 모든 사람은 아버지와 아들과 이웃이 어떤 존재인지를 안다. 모든 사람은 죽음, 이별, 고통을 경험한다. 여기서 한 걸음 더 나아가 모든 문화에서는 비유에 제시된 기본적인 인간관계가 거반 비슷하며, 그러한 까닭에 팔레스타인 문화를 연구하는 것은 그다지 중요하지 않다고 생각한다. 물론 이러한 생각은 어느 정도 사실이다. 모든 인간이 공유하는 인간성이란 엄연히 존재하며, 모든 인간이 풀려고 애를 쓰는 공통적인 문제가 있다. 하지만 그러한 문제를 표현하거나 그 문제를 논의하는 패턴은 상당히 다르다. 실제로, "보편화하는 것"은 "토착화", 즉 현대 문화로 바꿔 표현하는 것이 되고 만다. "모든 사람의 사고방식은 엇비슷하다."라고 말하는 사람은 사실 "모든 사람은 나처럼 생각한다."라는 의미로 이 말을 한 것이다.

네 번째 방법은 실존화하는 것이다. 사실 이것은 문제의 핵심을 본문

3. Plummer, *St. Luke*, 375.

의 의미에서 현대적 의미를 논하는 논쟁으로 옮기는 것이다. 물론 해석학적 질문은 매우 중요하다. 하지만 "현대적 의미"에 대한 해석학적 관심사를 찾기 이전에 먼저 "당대에서의 의미"가 무엇인가라는 질문에 대답해야 한다. **어떠한** 언어사건이 제안되었는지가 분명히 밝혀져야 "언어사건"에 참여하는 문제를 지적으로 논의할 수 있다. 역사적인 질문을 제기하지 않는다면 언어사건은 주석가의 창작물이 되고 만다.

다섯 번째 선택은 절망하는 것이다. 이렇게 반응하는 데에는 두 가지 원인이 있다. 첫째는 시간적인 괴리와 관련된 문제다. 우리는 예수님 당시 팔레스타인 농부들의 세계에서 2000년이나 떨어져 있다. 둘째는 거리와 관련된 문제다. 우리는 서양에 살고 있고, 예수님과 그의 청중은 동양인들(팔레스타인에 살았던 사람들 - 역자 주)이다. 서양 세계의 주석가들은 그 공간을 "넘고" 시간을 "거슬러" 당대의 공간으로 들어가야 한다. 불트만은 불의한 청지기 비유가 원래 무슨 의미였는지를 회복하는 것은 불가능하다고 솔직히 인정했다.[4] 16세기에 카예탄(Tomas de Vio Cajetan)도 동일한 입장을 고수했다.[5] 정보는 얼마 안 되는데도 논의는 계속 진행되고, 과거로 돌아가는 길은 너무 좁다. 팔레스타인 정황에서의 비유의 원래 의미는 상실될 수밖에 없었다고들 한다.

이 다섯 가지 선택 중에서 어느 것 하나도 적절하거나 필수적이지 않다는 것이 우리의 견해다. 그리고 비유 본문 이해에 정보를 제공하는 동양의 문화는 상당히 체계적으로 회복될 수 있다는 것이 우리의 결론이다. 1세기 문화 회복 작업을 우리는 "동양식 주해"(Oriental exegesis)라고 부를 것이다.

---

4. Bultmann, *Tradition*, 199.

5. *Evang. cum commen… Thomae de Vio Caietani in quattuor Evang. et Apostel.… Commentarii*, etc (1530). Trench, *Notes*, 324에서 인용.

3. 동양식 주해: 제안

이 단락에서는 동양식 주해가 무엇인지를 밝히는 것에서 시작하여 중동 농부들의 고대 생활양식의 특성을 검토할 것이다. 과거에 중동의 농부들에게서 어떤 통찰을 얻으려고 시도했던 여러 방법들을 검토하고, 마지막으로 우리가 중동 사람들과 함께 일한 경험을 예로 들어 함께 제시할 것이다.

(1) "동양식 주해"란 무엇인가?

복음서 비유 본문 이해에 정보를 제공하는 문화는 세 가지 도구를 함께 사용해서 비교적 자세하게 묘사할 수 있다. 비유들이 나오게 된 정황에서 각각의 비유가 의미하는 바가 무엇인지 알기 위해서는 당대의 보수적인 농부들의 문화를 조사해야 한다. 수 세기 동안 근동의 교인들이 본문을 어떻게 번역해 왔는지를 알기 위해서는 근동의 번역 성경을 연구할 필요가 있다. 비유와 관련된 고대 문헌은 이 두 가지 다른 자료에서 얻은 통찰과 **함께** 읽어야 하며, 그것과 별개로 읽어서는 안 된다. 본문은 이 세 가지 자료에서 수집한 정보를 배경으로 삼아 조사해야 한다. 이 세 가지 도구들은 현대 학자들의 여느 기술과 별개로 사용할 것이 아니라 반드시 그것과 **함께** 사용할 필요가 있다.

따라서 "동양식 주해"는 문화적인 특성을 지닌 본문을 연구하는 방법이다. 그 방법은 고대의 문헌, 당대의 농부들, 동양(근동)의 번역 성경에서 얻은 문화적인 통찰과 결합하여 서양 학자들의 표준적인 비평 도구를 사용하는 것이다.

이제 이 세 가지 도구들이 각각 어떻게 사용되는지를 자세하게 검토해 보기로 하자. 첫 번째 대상은 고대의 문헌이다.

(2) 고대 문헌: 고대 문헌의 중요성과 그 문헌을 평가하는 해석자의 문제

현대 학자들은 한 세기가 넘게 성경의 문화적인 상황을 재발견하려고 무진 애를 써 왔다. 비유 본문 이해에 정보를 제공하는 문화에 관한 단서를 얻으려고 학자들은 고대의 문헌을 정확하고도 민감하게 검토했다. 고대 문헌의 중요성은 아무리 강조해도 지나치지 않다. 문제는, 어느 문서에 있는 문화적인 사고방식을 추측하고 설명한다고 해 봐야 거의 도움이 되지 못하는 정보만을 나열할 뿐이라는 사실이다. 특정한 현장에 반영된 문화적 배경을 찾기 위해 고대 근동의 문헌을 조사하는 것은 마치 다이아몬드 원석을 한 번도 본 적이 없는 사람이 돌무더기에서 다이아몬드 원석을 찾는 것과 같다. 마치 거대한 고고학 발굴지에서 작업하고 있는 신출내기와 같다. 살펴볼 것이 많이 있다고 하더라도, 관찰자는 어떤 것을 살피기 전에 자신이 찾고 있는 것이 무엇인지를 먼저 알아야 한다.[6] 벤 시락(Ben Sirach)은 귀인은 걸음걸이로 알 수 있다고 말한다.[7] 벤 시락은 중동의 족장들이 천천히, 그리고 위엄 있게 걷는 모습을 언급하고 있다. 그 걸음걸이는 공동체에서 족장들의 품위를 나타내는 표다. 벤 시락이 주목한 이 사실은 탕자 비유를 이해하는 데 결정적인 열쇠 가운데 하나다. 이것은 사용할 수 있는 열쇠지만, 지금까지 아무도 주목하지 않았고 사용하지도 않았다.

한마디로 말해서, 비유 본문 이해에 정보를 제공하는 문화는 고대 문헌에 나타나는 경우가 종종 있다. 어쨌든 해석자는 자신이 찾고 있는 것이 무엇인지를 알아야 고대 문헌에서 의미 있는 탐구를 할 수 있다. 그 해답의 일부분은 이제 검토하고자 하는 두 번째 도구에서 찾을 수 있다.

---

6. 요한복음 편집자는 이 원리를 잘 알고 요한복음 4:9에 "이는 유대인이 사마리아인과 상종하지 아니함이러라"라는 구절을 첨가했을 것이다. 편집자는 독자에게 문화적인 문제가 있다는 사실을 알았다. 우리의 문제도 같다. 훨씬 더 심각하다는 것만이 다를 뿐이다.

7. Sir. 19:30.

(3) 비유의 문화를 재발견하는 도구인 당대의 근동 농부들과 그들의 구전 전승

이 단락에서 우리는 고대 근동 농부들의 생활 방식을 관찰하고, 이 농부들에게서 통찰을 얻기 위한 과거의 시도들을 재검토하고, 아직 끝나지 않은 과제 및 그 방법과 장치들의 윤곽을 설명하려 한다.

a. 농부들의 고대 생활양식

이집트 남부, 레바논 산악 지대, 그리고 상부 시리아와 이라크의 외딴 곳에는 세상과 고립되어 살아가는 농부들의 공동체가 있다. 그들이 고대의 생활양식을 보존할 수 있었던 것은 단지 그들이 세상에서 고립되어 살았기 때문만이 아니다. 그들은 '변함없음'(changelessness)을 매우 가치 있게 여겼다. 이 원칙은 고대에 속한 것으로서, 성경에도 잘 나타난다. 성경의 지혜 문학을 비롯해서 고대 동양의 모든 지혜 문학은 변함없음의 지고한 가치를 천명했다. 안정된 상태에만 의미가 있다. 이것은 신이 창조할 때 이집트 사회를 완전한 모습으로 시작했다고 가르치는 고대 이집트 종교에서도 천명되었다.[8] 의미를 보존하는 것은 현재의 상황을 보존하는 것이다. 이처럼 변함없음을 가치 있는 것으로 여기는 것은 수 세기 동안 중동의 농부들 사회에서 유지되었다. 그래서 오늘날, 마을에서 신사에게 부여하는 가장 훌륭한 찬사는 "하피즈 알-타칼리드"(*Hāfiz al-taqālīd*, 관습의 보존자)라는 말이다.

헨리 아이라우트 신부(Father Henry Ayrout)는 중동의 농부에 관한 유명한 인류학적 연구에서 이것을 다음과 같이 설명한다.

> (이집트와 시리아의) 농부들은 그들의 주인을 바꾸고 종교를 바꾸고 언어와 농작물을 바꾸었지만 자신들의 생활양식은 바꾸지 않았다. … 오늘날 북

8. Henri Frankfort, *Ancient Egyptian Religion* (New York: Harper, 1961), 49.

> 아프리카나 갈대아 등 유적지의 폐허에서 볼 수 있다시피, 폭동과 되풀이되는 충격적인 일이 모든 사람을 휩쓸어 갔다. … 하지만 농부들은 강인함을 유지했고 그들의 입장을 고수했다. … 그들은 신전의 화강암처럼 무감각하고 영속성이 있고 개발하는 데 더뎠다. … 이것은 단순히 겉으로만 보이는 인상이 아니다. 우리는 이들 농부들이 옛날에 사용했던 것과 같은 도구들을 사용하고 있음을 볼 수 있다. 일례로, 쟁기, 샤두프(*shadûf*, 아랍의 밭 가는 도구 - 역자 주), 사키아(*saqia*, 황소를 이용해서 물을 끌어올려 농지에 물을 공급하는 고대의 기구 - 역자 주) … 몸을 관리하는 동일한 방법 … 동일한 결혼 풍습, 장례 풍습 등. 고대 문헌인 헤로도토스(Herodotus), 디오도로스 시켈로스(Diodorus Siculus), 스트라보(Strabo), 마크리지(Maqrīzi), 반스레브(Vansleb), 페레 시카르드(Pere Sicard), 볼니(Volney) 등의 글에서 동일한 모습의 농부를 찾아볼 수 있다. (그들에게는) 혁명도 없고 진화도 없었다![9]

길이 없어서 외부 세계와 연결되지 못한 마을이 많다. 외지로 나가려면 걷든지 나귀를 타야 한다. 마을 소식을 알리고 다니는 관원과 베 짜는 사람이 있다. 큰길 어귀에 있는 문은 밤에는 닫힌다. 사람들은 헬라어, 아람어, 시리아어, 심지어 아카디아어가 섞인 구어체 아랍어를 말한다. 젊은 여자들은 전문 고고학자들을 빼고는 모든 사람들을 놀라게 하기에 충분한 아스타르트(페니키아의 풍요와 생식의 여신 - 역자 주) 모양을 한 풍요의 상(像)을 만든다.

놀라울 만큼 고대의 모습을 한 것은 비단 농부들의 일상생활만이 아니다. 과거로부터 보존되어 온 시와 이야기 형식에 나타난 그들의 지적인 생활도 그러하다. 남자들은 "하플랏 **사마르**"(ḥaflat *samar*, 사마르를 위한 사교 모

---

9. Henry Habib-Ayrout, *The Fellaheen*, trans. Hilary Wayment (Cairo: R. Schindler, 1945), 19-20. 시일(Seale)은 중동에서 생애를 보낸 후 이렇게 썼다. "현대의 대변혁 이전에, '바뀌지 않는 동양'은 참으로 바뀌지 않고 있었다." Cf. Morris S. Seale, *The Desert Bible, Nomadic Tribal Culture and Old Testament Interpretation* (London: Weidenfeld and Nicolson, 1974), 21.

임)로 불리는 모임을 위해 밤마다 모인다. 사마르(*samar*)는 "보존하다"라는 의미의 히브리어 **샤마르**(*shamar*)와 같은 어원의 단어다. 남자들은 시를 낭송하고 이야기를 함으로써 그들 공동체의 지적인 생활을 **보존하기** 위해 모이고 있다. 마을 촌장이 "마라 아이얌 알-술탄"(오래전 술탄이 살았을 적에…)이라든가, "마라 아이얌 알-룸"(오래전 비잔틴 사람들 시절에 …)이라든가, 아니면 좀 더 일반적으로 "마라 자만"(옛날 옛적에)이라고 운을 떼면, 그것은 영국 사람이 아서 왕 시절의 이야기를 시작하는 것과 같다고 보면 된다. 촌장이 과거에 대한 이야기를 들려줄 때 그는 자신이 살고 있는 세상과 문화적으로 약간 다를 수 있는 세계로 들어간다. 하지만 전통적인 예의범절과 고풍스러운 생활양식을 보유하고 있는 그 고대의 세계는 그 이야기 속에서 알려지고 보존된다. 이렇게 해서 마을의 생활에는 두 가지 층의 문화적 관습이 존재하게 된다. 농부 자신의 문화와 촌장이 들려주는 전통적인 구전 문학의 문화가 바로 그것이다. 사람들은 조심스럽게, 그리고 인내를 가지고 이 두 가지 층의 문화에 접촉함으로써 고대의 문화 형태에 자신도 모르는 사이에 스며들고 그 문화를 상당히 이해할 수 있다.

다음으로 질문할 수 있는 것은 이것이다. 그렇다면 이러한 작업은 이제껏 수행된 적이 없었는가? 당대 근동의 농부의 관점에서 비유를 이해하기 위한 통찰을 얻는 작업은 이미 끝난 것이 아닌가? 내가 확신하기로는, 그 작업은 부분적으로 수행되어 왔고, 종종 부정확했다. 근동의 농부들을 탐구한 시도들을 재검토해 보면 그것이 사실임이 드러날 것이다.

b. 근동의 농부에게서 통찰을 얻으려는 과거의 시도

이 단락에서 우리는 당대의 농부에게서 성경을 이해하는 통찰을 얻으려고 했던 과거의 세 유형을 재검토해 보려 한다. 예레미아스는 이렇게 썼다.

> 수년간 팔레스타인에서 생활한 경험이 있는 나로서는 고대의 팔레스타인과 현대의 팔레스타인을 동시에 연구하고 나니 … 복음서를 이해하는 데 … 얼마나 많은 새로운 통찰을 얻게 되었는지를 내 경험으로 입증할 수 있다.[10]

예레미아스는 당대의 보수적인 중동의 농부들에게서 수집한 정보 하나하나를 철저하게 스크랩해 두는 버릇이 있었다. 그런데, 대부분의 자료들이 우연히 수집된 것이며 항상 정확한 것은 아니라는 게 고충이라면 고충이었다. 그 자료들은 세 부류로 나뉜다. 우리는 그 자료들에 이런 명칭을 붙였다: 첫째, 말안장에서 본 자료; 둘째, 서재 창문에서 본 자료; 셋째, 어느 한 마을에서 본 자료.

첫째, **말안장에서 본 자료**가 있다. 19세기 시리아 선교사였던 톰슨 목사(W. Thomson)는 성지 이곳저곳을 다니면서 말안장에서 수년간을 보냈다.[11] 대략 1850년부터 제1차 세계대전 무렵까지 팔레스타인의 순례자, 여행자, 일시 거주자들이 쓴 책들이 홍수처럼 쏟아져 나왔다. 이 책들은 거의가 말안장에서 본 팔레스타인의 모습이었다. 저자들은 "말을 타고 지나가면서" 팔레스타인을 보았다. 중요하고 가치 있는 것들도 많이 목격했다. 지형, 날씨, 농사력, 집을 짓는 방식, 땅을 갈고 밭을 일구는 방식 등이 주목을 받았다. 성경을 이해하는 우리의 지식은 풍성해졌다.

이 기간에 나온 문헌의 대부분은 비교적 짧은 기간 중동에 체류한 사람들이 쓴 것이라는 데 문제가 있다. 톰슨은 아랍어가 유창했고, 그 지역에서 25년을 보낸 사람이다. 하지만 이와는 대조적으로 대다수의 서양 저자들은 그곳에서 단기간 체류했을 뿐이며, 아랍어 지식도 거의 없

---

10. Joachim Jeremias, *The Problem of the Historical Jesus*, trans. N. Perrin (Philadelphia: Fortress, 1964), 17.

11. 참조, p. 1, n. 1. 톰슨은 때때로 문화적인 관찰을 하곤 했다. 그가 문화에 대해 언급한 내용들은 탁월했다. 톰슨의 주된 관심사는 지정학적인 장소를 규명하는 것이었다.

었고, 중동의 생활 방식에 잠시 접촉했을 뿐이다. 이들은 자기 나라로 돌아가서 책과 논문을 썼다. 그들이 쓴 책과 논문은 종종 비유 해석 방향에 상당한 영향을 주었다.[12] 일반적으로 말해서, 중동에 장기간 체류했던 사람들은 학자가 아니었다. 학자들이었다면 으레 했음직한 학문적인 질문들을 간과한 채, 이들이 경건 서적을 썼다는 것은 어쩌면 지극히 자연스러운 일이었을 것이다. 이들 중에서 톰슨 같은 학자들은 우선적으로 성경에 나오는 지명을 밝히는 데 관심을 기울였다.

말안장에 앉아서 본 자료 이후에 등장한 것은 저자들이 팔레스타인에 정착해서 동일한 자료를 상당히 자세하게 검토한 경우다. 우리는 이것을 **서재 창문에서 본 자료**라고 부르겠다. 달만(G. Dalman)의 탁월한 저서는 그냥 지나쳐서는 안 되는 책이다. 달만은 측량하고 도식화하고 사진으로 찍거나 차트로 만들 수 있는 것들은 무엇이든 다 기록했다. 달만이 쓴 일곱 권에 달하는 방대한 책(1928-1942)에는 팔레스타인의 외적인 생활 모습이 매우 정확하고 감탄할 정도로 자세히 담겨 있다.[13] 하지만 달만은 외부에서 바라보기만 하는 서양 교수에 머물고 말았다. 그는 "서재 창문에서" 바라보았다. 비유 해석을 위해서는 농기구의 모양 그 이상을 알아야 한다. 농기구를 사용하는 사람들이 살고 있는 사회의 속사정을 알아야 한다.

동일한 시기에 영국 선교사이며 아랍 학자인 비숍(E. F. F. Bishop)은 예루살렘에 거주하면서 매주 서양 학자들을 만나 팔레스타인 전체 전경이 성경에 어떤 의미를 주는지 토론했다. 비숍이 출판한 세 권의 책[14]에는 상당히 많은 색다른 추억이 섞인 값진 통찰이 많이 담겨 있다. 비숍은 부분

12. 주해 부분에서 마거릿 깁슨(Margaret Gibson)의 사례와 불의한 청지기 비유의 현대적 이해에 끼친 깁슨의 영향을 상세히 검토할 것이다.

13. G. Dalman, *Arbeit und Sitte in Palästina* (Gütersloh: Bertelsmann, 1928-1942), 7 vols.; *Sacred Sites and Ways, trans.* Levertoff (London: SPCK, 1935).

14. Bishop, *Jesus; idem, Apostles of Palestine* (London: Lutterworth, 1958); *idem, Prophets of Palestine* (London: Lutterworth, 1962).

적으로는 연구에서 벗어나 있었다. 비숍 자신이 인정한 바에 따르면, 그의 자료 중 상당히 많은 내용이 "본질적으로 선교적인" 그룹에서 행한 토론에서 나왔다.[15] 하지만 비숍은 아랍 친구들 수백 명과 대화를 나눴으며, 어느 역본인지를 밝히지는 않았지만 주해를 위해 복음서의 아랍어 역본을 사용했다. 그러나 비숍은 신약을 전공하지 않은 아랍 학자였던 까닭에 그의 자료는 당대의 학문적인 문제는 다루지 않았다.

세 번째로 기여한 것은 **어느 한 마을에서 본 자료**라고 부를 수 있다. 이 문제와 관련해서 두 사람을 언급하려 한다. 리바니(Abraham Rihbany)[16]와 레비슨(N. Levison)[17]이다. 리바니는 제1차 세계대전이 발발하기 이전에 미국으로 이민 가서 목사가 된 시리아 기독교인 농부다. 대단히 보수적인 농부들의 세상에서 건너온 그는 자신의 어린 시절의 세계가 서양 세계와 너무나도 다르다는 것을 알게 되었다. 그는 이렇게 썼다. "나는 성경을 펼 때마다 마치 고향에서 온 편지인 것처럼 생각하고 읽었다."[18] 레비슨은 19세기에 팔레스타인에서 성장한 동양 유대인이다. 레비슨은 기독교로 개종하여 영국으로 이민을 갔고 그곳에서 목사가 되었다. 그의 책 *The Parables: Their Background and Local Setting*(『비유: 비유의 배경과 지역적 상황』, 1926)은 이런 말로 시작한다.

> 내가 지역적인 색채를 더할 수 있는 자격이 있는 것은 내가 나사렛과 그 주변 마을이 보이는 갈릴리에서 성장했다는 특권 때문이다. … 내가 예루살렘에 있는 학교로 가기 전까지 교통수단이라는 것은 본 적이 없으며, 구약의 내용을 마치 어제 일어난 사건을 최근 기록한 것처럼 생생하게 이해할 수 있다고 말한다면, 그것은 사파드(Safad) 지역에서 살았던 삶이 얼마

15. Bishop, *Jesus*, 20.
16. Rihbany, *Syrian*.
17. Levison, *Local Setting*.
18. Bishop, *Jesus*, 8에서 인용.

나 원시적이며 변화와 거리가 먼 것이었는지를 보여 준다.[19]

리바니와 레비슨의 책은 꽤 가치가 있다. 그런데 이 책들은 대부분 학문적인 책이 아니라 경건 서적이라는 데 결정적인 문제가 있다. 그래서 학문적인 문제에서 제기되는 많은 질문에 대해 이들 책은 대답을 제시하지 못한다. 그러나 이보다도 더 심각한 문제는 방법론적인 면에서 목사라고 해도 자신이 자란 마을에 대한 추억을 극복하고 그 너머의 것을 보지 못했다는 것이다. 레비슨은 사파드 지역이 중동 농부에게 두루 적용되는 보편적인 정황을 반영할 수 없다는 것을 미처 깨닫지 못했다. 레비슨이 리바니의 책을 읽지 않은 것은 분명하다. 레비슨과 리바니의 책으로는 그들이 모은 자료가 시리아, 레바논, 이집트 마을에도 적용될 수 있는지 잘 알 수 없다. 이러한 결점이 있지만, 이 두 사람의 책은 중요하다. 팔레스타인 밖에서 중동 사람들을 관찰한 서양 사람이 쓴 것이 아니라 중동 사람이 자기들의 문화를 묘사하고 있기 때문이다. 그들이 제공하는 정보는 대체로 가치가 있다. 하지만 그 정보는 단편적이고 불완전하다.

c. 끝나지 않은 과제: 방법과 장치

나는 지난 20년 동안 (비유) 본문 이해에 정보를 제공하는 동양 문화를 좀 더 정확하게 묘사하는 데 도움을 줄 수 있는 방법론을 마련하려는 목적으로 말안장에서 본 자료, 서재 창문에서 본 자료, 어느 한 마을에 머물면서 얻은 자료에서 통찰력을 얻으려 했다. 나는 이것을 **마스타바(*mastaba*)에서 본 자료**라고 부르기를 좋아한다. '마스타바'는 진흙이나 돌로 만든 벤치로, 농부의 집 바깥에 있는 것인데 농부들은 몇 시간이고 거기에 앉아서 친구와 이야기를 나누고는 한다.

나는 농촌 문맹 퇴치 5개년 계획 팀에 속해서 상당히 오랜 기간을 동

19. Levison, *Local Setting*, x.

양의 여러 마을에서 생활하는 특권을 가졌다. 농촌 마을들은 문맹률이 매우 높은 까닭에 대부분 자연히 문명사회로부터 고립되어 있거나 원시적인 상태였다. 그러한 마을에 살면서 나 스스로도 그 마을의 일부가 되어, 손님이나 이방인이나 조사원이나 학자로서가 아니라 평범한 주민으로서 그 사람들과 접촉할 수 있었다. 카메라나 공책 없이, 사람들끼리 서로 어떻게 반응하는지를 관찰할 수 있었다. 수년이 지나는 동안 나는 성경 본문에 대해 참신한 질문을 제기하고자 한다면 새로운 인식이 필요하다는 것을 점차 깨닫게 되었다.

중요한 질문은 **사고방식(태도), 관계, 반응, 가치 판단**과 관련된 것들이다. 한밤중에 도와 달라는 요청에 잠자고 있던 이웃은 어떤 **태도**를 보일까? 지주와 소작인 간의 **관계**는 어떠할까? 아들이 유산을 미리 달라고 요구할 때 아버지가 보일 만한 **반응**은 무엇일까? 청지기가 소작인들에게 임대료를 깎아서 말하라고 요구할 때 소작인들이 청지기에 대해 내린 **가치 판단**은 무엇일까?

나는 동양의 이야기꾼에게는 저마다 연주하는 "그랜드 피아노"가 있다는 것을 알게 되었다. 그 피아노는 중동의 농부들 사회에서 알려지고 인습화되어 있는 사고방식, 관계, 반응, 가치 판단으로 만들어진다. 주어진 상황에서 모든 사람이 어떻게 행동할 것인지는 모든 사람이 알고 있다. 이야기꾼은 자신이 말하고자 하는 역설, 놀람, 유머, 절정을 도입하기 위해 기존의 행동 패턴을 끊는다. 이들이 사용하는 동일한 사고방식, 관계, 반응, 가치 판단에 귀 기울이지 않으면 그 피아노 음악을 듣지 못한다. 비유와 함께 이 피아노 음악에는 이야기 자체를 탄생시키는 신학의 중요한 측면들이 포함되어 있다.

나는 어떤 한 시골 마을에 체류한 것을 제외하면 20년간 이집트와 레바논의 여러 마을에서 복음을 전했고 성례를 집행했다. 이러한 경험으로 나는 마을 사람들과 그 지역의 목사님들을 두루 사귀게 되었다. 더욱 중요한 것은 이러한 사역으로 그들과의 친밀한 관계가 더욱 돈독해졌고,

비유와 관련된 문화적인 질문을 할 수 있는 신뢰가 쌓였다는 것이다. 그래서 나는 농부의 눈으로 볼 때 그 비유의 의미가 무엇인지를 관찰하는 특권을 누렸다.

통찰을 얻는 기본적인 방법은 비유의 의미를 결정하는 광범위한 토론에 개인과 단체를 참여시키는 것이다. 대화는 통상 이런 말로 시작한다. "자, 만일 이런 경우가 당신들의 할아버지 시대에 이 마을에서 발생했다면, 사람들은 그 사건을 어떻게 이해했을까요?" 종종 나는 다음과 같은 방법론적 장치를 따랐다.

① 자료를 제공하는 사람은 적어도 자기 삶의 처음 20년을 보수적이고, 기본적으로 글을 모르고, 외딴 농부 공동체에서 보냈어야 한다.
② 정보 수집의 기본적인 방법은 아랍어를 이용해서 구두로 대화를 나누는 것이어야 한다. 중동에서 지금 우리가 접하는 "언어 문화"에서 문제가 되는 거의 모든 것은 구두로 발생한다. 동양적인 사고는 동양의 언어로 가장 적절히 표현된다.
③ 내가 대화를 나눈 1차 자료 제공자는 적어도 5년간 친구로 알고 지낸 사람이었다. 5년은 같이 보내야 동양 사람은 외국인에게 판에 박힌 대답을 하지 않는다.
④ 내가 대화를 나눈 자료 제공자는 자신이 받은 질문을 이해하기 위해 성경적인 증거를 충분히 알고 있어야 한다.

차츰 나는 비유 본문 이해에 정보를 제공하는 문화를 이해하기 위한 핵심적인 질문과 관련해서 대화를 나눌 수 있는 1차 자료 제공자 25명 정도로 팀을 만들 수 있었는데, 그들은 이란 사람에서 수단 사람에 이르기까지 다양하다.[20] 이 25명 중에서 대다수는 그들 스스로도 본문과 씨

---

20. 내게 자문해 준 사람들을 본서의 부록 B에 간략히 열거해 놓았다.

름해 왔던 아랍의 목회자들이었다. 한 자료 제공자에게서 얻은 통찰이 중동 사람들 사이에서 널리 인정되는 것이라는 확신을 얻기 위해서 나는 가능한 한 중동의 많은 청중과 그 이야기를 나누었다. 이 작업은 중동의 교회에서 강의하는 도중에도 이루어졌다. 그것을 확대해서 중동의 신학교 학생들, 목사님들, 그리고 일주일에 한 번 아랍어 라디오 방송을 통해서도 시행했다. 나는 레바논 베이루트에 있는 근동신학교 교수로 재직하고 있을 때 시리아, 레바논, 독일, 네덜란드, 프랑스, 영국, 아일랜드, 미국에서 온 동료 교수들과 함께 작업할 특권을 누렸다. 동료 교수들과 수없이 많은 대화를 나누면서 나의 식견은 다듬어지고 수정되었다. 가끔씩 우리 학교를 방문하는 동서양의 학자들에게 자문을 구할 기회도 있었다.

몇몇 경우 우리가 얻은 통찰은 이미 우리가 알고 있는 것이 사실임을 확인해 주기도 했다. 이미 알고 있던 여러 지식이 더 다듬어지기도 한 반면에 전혀 도움이 되지 않아 제외시킨 것도 있었으며, 몇몇 새로운 자료가 발견되어 비유를 이해하는 데 도움을 받기도 했다.

우리가 사용한 세 번째 도구는 시리아 역과 아랍어 역 복음서다. 비유 해석에 새로운 통찰을 준 이 특별한 방법을 이제 검토하려 한다.

(4) 주해를 위한 동양어 역본의 중요성

동양어 역본은 본문 비평을 위해서는 사용되었지만 주해를 위해서는 거의 사용되지 않았다. 최근에 와서야 비로소 번역은 곧 해석이라는 사실을 인정하기 시작했다. 예를 들어 불의한 청지기 비유를 아랍어나 시리아어로 번역하는 사람은 헬라어 οἰκονόμος(오이코노모스)에 해당하는 단어를 무엇으로 사용해야 할지를 결정해야 한다. 헬라어 단어에서 발견되는 동일한 범위의 모호함이 아랍어나 시리아어에서는 발견되지 않는다. 번역자는 οἰκονόμος가 부동산 관리인인지 대금업자인지를 결정해야 한다. 번역을 위해서는 이 주해와 관련된 결정을 내려야 한다. 결정하는 일이 중요한 까닭은 비유를 어떻게 이해하느냐에 따라 처음에 제기한 질문에 다른 답이 나오기 때문이다. 아랍어 역본과 시리아어 역본의 번역자는 번역할 때 이 주해적인 질문에 대답하기 마련이다. 2, 3세기 시리아역 성경 번역자는 성경을 번역하면서 본문 이해에 정보를 제공하는 문화에 대한 자신의 이해를 반영할 수밖에 없었다. 문제의 핵심은 이것이다. 즉 시리아 역 번역자는 비유가 기록될 당시의 문화와 거의 동일한 문화가 통용되던 고대 동양 세계에 살았다는 사실이다. 그래서 문화적인 질문이 제기되는 경우, 특히 더 오래된 동양어 번역 성경이 주해에 결정적인 원자료를 제공한다.

이 연구를 수행하면서 우리는 일련의 아랍어 역본과 시리아어 역본 18권을 선정했다. 선정 기준은 시기, 지역, 유형 등 세 요인에 근거했다. 시기와 관련해서는, 2세기부터 20세기의 본문을 망라했다. 초기 역본을 더 선호했지만 동양 학자들이 만든 중세와 현대의 역본들을 간과하지 않았다. 알 수만 있다면, 각각의 본문의 지역적인 기원을 고려해서 선정했다. 이집트, 시내 산, 레바논, 시리아, 이라크, 에데사(Edessa, 메소포타미아 서북부의 고대 도시로 현재 우르파에 해당한다. - 역자 주) 등이 대표적인 지역이다. "유형"이란 단어로 우리가 언급하려는 것은 "교회가 만든 번역 성경"(church translations)이 잘 알려진 아랍 학자와 시리아 학자들이 만든 역본과 견주어져 왔다는 사실이다. 대표적인 학자로는 13세기 카이로의 위대한 주석가였던 히바트 알라 아부 알 파들 이븐 알 아살(Hibat Allah Abu al-Faḍl Ibn al-'Assāl)과 11세기 아랍 주석가들의 왕자라 할 수 있는 바그다드의 아부 알 파라지 압달라 이븐 알 타이이브(Abu al-Faraj 'Abd Allah Ibn al-Ṭayyib)가 있다. 본서 뒤에 있는 부록 A에는 선정된 번역 성경 목록과 각 번역 성경에 대한 간략한 설명을 수록했다. 이 번역 성경에서 수집한 모든 증거를 포함하기에는 이 책의 지면이 부족하다. 아랍어와 시리아어로 된 천 개가 넘는 본문을 주의 깊게 읽어 보면, 그 본문들은 여기서 논의하고 있는 비유의 문화를 이해하는 데 중요한 의미가 있고 그 내용은 각주에서 찾을 수 있다.

지금까지 말한 내용을 정리해 보자. 본문에서 제기되는 문화와 관련된 질문들에 대해서 주의 깊게 선정한 중동의 그리스도인들과 가능한 한 광범위하게 논의하자는 것이 내가 제안한 방법론이다. 동양의 그리스도인들이 본문을 어떻게 이해해 왔는지를 알기 위해 중요한 아랍어 역본과 시리아어 역본을 자세히 검토할 것이다. 이 두 자료에서 얻은 통찰을 염두에 두고, 이를 더 자세히 비교하기 위해 관련된 고대의 문헌을 검토할 것이다. 이 세 자료들을 현대 학자들이 표준적으로 사용하는 도구와 더불어 본문에 적용할 것이다.

계속 따라다니는 질문이 하나 있는데, 늘 제기되는 질문이다: "중동의 농부들이 수 세기를 지나는 동안 자기들의 문화와 사고방식을 바꾸지 않았다는 사실을 어떻게 확신할 수 있는가?" 이 질문에 대답하면서 강조해서 말할 수밖에 없는 것은 이것이다. 만일 더 오래되었거나 어쨌든지 더 믿을 만한 다른 자료를 얻게 되면, 현대 중동의 농부들에게서 얻은 통찰은 언제든지 버려야 한다는 것이다. 이렇게 해 줄 만한 다른 자료가 없다면, 우리가 선택할 것은 둘 중 하나다. (고대의 역본 및 문헌과 비교하여) 중세 중동 농부들의 문화적인 세계관을 용납하든지, 아니면 앞에서 우리가 거부한 차선책 가운데 하나를 붙잡든지 해야 한다.[21] 비유를 처음부터 끝까지 읽고 해석하는 주석가는 문화적으로 영향을 받은 일련의 판단을 내릴 수밖에 없다. 비유를 읽으면서 문화적인 판단을 내릴 때, 해석을 해야 할지 말아야 할지를 질문할 것이 아니라, 본문의 뜻을 알기 위해 **어떤** 문화를 적용할 것인지를 질문해야 한다.[22]

마지막으로 제기할 수 있는 방법론적 관심사는 이것이다. 비유마다 하

---

21. 본서 pp. 46-48.

22. 나는 내 자신이 작업대에서 일하는 목수에게 다가가는 방문객이라고 느낀 적이 있다. 그 목수는 약간 무딘 끌을 가지고 작업에 열중하고 있다. 방문객이 주머니에서 더 날카로운 끌을 꺼내며 제안한다. "선생님, 선생님께서 작업하시는 데 이 끌이 더 낫겠어요. 더 좋은 연장이거든요." 목수는 말뜻을 알아차리고는 방문객을 슬쩍 올려다본 다음 대답한다. "무슨 근거로 당신이 가지고 있는 끌이 (탁, 탁) 더 쓸 만하다고 (탁, 탁) 생각하는 건가요?(탁, 탁)"

나의 요점만 있을 뿐이라는 율리허의 주장과 관련해서 주해적인 입장을 세우는 일이다. 이제 이 질문을 검토하기로 하겠다.

4. 신학적인 묶음 식별하기

이 단원에서는 비유에 세 가지 기본적인 요소가 있음을 증명하려 한다. 첫째, 비유는 청중의 실제 세계 안에서 하나 또는 그 이상의 접촉점(지시 대상)을 가진다. 우리는 이것을 "상징"(symbols)이라고 부를 수 있다. 비유에 들어 있는 두 번째 요소는 이야기를 처음 들었던 당시 원래 청중이 그 이야기에 보인 "반응"이다. 세 번째 요소는 원래 청중에게 반응을 일으킨, 비유의 신학적인 주제들의 결합이다. 이 결합을 "신학적인 묶음"(theological cluster)이라고 부르기로 하겠다. 그래서 청중의 삶에서 관련 있는 지시 대상을 비롯해서 하나 또는 그 이상의 상징으로 인해 청중은 신학적인 주제 묶음을 염두에 둔 하나의 반응을 할 수밖에 없다.

이 말을 제일 먼저 해야 할 것 같다. 예수님의 모든 비유에 획일적으로 적용될 수 있는 해석학적 원리들의 잘 짜인 맞물림 체계를 명제적인 용어로써 서술하려는 시도는 어떠한 것도 실패하고 말 것이라는 사실 말이다. 비유는 예술적으로 표현된 이야기로서 모든 합리적인 체계의 경계를 허문다.[23] 할 수 있는 가장 좋은 행동은 독자에게 회개, 믿음, 제자도로 반응하라고 마음껏 도전하는 비유에 관해 어떤 입장을 나타내는 것이다.

---

23. 우리는 이미 예레미아스가 내린 판단을 받아들였다. 예레미아스는 이렇게 주장한다. "은유, 직유, 비유, 확대된 직유, 알레고리, 예화 등을 구별하는 것은 헛수고다. 히브리어 마샬(*mašal*, "비유")과 아람어 마틀라(*mathla*, "비유")는 이 모든 범주와 그 밖에 더 많은 것을 구별 없이 포괄하기 때문이다. 이 단어는 공식적인 분류에 의하지 않고도 성경 시대 이후 유대교의 일상적인 언어에서 모든 종류의 비유적 언어 형식을 의미했다. 예컨대, 비유, 확대된 직유, 알레고리, 우화, 잠언, 묵시적 계시, 수수께끼, 상징, 가명, 가공의 인물, 예시, 주제, 논증, 변증, 논박, 농담 등이 이에 해당한다."(Jeremias, *Parables*, 20). 맨슨은 이렇게 언급했다. "비유는 경고나 사례를 제시하기 위해 어떤 유형의 인물을 묘사하든지 간에, 세상과 사람에 대한 하나님의 통치 원리를 구현하기 위해 고안된, 내러티브 형식의 문학적인 창조물이다. 비유는 이 두 가지 특성을 다 지닐 수 있다."(Manson, *Teaching*, 65).

비유를 바라보는 이와 같은 입장을 개괄적으로 설명하려면 알레고리 방법과 싸운 율리허로부터 시작해야 한다. 알레고리는 비유를 해독해야 하는 암호문으로 취급했다. 율리허는 비유를 이런 식으로 평가하는 것이 전적으로 잘못되었음을 증명했다.[24] 율리허는 각각의 비유의 통일성을 확립하고 그 통일성을 엄격히 유지하는 데 노력했다. 그러므로 각각의 비유에는 하나의 비교점(*one tertium comparationis*)만 있을 수 있었다. 율리허가 결정한 하나의 비교점은 일반적인 도덕적 원리였다.

논의의 방향은 분명하다. 각각의 비유에는 통일성이 있다. 그 통일성은 하나의 비교점을 요구한다. 이것은 다시 하나의 중요한 사상을 전달하는 것을 의미한다. 이러한 사고의 흐름은 주의 깊게 검토할 필요가 있다.

그렇다면, 비교점이 의미하는 바는 무엇인가? 이와 관련해서는 용어의 혼동으로 말미암아 논의가 매우 복잡하다. 린네만은 이렇게 썼다.

> 비유는 논의의 형식으로 여겨질 수 있다. 이런 이유로 비유에는 오직 하나의 비교점만 있을 뿐이다. 여러 가지를 동시에 주장할 수 있는 사람은 없다. 이런 까닭에 우리는 비유가 실제로 주장하고 있는 것과 그럴 것이라고 추정되는 것을 조심스럽게 구별해야 한다. 어떤 한 비유에서 각기 다른 수많은 중요한 사상들을 끄집어내는 순간, 우리는 비유의 첫 번째 화자가 품고 있던 비유의 의미를 놓치고 있다는 것을 확인할 수 있다.[25]

이 인용문에서 분명하게 드러난 사실은 이것이다. 린네만은 "비교점"이 "중요한 사상"(significant idea)을 의미한다고 이해한다. 카두(Cadoux)는 이 비교점을 "접촉점"(point of contact)이라고 부르며, 그것을 상당히 다르게 이해한다. 그는 이렇게 썼다.

24. Jülicher, *Gleichnisreden*, I, 118-148.

25. Linnemann, *Parables*, 23.

> 알레고리는 단순히 대표하는 기능을 하면서 많은 부분에서 그것이 대표하는 것을 다룬다. 이와는 다르게, 비유의 본질적인 기능은 한 영역에서 판단을 내려 다른 영역에서도 그것을 적용하게 하는 것이다. 그러므로 비유의 이야기와 그 이야기에 의해 제기되는 판단을 적용하는 다른 영역 사이에 하나의 접촉점만 있다고 결론을 내려서는 안 된다. 그렇게 되는 경우는 비교적 드물다. 이야기로써 끌어낼 수 있는 판단은 일반적으로 다소간 복잡한 상황에 내려지는 판단이며, 이 상황에 속한 사람들이나 사물들, 그 판단이 적용되는 상황에 속한 사람들과 사물들 간에는 항상 어떤 접촉이 있기 마련이다. 나단의 비유에는 부자와 다윗, 가난한 자와 우리아, 암양과 밧세바 간에 어떤 연관이 분명히 존재한다. 여기서 한 걸음 더 나아가 비유의 이야기가 그것이 적용되는 영역의 특징들과 유사하게 자연스레 형성되고 유사점들이 이야기에서 자연스럽게 발생하는 한, 그 특징들은 유효하게 증가될 수도 있다. 그때 그 특징들은 한 영역에서 판단한 것을 다른 영역에 적용하도록 돕는다.[26]

카두는 비유의 여러 다른 상징들과 관련된 청중의 삶에 있는 **지시 대상**을 논하고 있다.

겉으로는 린네만과 카두가 서로 모순되는 것처럼 보인다. 린네만은 하나의 접촉점을 주장하고, 카두는 많은 접촉점을 주장하니 말이다. 실제로 두 사람은 비유의 다른 측면을 논하고 있다. 린네만에게 비유는 논의의 형식이다. 린네만은 "아무도 여러 가지를 동시에 말할 수 없다."라고 주장한다. 카두에게 비유는 한 가지 판단을 일으킨다. 그렇게 하기 위해서는 비유 바깥에 있는 현실과의 수많은 접촉점이 필요할지도 모른다. 그렇다면, 카두와 린네만을 결합하여, 어떤 한 비유에는 통상적으로 하나의 논의를 하게 하는 수많은 상징이 있다고 **말할 수** 있다.

---

26. Cadoux, *Parables*, 50-51.

두 사람 간에 차이도 있다. 카두가 비유는 "판단을 야기하려는" 데 그 의도가 있다고 말하는 부분에 대해, 린네만은 비유는 "논의의 형식"이라고 주장한다. 린네만은 비유의 저자에 초점을 맞추고 있는 것 같다. 그는 비유의 저자가 한 가지 요점을 주장하고 있다고 이해한다. 린네만이 생각하는 것은 논리, 사유, 개념화다. 논쟁자는 자신의 입장을 주장해서 상대방에게 자신이 옳다는 것을 지적으로 확신시켜 주고 싶어 한다. 카두가 사용한 "판단을 야기하다"라는 어구는 비유의 저자와 그것을 듣기를 기대하는 청중 간의 상호작용이라는, 케리그마적인 어조에 더 초점을 맞춘다. 카두가 판단에 초점을 맞춘 것은 비유의 특성에 더 적절한 것으로 생각된다. 하지만 내 생각에는 "반응"이라는 용어가 더 낫다. 비유는 청중에게서 "반응을 일으키는 데" 그 목적이 있다고 이해하는 것이 비유를 가장 잘 이해하는 것이라고 생각된다.

더욱이 비유에는 비유의 세계와 청중의 실제 세계 간에 수많은 유사점이 있을지도 모른다는 카두의 관찰은 썩 훌륭하다. 해석자가 비유를 반드시 해독해야 할 부호가 숨겨 있는 비밀스러운 암호로 이해하는 입장을 버리는 순간, 비유에는 청중의 삶과 관련된 하나 이상의 지시 대상을 가리키는 하나 이상의 상징이 있음을 받아들일 수 있다. 비유의 통일성을 해치지 않은 채 말이다. 나단의 비유[27]에는 상징이 세 개 있다. 이 상징들은 다윗으로 하여금 하나의 결정을 내리도록 압박을 가하는 보조 기능을 수행한다. 이 세 가지 상징에는 비유를 말하게 된 실제 상황과 관련된 지시 대상들이 있다. 지시 대상이 무엇인지는 분명하다. 하지만 해석자는 그러한 동일시를, 비유의 모든 요소들에 해당하는 지시 대상을 계속해서 발견하며 나아가야 하는 여행길의 시작으로 여겨서는 안 된다. 해석자는 원래 청중이 동일시했음직한 요소들을 가리키는 지시 대상들만을 찾아야 한다. 이 상징적인 요소들은 청중이 비유를 듣고 의당 보여야

27. 비유, 예화, 이야기를 구별하는 것은 가능하다. 하지만 히브리어 마샬과 아람어 마틀라에는 이야기의 두 유형이 다 포함되어 있다는 것이 분명하다.

하는 단 하나의 반응에서 발견되는 비유의 통일성에 도움을 주는 것이어야 한다.[28]

설명을 계속하기 전에 이 장에서 비유를 논의하면서 많이 사용한 "반응"(response)이라는 단어를 살펴보고 그 의미를 정의할 필요가 있다. 도드는 "비유 해석에 이르는 길은 이야기 속에 있는 다양한 요소들의 암호를 해독하는 것이 아니라 상상하고 있는 상황을 판단하는 것이다."라고 주장한다.[29] 이러한 까닭에 도드는 카두처럼 비유를 청중에게 "판단"을 내리게 하는 것으로 이해한다. 이것을 우리는 "반응"이라고 정의하기로 했다. 그렇다면 "반응"이란 무엇인가? 이 질문에 대한 대답으로 맨슨이 내린 "비유" 정의가 도움이 된다. 맨슨은 이렇게 썼다.

> 비유는 실제적인 것이든 상상한 것이든 사람들이 경험하는 단편들을 글자로 표현한 그림이다. 그림으로서 비유는 예술 작품이다. 더욱이 이 그림은 우리가 칭찬하거나 질책하는 윤리의 전형이거나 세상에 있는 신적인 규율의 어떤 원리들, 혹은 이 둘을 동시에 묘사한다. … 그렇다면 실제로 이 원리를 적용할 때 모든 참된 비유는 더 좋은 삶을 살고 하나님을 더 깊이 신뢰하기를 요구한다. 이것은 동전의 양면처럼 참된 종교의 두 측면인 하나님 지향적인 측면과 인간 지향적인 측면에 해당한다.[30]

우리가 문제의 핵심을 잘 이해하고 있다면, 청중이 비유에 보여야 할 반응은 맨슨이 정의한 비유의 두 가지 측면 모두를 포함한다. 비유의 특성에 따라 청중의 반응은 구체적인 방식으로 행동하거나 하나님이 세

---

28. 최근의 학문적인 연구에 따르면, 비유에 알레고리적 요소가 들어 있다는 것이 밝혀졌다. Matthew Black, "The Parables as Allegory," *BJRL* 42(1960), 273-287; Raymond E. Brown, "Parable and Allegory Reconsidered," *Novum Testamentum* 5(1962), 36-45. 상징주의(symbolism)라는 말이 알레고리보다 더 정확한 용어인 것 같다.

29. Dodd, *Parables*, 21.

30. Manson, *Teaching*, 80-81.

상에서 사람과 어떤 방식으로 관계하시는지와 관련한 새로운 이해를 받아들이는 결정일 수 있다. 후자의 경우에서는, 청중이 동료들에게 특정한 방식으로 행동하는 쪽으로 이어질 가능성이 많다. 맨슨이 암시했듯이, 비유들 중에는 이 두 요소를 다 포함하는 것도 있다. 그래서 "세상에서 행하시는 '하나님의 규율'에 대한 새로운 이해"와 "구체적인 행동을 하려는 결정"을 명확히 구별하는 것은 쉽지 않다. 일반적으로 이 둘 사이의 경계는 모호하다. 맨슨은 비유가 "더 좋은 삶을 살고 하나님을 더 깊이 신뢰하기"를 요구한다고 주장한다. 청중의 반응에는 비유에 따라 이러한 요구 중 하나나 두 가지 다 경험하는 것이 포함된다. 이것은 비유의 세 번째 측면인 신학적인 묶음으로 이어진다.

비유를 말함으로써 야기된 반응은 별도로 분석되고 논의될 수 있는 신학적인 주제들의 묶음으로 특징지어지거나 그런 식으로 구성된다. 신학적인 주제는 비유에 언급된 내용에서 직접 암시되기도 하고 전제되기도 한다. 다윗은 나단의 비유를 듣고 "내가 죄인입니다."라는 단 한 가지 반응을 보였다. 그와 동시에 다윗과 우리아가 하나의 언약 아래 있는 형제라는 인식이 그 반응에 속하는 내용이다. 그래서 그 반응은 하나님의 기름 부음 받은 왕에게 의로움을 기대하시는 하나님의 거룩하심을 인식한 것이다.[31] 이 각기 다른 신학적인 주제들이 **어우러져** 비유의 예술적 기교를 통해 다윗 왕이 단 한 가지로 반응할 수밖에 없게 하는 요인이 되었다. 비유의 통일성은 이 단 하나의 반응에서 찾아야 한다.

이제 비유의 세 측면이 분명해졌다. 비유에는 청중의 삶과 관련이 있는 지시 대상에 대한 많은 상징이 있을 수 있다. 비유는 일반적으로 신학적인 주제 묶음이라고 할 수 있는 것이 단 하나의 반응을 촉구한다.

지나치게 단순화한 경향이 있다는 것을 인식하면서, 각각의 비유에 들어 있는 이 측면들을 다음과 같이 도식화할 수 있을 것이다.

---

31. 자신이 나라의 법 위에 있으며 그래서 그 법의 제재를 받지 않는다고 생각하는 고대의 왕이라면 비슷한 상황에서 다윗처럼 결론 내리지 않았을 것이다.

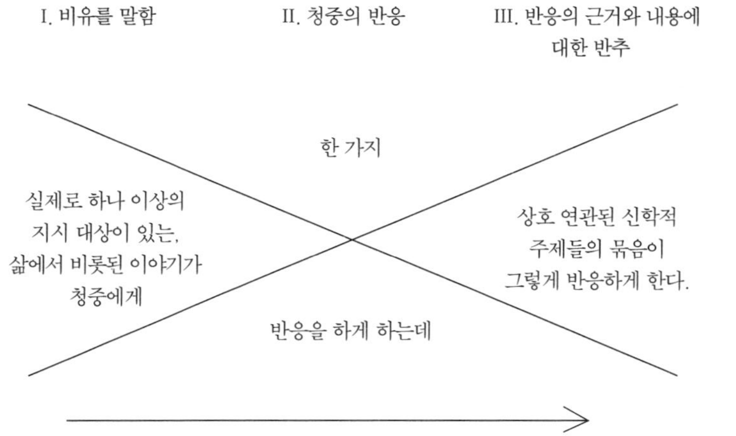

그래서 예수님이 말씀하시는 탕자 비유를 듣고 있던 바리새인은 그의 "가족"(아버지와 형을 비롯해서)과의 화해라는 단 한 가지로 반응하도록 여러 개의 지시 대상에 의해 압박을 받는다. 그와 동시에 이 하나의 반응 이해에 정보를 제공하는 신학적 주제들의 묶음을 식별하는 것은 얼마든지 가능하다.[32] 헌터(Hunter)는 이렇게 쓴다.

> 비유에는 이야기와 의미 사이에 주된 유사점이 하나 있다. 세부적인 내용들은 화살에 달려 있는 깃털처럼 이야기를 실감나게 해 주며, 그래서 비유의 요지를 찾는 것을 거든다.[33]

헌터가 "의미"(meaning)라는 단어로 의도한 것이 무엇인지는 분명하지

32. 스미스(C. W. F. Smith)는 이렇게 썼다. "많은 세부 내용이 적절하기 때문에, 일단 핵심 사항을 파악하고 나면 많은 것을 적용할 수 있고 추론을 내릴 수 있다는 것을 발견할 것이다." (Smith, *Parables*, 113; 비교, Cadoux, *Parables*, 50-51). 존스는 "하나의 요점, 즉 단 하나의 요점만 있을 뿐이라는 것과 비유는 전체로서만 이해되고 (자칫 알레고리로 바뀔 수 있는) 세부적인 내용과 관련해서는 이해되지 않는다고 주장하는 것은 순전히 교조주의적인 주장"이라고 지적한다(Jones, *Art*, 140).

33. A. M. Hunter, *Interpreting the Parables* (London: SCM, 1964), 10.

않지만, 그가 든 예는 고려할 만한 가치가 있다. 화살은 단일 물체다. 하지만 화살은 화살대, 화살촉, 깃으로 이루어져 있다. 이 세 요소는 하나로 합쳐져 활로 쏘아 날리는 효과적인 무기가 된다. 깃을 불필요하고 부수적인 장식품이라고 생각해서 제거하면 안 된다. 세 요소 모두 화살의 본질과 효과에 필수적이다.

이런 의미에서, 하나의 반응을 일으킨다는 것이 하나의 중요한 사상을 의미할 필요는 없다. 비유에서 우리는 일단의 맞물려 있는 주제들인 "신학적인 묶음"을 발견한다. 해당 비유의 다양한 면들은 다르긴 하지만 **서로 관련이 있는** 신학적인 주제들을 상징한다. 이 주제들은 서로 결합하여 하나의 반응을 일으킨다.

도드는 비유의 세부적인 내용에 독립적인 중요성은 존재하지 않는다고 주장한다.[34] 이 주장에 누구나 동의할 수 있다. 그러나 세부적인 내용에는 거기에 의존하는 중요한 것이 있다. 즉, 세부적인 내용들은 비유 안에서 다른 요소들과 종속적인 관계를 맺음으로 의미를 지닌다.

이 문제를 다른 각도에서 접근하면서 맨슨은 비유에 대해 다음과 같은 내용을 기록으로 남겼다.

> 신약의 비유가 정말로 비유라는 의미에서, 예화는 비유라고 할 수 없다. 예화는 다른 어떤 것의 장식에 불과하다. 다시 말해서 예화는 논리적인 사고의 고리다. 예화는 신학이라는 알약 표면에 입힌 당의(sugar-coating)다. 반대로, 참된 비유는 신학적인 논의를 통해 청중에게 도움을 주는 예화가 아니라 종교적인 경험의 한 양태다. 참된 비유는 제단, 제물, 기도, 예언적 환상, 그리고 그 밖에 이와 유사한 것들과 동일한 체계에 속한다. 비유는 신학 그 자체에 속하며, 신학의 부산물이 아니다. 비유는 종교적인 믿음을 얻는 방법이다. 그래서 비유가 바로 이 방법이라면, 어떤 한 사람에게서

34. Dodd, *Parables*, 18.

> 다른 사람에게로 전달된다. 비유는 불구자인 지식인을 위한 목발이 아니라 종교적인 통찰을 자극하는 원동력이다. 비유는 신학적인 단순한 교훈을 제공하는 것이 아니라 살아 있는 종교적인 믿음을 생산하는 데 그 목적이 있다.[35]

비유가 신학 그 자체에 속하는 것이라는 맨슨의 정의를 받아들일 수 있다면, 이런 질문이 제기될 것이 분명하다. "신약에 있는 신학적인 주제들을 따로 떼어서 논의한 적이 있는가?" 이런 경우는 비교적 드물다. 확실히, 이렇게 따로 떼어서 논하는 것은 원칙이 아니다. 어느 한 유형의 철학적인 사고를 하는 사람은 조금만 노력하면 어느 한 주제를 다른 주제에서 분리해서 심도 있게 논의할 수 있을 것이다. 하지만 신약에서는 신학적인 주제를 묶어서 논의하는 경우가 훨씬 더 많이 눈에 띈다. 요한복음 3:16이 '사랑'만 이야기한다거나, '세상'이나 '믿음', 또는 '멸망'이나 '영생'만을 다룬다고 말할 사람이 어디 있겠는가? 이 구절에 통일성이 없다는 의미가 아니다. 다만, 통일성이 개념들의 신학적인 묶음에서 발견된다는 의미다.

씨 뿌리는 자 비유의 경우, 청중은 "천국 말씀을 듣고 결실하라."라는 요청을 받는다. 듣고 결실하라는 이 결정은 신학적인 주제들의 묶음에 근거하고 있고, 그 묶음에 의해 요청의 내용이 전달된다. 그 주제 묶음에는 다음과 같은 내용이 들어 있다.

> ① 천국은 서서히 자라는 씨와 같다. 천국은 묵시적이고 혁명적인 붕괴가 아니다.
> ② 비유는 은혜에 대해 가르친다. 씨 뿌리는 자는 뿌리고 싶은 곳에 씨를 뿌린다. 심지어 열매를 맺을 가능성이 없는 땅에도 씨를 뿌린다.

---

35. Manson, *Teaching*, 73.

③ 결실하는 것이 천국의 본질적인 표지다.

④ 비유는 청중에게 소망을 제시한다. 어려움이 있지만 확실히 추수하게 될 것이다.

이 신학적인 주제들은 비유의 통일성 안에서 각각의 주제들 간의 긴장 관계에서만 이해해야 한다.[36] 비유의 세부적인 내용들 간의 통일성은 **천국 말씀을 듣고 결실하라는 부르심**에 초점이 맞춰져 있다. 비유를 이와 같이 이해하면, 가시떨기를 유대의 지도자들로, 좋은 땅을 교회와 동일시하지 않을 것이다. 주제들의 묶음으로 인해 한 가지 반응의 근거와 내용이 형성된다.

정리하자면, 비유는 예화가 아니라 반응을 일으키기 위해 사용되는 신학적인 강연의 한 방식이다. 비유에는 그 비유의 대상인 청중의 삶과 관련된 수많은 지시 대상들이 있을 수 있다. 청중은 비유에 반응하라는 도전을 받는다. 이 반응은 신학적 주제들의 묶음에 의해 일어난다.

5. 요약과 결론

비유를 충분히 이해하려면 복음서의 비유 본문 이해에 결정적으로 작용하는 문화를 아는 것이 매우 중요하다. 이와 같은 문화적인 요소가 미치는 영향이 과거에는 부분적으로만 인식되었다. 현대 농부들과 이야기 나누기, 복음서 동양어 역본 세밀히 검토하기, 그리고 관련된 고대 문헌을 주의 깊게 연구하기를 수행함으로써 공관복음서 비유들의 문화적인

36. 비아는 한 가지 요점 찾기 접근 방식은 "인위적으로 제한하는 것"이라고 주장한다. 이러한 접근에 대해 비아는 "비유에서 중요한 요소들은 간과되기 쉽고 비유의 의미는 약화되기도 한다."라고 주장한다(Via, *Parables*, 3). 존스는 예화 식 이야기가 "여러 가지 것들을 예로 들기 위해 언급될 수 있다."라고 힘주어 말한다(Jones, *Art*, 118). 참조, Manson, *Teaching*, 80; Jeremias, *Parables*, 131; M. Dibelius, *From Tradition to Gospel*, trans. B. L. Woolf(New York: Scribner, 1935), 249, 253.

정황의 중요한 요소들을 더 자세히 묘사할 수 있게 되었다. 성경 연구의 표준적인 비평 도구들 이외에 이 세 도구를 반드시 사용해야 한다. 본서는 비유에 사용된 다양한 문학적인 구조를 분석해서 이 네 가지 도구와 병행해서 사용하려 한다. 이제 문학적인 구조 문제를 다루려고 한다.

3

방법론 (2): 신약성경에 사용된 네 유형의 문학 구조와 비유 해석에서의 중요성

뮬런버그(James Muilenburg)는 성경 문학회(Society of Biblical Literature)에서 발표한 논문에서 양식비평을 넘어 "수사비평"으로 나아갈 것을 촉구했다. 뮬런버그는 그의 주된 관심사를 다음과 같이 밝혔다.

> 시든 산문이든 문학적인 단위를 만들기 위해 채택된 구조적 패턴을 제시하는, 그리고 예측한 내용을 통일성 있는 전체로 구성하고 배열하는 다양하고 많은 수단을 식별하는 … 이러한 작업을 나는 수사학이라고, 그 방법론을 수사비평(rhetorical criticism)이라고 부를 것이다.[1]

제3장에서는 뮬런버그의 관심사에 보조를 맞추려 한다. 뮬런버그의 논문이 발표된 이후, 언어학자와 성경학자들 사이에 성경문학과 비성경문학에서 문학 분석과 관련한 주제가 엄청나게 증가했다. 심지어 "신약성

---

1. James Muilenburg, "Form Criticism and Beyond," *LBJ* 88(1969), 8. 케슬러(Martin Kessler)는 최근 논문에서 수많은 성경 신학자들 사이에 일고 있는 새로운 분위기를 강조했다. 그들은 문학 작품의 예술적 통전성(integrity)을 주장했다. 이 "신비평"(new criticism)은 독일어로 Werkinterpretation(작품 해석)으로 불려 왔고, 이것은 "예술 작품의 형식적인 일치를 주장하는 것의 모범이 되었다." 참조, Martin Kessler, "New Directions in Biblical Exegesis," *Scottish Journal of Theology* 24(1971), 320. 이 장(章)과 사실 본서 전체는 완성된 문학 작품에 대한 이 새로운 시도와 맥을 같이한다. 시일(Morris S. Seale)은 최근에 낸 아주 중요한 그의 책 *The Desert Bible, Nomadic Tribal Culture and Old Testament Interpretation* (London: Weidenfeld and Nicolson, 1974)에서 성경 본문과 "그 본문을 새겨 만들거나 본문의 일람표를 만드는 것이나 본문을 '원자화하는 것'"을 거부한다고 주장했다(p. 2). 더욱이 이 장(章)은 리치(Leach), 레비스트로스(Levi-Strauss), 바르트(Barthes), 보샹(Beauchamp)과 그 밖에 여러 구조주의자들의 작품을 의식하면서 썼다. 여기서 우리의 관심사는 이데올로기나 구조주의로서의 기호학에 있지 않고 뮬런버그가 위에서 언급한 **문학적** 구조에 있다.

경의 문학 구조(수사비평)"에 관한 주제가 그 자체로 충분한 연구 과제가 되는 분위기에 이르게 되었다(본서 뒤의 〈참고문헌 F〉를 참조하라). 여기서는 비유 해석에 영향을 주는 이 분야만을 다루려고 한다. 우리의 관심사는 다음과 같다: (1) 성경의 문학적 구조에 대한 관심사의 역사를 간략히 개관하기, (2) 용어 정의하기, (3) 성경의 문학적 구조의 네 유형의 개요를 설명하기, (4) 고찰할 본문에 적용할 원리를 결정하기.

1. 문학적 구조 탐구 역사 개관

18세기에 벵겔(J. A. Bengel)은 신약성경의 많은 본문에 교차 대구법(chiasmus)이 존재한다는 것을 간략히 언급했다.[2] 그가 든 예는 전형적인 교차 대구법에 속하는 것이었다. 시의 두 행 중에서 두 번째 행이 첫 번째 행의 역순으로 배열됨으로써 ABBA 형식이 되게 하는 것이다.

19세기 초에 젭(John Jebb)은 어떤 성경 본문에 대해 다음과 같이 언급했다.

> 잘 짜인 연이 있다. 행이 몇 개가 되었든지 간에 첫 행은 마지막 행과 병행을 이루고, 두 번째 행은 끝에서 두 번째 행과 병행을 이룬다. 이런 방식으로 전체 연은 마치 안으로 향하고 있는 듯이 보이는 순서로 되어 있다. 군대 용어를 빌려 표현하자면, 측면에서 중앙으로 집결하는 것과 같다. 이것을 역행 대구법(introverted parallelism)이라고 부를 수 있다.[3]

같은 시기에 보이즈(Thomas Boys)는 시편에서 문학적인 구조를 찾았다.[4]

2. Bengel, *Gnomen*, 여러 곳에.

3. John Jebb, *Sacred Literature* (London: n. p., 1820), 53.

4. Thomas Boys, *Key to the Book of Psalms* (London: n. p., 1825).

포브스(John Forbes)는 1854년에 젭의 저서를 발전시켰다.[5] 19세기 후반에 스코틀랜드의 밀리건(William Milligan)은 요한계시록 본문에서 이런 구조를 찾아냈다.[6] 동일한 시기에 불링거(E. W. Bullinger)는 무책임하게 과욕을 부리는 바람에 성경의 문학적인 구조에 대한 관심사의 진일보는 고사하고, 성경의 문학적 표현 자체에 대해서도 불신을 받게 했다.[7] 1925년에 버니(C. F. Burney)의 논문 *The Poetry of Our Lord*(『우리 주님의 시』)가 출판되었다. 이 책은 상당히 오랫동안 이 분야의 주요 참고문헌이 되었다.[8] 버니의 연구는 병행법(대구법)과 강세가 있는 운율과 각운에 집중했다. 버니는 이따금씩 각운을 맞추느라 하나로 된 단락을 나누기도 했다. 다른 부분에서 버니는 오류를 범했다. 하지만 그의 책은 여전히 더 나은 논의를 위한 기초가 된다.

1930년대에는 불트만, 맨슨, 고겔(Goguel), 스트리터(Streeter), 테일러(Taylor) 등이 신약의 문학 분석에 관한 주제를 간략히 다루었다.[9] 이 사람

---

5. John Forbes, *The Symmetrical Structure of Scripture* (Edinburgh: T. & T. Clark, 1854).

6. William Milligan, *Discussions on the Apocalypse* (London: n. p., 1893), 여러 곳에.

7. E. W. Bullinger, *Figures of Speech used in the Bible* (London: Eyre and Spottiswoode, 1898); *idem, Key to the Psalms* (London: Eyre and Spottiswoode, 1890); *The Companion Bible* (Oxford: University Press, 1948 [1913]).

8. Burney, *Poetry*. 같은 기간에 클래더(Cladder), 슈미트(Schmidt), 로이지(Loisy)는 신약성경이 헬라의 시이며, 스티코이(stichoi; 행[行])로 나눠야 한다는 것을 증명하려 했다. 이들의 견해는 이후에 학계에서는 거의 보편적으로 받아들여지지 않았다. 참조, Hermann J. Cladder, *Zur Literaturgeschichte der Evangelien in Unsere Evangelien. Akademische Vorträge* (Freiburg: Herder, 1919), I; Alfred F. Loisy, *L'Evangile selon Luc* (Paris: Nourry, 1924); P. Schmidt, *Der Strophische Ausbau des Gesamittextes der Evangelien*(1921). 이들의 저서에 대한 서평은 Lucetta M. Mowry, "Poetry in the Synoptic Gospels and Revelation, a Study of Methods and Materials" (출판되지 않은 Ph. D. 논문, Yale University, 1946)에서 찾을 수 있다. 모우리(Mowry)는 그의 참고문헌 목록에 슈미트의 책을 올렸다. 모우리가 그의 논문에서 이 책을 참고문헌에 올린 것을 제외하고 나는 어디서도 이 책이 언급된 것을 보지 못했다.

9. Bultmann, *History*, 70; T. W. Manson, *Teaching*, 50-56; Maurice Goguel, *The Life of Jesus*, trans. Olive Wyon (New York: Macmillan, 1945), 296-303; B. H. Streeter, "Poems of Jesus," *The Hibbert Journal* 32 (1933/34), 9-16; V. Taylor, *Formation of the Gospel Tradition* (London: Macmillan, 1935), 88-100.

들 중에서 맨슨은 예수님이 말씀하신 공관복음 자료에 관해 이렇게 썼다.

> 대구법 현상이 확장된 것, 그리고 내가 아는 한, 그때까지 그런 대구법으로 인식되지 못했던 것이 예수님 말씀에서 발견된다. 예수님 말씀에서 대구법은 하나의 간단한 사상을 포함하는 한 구절(clause)이 아니라 많은 절을 포함하는 보다 큰 단락에 걸쳐 있다.[10]

맨슨은 이런 말로 논의를 마무리한다. "이러한 절 단위의 대구법은 예수님의 시(詩)에서 가장 특징적인 것이며, 그가 시의 형식 전반에 특별히 공헌했다고 보아야 한다."[11]

1940년대에 주목할 가치가 있는 저자가 세 명 있다. 아람어 학자이면서 역사가인 옴스테드(Olmstead)는 주님의 말씀 배후에 아람어가 있다는 사실을 염두에 두고 그분 말씀을 영어로 번역하려 했다. 옴스테드는 문학 형식에는 구체적인 관심이 없었지만, 주님의 말씀이 시의 구조로 되어 있다고 판단되면 행을 시의 형식에 맞춰 인쇄했다.[12]

모우리(Mowry)가 예일대학교에 제출한 논문은 미국에서 신약의 시를 주제로 쓴 유일한 논문일 것 같다.[13] 모우리는 강세 있는 운율을 시라고 칭할 만한 것을 결정하는 본질적인 요소로 받아들였는데, 이것은 지극히 독단적이다. 그러고는 공관복음서에는 시의 형식으로 된 말씀이 20개라고 결론을 내린다. 이것을 모우리는 지혜자의 금언, 선지자의 신탁, 시편 등 세 부류로 나눈다.[14] 모우리는 자신이 공관복음서의 시를 결정하는 데

---

10. Manson, *Teaching*, 54.

11. Manson, *Teaching*, 56. 앞으로 살펴보겠지만, 구약성경과 쿰란에서 발견되는 동일한 "절 단위의 대구법"에 비춰 볼 때 이 마지막 주장은 더 이상 설득력이 없다.

12. A. T. Olmstead, *Jesus in the Light of History* (New York: Scribner, 1942), 여러 곳에.

13. 미국 내 학위 논문을 마이크로필름으로 저장한 자료를 모아 둔(Ann Arbor, Michigan, in January, 1972) A DIATREX 컴퓨터에서는 아무런 자료도 얻을 수 없었다.

14. Mowry, "Poetry in the Synoptic Gospels,…" 144-235. 모우리는 첫 번째 부류에 속하는

최소한의 것만을 정했다고 생각한다. 하지만 대구를 이루는 2행 연구(聯句, couplet)에 강세가 있는 운율이 반드시 있어야 시가 될 수 있다는 모우리의 방법론적 원리를 인정한다고 하더라도, 그가 제시한 20편의 시 중에서 2개는 즉흥적으로 열거한 것이 분명하다. 그래서 그가 말한 "최소한"에 속하는 것은 이제 18개로 줄어든다. 제외된 두 경우에서 모우리는 현재시제 동사 "to be"에 강조가 있음을 암시했다.[15] 이와 동시에 모우리는 아람어로 "재번역 가능한 것"(retrovertability)이 주님의 시라고 칭할 수 있는 2행 연구(聯句)의 필수적인 특징이라고 주장한다.[16] 하지만 모우리가 독단적으로 신약의 어떤 부분이 시인지를 결정하는 표준으로 운율을 선택한 것의 정당성을 증명하지 못하고, 존재하지도 않는 단어들을 강조했음에도 불구하고, 그의 책은 이 분야를 연구하는 데 도움이 된다. 공관복음의 많은 본문에서 모우리는 대구법과 각운을 실증해 보였다.

1940년대 세 번째 저자는 룬트(N. W. Lund)다.[17] 428쪽에 달하는 그의 저서는 다양한 평가를 받을 만큼 획기적인 책이었다. 맥긴리(McGinley)는 룬트의 책에 상당히 호감을 가졌고 룬트가 "흠잡을 데 없이" 요지를 잘 제시했다고 평가했다.[18] 하버드대학교의 캐드버리(H. J. Cadbury)는 룬트의 책을 혹평했으면서도 긍정적인 입장을 가지고 있었다. 캐드버리의 생각에, 룬트의 자료 중 몇몇은 상당히 과하지만 "몇몇 증거는 무시할 수 없었다."[19] 맨슨은 룬트의 책을 가장 길게 논평했다. 맨슨은 룬트의 입장에 긍정적이긴 하지만 날카로운 비평을 가했다. 맨슨은 이런 말로 결론을 맺는다. "룬트가 여러 측면에서 그의 논지를 과도하게 이끌고 갔다고 말할

것을 17개, 두 번째 부류에 속하는 것을 2개, 세 번째 부류에 속하는 것을 1개 찾았다.

15. Mowry, "Poetry in the Synoptic Gospels,⋯" 144, 156.

16. Mowry, "Poetry in the Synoptic Gospels,⋯" 133.

17. Lund, *Chiasmus*.

18. Laurence J. McGinley, review of Lund, *Chiasmus* in *Theological Studies* 13(1942), 452-454.

19. H. J. Cadbury, review of Lund, *Chiasmus*, in *Journal of Religion* 423(1943), 62-63.

수밖에 없지만, 그의 논지는 분명하다는 사실도 인정해야 한다. 그가 묘사하는 것과 같은 예가 분명히 존재한다."[20]

예레미아스는 교차 대구법에 관해 확장된 논문을 썼다.[21] 그 논문을 미즈너(Miesner)는 다음과 같이 평가한다.

> 예레미아스(p. 152)는 구약성경과 관련해서 룬트(Lund)의 책을 "구약의 교차 대구법 연구에 훌륭하고 신뢰할 만한 전거"라고 극찬했다. 그런데 다른 곳에서(p. 145) 예레미아스가 룬트의 책을 25년 이상 "완전히 무용지물이었던 책"이라고 서술한 것은 이상하다.[22]

나는 룬트의 책을 수년 동안 보면서 맨슨과 캐드버리가 룬트의 책을 가장 정확하고도 유용하게 평가했다는 것을 알게 되었다. 룬트가 자신의 계획을 너무 지나치게 밀어붙였다는 것은 확실하다. 캐드버리가 바르게 지적했듯이, 단편적인 증거마다 그 자체의 가치에 따라 검토해야 하며 선험적으로 거부하거나 받아들여서는 안 된다. 룬트가 문학 구조 분석에 새로운 장을 열었다는 것은 의심의 여지가 없다.

그 후 20년 동안 이와 관련해 거의 진전이 없었다. 그러다가 1965년 블라이(John Bligh)가 갈라디아서에 관한 책[23]을 써서 논의를 재개했다. 그 책에서 블라이는 갈라디아서 전체를 맞물림 구조로 이루어진 문학 형식으로 조직화했다. 이제 1970년대에는 많은 학자들이 저마다 다른 분야에서 문학 분석을 진지하게 수행했다.[24]

---

20. Manson, review of Lund, *Chiasmus* in *JTS* 45(1944), 85.
21. Joachim Jeremias, "Chiasmus in den Paulusbriefen," *ZNW* 49(1958), 145-156.
22. Miesner, *Chiasm and Paul*, 42, n. 73.
23. John Bligh, *Galatians in Greek: A Structural Analysis of St. Paul's Epistle to the Galatians* (Detroit: University of Detroit Press, 1966).
24. 본서 참고문헌 F항 참조, 또한 Miesner, *Chiasm and Paul*, 360-365에 있는 참고문헌을 보라. 매튜 블랙(Matthew Black)의 중요한 책인 *Aramaic Approach*는 2행으로 된 대

그래서 지금까지 수는 적지만 이 분야에서 교차 대구법, 문학 분석, 신약의 시, 또는 수사비평 등 다양하게 불리는 작업을 수행한 학자들의 행렬이 비교적 꾸준히 있었다. 수행해야 할 작업과 분야가 많이 있다. 우리가 직접 분석하기 전에 몇몇 용어를 정의해야 하겠다.

2. 용어 정의

어휘가 일관성 있게 정의된 것이 없어서, 본서에 사용된 용어들을 정의하려고 한다. 동의 대구법, 반의 대구법, 종합 대구법 등과 같은 범주는 이미 확정되었다. 그래서 이 용어들은 때에 따라 그대로 사용할 것이다. 그다음으로 대구법의 행(行)들이 AA′ BB′ CC′ DD′의 패턴으로 등장한다면, 이런 대구법은 **표준 대구법**(standard parallelism)이라고 부를 것이다. 이런 형식의 대구법은 구약성경에 일반화되었고, 시편과 선지서에도 잘 나타난다.[25] 신약성경에서도 발견되는데, 그 분명한 예가 누가복음 21:23-24에 있다.

A 그날에는 아이 밴 자들과
A′ 젖먹이는 자들에게 화가 있으리니

B 이는 땅에 큰 환난과
B′ 이 백성에게 진노가 있겠음이로다

C 그들이 칼날에 죽임을 당하며

구법, 두운(alliteration), 유운(類韻, assonance), 그리고 (동음이의어를 쓰는) 언어유희(paronomasia)을 집중적으로 다룬다. 블랙은 문학 구조에 대한 질문은 논의하지 않았다.

25. 이 간략한 논의가 불완전하다는 사실을 다시 한 번 강조해야 할 것 같다. 잘 쓰인 문학 작품은 예술적인 모습을 갖추기 위해 일련의 맞물리는 '유사성'을 두기 마련이다. 우리는 구약의 문학적 유산을 전제하고 있다. 잘 훈련받은 사람이라면 여기서 논하지 않은 관련 있는 다른 패턴도 알아볼 것이다. 이 장에서는 많이 사용되는 문학 패턴을 다룰 것이다. '많이 사용된다는 것'의 기준은 관련성의 강도다.

C′ 모든 이방에 사로잡혀 가겠고

대구법이 ABC-A′B′C′의 패턴으로 되어 있으면, 이를 **계단식 대구법**(step parallelism)이라고 부를 것이다. 이 연구서 안에서 이 유형에 속하는 분명한 예는 누가복음 11:9-10이다.

A 구하라 그러면 너희에게 주실 것이요
B 찾으라 그러면 찾아낼 것이요
C 문을 두드리라 그러면 너희에게 열릴 것이니
A′ 구하는 이마다 받을 것이요
B′ 찾는 이는 찾아낼 것이요
C′ 두드리는 이에게는 열릴 것이니라

대구법의 행들이 ABCD-D′C′B′A′ 구조로 도치되는 경우에는, **역행 대구법**(inverted parallelism)이라 부를 것이다. 이 패턴은 아모스 5:4b-6a에 분명하게 나타난다.

A 너희는 **나를 찾으라 그리하면 살리라**
B **벧엘**을 찾지 말며
C **길갈**로 들어가지 말며
D **브엘세바**로도 나아가지 말라
C′ **길갈**은 반드시 사로잡히겠고
B′ **벧엘**은 비참하게 될 것임이라 하셨나니
A′ 너희는 **여호와를 찾으라 그리하면 살리라**[26]

26. 아모스 5:4b-6a 연에는 처음과 마지막에 요점이 있고 가운데에는 요점이 놓이지 않았다. 신약에서는 핵심 구문 곧 절정이 중앙에서 더 자주 발견된다. 하지만 각각의 단락은 그 자체적으로 검토해야 한다.

이 분야의 연구가 확대되면 각각의 경우를 밝히기 위해 더 정확한 어휘가 필요하게 된다. 모든 유형의 문학 구조, 특히 주제들이 도치되어 배열되는 문학 구조를 지칭하기 위해 교차 대구법(chiasm)이라는 용어가 막연히 사용되기도 한다. 교차 대구법이라는 말은 두 번째 행에서 주제가 역전되는 두 행을 지칭하는 데 사용된다. 마가복음 2:27의 경우처럼 말이다.

A	B
안식일이	사람을 위하여 있는 것이요
B	A
사람이	안식일을 위하여 있는 것이 아니니

A 구절끼리, B 구절끼리 연결하는 선을 그으면, 헬라어의 철자 "**키**"에 해당하는 **X**가 만들어진다. 그래서 교차 대구법을 **키아스무스**(chiasmus)라고 한다. **chiasmus**는 **chiasm**이라고 줄임말로 표기되기도 한다. 교차 대구법이라는 용어는 다양한 형태 중에서 단순한 ABBA 패턴을 가리키는 전문어로 사용되고, 본서에서도 그런 의미로 사용할 것이다.

일반적인 것보다 긴 역행 대구법도 여러 다른 방식으로 사용되며, 이것들을 총칭하는 좋은 용어가 필요하다. **역행 원리**(Inversion Principle)에 대해 좀 더 언급하고 싶다. 계속 이야기를 하다 보면 역행 대구법의 원리가 널리 적용된다는 것이 드러날 것이다. "시", "산문", "수사적 산문", "시 형식이 아닌 대구법" 등 이 부류에 속하는 것들을 세부적으로 구별하는 것은 얼마든지 가능하다. "시"는 어떤 문화에서 그 단어를 사용하던 사람들이 시(詩)로 이해하는 것을 말한다. 우리가 조사하려는 구조는 **정형화된 의미 관계**(patterned semantic relationships)라고 부를 수 있다. 그 관계란 적어도 이런 것이다. 이제 검토할 본문들 중에는 오랫동안 '시'라고 알려진 것도 있고, 그렇지 않은 것도 있다. 분석할 필요가 있는 본문은 기본적으로 네 유형들 가운데 하나로 이해될 수 있다. 그중에는 분명히 산문인 것도 있고, 시로 이해하는 것이 더 나은 것도 있다. 이제 유형들을 살펴보자.

3. 신약성경에 있는 문학 구조의 네 유형

이 네 가지 유형을 간략하게 서술하면 다음과 같다.

(1) 개요를 보여 주기 위한 목적으로 역행 원리를 사용하는 길거나 짧은 산문 단락들

(2) 다양한 형식에서 다양한 병행 방법을 사용하는 시 단락(일곱 개가 있다는 것이 확인됨)

(3) 중앙에 탄탄한 대구법이 있고 앞뒤로 하나 또는 그 이상의 서로 짝을 이루는 산문 단락이 둘러싸고 있는 경우

(4) 위의 세 유형과 구별되어, 일반적으로 **비유적인 발라드**(Parabolic Ballad) 형식을 따르는 누가복음 비유

이 주제가 복잡한 한 가지 이유는, 앞에 언급한 네 유형이 서로 별개로 사용되지 않기 때문이다. 저자는 여러 문학적인 유형을 혼합하고 있고, 그것도 무의식적으로 그렇게 했을 것이다. 신약성경에 있는 이 유형들과 형식들을 충분히 이해하기 전에, 이 문제를 이해하려면 알아 두어야 할 내용이 많다는 사실을 충분히 인식하면서, 여기서는 예비적인 분석만을 할 수 있을 뿐이다. 이제 첫 번째 유형을 살펴보자.

(1) 유형 A – 전체적인 개요로서 역행 대구법을 사용하는 산문 단락

이것은 가장 일반적이면서 가장 보편적인 유형일 것이다.[27] 하지만 고

27. 미즈너(Miesner)는 고전 그리스 문학과 라틴 문학에서 문학적 구조가 사용된 자료를 모두 열거했다. 참조, Miesner, *Chiasm and Paul*, 60-69. 특별히 주목할 만한 가치가 있는 문헌들은 다음과 같다. George E. Duckworth, *Structural Patterns and Proportions*

대 세계에서만 역행 원리가 사용된 것은 아니다. 오늘날 젊은 두 남자가 나눈 대화를 옮겨보겠다.

대 화

A 너 오늘 파티에 갈거니?

B 친구를 데려가도 돼?

A 남자야, 여자야?

B 누굴 데려가면 어때?

A 짝이 맞아야 하잖아.

B 여자.

A 좋았어.

B 그럼, 이따 보자.[28]

역행 대구법에 맞춘 대화

A 너 오늘 파티에 갈거니?

  B 친구를 데려가도 돼?

    C 남자야, 여자야?

      D 누굴 데려가면 어때?

      D′ 짝이 맞아야 하잖아.

    C′ 여자.

  B′ 좋았어.

A′ 그럼, 이따 보자

---

in Vergil's Aeneid: A Study in Mathematical Composition (Ann Arbor: University of Michigan Press, 1962); R. B. Steele, "Chiasmus in the Epistles of Cicero, Seneca, Pliny and Fronto," *Studies in Honor of Basil L. Gildersleeve* (Baltimore: Johns Hopkins Press, 1902), 339-352; C. H. Whitman, *Homer and the Heroic Tradition* (Cambridge, Mass.: Harvard University Press, 1958).

28. E. A. Schegloff, "Notes on a Conversational Practice," *Studies in Social Interaction,* ed. D. Sudnow (New York: The Free Press, 1972), 78-79.

젊은 두 남자 중 누구도 의식하지 못한 채, 그들은 네 번 물었고 역행 형식으로 네 번 대답했다. 대화의 문학적인 구조는 ABCD-D′C′B′A′로 역행 대구법 형식이다. 이와 비슷한 수많은 예들이 내 주목을 끌었다. 역행 원리는 비교적 보편적으로 사용되며, 종종 사람들의 잠재의식에 있다는 것이 분명하다. 그래서 성경에서 역행 원리를 발견하면, 이 역행 원리가 의도적인 것인지 늘 질문해야 한다. 이런 질문은 매우 중요하다. 성경의 한 저자가 의도적으로 역행 원리를 사용할 경우, 자주 핵심 구문 곧 절정 부분을 중앙에 둔다. 일반적으로 저자는 이 절정을 구체적으로 구조의 처음과 끝과 관련시킴으로써 이 절정을 더욱 강조한다. 구조의 중심을 지나자마자 "전환점"이 있는 게 일반적이다.

후반부는 불필요한 부분이 아니다. 오히려, 후반부는 전반부(의 문제)를 해결하거나 완성 짓는 핵심적인 새로운 요소를 소개한다. 역행 원리가 의식적으로 정교하게 사용된 경우라면, 다 그런 것은 아니지만, 이러한 요소들이 대부분 등장하고, 이 요소들은 본문의 바른 해석에 결정적으로 중요하다.

앞에 제시한 A와 B의 짧은 대화에서, A는 친구가 파티에 오는지 알고 싶어 한다. 그래서 대화의 처음과 끝은 A에게 무척 중요하다. 하지만 B는 다른 얘기를 하고 싶어 한다. 즉, "내 여자 친구를 데려가도 된다면 가겠다."라는 것이다. 구조의 중심은 대화를 나누는 두 사람 모두에게 부차적이다. 하지만 우리가 검토하게 될 여러 경우에서는 앞에 제시된 구체적인 특징들이 두드러지게 나타날 것이다. 그렇다면, 성경에서는 어떠할까?

다니엘서에서 유형 A, 산문 역행 대구법의 분명한 예를 관찰할 수 있다. 반복적으로 나타나는 주요 특징들은 아래와 같다.

다니엘 3:13-30

왕이 노하고 분하여 **사메아**[29]를 끌어오라 말하매

내가 세운 금신상에 절하라 그렇지 않으면 벌을 내리리라

너희를 내 손에서 건져 낼 신이 누구이겠느냐

우리가 섬기는 하나님이 우리를 왕의 손에서 건져 내시리이다

우리는 금신상을 섬기지도 아니하고 절하지도 아니할 것입니다

불이 평소보다 일곱 배나 뜨겁더라

왕이 **사메아**를 결박하여 풀무불 가운데에 던지라 하니라

사메아는 결박된 채 풀무불 가운데에 떨어졌더라

왕이 불 속에 있는 세 사람의 안부를 물으니라

왕이 불 속에 있는 네 사람을 보니, 그중 한 사람은 인자 같더라

왕이 **사메아**에게 나오라고 명하니

사메아가 나온지라

불이 그들의 몸을 해하지 못했고

사메아의 하나님이 그의 종들을 왕의 손에서 구하셨고

그들은 하나님밖에는 다른 신을 섬기지도 아니하며 절하지도 아니했도다

사메아의 하나님께 경솔히 말하는 자는 벌을 받을 것이요

이같이 사람을 구원할 다른 신이 없음이니라

왕이 **사메아**를 바벨론 지방에서 더욱 높이니라

---

29. **사메아**는 사드락, 메삭, 아벳느고의 약자다. 원래 성경 본문에는 이들의 이름이 정확히 열두 번이나 반복해서 등장하는데 이것은 의미심장하다.

다니엘 3:13-30에 역행 원리가 사용된 것은 분명하다. 이 본문은 복잡하지 않은 산문인 것 같다. 절정은 분명히 중앙에 있다.[30]

티어링(Barbara Thiering)은 이러한 역행 원리가 쿰란의 찬양집(*Hodayoth* of Qumran)에 사용되었음을 주목했다. 분명한 예가 9:29b-36b이며, 그 구조는 다음과 같다.

당신은 아버지 때부터
그리고 ( )[31] 태(胎에)서부터 나를 아셨나이다.
나의 어머니 ( ) 당신은 나를 사랑으로 돌보셨나이다.
나를 잉태한 자의 젖가슴으로부터 당신의 자비와
나를 양육하고 있는 사람의 무릎으로부터 ( )

나의 어린 시절부터 당신은 당신의 심판의 지혜로
내게 계시하셨습니다.

당신은 진리로 나를 붙드셨고
당신의 거룩한 영으로 나를 기쁘게 하셨으며
오늘날까지 ( )
( )와 함께 당신의 의로 견책하시고
당신은 평강으로 나의 영혼을 구원하셨으며
풍성한 용서로 나의 걸음을 인도하시고
나를 심판하실 때 무한한 자비를 베푸셨나이다.

이 나이가 될 때까지

---

30. 버트럼(Stephen Bertram)은 룻기 전체의 구조에 역행 원리가 사용되었음을 발견했다. 참조, Stephen Bertram, "Symmetrical Design in the Book of Ruth," *JBL* 84 (1965), 165-168. 나는 역행 원리를 사용하고 있는 매우 많은 구약의 본문에 주목했다. 그에 대한 연구 중 일부는 아직 출판되지 않았다. 터툴리안의 경우, 그의 책 전체에서 역행 원리가 발견되었다. 참조, R. D. Sider, "On Symmetrical Composition in Tertullian," *JTS* 24 (1973), 403-423.

31. 빈 공간은 본문에 탈문(脫文)이 있음을 의미한다.

당신은 나를 돌보셨나이다.

나의 아버지는 나를 사랑하지 않았고
나의 어머니는 나를 버리셨으나
당신은 모든 어린 아들들에게 아버지가 되시나이다.
잉태한 여인이 자기 아이를 사랑하는 것같이 그들을 기뻐하시고
무릎 위에서 아이를 양육하는 아버지처럼 당신은 모든 피조물을 돌보시나이다.[32]

이 번역은 티어링의 구조를 따랐다. 그런데, 처음과 마지막 연은 거의 완벽한 균형이 잡힌 계단식 대구법이다. 첫 연은 이렇게 표현된다.

내 아버지
모태( )
나의 어머니
잉태한 자
무릎

마지막 연은 이렇게 표현된다.

나의 아버지
나의 어머니
아버지
잉태한 여인
무릎

32. Barbara Thiering, "The Poetic Forms of the Hodayoth," *JSS* 8 (1963), 191. 베일리의 번역.

신약성경으로 눈을 돌리면, 유형 A에 속하는 분명한 예를 누가복음 18:18-30에서 찾을 수 있다.

1 어떤 관리가 물어 이르되		**영생**
선한 선생님이여 내가 무엇을 하여야 **영생**을 얻으리이까		
2 예수께서 이르시되		
네가 어찌하여 나를 선하다 일컫느냐		
하나님 한 분 외에는 선한 이가 없느니라		
네가 계명을 아나니		
간음하지 말라, (가정에 충성)	7계명	
살인하지 말라,	6계명	**옛 순종**
도둑질하지 말라, (재산)	8계명	- 다 지킴
거짓 증언 하지 말라,	9계명	
네 부모를 공경하라 하였느니라 (부모에게 충성)	5계명	
여짜오되		
이것은 내가 어려서부터 다 지키었나이다		
3 예수께서 이 말을 들으시고 이르시되		
네게 아직도 한 가지 부족한 것이 있으니		
네게 있는 것을 다 팔아 가난한 자들에게 나눠 주라		**새 순종**
그리하면 하늘에서 네게 보화가 있으리라		- (관원에게) 요구
그리고 와서 나를 따르라 하시니		
4 그 사람이 큰 부자이므로		**새 순종**
이 말씀을 듣고		- 너무 어려움
심히 근심하더라		
5 예수께서 그를 보시고 이르시되		
얼마나 어려운지		

재물이 있는 자는 **하나님 나라에**

하나님의 나라에 들어가기가 **들어감**

낙타가 바늘귀로 들어가는 것이 … 쉬우니라

부자가

하나님의 나라에 들어가는 것보다

4′ 듣는 자들이 이르되 **새 순종**

그런즉 누가 구원을 얻을 수 있나이까 - 너무 어려움

이르시되 무릇 사람이 할 수 없는 것을 - 하나님만 가능함

하나님은 하실 수 있느니라

3′ 베드로가 여짜오되 **새 순종**

보옵소서 우리가 **우리의 것을 다 버리고** - (제자들은) 성취

주를 따랐나이다

2′ 이르시되

내가 진실로 너희에게 이르노니

버린 자는

집이나 (재산) **새 순종**

아내나 (가정에 충성) - (누구나) 성취

형제나 (가정에 충성)

부모나 (부모님께 충성)

자녀를 (가정에 충성)

하나님의 나라를 위하여

1′ 현세에 여러 배를 받고

내세에 **영생**을 받지 못할 자가 없느니라 하시니라 **영생**

이 본문은 역행 원리를 사용해서 조직화했다는 것이 분명하다. 영생에

대한 질문이 1연에 등장하고, 그것은 다시 1′연에서 반복된다. 2연에서는 십계명 중에서 다섯 계명이 선정되었으나 본문에서처럼 재배열되었다. 맨 처음에는 "가정에 대한 충성"이 자리하고 맨 마지막에 "부모에 대한 충성", 그리고 중앙에 "재산"에 대한 문제가 자리한다. 2′연에도 다섯 가지 요소가 있어서, 2연에서 특별하게 배치함으로써 주목의 대상이 된 세 주제를 논의한다. 3연에서 관원에게 요구한 두 명령은 3′연에서 제자들이 이룬 명령이라고 한다. 관원(4연)과 주위에 있는 사람들(4′연) 모두 너무 어려운 명령이라고 생각한다. (계단식 대구법을 이용한) 비유가 절정을 묘사하는 중앙에 등장한다. 분명한 것은 "영생을 얻는 것"(1연과 1′연)이 "하나님의 나라에 들어가는 것"(5연)과 동일하다는 사실이다. 그래서 짧은 비유는 역행 원리 주변을 구성하는 "신학적인 모자이크"라고 말할 수 있는 것의 중앙에 배치된다.

갈라디아서 3:5-14에서도 다음과 같은 역행 원리를 찾을 수 있다.

A **너희에게 성령**을 주시고 너희 가운데서 능력을 행하시는 이의 일이 율법의 행위에서냐 혹은 **듣고 믿음에서냐** 아브라함이 **하나님을 믿으매** 그것을 그에게 **의**로 정하셨다 함과 같으니라

B 그런즉 **믿음으로 말미암은 자들은 아브라함의 자손**인 줄 알지어다 또 하나님이 **이방**을 믿음으로 말미암아 **의로 정하실 것**을 성경이 미리 알고

먼저 **아브라함**에게 복음을 전하되

모든 이방인이 너로 말미암아 **복을 받으리라** 하였느니라

그러므로 **믿음으로 말미암은 자**는 믿음이 있는 **아브라함과 함께 복**을 받느니라

C 무릇 율법 행위에 속한 자들은 **저주** 아래에 있나니

기록된바 누구든지 율법 책에 기록된 대로 모든 일을 항상 행하지 아니하는 자는 **저주** 아래에 있는 자라 하였음이라

D 또 하나님 앞에서 아무도 **율법**으로 말미암아 의롭게 되지 못할 것이 분명하니

E 이는 **의인은 믿음으로 살리라** 하였음이라

D′ **율법**은 믿음에서 난 것이 아니니

율법을 행하는 자는 그 가운데서 살리라 하였느니라

C′ 그리스도께서 우리를 위하여 **저주**를 받은 바 되사

율법의 **저주**에서 우리를 속량하셨으니

기록된바 나무에 달린 자마다 **저주** 아래에 있는 자라 하였음이라

B′ 이는 그리스도 예수 안에서

아브라함의 복이

이방인에게 미치게 하고

A′ 또 **우리로 하여금 믿음으로 말미암아**

성령의 약속을 받게 하려 함이라[33]

이 역행 대구법은 다음과 같은 병행 구조로 되어 있다.

A 성령, 믿음, 의

B 이방인, 아브라함의 복

C 저주

D 율법

E 믿음으로 말미암는 의

D′ 율법

C′ 저주(그리스도)

B′ 이방인, 아브라함의 복(그리스도)

---

33. 이 구조는 블라이(John Bligh)의 책에 있는 것을 약간 수정한 것이다. John Bligh, *Galatians in Greek*, 34. 블라이는 갈라디아서 전체에서 역행 원리를 발견했다. 룬트(Lund)가 그랬듯이, 각각의 증거는 개별적으로 검토해야 한다.

A′ 성령, 믿음, 약속

이것은 대구법이라는 것이 뚜렷하고, 대구법이라는 사실을 인식 못하는 사람은 없을 것이다. 절정은 중앙에 있다. 중앙은 신학적으로 처음과 끝과 관계한다. A와 E에 인용된 두 인용구를 비교해 보면 특히 분명해진다. 후반부는 그리스도를 소개한다. 그리스도는 전반부에서는 생략된 요소다. 중요한 주제인데도 생략한 것은 의도적이다. B연은 그 자체로도 역행 대구법이고, 그 중심은 아브라함인데 바깥쪽에서 반복된다.

신약성경 뒷부분에 있는 책으로 시선을 돌리면, 동일한 유형 A를 베드로후서 3:8-18에서 찾을 수 있다. 베드로후서 3:8-18의 구조는 다음과 같다.

1 **사랑하는 자들아 주께는 하루가 천 년** 같고
천년이 하루 같다는
이 한 가지를 잊지 말라

2 **주의 약속**은 어떤 이들이 더디다고 **생각하는** 것같이 더딘 것이 아니라
오직 주께서는 너희를 대하여 **오래 참으사**

3 아무도 멸망하지 아니하고
다 회개하기에 이르기를 원하시느니라

4 그러나 **주의 날**이 도둑같이 오리니
그날에는 **하늘이 큰 소리로 떠나가고**
물질이 뜨거운 불에 풀어지고
땅과 그중에 있는 모든 일이 드러나리로다

5 이 모든 것이 이렇게 풀어지리니
너희가 어떠한 사람이 되어야 마땅하냐 거룩한 행실과 경건함으로

4′ **하나님의 날**이 임하기를 바라보고 간절히 사모하라

그날에 하늘이 불에 타서 풀어지고

물질이 뜨거운 불에 녹아지려니와

우리는 **그의 약속대로** 의가 있는 곳인

새 하늘과 **새 땅을 바라보도다**

3′ 그러므로 사랑하는 자들아 너희가 이것을 바라보나니

주 앞에서 점도 없고 흠도 없이 평강 가운데서 나타나기를 힘쓰라

2′ 또 **우리 주의 오래 참으심**이

구원이 될 줄로 여기라

(우리가 사랑하는 형제 바울도 그 받은 지혜대로 너희에게 이같이 썼고 또 그 모든 편지에도 이런 일에 관하여 말하였으되 그중에 알기 어려운 것이 더러 있으니 무식한 자들과 굳세지 못한 자들이 다른 성경과 같이 그것도 억지로 풀다가 스스로 멸망에 이르느니라)[34]

1′ 그러므로 **사랑하는 자들아** 너희가 이것을 미리 **알았은즉**

무법한 자들의 미혹에 이끌려 너희가 굳센 데서 떨어질까 **삼가라**

오직 우리 주 곧 구주 예수 그리스도의 은혜와 그를 아는 지식에서 자라가라

영광이 이제와 **영원한 날까지** 그에게 있을지어다 아멘

이 구조의 절정은 다시 중앙에 있다. 중앙인 5연에서 독자는 앞에 묘사된 것들이 풀어진다는 말을 듣는다(1행). 그래서 (2행에서는) 거룩하고 경건한 생활을 하라는 권면을 받는다. 경건한 생활을 하라는 권면은 3′연에도 등장하고 1′연 구조 끝부분에도 나온다. 구체적인 윤리적 삶이 첨가된 것이 후반부의 새로운 특징이다.

이러한 구조들이 의식적으로 만들어진 것인지 아니면 무의식적으로

34. 바울에 관한 이 긴 주석은 나중에 덧붙인 것으로 보이며, 본문의 다른 내용과 무관하다. 베드로후서 어느 곳에나 쉽게 등장할 수 있을 것 같다.

만들어진 것인지는 해결되지 않았다. 누가복음 18장의 경우, 십계명에서 선정한 율법의 순서는 이 내용을 배열한 목적을 잘 간파할 수 있도록 재배열되었고, 또 여러 다양한 자료가 "신학적인 모자이크"를 이루기 위해 합쳐졌다. 그렇다면, 누가복음 18장의 경우에 역행 원리 사용은 의식적이며 고의적이었다는 게 분명해 보인다. 갈라디아서 본문도 구약성경에서 인용한 몇몇 본문들과 본문이 특별한 순서로 배열된 것으로 보아, 역행 대구법을 고의적으로 의도했다는 것이 거의 확실하다. 베드로후서의 구조와 다니엘 본문의 예는 역행 대구법을 무의식적으로 사용했을 가능성이 더 크다.

(2) 유형 B – 다양한 대구법을 혼합해 사용한 일곱 가지 시[35] 형식

다양한 형식을 지닌 대구법 구조를 제시하기 전에, 명확하게 해 둘 요량으로 앞으로 논의할 형식을 먼저 정의하기로 하자. 일곱 개의 대구법은 세 가지 범주로 분류된다. 하나의 연[36]으로 된 형식, 두 개의 연으로 된 형식, 세 개 또는 그 이상의 연으로 된 형식이 그것이다. 그 형식들마다 명칭을 붙이고, 다음과 같이 정의할 것이다.

① 하나의 연으로 이루어진 형식

형식 I: 개별 단어나 짧은 어구를 역순으로 배치해서 하나의 연을 만드는 대구법

형식 II: 절, 완전한 문장, 또는 2행 연구를 역순으로 배치해서 하나의 연을 만드는 대구법

---

35. 본서에서는 "시"(poetry)라는 명칭이 비교적 느슨하게 사용되었다. 서로 짝을 이루는 두 행 간의 병행 관계가 구약성경의 시 단락이나 쿰란의 찬양시(*Hodayoth*)에서 발견되는 것과 정확히 일치한다면, 우리는 이것을 '시'라고 부르기로 하겠다. 이것을 "병행을 이루는 산문"이나 "예술적인 산문"이라고도 부를 수 있다. 이 장에서 우리는 다른 유형에서 발견되지 않는 서로 상응하는 다양한 문학 기법을 가리키기 위해 "시"라는 단어를 사용할 것이다.

36. 사상을 완성하거나 기존의 문학 형식의 균형을 잡게 해 주는 일련의 집합체(correspondences)를 가리키기 위해 "연"(stanza)이란 단어를 사용했다.

형식 III: 계단식 대구법을 사용해서 하나의 연을 만드는 대구법

② 두 개의 연으로 이루어진 형식

형식 IV: 두 번째 연이 첫 번째 연의 병행으로 반복되는, 두 개의 연으로 이루어진 시

형식 V: 두 번째 연이 첫 번째 연의 중앙에 등장하는 주제로 시작하는 시

③ 세 개의 연으로 이루어진 형식

형식 VI: 세 번째 연이 이런저런 방법으로 첫 번째 연과 병행을 이루고 중앙에 독립적인 하나의 연이 있는 대구법

형식 VII: 위에 언급한 여러 유형이 혼합된, 셋 또는 그 이상의 연으로 이루어진 대구법 구조

이 형식들에 속하는 예들을 검토하려고 한다.[37]

형식 I (개별 단어나 짧은 어구를 역순으로 배치한 형식)

형식 I의 예는 다음과 같다.

아모스 5:24

호르게 할지어다

37. 니콜슨(Nicholson)은 구전 전승이 지배하던 공동체에서 시의 절대적인 중요성을 다뤘다. 그는 시인을 평가한 이븐 라시크(Ibn Rashiq)의 논평을 인용한다. "시인은 모든 공동체 일원의 존엄을 방어하는 수호자요, 그들의 명예가 모독당하지 않도록 보호하는 무기며, 그들의 영예로운 행동을 영속시키고 그들의 명성을 영원히 확립하는 수단이다." 참조, R. A. Nicholson, *A Literary History of the Arabs* (Cambridge: University Press, 1962), xxii. 성경의 문학 역사의 매 시기는 상당 부분 시에 의해 묘사되었다. 이러한 경향은 신구약 중간기의 쿰란 문헌까지 확대된다. 크라프트(Kraft)는 쿰란의 감사의 시(Thanksgiving Psalms)의 중요성을 언급하면서, 그것은 "신약의 저자들이 시를 어떻게 생각했는지 이해하는 데 중요한 자료"라고 평가했다. 참조, C. F. Kraft, "Poetic Structure of the Qumran Thanksgiving Psalms," *Biblical Research 2* (1957), 16. 시일(Seale)은 시가 구전 전승이 지배하던 공동체에 어떤 의미인지를 극적으로 묘사한다(참조, *The Desert Bible*, 18-23).

물같이
정의를
그리고 공의를
강같이
흐르게 할지어다

아모스 5:7

바꾸는 자들아
쓴 쑥으로
정의를
그리고 공의를
땅에
던지는 자들아

구(phrase)가 역행 대구법으로 되어 있는 예는 아모스 5:14-15a이다.

1 선을 구하고
2 악을 구하지 말지어다
3 너희는 살려면
4 만군의 하나님
4′ 여호와께서
3′ 너희의 말과 같이 너희와 함께하시리라
2′ 너희는 악을 미워하고
1′ 선을 사랑하며

"선"이라는 주제가 바깥쪽에 있고 "하나님"이라는 주제가 중앙에 있다.

이사야 60:1-3도 주목해 보라.

1 **일어나라**
2 빛을 발하라
3 이는 네 빛이 이르렀고
4 영광이
5 여호와의
6 네 위에 **일어났음(임하였음)이니라**
7 보라 어둠이 땅을 덮을 것이며
7′ 캄캄함이 만민을 가리려니와
6′ 네 위에 **일어나실(임하실) 것이며**
5′ 오직 여호와께서
4′ 그의 영광이 네 위에 나타나리니
3′ 나라들은 네 빛으로
2′ 왕들은 나아오리라
1′ **비치는(일어나는) 네 광명**으로[38]

일곱 개의 의미 단위 하나하나가 역순으로 시의 후반부에서 반복된다. 구조는 중앙의 "어둠"(7과 7′)에 초점이 맞춰져 있다. "어둠" 주제는 "부활(임재, resurrection)"(6과 6′)로 싸여 있다. 부활(임재) 주제는 특별히 강조할 목적으로 바깥쪽에서 다시 반복된다.

단어와 절이 섞여 있는 것은 쿰란의 *Hodayoth* 9:9b-10b에서 볼 수 있는데, 다음과 같은 구조로 되어 있다.

내가 주의 진리를 아오며

---

38. 참조, Lund, *Chiasmus*, 44.

내가 선택했나이다

나를 심판하시고

내게 고통을 내리실 때

내가 기뻐했나이다

이는 내가 주의 은혜를 바람이니이다[39]

이와 동일한 혼합 형태가 바울이 쓴 로마서 10:8-10에도 나타난다.

1 **우리가 전파하는 믿음의 말씀**이라

2 네가 만일 시인하며

3 네 입으로

4 예수를 주로

5 그리고 믿으면

6 네 마음에

7 **하나님께서 그를 죽은 자 가운데서 살리신 것**을

7′ **구원**을 받으리라

6′ 사람이 마음으로

5′ 믿어

4′ 의에 이르고

3′ 입으로

2′ 시인하여

1′ **구원**에 이르느니라

구원 주제가 7′와 1′에 나타난다.

잘 알려진 요한복음 서론은 형식 I에 해당하며, 다음과 같은 구조다.

39. Thiering, *JSS* 8, 204; 베일리의 번역. 티어링은 이 형식에 속하는 일련의 예를 제시했다.

1 **태초에**

2 계시니라

3 말씀이

4 이 말씀이

5 계셨으니

6 **하나님과 함께**

6′ 곧 하나님

5′ 이시니라

4′ 이 말씀은

3′ 그가

2′ 계셨고

1′ **태초에 하나님과 함께**[40]

---

40. N. W. Lund, "The Influence of Chiasmus upon the Structure of the Gospels," *ATR* 13 (1931), 42. 이미 앞(참조, 각주 25)에서 언급했기에, 여기서는 단지 주로 많이 사용되는 문학 구조로 보이는 것이 무엇인지를 지적하는 것으로 그치겠다. 하지만 이 간단한 연에서 함께 작용하여 서로를 강조하는 두 문학 구조를 주목하는 것은 무척 중요하다. 동일한 연을 다음과 같이 재구성할 수 있다.

1 태초에
2 계시니라
3 말씀이
3′ 이 말씀이
2′ 계셨으니
1′ 하나님과 함께
1 곧 하나님
2 이시니라
3 이 말씀은
3′ 그가
2′ 계셨고
1′ 태초에 하나님과 함께

동일한 행에서 서로 보강해 주는, 이와 동일한 두 구조를 사용한 예는 사도행전 2:23-36에 제시된 훨씬 더 복잡한 구조에서 관찰할 수 있다. 참조. 본서 pp.132-137.

마지막 행은 처음과 가운데 행을 요약한다.

형식 II (완전한 절, 문장 또는 2행으로 이루어진 형식)

형식 II는 아마도 이 부류에 속하는 모든 대구법 형식 중에서 가장 중요할 것이다. 아래의 다섯 예는 이 형식에 속하는 대표적인 본문들이다.

아모스 9:1-4

A 기둥머리를 쳐서 문지방이 움직이게 하며
그것으로 부서져서 무리의 머리에 떨어지게 하라

B 내가 그 남은 자를 **칼**로
죽이리니

C 그중에서 한 사람도 **도망하지** 못하며
그중에서 한 사람도 피하지 못하리라

D 그들이 파고 **스올로** 들어갈지라도
내 손이 거기에서 붙잡아 낼 것이요

E **하늘로 올라갈지라도**
내가 거기에서 붙잡아 내릴 것이며

E′ **갈멜 산 꼭대기에 숨을지라도**
내가 거기에서 찾아낼 것이요

D′ 내 눈을 피하여 바다 **밑에 숨을지라도**
내가 거기에서 뱀을 명령하여 물게 할 것이요

C′ 그 원수 앞에
사로잡혀 갈지라도

B′ 내가 거기에서 **칼**을 명령하여
죽이게 할 것이라

A′ 내가 그들에게 주목하여 화를 내리고

복을 내리지 아니하리라[41]

아모스 9:1-4에 반영된 의미상의 병행은 다음과 같다.

하나님께서 심판을 보내신다.
칼(the sword)
아무도 **피하지** 못한다.
아무도 피해 **내려가지** 못한다.
아무도 피해 **올라가지** 못한다.
아무도 피해 **올라가지** 못한다.
아무도 피해 **내려가지** 못한다.
아무도 **피하지** 못한다.
칼(the sword)
하나님께서 심판을 보내신다.

이 시적 구조에서는 중앙에 전환점이 없는 것처럼 보인다. 그러나 여전히 중앙이 이 구조의 절정 부분이다. 심지어 하늘에도, 피할 곳은 전혀 없다.

시편 89:28-37

그를 위하여 **나의 인자함**을 **영원히 지키고**	**영원히 지킴**
그와 맺은 나의 언약을 굳게 세우며	
또 그**의 후손**을 **영구하게** 하여	**그의 후손, 왕위, 영구히**
그의 왕위를 하늘의 날과 같게 하리로다	
만일 **그의 자손**이 내 법을 버리며	**다윗의 자손**

41. Lund의 *Chiasmus*, 86-87에 있는 것을 약간 수정했음.

내 규례대로 행하지 아니하며	
내 율례를 깨뜨리며	**그들이 율례를 깨뜨림**
내 계명을 지키지 아니하면	
내가 **회초리로** 그들의 죄를 다스리며	**심판**
채찍으로 그들의 죄악을 벌하리로다	
그러나 나의 인자함을 그에게서 다 거두지는 아니하며	**인자함**
나의 성실함도 폐하지 아니하며	
내 언약을 깨뜨리지 아니하고	**나는 언약을**
내 입술에서 낸 것은 변하지 아니하리로다	**깨뜨리지 아니함**
내가 나의 거룩함으로 한번 맹세하였은즉	**다윗**
다윗에게 거짓말을 하지 아니할 것이라	
그의 후손이 장구하고	**그의 후손, 왕위, 영구히**
그의 왕위는 해같이 내 앞에 항상 있으며	
또 궁창의 확실한 증인인	
달같이 영원히 견고하게 되리라[42]	**영원히 견고하게 함**

심판과 인자함의 절정이 역행 대구법으로 매우 힘 있게 강조되었다. '인자함'은 시를 시작하는 주제이기도 하다. 전환점은 통상적으로 그렇듯이 중앙을 지나자마자 "그러나"로 제시된다.

동일한 형식이지만 일곱 개의 단위로 구성된 형식이 마태복음 13:13-18에 등장한다.

그러므로 내가 그들에게 비유로 말하는 것은

---

42. 참조, John Forbes, *The Symmetrical Structure of Scripture* (Edinburgh: T. & T. Clark, 1854), 40.

1 **그들이** 보아도 **보지 못하며**
들어도 **듣지 못하며** 깨닫지 못함이니라
2 이사야의 **예언**이
그들에게 이루어졌으니 일렀으되
3 너희가 듣기는 **들어도**
깨닫지 못할 것이요
4 보기는 **보아도**
알지 못하리라
5 이 백성들의 **마음**이 완악하여져서
6 그 **귀**는 듣기에 둔하고
7 **눈**은 감았으니
7′ 이는 **눈**으로 보고
6′ **귀**로 듣고
5′ **마음**으로 깨달아 돌이켜
내게 고침을 받을까 두려워함이라 하였느니라
4′ 그러나 너희 **눈**은
봄으로,
3′ 너희 **귀**는
들음으로 복이 있도다
2′ 내가 진실로 **너희에게 이르노니**
많은 **선지자**와 의인이
1′ **너희가 보는** 것들을 보고자 하여도 **보지 못하였고**
너희가 듣는 것들을 듣고자 하여도 **듣지 못하였느니라**[43]

---

43. Lund, *Chiasmus*, 233-234에 있는 것을 약간 수정했음. 저자는 이사야 본문을 가지고 작업을 시작한 것 같다. 이 본문에는 이미 마음-귀-눈=눈-귀-마음 등의 역행적 경향이 존재한다. 새로운 저자는 구약 인용 중 남은 단락과 균형을 맞추려고 4′와 3′를 첨가했고, 그런 다음에 시작 부분에 1연과 2연을, 마지막에 이에 상응하는 2′연과 1′연을 첨가함으로써 연을 일곱 개로 확대했다.

역행 대구법을 사용한 탁월한 예는 요한복음 5:24-29에서 발견된다.

내가 진실로 진실로 너희에게 이르노니
내 말을 듣고 또 나 보내신 이를 **믿는** 자는
영생을 얻었고 **생명**
심판에 이르지 아니하나니 **심판**
사망에서 생명으로 옮겼느니라
진실로 진실로 너희에게 이르노니
죽은 자들이 하나님의 아들의 음성을
들을 때가 오나니 곧 이때라
듣는 자는 살아나리라
아버지께서 자기 속에 **생명**이 있음같이
아들에게도 **생명**을 주어 그 속에 있게 하셨고 **생명**
또 인자 됨으로 말미암아
심판하는 권한을 주셨느니라 **심판**
이를 놀랍게 여기지 말라
무덤 속에 있는 자가
다 그의 음성을 들을 때가 오나니
선한 일을 행한 자는
생명의 부활로, **생명**
악한 일을 행한 자는
심판의 부활로 나오리라[44] **심판**

44. 다섯 연으로 이루어진 이 시를 처음 주목한 사람은 존 포브스(John Forbes)다(*Symmetrical Structure*, 69). 포브스와는 별도로 이와 동일한 구조를 발견한 사람은 레바논 베이루트에 있는 근동신학교에서 내가 가르쳤던 브라운(Lucy Brown)이다. 이 독특한 구조에서 특히 주목할 만한 측면은 처음 두 연이 **실현된 종말론**이라는 사실이다. 심판은 **지나갔고, 이제는** 죽은 자들이 음성을 들을 때다. 마지막 두 연에는 처음 연과 균형을 이루는 **미래의 종말론**이 들어 있다.

신약성경 전체의 시적 구조 중에서 주의 깊게 주목할 만한 것 가운데 하나가 에베소서 2:11-22이다. 육체로 유대인과 이방인인 사람들이 처음 두 연을 형성한다. 영적으로 유대인과 이방인인 사람들이 마지막 두 연을 형성한다. 중앙의 세 연에서는 "이 둘이 하나가 되었다."라는 사실이 세 번 반복된다. 그 구조는 다음과 같다.

그러므로 생각하라

1 너희는 그때에 **육체로는 이방인**이요 **이방인**
할례를 받지 않은 무리라 칭함을 받는 자들이라 (육체로)

2 **손으로 육체에 행한** **유대인**
할례를 받은 무리라 칭하는 자들로부터 (육체로)

3 그때에 너희는 **그리스도 밖에** 있었고
이스라엘 나라 밖의 사람이라
약속의 언약들에 대하여는 외인이요

4 **소망이 없고**
세상에서 하나님도 없는 자이더니

5 이제는 **전에 멀리 있던 너희**가 그리스도 예수 안에서
그리스도의 피로 **가까워졌느니라**

6 **그는 우리의 화평이신지라**
둘로 하나를 만드사
중간에 막힌 담을 자기 육체로 허시고

7 원수 된 것 곧 법조문으로 된 계명의 율법을 폐하셨으니
이는 **이 둘로** 자기 안에서 **한 새 사람을 지어**

6′ **화평하게 하시고**
또 십자가로 **이 둘을 한 몸으로** 하나님과 **화목하게** 하려 하심이라
원수 된 것을 십자가로 소멸하시고

5′ 또 오셔서 **먼 데 있는 너희에게** 평안을 전하시고
가까운 데 있는 자들에게 평안을 전하셨으니
4′ 이는 그로 말미암아 우리 둘이 **나아감을** 얻게 하려 하심이라
한 성령 안에서 아버지께
3′ 그러므로 **이제부터 너희는 외인도 아니요 나그네도 아니요**
오직 성도들과 동일한 시민이요
하나님의 권속이라
2′ 너희는 **사도들과 선지자들의** 터 위에 세우심을 입은 자라 **유대인**
(그리스도 예수께서 친히 모퉁잇돌이 되셨느니라 (주 안에서)
그의 안에서 건물마다 서로 연결하여)
주 안에서 성전이 되어가고
1′ **너희도** 지어져 가느니라 **이방인**
성령 안에서 하나님이 거하실 처소가 되기 위하여 (성령 안에서)

3연과 3′연은 역행 대구법으로 서로 짝을 이루며,[45] 나머지는 계단식 대구법이다. 2′연에 첨가된 편집 논평 때문에 이 찬양은 고린도전서 3:11과 일치하게 되었다.

형식 III (역행 대구법보다는 계단식 대구법을 사용하는 형식)

형식 III에 속하는 분명한 예는 이사야 55:10-11이며, 그 구조는 다음과 같다.

A 비와 눈이 하늘로부터 내려서
B 그리로 되돌아가지 아니하고 땅을 적셔서

45. 이 여섯 행은 하나의 단위로서가 아니라 별개의 세 단위로 읽을 수 있다. 저자가 이 문학 작품에서 줄곧 2행과 3행 단락으로 작업을 하고 있는 것처럼 보이기에, 우리도 이런 형식을 유지했다.

C 소출이 나게 하며 싹이 나게 하여

D 파종하는 자에게는 종자를 주며 먹는 자에게는 양식을 줌과 같이

A′ 내 입에서 나가는 말도 이와 같이

B′ 헛되이 내게로 되돌아오지 아니하고

C′ 나의 기뻐하는 뜻을 이루며

D′ 내가 보낸 일에 형통함이니라

신약의 예는 누가복음 6:20-26이다.

1 가난한 자는 **복이 있나니**

하나님의 나라가 너희 **것임이요**

2 지금 주린 자는 **복이 있나니**

너희가 배부름을 얻을 **것임이요**

3 지금 우는 자는 **복이 있나니**

너희가 웃을 **것임이요**

4 사람들이 너희를 미워하면 너희에게 **복이 있나니**

(인자로 말미암아 사람들이 너희를 미워하며 멀리하고 욕하고 너희 이름을 악하다 하여 버릴 때에는 그날에 기뻐하고 뛰놀라 하늘에서 너희 상이 큼이라)[46]

그들의 조상들이 선지자들에게 이와 같이 **하였느니라**

1′ 그러나 **화 있을진저** 너희 부요한 자여

너희는 너희의 위로를 이미 **받았도다**

---

46. 4연의 길게 확장된 구절에는 기교가 없는 것이 아니다. 일곱 구절이 있다. 인자에 대한 언급 다음에 세 개의 부정적인 서술이 이어지고, 그다음에 세 개의 긍정적인 어구로써 균형이 맞춰져 있다. 그래서 하나의 2행 연구는 확장되어 그 자체 안에서 하나의 연을 이룬다. 프리드먼(Freedman)은 구약의 대구법에서 동일한 현상을 찾아냈다. 참조, David N. Freedman, Prolegomenon to G. B. Gray, *The Forms of Hebrew Poetry* (New York: Ktav, 1972[1915]), XXXI. 프리드먼은 이에 대해 "마치 시인이 의도적으로 2행 연구(bicolon, couplet)를 나누어, 하나의 연을 만들기 위해 그 단위의 전반부와 후반부 사이에 다양한 자료를 삽입한 것 같다."라고 언급한다.

2′ **화 있을진저** 너희 지금 배부른 자여
너희는 **주리리로다**
3′ **화 있을진저** 너희 지금 웃는 자여
너희가 애통하며 **울리로다**
4′ 모든 사람이 너희를 칭찬하면 **화가 있도다**
그들의 조상들이 거짓 선지자들에게 이와 같이 **하였느니라**

형식 Ⅳ (두 번째 연이 첫 번째 연과 병행을 이루는 형식)

이런 형식은 매우 드물게 나타나는데, 특히 신약성경이 더 그렇다. 이런 형식이 존재한다는 것을 보여 주기 위해서는 두 개의 예로 충분할 것이다.

사도행전 4:8-12

I. **본 문** **하나로 묶는 주제**

A 백성의 관리들과
장로들아 (관원)
B 만일 병자에게 행한 착한 일에 대하여 (한 사람 - 건강해짐)
오늘 우리에게 질문한다면
B′ 이 사람이 어떻게
구원을 받았느냐고 (어떻게 구원받았는가?)
A′ 너희와
모든 이스라엘 백성들은 알라 (모든 백성 - 알다)

II.

A 너희가 십자가에 못 박고 하나님이 죽은 자 가운데서 살리신
나사렛 예수 그리스도의 이름으로(예수님의 이름으로 - 너희가 죽이고, 하나님이 살리신)

B 이 사람이 **건강하게** 되어 너희 앞에 섰느니라(예수님에 의해 – 건강해진 사람)

C 이 예수는 너희 건축자들의 버린 돌로서 (너희가 버렸다)

집 모퉁이의 머릿돌이 되었느니라 (높아지심)

B′ 다른 이로써는 구원을 받을 수 없나니 (예수님에 의해서만 – 구원받음)

A′ 천하 사람 중에 구원을 받을 만한 다른 이름을 우리에게 주신 일이 없음이라 하였더라 (예수님의 이름으로 – 우리는 구원을 받아야 한다)

두 연 사이의 주요 관계

I A 너희 관원들

B 건강해진 사람

B′ 구원

A′ 모든 백성

II A 너희가 못 박았다.

B 건강해진 사람

B′ 구원

A′ 우리는 구원을 받아야 한다.

형식 IV를 예증하기 위해 선택한 두 번째 본문은 사도행전 2:23-36이다. 이 본문은 앞의 것보다 훨씬 더 세련되었다. 이 본문은 실제로 "대칭형"(counterpoint form)으로 되어 있다. 이 자료는 1-5 5-1, 1-5 5-1의 패턴일 뿐만 아니라 1-10, 10-1 패턴으로 짝을 이룬다. 먼저 1-10 패턴을 살펴보려 한다.

A **그(예수)를 너희가** … **못 박아 죽였으나**

B **하나님께서 그를** 사망의 고통에서 풀어 **살리셨으니**

(이는 그가 사망에 매여 있을 수 없었음이라)

C 다윗이 이르되 "내가 항상 내 앞에 계신 주를 뵈었음이여 … 그가 내 우편에 계시도다"

〔**형제들아 내가 조상 다윗에 대하여 담대히 말할 수 있노니**〕

D 다윗이 죽어 장사되어

(그 묘가 오늘까지 우리 중에 있도다)

E 그는 **선지자라**

F **하나님이 이미 맹세하사**

G 그 자손 중에서 한 사람을 그 위에 앉게 하리라 하심을

H **알고 미리 본 고로**

I **그리스도의 부활**을 말하되

J **그가 음부에 버림이 되지 않고**

J′ **육신이 썩음을 당하지 아니하시리라** 하더니

I′ **이 예수를 하나님이 살리신지라**

H′ **우리가 다 이 일에 증인이로다**

G′ 하나님이 오른손으로 예수를 높이시매

F′ **그가 약속하신 성령을 아버지께 받아서**

E′ **너희가 보고 듣는 이것을 부어 주셨느니라**

D′ 다윗은 하늘에 올라가지 못하였으나

C′ 친히 말하여 이르되 주께서 내 주에게 말씀하시기를 "… 너는 내 우편에 앉아 있으라" 하였으니

[그런즉 이스라엘 온 집이 확실히 알지니]

B′ **하나님이 주와 그리스도가 되게 하셨느니라**

A′ **너희가 십자가에 못 박은 이 예수를**

A행과 A′행은 **십자가에 못 박음** 주제를 다룬다. B행과 B′행은 부활과 관련이 있다. C행과 C′행은 다윗의 글 인용이다. 두 구절 모두 "내 우편"을 언급한다. 구조의 전반부와 후반부 두 곳에서 다윗의 글을 인용하고

는 곧바로 청중의 주의를 환기시키기 위해 '부르는 말'을 제시한다. 각각의 부르는 말은 세 의미 단위로 구성된다. 두 번째에서 이 의미 단위들이 도치된다. 이것을 이렇게 도식화할 수 있다.

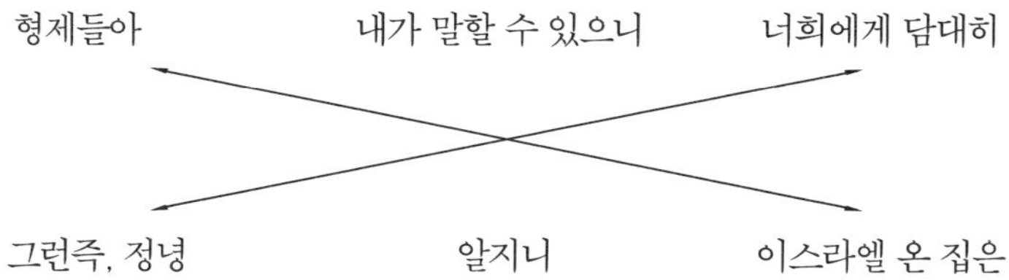

또는 이것을 이렇게 설명할 수 있을 것이다. 첫 번째 청중을 부르는 말은 구조 후반부에서 다른 단어로 표현되고, 그 상응하는 위치에서 역순으로 표현되었다.[47] D행과 D′행은 다윗이 하늘에 올라가지 못하고 죽어 장사되었음을 언급한다. E와 E′는 의미상 약간 약하거나 좀 더 미묘하다. E행은 어떤 사실을 안 선지자를 언급한다. E′행은 청중에게 그들이 **보고 들었다**고, 즉 그들도 **알았다**고 말한다. F행에서는 하나님이 약속하신다. F′행에서는 하나님이 약속을 성취하신다. G행과 G′행은 **보좌에 앉음**을 다룬다. H와 H′는 선지자와 사도의 **증거**에 대하여 말한다. I와 I′는 **부활** 주제로 다시 돌아온다. J와 J′는 그리스도의 **죽으심**을 다룬다.

이 찬송에는 일련의 확장이 있다. 첫 번째는 A행에 등장한다. 그 찬송은 "법 없는 자들의 손을 빌려, 하나님께서 정하신 뜻과 미리 아신 대로 내준 바 되었다."라는 내용으로, 명백한 삽입 어구다. 삽입 어구의 대부분은 사도행전 4:28의 설교에 등장한다. B행은 "이는 그가 사망에 매여 있을 수 없었음이라"로 확장되며, D행은 "그 묘가 오늘까지 우리 중에 있도다"로 확장된다. 이렇게 확장된 구절들은 본문을 설명하는 것으로 보인

47. 청중을 부르는 이 말은 찬송시를 구체적인 역사적 정황과 연결한다. 부르는 말이 없다면 찬송시는 사도가 유대인들에게 설교하는 어느 상황에나 적용될 수 있다. 한 쌍의 이 호격은 논의의 대상이 아니기 때문에 대구법 구조 안에 포함시키지 않으려 한다.

다. 이 구절들은 교송(交訟)일 수도 있다. 하지만 이것은 예배용이라기보다 설교적인 느낌이 더 든다. 다윗의 글에서 인용한 두 인용구는 "내 오른손"이라는 균형이 맞는 어구 그 이상으로 확대되었다. 첫 번째 인용구는 그 일부분이 J행과 J′행의 시에 등장한다는 점에서 나중에 확장된 것이 분명하다. 결국, 원래의 시에서 확장된 것이 다섯 개가 되었다.[48]

그와 동시에 동일한 행들이 두 개의 짝을 이루는 연을 형성한다. 이것을 다음과 같이 표시할 수 있다.

죽음 **부활** **증인** **보좌에 앉음** **성령의 오심**

너희가 못 박았다

↘

하나님께서 다시 살리셨다

↘

다윗이 말하기를

↘

다윗이 죽어

(즉, 보좌에 앉지 못함)

↘ 선지자가 알았다

맹세하여

↙

그의 보좌

↙

48. 이것은 이 자료가 사도행전이 기록된 시대보다 훨씬 이전의 것임을 암시하는 것 같다. 또한 이 시는 널리 사용되었으며 이 자료의 최종 편집자는 시의 구조를 인식하지 못했든지(그래서 시를 원래 형태로 복원하지 않았다) 몇 가지 이유에서 시의 구조를 복원하지 않기로 마음먹은 것 같다. 그렇지 않다면 최종 편집자가 자료를 확대한 장본인일 가능성이 많다. 이렇게 문학적으로 매우 완벽한 시를 확장해서 원래의 균형을 파기한 것은 동일 저자가 한 일이라고 하기 어렵다. 이 모든 질문에 답하는 것은 본 연구의 범위를 벗어난다.

보고 말하기를

↙

부활

↙

음 부

썩 음

↘

하나님께서 다시 살리셨다

↘

우리가 증인이라

↘

우편에 앉힘

↘

약속하신 성령

성령을 부으심

↙

다윗은 올라가지 못했다

↙

(다윗이 말하기를)

↙

하나님께서 그를 주와 그리스도가 되게 하셨다

↙

너희가 십자가에 못 박았다

형식 V (첫째 연의 중앙이 둘째 연의 바깥쪽을 형성하는 형식)

이 형식에 속하는 분명한 예는 누가복음 4:14-20이다.

A 1 예수께서 성령의 권능으로 갈릴리에 돌아가시니
그 소문이 사방에 퍼졌고
친히 그 여러 **회당에서** 가르치시매
뭇사람에게 칭송을 받으시더라
예수께서 그 자라나신 곳 나사렛에 이르사

B 1 (안식일에 늘 하시던 대로) **회당에** 들어가사
2 성경을 읽으려고 서시매
3 선지자 이사야의 글을 드리거늘
4 책을 펴서 이렇게 기록된 데를 찾으시니 곧

5 **주의 성령이** 내게 임하셨으니 (내게 기름을 부으시고)
6 이는 가난한 자에게 **복음을 전하게** 하시려고
7 **나를 보내사** 포로 된 자에게 **자유**를,
8 **눈먼 자에게 다시 보게 함**을 전파하며
7′ 눌린 자를 **자유롭게** 하고
6′ **전파하게** 하려 하심이라
5′ **주의 은혜의 해**를

4′ 책을 덮어
3′ 그 맡은 자에게 주시고
2′ 앉으시니
1′ **회당에** 있는 자들이 다 주목하여 보더라

이 구조에서 반복되는 내용은 다음과 같다.

갈릴리에 돌아가심
사방
회당에서

칭송을 받으심
나사렛에 이르심
회당에
서시매
글(책)을 드리거늘
책을 펴서
주
전파하게
나를 보내사 자유롭게 함을
눈먼 자를 **보게 함**을
나를 보내사 자유롭게 함을
전파하게
주
책을 덮으시니
책을 주시고
앉으시니
회당에 있는 자들이 다 **주목하여(눈) 보더라**

"회당에서"는 A연의 중앙에 위치하며, 이것과 동일한 주제가 B연의 처음과 끝을 이룬다. 이것이 형식 V의 특징이다. 우리는 B연의 절정이 "다시 보게 한다"라는 주제에 있고, B연 끝에서 모든 사람의 눈이 그를 주목하는 것을 본다.

형식 VI (셋째 연이 첫째 연의 반복으로 구성된 형식)

이 형식은 주해를 다루는 장에서 논의하는 중에 두 번 언급할 것이다. 여기서는 이 형식이 신약성경에서 널리 사용되고 있다는 사실만을 보여 주려 한다. 이 형식에 속하는 예를 세 개 선택했다.

누가복음 11:29-32

이 세대는 악한 세대라 표적을 구하되
　요나의 표적밖에는 보일 표적이 없나니
요나가 **니느웨** 사람들에게 표적이 됨과 같이
　인자도 이 세대에 그러하리라

　심판 때에 남방 여왕이 일어나
　　이 세대 사람을 정죄하리니
　이는 그가 **솔로몬**의 지혜로운 말을 들으려고 (땅 끝에서 왔음이거니와)
　　솔로몬보다 더 큰 이가 여기 있으며

심판 때에 **니느웨** 사람들이 일어나
　이 세대 사람을 정죄하리니
이는 그들이 **요나**의 전도를 듣고 회개했음이거니와
　요나보다 더 큰 이가 여기 있느니라

이 단락은 요나-솔로몬-요나 구조로 이루어진 A-B-A가 분명하다.

로마서 11:17-24

I.　또한 가지 얼마가 꺾이었는데
　　돌감람나무인 네가
　　　그들 중에 접붙임이 되어
　　　　참감람나무 뿌리의 진액을 함께 받는 자가 되었은즉
　　　　　그 가지들을 향하여 자랑하지 말라
　　　　　(자랑할지라도 네가 뿌리를 보전하는 것이 아니요 뿌리가
　　　　　너를 보전하는 것이니라)

II.　그러면 네 말이 가지들이 꺾인 것은
　　나로 접붙임을 받게 하려 함이라 하리니

옳도다 그들은 믿지 아니하므로 꺾이고
너는 믿으므로 섰느니라
높은 마음을 품지 말고
도리어 두려워하라
하나님이 원 가지들도 아끼지 아니하셨은즉
너도 아끼지 아니하시리라
그러므로 하나님의 인자하심과 준엄하심을 보라
넘어지는 자들에게는 준엄하심이 있으니
(너희가 만일 하나님의 인자하심에 머물러 있으면 그 인자가
너희에게 있으리라 그렇지 않으면 너도 찍히는 바 되리라)
그들도 믿지 아니하는 데 머무르지 아니하면
접붙임을 받으리니
III. 이는 그들을 접붙이실 능력이 하나님께 있음이라
네가 원 돌감람나무에서 찍힘을 받고
본성을 거슬러
좋은 감람나무에 접붙임을 받았으니
원 가지인 이 사람들이야 얼마나 더
자기 감람나무에 접붙이심을 받으랴

바깥쪽에 있는 단락들도 역행적이다. 그 단락들은 다음과 같이 서로 관계한다.

I. 가지 얼마가 꺾임	III. 그들도 접붙임이 됨
돌감람나무	돌감람나무
접붙임이 됨	접붙임이 됨
참감람나무	좋은 감람나무
가지가 (꺾임)	원 가지에 접붙임

사용된 주요 형식은 계단식 대구법으로 추정된다. III연의 마지막 행이 III연의 중앙이 아니라 II연의 중앙에 반영되었기 때문이다. 이 구조에는 괄호 안에 있는 논평이 두 개나 있다. 첫째 논평은 자랑하는 것에 대한 논평이며, 둘째 논평은 꺾임의 위기를 알리는 설교적인 반복이다.

요한복음 16:20-22

내가 진실로 진실로 너희에게 이르노니

I. 너희는 곡하고 애통하겠으나

세상은 기뻐하리라

너희는 근심하겠으나

너희 근심이 도리어 기쁨이 되리라

II. 여자가 해산하게 **되면**

그때가 이르렀으므로

근심하나

아기를 낳으면

세상에 **사람 난 기쁨으로 말미암아**

그 **고통**을 다시 기억하지 아니하느니라

III. 지금은 너희가 근심하나

내가 다시 너희를 보리니

너희 마음이 기쁠 것이요

너희 기쁨을 빼앗을 자가 없으리라

"기쁨과 근심" 주제가 첫째 연과 셋째 연을 지배한다. 반면에, 둘째 연은 첫째 연과 셋째 연 이해를 위해 정보를 제공하는 예를 제시하면서 계단식 대구법을 이룬다. 세 연으로 구성된 형식 VI는 복음서에 가끔 이처럼 단순한 형식으로 등장한다.

형식 VII (위의 형식들이 복합된 형식)

이 구조들은 매우 복잡하고 논의의 여지가 많다. 본 연구에서 논의하는 비유 본문에는 이 구조가 없지만, 블라이, 룬트, 미즈너의 책에서 발견할 수 있다.[49]

이 주제를 마무리하면서, 우리는 구조상 정확히 대구법임을 보여 주는 일곱 형식을 성경에서 확인했다. 구약성경에서 대구법은 오랫동안 시(詩)라고 불려 왔다. 동일한 형식을 지니고 있는 신약성경의 많은 자료 역시 시로 부를 수 있다는 것이 우리의 견해다.

(3) 유형 C – 확실한 대구법이 중앙에 있고, 하나나 그 이상의 산문이 대구법을 감싸고 있는 단락들

이 유형에 속하는 간단한 예는 사도행전 5:1-6이다. 그 구조는 다음과 같다.

> 아나니아라 하는 사람이 그의 아내 삽비라와 더불어 소유를 팔아 그 값에서 얼마를 감추매 그 아내도 알더라 얼마만 가져다가 사도들의 발 앞에 두니 베드로가 이르되
>
> A 아나니아야 어찌하여 사탄이 네 마음에 가득하여
> 네가 성령을 속이고
> (땅값 얼마를 감추었느냐)[50]
>
> B 땅이 그대로 있을 때에는
> 네 땅이 아니며
>
> B′ 판 후에도

49. Bligh, *Galatians*, 여러 곳에서; Lund, *Chiasmus*, 242-286; Miesner, *Chiasm and Paul*, 97-272. 미즈너의 책은 특별히 주목할 만한 가치가 있다.

50. 중앙부에 있는 이 행들 사이의 상호 관련성은 매우 탄탄하다. 이런 이유로 이 설명 부분을 괄호로 처리했다. 병행되는 내용은 없고, 곁말이다.

네 마음대로 할 수가 없더냐
A′ 어찌하여 이 일을 네 마음에 두었느냐
사람에게 거짓말한 것이 아니요 하나님께로다

아니니아가 이 말을 듣고 엎드러져 혼이 떠나니 이 일을 듣는 사람이 다 크게 두려워하더라 젊은 사람들이 일어나 시신을 싸서 메고 나가 장사하니라

2행 연구(couplet)로 된 네 연이 산문 안에 들어 있다. 앞에서 예로 든 누가복음 18장의 경우, 중앙에 있는 여섯 행으로 된 비유는 네 짝으로 된 산문 안에 들어 있다. 유명한 고린도전서 13장은 처음과 끝에서 교회의 은사 문제를 다룬다. 누가복음 21장에서 인용한, 네 개의 2행 연구로 구성된 대구법도 이 범주에 정확히 들어맞는다. 사도행전 26:2-29에는 열 개의 2행 연구로 구성된 표준적인 대구법이 짝을 이루는 여섯 개의 산문 안에 있다. 그리고 로마서 10:9-10은 세 개의 산문 안에 들어 있다.

(4) 유형 D – 비유적인 발라드[51]

예수님의 말씀은 종종 3행으로 구성된 일련의 연들인 경우가 있다. 이 범주에 속한 한 예가 누가복음 6:32-36이다.

1 너희가 만일 너희를 **사랑하는** 자만을 사랑하면
칭찬받을 것이 무엇이냐
죄인들도 사랑하는 자는 사랑하느니라
2 너희가 만일 선대하는 자만을 **선대하면**

51. 크로산(John Dominic Crossan)은 그의 중요한 논문("Parable as Religious and Poetic Experience," *Journal of Religion* 53 [1973], 330-358)에서 예수님의 비유를 "시적인 은유"(poetic metaphors)라고 묘사했다(참조, 349-350). 우리가 다루는 "비유적인 발라드"(Parabolic Ballad)는 크로산의 논지에 대한 진일보한 증거로 인식될 수 있다.

칭찬받을 것이 무엇이냐
죄인들도 이렇게 하느니라
3 너희가 받기를 바라고 사람들에게 **꾸어 주면**
칭찬받을 것이 무엇이냐
죄인들도 그만큼 받고자 하여 죄인에게 꾸어 주느니라
4 오직 너희는 원수를 **사랑하고**
선대하며
아무것도 바라지 말고 **꾸어 주라**
(그리하면 너희 상이 클 것이요)

마지막 연은 앞의 세 연을 3행으로 재현한다.

마태와 가까운 편집자는 상(賞)에 관심을 가지고 누가복음을 샅샅이 뒤진 것 같다. 우리는 누가복음 이곳저곳에 간간이 나타나는 상(賞) 문제에서 편집자적 논평을 거듭 발견한다.

누가복음의 비유는 계단식 대구법으로 분류되기도 하고, 가끔씩 역행 대구법이 사용되기도 한다. 비유에서는 3행으로 이루어진 연이 몇 개씩 나란히 배열된 구조가 더 자주 사용된다. 이 연들은 역행 대구법일 때도 있고 그렇지 않을 때도 있다. 각각의 연은 새로운 장면이나 행동의 중요한 변화를 소개한다. 이 비유적 발라드에 속하는 분명한 예는 누가복음 10:30-35다.

어떤 사람이 예루살렘에서 여리고로 내려가다가
1 **강도**를 만나매 오다
강도들이 그 옷을 벗기고 때려 행하다
거의 죽은 것을 버리고 갔더라 가다
2 마침 한 **제사장**이 그 길로 내려가다가 오다

	그를 보고	행하다
	피하여 지나가고	가다
3	또 이와 같이 한 **레위인**도 그곳에 이르러	오다
	그를 보고	행하다
	피하여 지나가되	가다
4	어떤 사마리아 사람은 여행하는 중 거기 이르러	오다
	그를 보고	행하다
	불쌍히 여겨	행하다
3′	가까이 가서	오다
	기름과 포도주를 그 상처에 붓고	행하다
	싸매고	행하다
2′	자기 짐승에 태워	행하다
	주막으로 데리고 가서	행하다
	돌보아 주니라	행하다
1′	그 이튿날 그가 주막 주인에게 데나리온 둘을 내어 주며	행하다
	이르되 이 사람을 돌보아 주라	행하다
	비용이 더 들면 내가 돌아올 때에 갚으리라 하였으니	행하다

이 경우 일곱 연은 역행적이다.[52] 제사장은 무언가를 타고 왔을 것이며 강도 만난 사람을 주막(여관)으로 데리고 갈 수 있었는데, 그렇게 하지

52. 크로산도 이 비유에서 역행 대구법 사용을 주목했다. 참조, Crossan, *In Parables*, 62. 하지만 사마리아 사람보다 먼저 온 두 사람이 행했어야 하는데 행하지 않은 행동을 사마리아 사람이 행했다는 것은 주목하지 못했다. 제사장이 짐승을 타고 있었다는 제안은 순전히 추측에 의한 것일 수 있다. 다시 말해서, 이 점을 배제한다면 이 비유의 구조는 단순한 1-2, 2-3-2′, 2′-1′이 될 것이다. 이를테면, 사마리아 사람은 독특한 두 가지 행동을 했다. 그는 강도 만난 사람을 **응급 처치하고** 주막으로 **데리고 갔다**. 이 두 행동은 응급 처치를 했어야 했던(2-3-3′-2′의 역행 대구법이 없어짐) 두 종교 지도자들과 대칭을 이루는 것으로 이해될 수 있다. 어떤 식으로 이해하든 비유적 발라드 형식은 그대로다.

않았다. 제사장보다 지위가 낮은 레위인은 짐승을 타고 오지는 않았겠지만, 적어도 응급 처치는 할 수 있었다. 후반부에서 사마리아 사람은 첫 세 연의 행동들을 반전시킨다. 첫째 연과 마지막 연을 비교하면 무척 흥미롭다.

강도들(1)

1 돈을 빼앗고
2 때리고
3 거의 죽게 내버려 두고 (다시 돌아오지 않을 것이다)

사마리아 사람(1′)

1 자기 돈을 쓰고
2 그를 돌보아 주고
3 돌보아 달라고 요청하고 돌아오겠다고 약속했다.

몇몇 행들은 불필요하고 문학 형식에 맞추기 위해서 이야기 속에 포함된 것이 분명하다. 2′연 마지막 행의 "돌보아 주니라"를 주목하라.[53]

---

53. 누가복음 10:25-37에서 비유는 매우 신중하게 구성되었을 뿐만 아니라 예수님과 율법사가 나눈 대화는 다음과 같은 형식을 갖는다.

1회전

율법사 - 질문 1 "내가 무엇을 하여야 영생을 얻으리이까?"
  예수님 - 질문 2 "율법에 무엇이라 기록되었느냐?"
  율법사 - 대답 2 "하나님을 사랑하고 네 이웃을 사랑하라."
예수님 - 대답 1 "이를 행하라. 그러면 살리라."

2회전

율법사 - 질문 1 "내 이웃이 누구니이까?"
  예수님 - 선한 사마리아인 비유
    질문 2 "이 세 사람 중에 누가 이웃이 되겠느냐?"
  율법사 - 대답 2 "자비를 베푼 자니이다."
예수님 - 대답 1 "가서 너도 이와 같이 하라."

이 비유적인 발라드 구조(유형 D)는 본서에서 논의할 많은 비유에 등장한다.

4. 요약과 결론

우리는 신약성경과 그 밖에 여러 곳에서 네 유형의 문학 구조를 살펴보았다. 그 가운데 하나(유형 B)는 균형 잡힌 대구법을 주의 깊게 사용하고 있으며, 여기에는 각기 다른 일곱 개의 형식들이 있다. 네 번째 유형(유형 D)은 이야기를 말하는 데 더 적합한 발라드 형식이다. 저자가 문학적인 구조를 사용하는 경우에는, 그 구조를 발견하는 것이 주해에 결정적이라는 사실이 몇 가지 이유에서 드러난다.

구조의 기능은 다음과 같다.

① 절정 부분에 해당하는 중심을 밝힌다.

② 저자가 중심을 바깥 부분과 어떻게 연결하는지를 보여 준다.

③ 본문의 전환점을 분명하게 하고, 독자에게 후반부에서 강조점이 의미 있게 변화되는 부분을 찾으라고 알린다.

④ 독자에게 단어, 구절, 문장이 구조 내에서 다른 단어, 구절, 문장과 짝을 이루는지를 볼 수 있게 함으로써 본문을 이해하는 데 결정적인 열쇠를 제공한다.

⑤ 새로운 자료가 이전 자료 어디에 어울리는지를 보여 준다.

⑥ 문학적인 단락 자체를 분명하게 구별해 준다.

이것은 우리가 논하지 않은 대화 구조이며, 다시 이 장의 주제를 벗어나는 문제다. 이것을 주목한 이유는 단지 이 대화의 형식이 역행 원리 사용의 예임을 보여 주려는 데 있다. 누가복음의 상황에서 이 비유를 충분히 해석하기 위해서는 비유의 구조만 아니라 대화의 구조도 염두에 두어야 한다. 크로산은 일반적인 형식을 주목하기는 했지만 비유 내부에서 작용하는 역행 대구법은 주목하지 못했다(Crossan, *In Parables*, 61).

(일반적으로 시작과 끝이 분명하며, 그래서 그 단락을 구별해 낼 수 있다.)

⑦ 사본상의 문제에 결정적인 증거를 제공한다.

⑧ 비유적인 발라드 형식은 비유와 더불어 그 비유와 관련된 신약성경의 여러 문제들의 범위를 이해하는 데 새로운 장을 연다.[54]

54. 미즈너는 교차 대구법의 기능을 간결하게 "기억, 아름다움, 의미, 본문의 고려" 등 네 가지로 정의했다(Miesner, *Chiasm and Paul*, 44).

제2부
누가복음 예루살렘 여행 기사 속, 비유 네 편과 시 두 편 분석

4

예루살렘 여행 기사(예루살렘 문서)의 문학적 개요: 눅 9:51-19:48

이 장의 연구를 위해 선정한 모든 성경 본문은 누가의 예루살렘 여행 기사(눅 9:51-19:48)라고 부르는 단락에 들어 있다. 예루살렘 여행 기사에는 전승 단락(unit)들을 구분하고 단락마다 주요 주제를 밝히는 데 상당히 많은 도움을 주는 매우 정확한 문학적 개요가 들어 있다. 이러한 까닭에 예루살렘 여행 기사의 구조를 검토할 필요가 있다.

이 장에서 우리는 누가복음의 예루살렘 여행 기사에 들어 있는 자료 중 90%가 치밀하게 구성된 역행적 개요로 되어 있다는 사실을 증명하려 한다. 단어의 조합에 근거해 보면, 짧은 전승 자료 중에는 구조에 어울리지 않고 일반적으로 단락과 단락 사이에 포함되어 있는 것처럼 보이는 것들이 있다.[1]

스태그(Stagg)는 예루살렘 여행 기사의 "개요를 서술하는 것은 불가능

1. 이것은 예루살렘 여행 기사의 문학적 구조를 간단하게 제시하기 위함임을 이해해 주기 바란다. 구조와 관련된 다른 여러 견해들을 모두 논의하면 그 자체가 장황한 연구가 될 것이다. 예루살렘 여행 기사에 관한 최근의 논의와 논평을 다룬 책들은 다음과 같다. J. H. Davies, "The Purpose of the Central Section of Luke's Gospel," *Studia Evangelica*, II (=*Texte und Untersuchungen*, Band 87), ed. F. L. Cross (Berlin: Akademie-Verlag, 1963), 164-69; Bo Reicke, "Instruction and Discussion in the Travel Narrative," *Studia Evangelica*, I (=*Texte und Untersuchungen*, Band 73), ed. Kurt Aland et al. (Berlin: Akademie-Verlag, 1959), 206-216; W. C. Robinson, Jr., "The Theological Context for Interpreting Luke's Travel Narrative (9:51ff)," *JBL* 79 (1960), 20-31; Frank Stagg, "The Journey Toward Jerusalem in Luke's Gospel," *Review and Expositor* 64 (1967), 499-512; J. Schneider, "Zur Analyse des lukanischen Reiseberichtes," *Synoptische Studien. Alfred Wikenhauser zum siebzigsten Geburstag* (Munich: Zink, 1953), 207-229; Hans Conzelmann, *The Theology of St. Luke*, trans. Geoffrey Buswell (New York: Harper, 1961), 60-73; G. Ogg, "The Central Section of the Gospel According to St. Luke," *NTS* 18 (1971), 39-53.

한 것은 아니지만, 무척 어려운 작업"[2]이라고 말함으로써 많은 학자들의 견해를 대변했다. 에반스(Evans)는 예루살렘 여행 기사가 "완전히 무정형의 단락"이라고 생각한다.[3] 하지만 굴더(Goulder)는 예루살렘 여행 기사에서 "교차 대구법적 구조"라고 생각되는 것을 발견했다.[4] 우리의 연구는 굴더가 제시한 내용을 수정하고 확장한 것이다. 굴더는 모든 성경 본문을 그가 만든 구조의 틀로써 설명하려 했다. 확신하건대, 개중에는 그의 구조에 어울리지 않는 본문도 있다. 굴더는 사상의 단락(idea unit)을 여섯 개로 규정했다. 우리는 정확히 역행적 개요를 따르는 단락(section) 열 개를 제안한다. 이 개요는 다음과 같다.

예루살렘 여행 기사의 구조(눅 9:51–19:48)

열 개의 이중 단락(++여러 단락 안에 삽입된 추가 자료) { 단락과 단락 사이에 삽입된 추가 자료

1. 예루살렘: 종말론적 사건들(9:51-56)

(a) 날(기약) –"기약이 차 가매"(51절)

(b) 죽음 –"올라가기로"(51절)

(c) 성취 –"사자들을 앞서 보내시매"(말 3:1)

(d) 심판 – 불을 내려 마을을 멸하라고 요구함(말 3:5 ??)

(e) 구원 –"인자는 멸하러 온 것이 아니요 구원하러 왔노라"(55b절)[5]

---

2. Stagg, "The Journey Toward Jerusalem in Luke's Gospel," 499.

3. C. F. Evans, "The Central Section of St. Luke's Gospel," *Studies in the Gospels. Essay in Memory of R. H. Lightfoot*, ed. D. E. Nineham (Oxford: Blackwell, 1957), 40.

4. M. D. Goulder, "The Chiastic Structure of the Lucan Journey," *Studia Evangelica*, II, 195-202.

5. 참조, J. M. Ross, "The Rejected Words in Luke 9:54-56," *ExpT* 89 (1973), 85-88. 로스의 견해에 동의하면서 나는 이 구절을 다시 본문에 포함시킬 것을 제안한다.

2. 나를 따르라(9:57-10:12)

(a) 사람들이 예수님께 나옴(9:57-62)

(b) 예수님이 70인을 파송함(10:1-20)

(++고라신과 벳새다에 화를 선언하심: 10:13-15)

{ 슬기 있는 자에게는 숨기심(21절)
아들만 아버지를 아심(22절)
너희의 눈은 복이 있도다(23-24절)

3. 무엇을 하여야 영생을 얻으리이까?(10:25-42)

(a) 율법에 관한 대화(25-28절)

(b) 이웃을 사랑하라 - 선한 사마리아인(29-37절)

(c) 주를 사랑하라 - 마리아와 마르다 이야기(38-42절)

4. 기도(11:1-13)

(a) 기도의 바른 내용 - 주기도문(1-4절)

(b) 기도에 대한 확신 - 밤에 찾아온 친구(5-8절)

- 성부께서 주시는 선물에 관한 시(9-13절)

5. 하나님 나라의 표적과 현재성(11:14-32)

(a) 하나님 나라의 표적 - 말 못하는 사람이 말함(14절)

(b) 표적과 하나님 나라(14-16절)

(++말씀을 지키는 자가 복이 있느니라: 27-28절)

(c) 표적과 인자(요나와 솔로몬) (29-32절)

{ 빛, 어두움, 눈(33-36절)

6. 바리새인들과의 논쟁: 돈(11:37-12:34)

(a) 바리새인들과의 논쟁, 돈 - 일곱 가지 화(11:37-54)

(++일곱 가지 말씀: 12:1-12)

(b) 돈 - 어리석은 부자(12:13-21)

(c) 염려하지 말라 - 하늘에 쌓아 둔 보화(12:22-34)

7. 하나님 나라는 아직 임하지 않았지만 지금 여기에 있다(12:35-59)

(a) 하나님 나라는 아직 임하지 않았다 -"기다리는 사람과 같이 되어라"(35-48절)

(b) 하나님 나라는 지금 여기에 있다 - 불을 땅에 던지러 왔다(49-53절)
- 이 시대를 분간하라(54-56절)
- 심판이 가까이 왔다(57-59절)

8. 이스라엘을 향한 하나님 나라의 요구(13:1-9)

(a) 회개하라. 그렇지 않으면 멸망할 것이다 - 빌라도와 갈릴리 사람들(1-5절)

(b) 열매를 맺으라. 그렇지 않으면 찍어 버릴 것이다 - 열매 맺지 못하는 무화과나무(6-9절)

9. 하나님 나라의 특성(13:10-21)

(a) 율법이 아니라 사랑 - 안식일에 병자를 고침 - 어떤 여인(13:10-14)
- 너희 소나 나귀에게 어떻게 행하느냐? 대답하지 못함(15-17절)

(b) 낮아짐 - 하나님 나라는 겨자씨와 누룩과 같다(18-21절)

10. 예루살렘: 종말론적 사건들(13:22-35)

(f) 구원 -"구원을 받는 자가 적으니이까 … 좁은 문으로 들어가라"

(e) 심판 -"나를 떠나가라 … 너희는 … 하나님의 나라에서 쫓겨나리라"

(d) 환상 -"너희가 하나님 나라에서 아브라함과 선지자를 **보리라**"

(c) 성취 - 하나님 나라의 메시아 잔치에 모여듦(말 1:11)

(b) 죽음 -"헤롯이 당신을 죽이고자 하나이다"

(a) 날 -"오늘과 내일과 제삼일 - 내가 완전하여지리라"

(a) 날 -"오늘과 내일과 모레 - 내가 가야 하리니"

(b) 죽음 -"선지자가 예루살렘 밖에서는 죽는 법이 없느니라"

(c) 성취 – 메시아가 모으지 못함 –"내가 내 **날개** 아래 모으려 했으나(말 4:2?) 너희가 원하지 아니하였도다"

(d) 심판 – 예루살렘을 보고 **한탄하심** –"예루살렘아, … 죽이고 … 너희 집이 황폐하여 버린 바 되리라"

(e) 환상 –"너희가 주의 이름으로 오시는 이를 찬송하리로다 할 때까지는 나를 **보지 못하리라**"

(f) ———??

9′. 하나님 나라의 특성(14:1-11)

(a) 율법이 아니라 사랑 – 안식일에 병자를 고치심 – 어떤 남자(1-4절)
– 너희 소나 나귀에게 어떻게 하느냐?
대답하지 못함(5-6절)

(b) 낮아짐 –"자기를 낮추는 자는 높아지리라"(7-11절)

8′. 이스라엘과 소외된 자들을 향한 하나님 나라의 요구(14:12-15:32)

(a) 큰 잔치(14:12-24)
– 제자가 되기 위해 치러야 할 대가(14:25-35)

(b) 잃은 양과 잃은 동전(15:1-10)

(c) 잃은 두 아들(15:11-32)

7′. 하나님의 나라는 아직 임하지 않았지만 지금 여기에 있다(16:1-8, 16)

(a) 하나님 나라는 아직 임하지 않았다
————???(19:12-26)

(b) 하나님 나라는 지금 여기에 있다 – 불의한 청지기(16:1-8)
– 사람마다 천국으로 침입한다(16:16)
{ 율법은 여전히 유효하다(17절)
이혼(18절)

6′. 바리새인들과의 논쟁: 돈(16:9-31)

(a) 돈 – 하나님이냐 맘몬이냐(9-13절)[6]

(b) 바리새인들과의 논쟁, 돈(14-15절)[6]

(c) 나사로 – 하늘에 재물을 쌓아 두어야 함(19-31절)

{ 실족하게 함(17:1-2)
죄 사함(3-4절)
믿음(5-6절)
의무(7-10절)

5′. 표적과 장차 임할 하나님 나라(17:11-37)

(a) 하나님 나라의 표적 – 나병 환자들이 깨끗함을 받음(11-19절)

(b) 표적과 하나님 나라(20-21절)

(c) 표적과 인자(노아와 롯) (22-37절)

4′. 기도(18:1-14)

(a) 기도에 대한 확신과 꾸준함 – 불의한 재판장(1-8절)

(b) 기도의 바른 태도 – 세리와 바리새인(9-14절)

{ 어린아이와 영생(15-17절)

3′. 무엇을 하여야 영생을 얻으리이까(18:18-30)

(a) 율법에 관한 대화(18-21절)

(b) 이웃을 사랑하라 –"가난한 자들에게 주어라"(22-28절)

(c) 주를 사랑하라 –"우리가 집을 버리고 주를 따랐나이다"(28-30절)

{ 수난 예고(31-34절)

2′. 나를 따르라(18:35-19:9)

(a) 사람들이 예수님께 나옴 – 맹인(18:35-43)

(b) 예수님이 지나가시다 – 삭개오를 부르심(19:1-9)

---

6. 16:9-15의 전환에 대한 논의는 본서 197-201쪽을 보라

1′. 예루살렘: 종말론적 사건들(19:10, 28-48)

(f) 구원 –"인자가 온 것은 잃어버린 자를 찾아 구원하려 함이니라"

{ 하나님 나라는 아직 임하지 않았다(19:11-21)

(e) 환상 – 사람들이 놀라운 일을 보고는 "찬송하리로다 주의 이름으로 오시는 이여"라고 말함

(d) 심판 – 예루살렘을 보시고 **우심** –"돌 하나도 돌 위에 남지 아니하리라"

(c) 성취 – 성전 청결 – 레위 자손을 깨끗하게 하심(말 3:2-4)

(b) 죽음 – 예루살렘의 지도자들이 예수님을 죽이려 함

(a) 날 ————???

("너희가 이 성전을 헐라 내가 **사흘** 동안에 일으키리라" 참조, 요한복음 2:19에서는 성전 청결 사건 뒤에 이 말씀이 이어진다. 이 전승은 마가복음 14:58; 15:29에 등장한다.)

원래 수집된 자료에 속하지 않았음이 분명한 짧은 단락의 자료들은 표시해 두었다. 이 중 많은 자료가 현재의 위치에 놓여 있는 것은 그 구조에 있는 기존의 단락들과 유사한 단어들이 있기 때문이라고 생각된다. 그중에는 특별히 신학적 강조를 위해 첨가된 것도 있다(참조, 16:16을 수정하려고 16:17이 첨가된 것이 한 예다).

분명한 것은 "여행"이 전혀 이루어지지 않았다는 것과 "예루살렘 여행 기사"(Travel Narrative)는 부적절한 명칭이라는 사실이다. 더욱이, 많은 사람들은 실제로 "예루살렘 여행 기사"가 어디서 끝나는지 콕 집어 말하지 못한다. 위에 언급한 개요로써 누가복음 9:51-19:48이 문서의 전체 범위라는 것이 분명해졌다. 이런 까닭에 나는 이 문서를 "예루살렘 문서"(Jerusalem Document)라고 부르고 싶다(이 번역서에서는 학계에서 보편화된 명칭인 "예루살렘 여행 기사"라고 표기한다. - 역자 주).

단락들 간의 의미상의 연관성이 매우 강하기 때문에 다른 설명이 필

요하지 않다.[7] 열 개의 단위로 구성된 이중 구조 역행 대구법은 사도행전 2:23-36과 에베소서 1:3-14에도 등장한다. 이 구조의 중앙과 바깥쪽에 예루살렘이 반복해서 등장함으로써 예루살렘이 분명하게 부각되고 강조된다. 죽음과 종말론적인 날은 이 예루살렘 여행 기사의 절정이다. 중앙에는 주제의 전환이 암시된다. 구조의 후반부에서 낮아짐 주제가 강조된다. 이 주제는 "자기를 높이는 자는 낮아지고 자기를 낮추는 자는 높아지리라"라는 말로 끝나는 낮아짐에 관한 논의(14:7-11)에서 공식적으로 소개된다. 그 후에 등장하는 낮아짐 주제는 다음 단락에서도 나타난다.

제자도의 대가	14:25-33
잃은 아들	15:11-32
불의한 청지기	16:1-8a
(그는 빌어먹을 것인지, 땅을 팔 것인지 고민한다)	
부자와 나사로	16:19-31
밭에서 돌아온 종	17:7-10
세리와 바리새인	18:9-14
삭개오	19:1-10

이 주제가 각각의 단락에서 반드시 지배적인 것은 아니다. 이 주제는 구조의 전반부에서보다는 후반부의 단락들에서 더 두드러지는 것 같다. 이 주제는 후반부에서 어느 단락이 서로 연결되는지, 그리고 전반부에서 어느 것이 도입부인지를 결정하는 데 도움을 준다. 이런 식의 구조에서

7. 미즈너는 예루살렘 여행 기사에 해당하는 중요한 본문을 사도행전 12:25-21:16에서 찾았다(참조, Miesner, *Chiasm and Paul*, 273-290). 미즈너가 이 사실을 발견한 것은 특별히 중요하다. 그것이 누가가 기록한 두 번째 책에 등장하기 때문이다. 그와 동시에 구약성경에서도 역행 대구법의 형태로 배열된 상당히 범위가 넓은 단락들의 예가 있다. 참조, Stephen Bertram, "Symmetrical Design in the Book of Ruth," *JBL* 84 (1965), 165-168; Edwin M. Good, "The Composition of Hosea," *Svensk Exegetisk Arsbok*, 31 (1966), 21-63.

는 일반적으로 중앙부를 지난 첫 단락이 전환점이 된다. 여기서도 이 원칙이 적용된다. 예루살렘을 향해 우신 것, 선지자의 죽음을 언급하신 것, 그리고 승리의 입성을 암시하신 것 등 모든 것이 단락 10의 후반부에 등장한다. 낮아짐을 특별히 강조하는 전환은 앞에서 이미 강조했다. 또 다른 의미심장한 전환을 이스라엘과 소외된 자들의 부름을 다룬 8′ 단락에서도 볼 수 있다.

이 구조와 관련해서 본 연구의 범위를 넘어서는 수많은 질문이 제기될 수 있을 것이다. 누가 이전에 유대인 출신의 그리스도인인 한 신학자가 이 자료를 열 개의 단위로 된 패턴으로 배열했다는 것이 우리의 입장이다. 배열 자체는 사려 깊은 신학적인 사고의 결과다. 예수님이 예루살렘에서 죽으심으로써 절정을 맞고 종말론적인 날이 임한다는 것은 우연이 아니다. 누가는 자신이 기록된 자료를 사용한 것이라고 주장한다(눅 1:1-4). 이것이 그 기록된 자료 중 하나일 수는 없을까? 추측하건대, 누가는 이 자료를 손에 넣었을 것이다. 누가는 조심스럽게 편집을 가했고 약간의 새로운 자료를 첨가했고, 두 개의 단락을 원래 위치에서 옮겨 배열했다. 그런 다음에 누가는 편집한 문서를 그의 복음서에 포함시켰다.

본서의 목적상, 이 자료의 개요를 작성하는 일은 자료의 단락들을 설명하고 예루살렘 여행 기사의 신학자/편집자가 이해한 주요 주제를 결정하는 데 매우 중요하다. 본 연구에서 특별한 관심의 대상이 되는 것은 6, 7, 8 단락이다. 이 단락들은 다음과 같은 구조로 등장한다.

6. 바리새인들과의 논쟁: 돈(11:37-12:34)

(a) 바리새인들과의 논쟁, 돈 – 일곱 가지 화(11:37-54)

(++일곱 가지 말씀, 12:1-12)

(b) 돈 – 어리석은 부자(12:13-21)

(c) 염려하지 말라 – 하늘에 쌓아 둔 보화(12:22-34)

7. 하나님 나라는 아직 임하지 않았지만 지금 여기에 있다(12:35-59)

(a) 하나님 나라는 아직 임하지 않았다 – "기다리는 사람과 같이 되어라"(35-48절)

(b) 하나님 나라는 지금 여기에 있다 – 불을 땅에 던지러 왔다(49-53절)

– 이 시대를 분간하라(54-56절)

– 심판이 가까이 왔다(57-59절)

8. 이스라엘을 향한 하나님 나라의 요구(13:1-9)

(a) 회개하라. 그렇지 않으면 멸망할 것이다

– 빌라도와 갈릴리 사람들(1-5절)

(b) 열매를 맺으라. 그렇지 않으면 찍어 버릴 것이다

– 열매 맺지 못하는 무화과나무(6-9절)

8'. 이스라엘과 소외된 자들을 향한 하나님 나라의 요구(14:12-15:32)

(a) 큰 잔치(14:12-24)

– 제자가 되기 위해 치러야 할 대가(14:25-35)

(b) 잃은 양과 잃은 동전(15:1-10)

(c) 잃은 두 아들(15:11-32)

7'. 하나님 나라는 아직 임하지 않았지만 지금 여기에 있다(16:1-8, 16)

(a) 하나님 나라는 아직 임하지 않았다

———————???(19:12-26)

(b) 하나님 나라는 지금 여기에 있다 – 불의한 청지기(16:1-8)

– 사람마다 천국으로 침입한다(16:16)

{ 율법은 여전히 유효하다(17절)
이혼(18절)

6′. 바리새인들과의 논쟁: 돈(16:9-31)

(a) 돈 - 하나님이냐 맘몬이냐(9-13절)[8]

(b) 바리새인들과의 논쟁, 돈(14-15절)[8]

(c) 나사로 - 하늘에 재물을 쌓아 두어야 함(19-31절)

세 단락 모두 종말론적인 기조가 있지만 각각의 단락에서 강조하는 내용은 다르다. 6과 6′ 단락은 돈과 죽음과 미래의 삶을 논한다. 6 단락의 어리석은 부자 비유와 6′ 단락의 부자와 나사로 비유는 이 주제를 다루는 것이 분명하다. 그다음에 16:9-13의 재물에 관한 논의 역시 이 주제를 다루는 게 분명하다. 6′ 단락에서는 바리새인들이 돈에 대한 논의와 연결되었다(눅 16:14-15를 보라).

7과 7′ 단락의 종말론적인 경고는 죽음이 아니라 하나님 나라의 도래와 관련이 있다. 그래서 예루살렘 여행 기사의 전체 구조는 16:1-8과 16:9-13 사이에서 나누어야 한다. 이 문제는 이 절들을 주해할 때 자세하게 논의하려고 한다.

8과 8′ 단락의 종말론은 죽음이 아니라 하나님 나라의 부르심과 관련 있다. 그래서 7과 7′는 각각 6과 6′보다 8과 8′에 더 가깝다. 그렇다면, 불의한 청지기 비유는 이 비유 뒤에 이어지는 재물에 관한 단락보다는 탕자 비유와 더 가깝다. 이 문제 역시 주해할 때 자세하게 논의할 것이다.

정리하자면, 예루살렘 여행 기사에는 구조가 있다고 말할 수 있다. 이 구조는 역사적이거나 전적으로 신학적인 구조라기보다는 오히려 문학적인 구조다. 서로 관련이 있는 단락들과 비교함으로써 자료들을 비교적 정확히 묶을 수 있다. 다른 단락에서도 지배적인 주제들은 더욱 분명히 드러난다. 문학적인 구조는, 본 연구의 범위를 벗어나는 공관복음서 연구의 광범위한 스펙트럼를 해결하는 데 새로운 증거를 제공한다.

---

8. 누가복음 16:9-15을 본문의 현재 위치에서 위의 개요에서 보이는 위치로 이동시킨 이유에 대해서는 본서 197-201쪽을 보라.

누가복음 16:1-13이 본 연구가 시도하려는 문화의 다양한 측면과 문학 구조를 한 단락 안에서 예시하고 있으므로 이 본문을 먼저 다루려고 한다. 누가복음 11:5-13은 구조적으로 16:1-13과 유사하기 때문에 두 번째 연구 대상으로 삼았다. 그리고 누가복음 15장을 마지막으로 살피려고 한다.

5

누가복음 16:1-13 주해

1. 불의한 청지기(16:1-8)

본서 5장 전반부는 불의한 청지기 비유가 죄인에게 주는 종말론적인 경고라는 사실을 보여 주려는 데 목적이 있다. 이 비유에서 정직하지 못한 청지기는 그의 주인이 순종을 기대하고 그에게 순종하지 않는 사람을 심판한다는 사실을 알게 되었다. 청지기는 자신이 한 일을 주인이 눈감아 주어야만 살 수 있다는 것을 알게 된다. 그는 주인에게 자비를 얻기 위해서라면 무슨 일이든 하겠다고 결심한다. 청지기는 자기 작전이 성공하지 못하면 감옥에 갈 것이고, 성공하면 구사일생으로 살 수 있음을 알았다. 청지기의 계획은 예상대로 성공해서, 그는 그 일로 칭찬을 받는다. 비유 전체는 "비유적 발라드"(유형 D) 형식을 따랐다. 신학적인 묶음에는 하나님의 품성, 하나님의 나라가 죄인에게 가져온 위기, 인간의 구원을 위한 유일한 소망에 대한 이해가 들어 있다.

많은 주석가들은 이 비유야말로 공관복음서의 모든 비유 중에서도 가장 난해한 비유라고 입을 모은다. 앞에서 이미 살펴보았듯이, 문제가 너무 복잡해서 카예탄(1469-1534)과 불트만 모두 이 비유에 내재한 문제들을 해결할 수 없는 것이라고 선언했다.[1] 이 비유의 다양하고 복잡한 문제를 토레이(C. C. Torrey)는 다음과 같이 간결하게 요약했다.

> 이 본문[눅 16:8-9]은 악과 타협하는 듯이 보이는 분, 곧 새로운 예수님

1. 본서 48쪽을 보라.

> 을 우리 앞에 세운다. 예수님은 제자들에게 일반적으로 저급하다고 인정되는 삶의 표준을 독려하면서 "내가 너희에게 이르노니 돈을 이용하여 친구를 사귀라"라고 하시며, 철저하게 이기적인 데 관심 있는 사람을 두둔하는 말씀을 주셨다. 이것은 약과다. 최악은 예수님이 자신이 맡은 다른 사람의 재산을 이용해 제 잇속을 차리며 약삭빠르게 행동한 어떤 불한당 이야기를 가르침의 기본으로 삼은 후에 제자들에게 "이것을 너희 모델로 삼으라."라고 말씀하신 듯이 보인다는 것이다.[2]

적어도 배교자 율리아누스(Julian the Apostate)가 기독교 신앙과 기독교의 창시자가 저급하다는 것을 주장하기 위해 이 비유를 사용한 이래, 불한당을 칭찬하는 이야기가 어딘지 모르게 예수님의 교훈으로 어울리지 않아 보여 교회는 이 비유로 인해 당혹스러워했다.[3] 성경 본문(text)에 정보를 제공하는 문화를 더 정확히 이해할 필요가 있다면, 다른 어느 본문보다도 바로 이 비유가 그럴 것이다. 본문은 불과 몇 개의 사소한 이문(異文)을 제외하고는 매우 훌륭한 상태를 유지하고 있다. 그중 일부분에 대해서는 비유를 해석하면서 설명할 것이다.[4]

제자들이 이 비유의 1차 청중이다. 1절에서 '제자들'이 구체적으로 언급되었다. 14절에 따르면 바리새인들도 "이 모든 것"을 들었으므로 누가는 청중에 바리새인들도 포함되었다고 추정했을 것이다.

"비유"라는 단어가 1절에는 언급되지 않았다. 그런데 이문을 제외하고는 부자와 나사로 비유에도 "비유"라는 단어가 없다. 누가는 15:3에서 언급한 "비유"라는 단어로 틀림없이 16장의 비유들까지 망라했을 것이다.[5]

---

2. Charles C. Torrey, *Our Translated Gospels* (New York: Harper, 1936), 59.

3. Scharlemann, *Parables*, 81.

4. 비유의 진정성에 대해서는 거의 의문의 여지가 없다. 플레처(D. R. Fletcher)는 "… 초기 기독교 공동체가 이처럼 해석상의 난제를 담고 있는 묵시적인 비유를 예수님의 비유 전승에 넣었다는 것은 거의 개연성이 없는 것 같다."라고 썼다. Fletcher, "Riddle," 15.

5. 고대 시리아 역, 아랍어 디아테사론(Diatessaron), 페쉬타 역본, 이븐 알 타이이브는 그들의

비유 자체를 분석하기 전에 먼저 세 가지 질문을 길게 논의하는 게 좋을 것이다.

① 주인은 존경받는 인물인가? 아니면 청지기의 범행에 가담한 공범자인가?
② 청지기는 채무자들에게 실제 빚보다 더 많은 액수가 기록된 문서에 서명하라고 강요했는가? 청지기가 빚을 감해 준 것은 단지 그의 부정직한 "몫"을 포기한 것에 불과한가?
③ 청지기는 토지 임차인을 상대하는 부동산 관리인인가? 아니면 돈을 빌려주는 중개인인가?

비유 전체를 어떻게 해석해야 할지는 이 세 질문에 어떻게 대답하느냐에 달려 있다. 이 질문을 하나씩 검토해 보자.

전체 정황으로 미루어 청지기의 주인은 올곧은 사람인 것 같다. 이 비유 바로 앞에 있는 탕자 비유에서 아버지는 귀인인 것이 분명하고, 반대로 두 아들은 천박한 사람들이다. 나사로 비유에서 부자는 천박한 사람이고, 나사로는 영생에 합당한 자라는 판결을 받는다. 그렇다면 자연히 불의한 청지기 비유에서도 동일하게 두 인물이 대조될 것으로 기대된다. 더욱이 청지기는 "불의하다"고 분명히 낙인 찍혀 있다. 그러나 주인에 대해서는 조금도 비판적으로 언급되지 않았다. 주인이 천박한 사람이라면 매우 다른 태도로 행동했을 것이다. 청지기는 해고되었지만 욕을 먹지도, 매를 맞지도, 옥에 갇히지도 않았다.

학자들 중에는 주인이 공범자의 위치에 있었다고 주장하는 사람들이 있다. 외스터리(Oesterley)는 "주인이 청지기의 부정직함을 칭찬했으니, 그러므로 그 주인도 동일하게 부정직한 사람들 측에 속했다고 생각하는 것

번역 성경에서 이 구절에 "비유"라는 단어를 첨가했다. 이 번역가들은 이 본문을 분명히 비유로 이해했다.

이 이치에 맞다."라고 주장한다.[6] 데렛(Derrett)은 주인이 청지기가 행한 행동을 눈감아 줌으로써 자신이 경건한 사람이라는 평판을 덤으로 얻게 된 것을 기뻐했다고 결론 내림으로써 주인의 인격을 은근히 비난하는 것 같다.[7] 비유의 끝부분에서 주인은 속임을 당한다. 주인이 불의한 사람이었다면, 우리는 주인이 청지기에게 화를 낼 것이라 예상할 것이다. 우리의 예상과 다르게, 주인은 청지기에게 화를 내지 않는다. 주인의 인물됨과 성격을 나쁘게 평하려면, 적절한 증거가 필요하다.

두 번째 질문은 청지기의 행동과 관련이 있다. 현대의 학자들 사이에서는 청지기가 착복하려고 계약서의 빚 액수를 부풀렸다고 주장하는 경향이 있다. 해고의 위기에 직면해서 청지기는 계약서를 이용해 자신의 몫을 챙겼다는 것이다. 이러한 견해는 깁슨(Margaret Gibson)에게까지 거슬러 올라간다. 캠브리지대학교의 아랍어와 시리아어 학자였던 깁슨은 1902년에 이 비유에 관한 주석을 *Expository Times*에 기고했는데, 거기서 다음과 같이 주장했다.

> 현재에도 유럽인들의 보호제도의 통제를 받지 않는 동양인들은 세금을 걷거나 농지를 맡기는 일을 그들 방식대로 하고 있다는 것을 나는 잘 알고 있다. 그래서 청지기는 자신이 토지 소유자에게 지불해야 하는 것보다 더 많은 액수(심지어 두 배나 되는 액수)를 소작인들에게 요구했을 것이다. 물론 차액은 자신이 착복하고 말이다.[8]

6. Oesterley, *Jewish Background*, 197. 또한 Caird, *Luke*을 참조하라. 케어드는 주인을 "사실 그의 청지기보다도 더 이 세상의 아들이었다."라고 평가한다.

7. Derrett, "Steward," 216-217. 또한 Via, *Parables*, 159를 참조하라. 비아는 주인을 "교활한 사업가"로 제시한다. 참조, Arndt, *St. Luke*, 375. 반면에, 스미스(Smith)는 "고용주의 인간됨을 좋지 않게 여길 만한 것이 이 비유에는 하나도 없다."라고 썼다(B. T. D. Smith, *Parables*, 109). 데렛은 그의 논문 "'Take Thy bond … and write fifty'(Luke XVI. 6). The Nature of the Bond," *JTS* 23 [1972], 438-440)에서 비유에 언급된 계약서의 성격을 논하면서, 주인은 청지기와 공범자라고 주장한다. 데렛의 자료는 헬라 세계에서 온 것이므로 이 비유에는 적용되지 않는다.

8. Margaret Gibson, "On the Parable of the Unjust Steward," *ExpT* 14 (1902/1903), 334. 샬

깁슨은 유럽인들의 문화적 우월성을 주장하는 제국주의 시대에 속한 태도를 보이고 있다. 이런 태도만으로도 "본토인"에 대한 깁슨의 판단은 의심받을 만한 이유가 충분하다. 더욱이, 깁슨은 캠브리지에 거주했던 사람이고, 중동에는 기껏해야 여행자나 학자나 순례자로 방문했을 뿐이다. 그런데도 깁슨이 거의 무심결에 던진 이 한마디를 수많은 학자들이 받아들이고 그 의견에 동의했다.[9] 내가 볼 때, 깁슨은 중동의 문화를 평가함에 있어 기본적인 실수를 범했다. 그의 말 한마디가 끼친 영향에 비추어 볼 때 그의 말을 좀 더 주의 깊게 검토해 보아야 한다.

깁슨은 세기의 전환기에 터키 제국에서 실행되던 토지 임대법을 정확하게 설명하는 듯하다. 깁슨은 이 패턴이 이 비유를 위한 적절한 준거틀이라고 제안한다. 하지만 그 말의 정확한 의미는 분명하지 않다. 그는 "중동의 토지 소유주들은 청지기가 속이지 못하게 할 만큼 똑똑하지 못하다. 유럽식 통제 방법이 더 우수한 것이라서 이에 대한 안전장치를 제공할 수 있다."라고 말하려고 한 것일까? 이것은 분명히 사실이 아니고, 깁슨이 의도한 뜻이 아니라는 것도 우리는 추정할 수 있다. 깁슨은 아마도 이런 뜻으로 말했을 것이다. "중동의 토지 소유주들은 토지 임차인들에게서 받아야 할 고정 액수를 그들의 대리인들과 계약한다. 그런 다음에는 소유주들은 그 대리인들이 상황이 허락하는 한 이 액수보다 많은 돈을 받아 내려고 장부에 부풀린 액수를 기록하는 것을 허락한다. 부풀린 금액은 심지어 50퍼센트에 이르기도 한다." 터키 제국 말기에 아랍의

레만(Scharlemann, *Parables*, 88)은 에버스(M. Evers)가 "Das Gleichniss vom ungerechter Haushalter"[1901])에서 이런 주장을 처음 했음을 주목했다. 마르크스(Hermann Marx)는 1908년에 출판된 에버스의 책 개정판(*Die Gleichnisse Jesu* [Berlin: Reuther & Reichard, 1908], 83)에서 에버스의 이런 제안을 언급하면서 그것을 "대단히 독창적인 해석"이라고 했다. 에버스는 그곳 문화를 전혀 고려하지 않고 "독창적인 해석"을 했던 것으로 보인다.

9. W. D. Miller, "The Unjust Steward," *ExpT* 15 (1903/1904), 332-334; E. Hampten-Cook, "The Unjust Steward, I.," *ExpT* 16 (1904/1905), 44; Gächter, "Oriental," 121-131; C. B. Firth, "The Parable of the Unrighteous Steward (Luke xvi. 1-9)," *ExpT* 63(1951/1952), 93-95; Derrett, "Steward," 198-219; Fitzmyer, "Manager," 23-42; Stuhlmueller, *Luke*, 149.

여러 지역에서 땅을 소유하고 있던 부유한 터키인들은 틀림없이 이런 방식으로 행동했을 것이다. 하지만 그런 가정에는 적어도 다음과 같은 함의가 내포되어 있다.

① 주인이 정직하지 않다.
② 주인은 자신이 받아야 할 돈과 거의 비슷한 정도로 청지기가 그의 이익을 챙기는 것을 기꺼이 허락한다.
③ 주인은 지역 사회의 유명 인사들이 심하게 사기당하는 것에 신경 쓰지 않는다. 그래서 그는 그들과 사회적으로 교류하지 않는다.
④ 청지기는 정기적으로 채무자를 무자비하게 속인다.
⑤ 청지기는 하고 싶은 대로 채무자를 속여도 좋다는 무언의 허락을 받았다. 그는 엄밀한 감시를 받을 것이다. 주인을 속이고 있다는 것이 포착되면 무자비한 처분을 받을 것이다.
⑥ 청지기는 모든 임차인들에게서 몹시 미움을 받는다. 어떤 상황에서라도 다시금 그들에게 호감을 얻는 것은 거의 불가능하다. 일반적으로 말하면, 그들이 그를 청지기 자리에서 끌어내리기라도 한다면, 그들은 그를 때려 죽일 것이다.

이 가정들 중에 불의한 청지기 비유의 상황과 일치하는 것은 하나도 없다.

임차인들이 청지기에게 뭔가를 지불했다는 깁슨의 추측은 옳다. 공식적으로 청지기는 임차인들에게서 수수료를 받았다. 데렛은 청지기가 주인을 위해 일하는 법적인 "대리인"이고, 그러한 대리인들의 활동을 규정한 미쉬나의 규율에 따라 행동했다고 설득력 있게 주장한다.[10] 미쉬나는 임대 계약을 주선하는 대리인에게 임차인이 지불해야 할 수수료를 구체적으로

10. Derrett, "Steward," 201-204.

언급한다.[11] 이러한 사실 이외에 (현대의 마을 풍습으로 미루어 판단하건대) 청지기는 주인의 임차인들 대부분에게서(전부는 아니라 하더라도) "뒷거래"로 약간의 돈을 더 받았던 것 같다. 명목상의 액수야 얼마든지 합법적인 것으로 간주되고 영예로울 수 있다. 명절 때, 추수 때, 그 밖에 중요한 사회적인 행사가 있을 때 청지기는 주인의 임차인들로부터 얼마간의 성의 표시를 기대했을 것이다.[12] 그 요구가 지나친 경우에만 청지기는 비난을 받았다.

이런 요소는 이 비유에 하나도 언급되지 않는다. 장부에 기록된 내용은 주인이 알게 된다. 이러한 사실은 위에 언급한 미쉬나의 글에 분명히 나타나는데, 대리인에 관해 이렇게 말한다. "대리인은 두 당사자가 이야기하고 동의한 것 말고는 임차 분담금이나 고정된 임차율을 계약서에 기록하지 않았을 것이다. 임차인은 수수료를 지불해야 한다."[13] 장부에 기록한 내용은 공동체에서 터놓고 논의하는 공적인 정보다.

더욱이, 청지기가 장부에 적힌 액수를 부풀리려고 한다면, 채무자들은 어떤 일이 일어나고 있는지를 충분히 알게 될 것이다. 주인이 공범자가 아니라면, 채무자는 주인에게 항의할 수 있다. 만일 청지기가 장부에 적힌 금액보다 20~50퍼센트를 더 받으려고 채무자를 속이기라도 한다면, 채무자들은 그를 심하게 미워할 것이다. 일단 그 자리에서 물러나게 되면 그는 공동체를 떠날 수밖에 없다. 설령 그들의 경제적인 이득을 위한 일이라고 하더라도, 자신들을 속인 청지기를 자기 집으로 받아들일 채무자는 한 사람도 없을 것이다.

나는 수년간 이 문제를 가지고 중동 및 그 너머 인도에서부터 온 사람들과도 토론했다. 마을의 문화 패턴은 어디를 가나 동일하다. 정직하지 못한 청지기는 여러 방법으로 주인을 속인다. 물건을 사고팔 때마다 그

---

11. Mishna *Baba Bathra* x. 4.

12. 성탄절에 기업 간부들이 서로 값비싼 선물을 주고받는 것이 이런 관습에 해당하는 서양의 사례일 것이다.

13. *Baba Bathra* x. 4.

는 "자기 몫"을 챙긴다. 그러나 이렇게 과외로 챙긴 모든 수입은 "기록에 남기지 않는다." 청지기는 채무자의 장부에 기록된 것만 주인에게 보여 줄 뿐이다.[14]

중동에서는 터키인 땅 주인은 부패하고 무례하며, 그 자신이나 그의 청지기가 임차인들에게 가했을지 모르는 고통에 무심한 사람으로 생생히 기억된다. 하지만 이 전체적인 모습은 우리가 불의한 청지기 비유에서 맞닥뜨리는 것과는 상당히 다르다. 비유 맨 처음에서 어떤 사람들은 정직하지 못한 청지기의 행동을 보도하는 주인의 재산에 관심을 갖는다. 주인은 공동체에 속한 사람임이 분명하다. 부유하고, 냉담하고, 외국인이고, 무자비한 토지 주인은 복음서 비유에서는 낯설다.[15]

---

14. 이 문제와 관련해서 당혹스러운 부분이 있다. 중동의 대금업자는 돈을 빌리는 사람에게 그가 수령한 돈보다 더 많은 액수를 받았다고 서명하라고 **요구하기** 때문이다. 이런 식으로 속이는 이유는 과도한 이자율을 금하는 법망을 피하려는 데 있다. 토지 임대와 돈을 빌려주는 문제는 아래에서 논의하려 한다. 불의한 청지기 비유에 묘사된 내용은 토지 임차 문제와 관련이 있다. 청지기를 대금업자로 만들면 새로운 문제가 발생하며, 이전에 제기한 문제들을 적절히 해결할 수 없다.

    대금업이 어떻게 시행되었는지 고대의 관습에서 예를 들어 보자. 요세푸스는 헤롯 아그립바가 주후 33-34년경에 거의 부도가 났을 때, 은행에서 어떤 식으로 돈을 빌렸는지를 기록해 놓았다. 요세푸스의 기록에 따르면, 프로토스라는 은행가는 아그립바가 자신에게서 약간의 돈을 사취했고, 그의 대리인인 마르시아스를 시켜 강제로 거치공채를 작성하게 했는데, 2만 아티카 드라크마짜리 거치공채인데, 만기가 되었을 때는 2,500 드라크마를 덜 받도록 강요했다고 불평했다. Josephus *Antiquities* xviii. 6. 3. Translation from *Josephus*, ed. Louis H. Feldman, Vol. IX in the *Loeb Classical Library* (Cambridge: Harvard University Press, 1965), 103.

    휘스턴(Whiston)은 그의 번역서에 이렇게 언급해 놓았다. "스판하임(Spanheim)은 여기서 당시 통용되던 아티카 돈의 액수를 알 수 있는 한 예를 주목한다. 2만 드라크마 중에서 2,500드라크마는 원래 총액의 8분의 1에 해당하는 12%나 되는 돈이다." 참조, *The Works of Flavius Josephus*, trans. W. Whiston (London: Ward, Lock, n. d.), 455, n. 1. 스판하임은 17세기 말 저술가이며 헬라 주화 및 요세푸스 연구 전문가인 에제키엘 스판하임(Ezekiel Spanheim)으로 밝혀졌다. (E. Spanheimii. Fl. Josephi … Opera Omnia… accedunt nunc primus notae … ineditae in universa Fl. Josephi opera … 1726). 이것은 실제로 진 빚보다 더 많은 액수를 기록한 한 예다. 그러나 이 예는 불의한 청지기 비유에는 적용되지 않는다. 이 예의 기저에 있는 것은 헬라의 상법이다. 더욱이, 돈은 은행가 프로토스에게 직접 빌렸지 그의 대리인에게 빌린 것이 아니다. 또한 헤롯은 이미 2,500드라크마를 빚졌고, 프로토스는 이전의 빚을 받고 있는 중이었다. 마지막으로 불의한 청지기 비유에 나오는 요율은 일관되지 않으며, 상당히 높다.

15. 누가복음 12:42-48이 딱 맞는 예다. 이 비유에서 주인은 부재중이었다가 돌아와서는 청지

마지막으로, 유대의 법에 따르면 어떤 한 대리인이 주인이 명시한 가격보다 더 싸게 사거나 더 비싸게 팔 경우 차액은 주인에게 돌아가지, 대리인의 것이 되지 않는다.[16] 그러므로 깁슨이 당대 상황을 고려하지 않고 피상적으로 내린 추측으로 비유를 잘못된 방향으로 이해하고 말았다고 결론을 내릴 수밖에 없다. 깁슨의 주장은 비유의 문화적인 상황에 어울리지 않는다.

세 번째 질문은 청지기라는 직업과 사람들이 갚아야 할 빚의 성격과 관련된 문제다. 이 질문에는 고려할 것이 두 가지가 있다. 첫째, 청지기는 합법적인 "대리인"인가? 만일 그렇다면, 그는 보수를 받는 사람인가, 아니면 재정적인 문제를 스스로 책임져야 하는 사람인가? 둘째, 청지기는 토지 임대를 관리하는 부동산 관리인인가, 아니면 금전을 관리하는 대금업자인가? 이 질문에 대한 답으로 우리는 청지기가 합법적인 "대리인"이고, 틀림없이 샬루아흐(*Shaluaḥ*, 또는 *shaliaḥ*)였을 가능성이 높다고 주장할 것이다. 청지기는 보수를 받았다. 부자는 토지 소유자이고, 그래서 청지기는 부동산 관리인이다. 채무자들은 밭을 임대하고 그 밭에서 생산된 농작물에 대해 정해진 금액을 지불해야 하는 하키린(*ḥakirīn*)이다. 먼저, "대리인" 문제부터 다뤄 보도록 하자.

"대리인"에 관해 호로비츠(Horowitz)는 미쉬나의 규정을 잘 요약했다.[17] 호로비츠는 당시에 세 종류의 "대리인"이 있었다고 지적한다.

① 무보수로 혹은 보수를 받고 일을 하는 총대리인(*shaluaḥ*, 샬루아흐)

② 항상 돈을 받는 중개인 또는 브로커(*sarsor*, 사르소르)

기가 그 밑에 있는 사람들을 학대하고 있었다는 것을 알고는 매우 화를 냈다.

16. Horowitz, *Jewish Law*, 552. 이 구체적인 예를 호로비츠는 *Mishna Torah of Maimonides*에서 인용한다. 그렇다면 이 규정은 시기상 후대의 것이며 불의한 청지기 비유에는 적용할 수 없다. 하지만 호로비츠가 인용한 내용은 그의 대리인이 적용한 이율을 주인도 알고 있었다는 가정이 사실임을 입증해 준다.

17. Horowitz, *Jewish Law*, 538-568.

③ 재산이나 빚을 회수해 달라는 서면 의뢰서에 의해 임명되거나, 소송을 제기할 수 있는 권한을 가진 변호사(*mursheh*, 무르쉐)[18]

총대리인은 "보냄을 받은 자"였다. 그가 보냄을 받아 수행하는 일은 중매 같은 가정 내 사적인 일들이 대부분이었다.[19] 그런 경우 대리인이 보수를 받지 않는 이유는 쉽게 이해가 간다. 그는 가정의 일원이거나 주인과 동등한 사회적 지위를 가진 친구일 가능성이 높다. 그런 일을 한 대가로 대리인에게 돈을 주는 것은 모욕이 될 수 있다. 그래도 한편으로는, 호로비츠는 대리인이 일반적으로 보수를 받았다고 밝힌다.[20]

이 이야기에 들어 있는 정보만 가지고는 위의 세 가지 중에서 어느 것이 이 비유에 나오는 청지기에 해당되는지 최종적인 결정을 내리기는 쉽지 않다. 하지만 샬루아흐가 가장 개연성이 높다고 생각된다. 어쨌든지 호로비츠의 논의에 의해 세 유형의 대리인 모두 일반적으로 보수를 받았다는 것이 분명해졌다. 샬루아흐는 무료로 일했을 수도 있었지만, 이번 경우는 예외였을 것이다.

---

18. Horowitz, *Jewish Law*, 539.

19. b. Tal. *Massektoth Ketanneth* 186; Horowitz, *Jewish Law*, 544.

20. 호로비츠는 대리인(*shaluaḥ*)이 보수를 받았다고 생각하며, 이러한 일반적인 추측에 예외가 있음을 주목한다. 그는 이렇게 썼다. "샬루아흐(*shaluaḥ*)라는 용어는 좁은 의미에서 무료로 봉사하는 사람, 즉 무보수로 일하는 대리인을 지칭하는 데도 사용된다."(Horowitz, *Jewish Law*, 539). 호로비츠는 조금 지나 "하지만 샬루아흐가 수수료나 커미션을 받을 권리가 있을 때에는 종종 그가 자신의 직무를 충분히 수행했는지 문제가 되었다."라고 논한 곳에서 동일한 내용이 사실임을 확증하고 있다(Horowitz, *Jewish Law*, 541). 호로비츠는 세 유형의 대리인들을 모두 언급하면서, "대리인은 주인을 대신해 일하면서 발생한 일반적이고 정규적이고 관습적인 비용들…과 만일 그것이 그를 채용하는 데 드는 비용이라면 채용 비용이나 수수료 또는 커미션마저 나중에 돌려받을 권한이 있었다."라고 주장한다(Horowitz, *Jewish Law*, 549). 이러한 증거를 개흐터(Gächter)는 간과했다. 그는 단호하게 말한다. "주인은 청지기에게 일의 대가를 지불하지 않았다. 청지기는 자기 수하에 있는 사람들에게서 자신이 먹고살 것을 얻었기 때문이다. 청지기는 주인의 토지를 각각 다른 크기로 소작인들에게 임대했다. 소작인들은 소득 중에서 일부는 주인에게, 일부는 청지기에게 지불해야 했다."(Gächter, "Oriental," 127). 재치를 발휘해서 먹고살아야만 하는 무보수 청지기 이론은 여러 다른 증거로 미루어 볼 때 지지를 받지 못한다.

청지기 직업과 관련해서는 먼저 헬라어 단어 연구로 시작하는 것이 좋을 것이다. 맨슨은 "청지기"로 번역한 οἰκονόμος(오이코노모스)의 의미 세 개를 열거한다.

> ① 집안의 여러 일꾼들의 복지와 규율을 책임지는 감독 또는 집사장(눅 12:42)
> ② 토지 관리인 또는 부동산 관리인
> ③ 한 도시의 재무관(롬 16:23) 같은 공무원[21]

맨슨은 두 번째 의미인 부동산 관리인을 선호한다.

시리아 역 성경에서는 "청지기"에 해당하는 단어를 전부 '*rab bayto*'(랍 바이토)로 번역했는데, 그 뜻은 "집의 관리인"(manager of the house)이다. 이 단어의 의미는 어느 정도 모호하지만 "대금업자"라는 의미를 지닐 여지는 전혀 남기지 않는다. 아랍어 번역 성경은 두 개를 제외하고는 모두 '*wakīl*'(와킬)로 번역했는데, 그 뜻은 부동산 관리인(estate manager)이다.[22] 미헬(Otto Michel)은 이 단어의 의미를 70인역을 이용해서 히브리어를 추적하여, 이 단어에 해당하는 히브리어는 *'asher 'al habbayit*(아셰르 알 하바이트)라는 것을 알아냈다.[23] 랍비 문서에서 오이코노모스는 가정과 심지어 "주인의 모든 재산"을 감독하는 일종의 종의 우두머리(집사)를 의미했다.[24] 이런 사람을 *ben bayit*(벤 바이트)라고 불렀다. 하지만 누가복음 16장에서 청지기는 팔린 것이 아니라 해고당했다. 미헬은 누가복음 16:1의

21. Manson, *Sayings*, 291.

22. 디아테사론과 이븐 알 타이이브는 예외다. 디아테사론은 "집사", "청지기" 또는 "가정 관리인"을 의미하는 '*qahramān*'(카라만)이라고 번역했고, 이븐 알 타이이브는 "창고지기"라고 번역한다. 그래서 중동에서는 이 이야기가 거의 항상 구체적으로 관리인이 관련된 농경 사회의 모습을 언급하는 것으로 이해되었지 **결코** 돈을 빌려주는 이야기로 이해되지 않았다.

23. Otto Michel, *TDNT*, V, 149-153.

24. Michel, *TDNT*, V, 149.

청지기가 "집안 관리인", "부동산 관리인" 또는 "회계사"를 의미한다고 제안하면서,[25] 이븐 알 타이이브의 11세기 아랍어 번역과도 일치하고 지금도 여전히 부동산과 부동산 관리인을 지칭하는 단어의 의미 범위 안에 있는 아람어 *gizbar*(기즈바르)를 제안한다. 그래서 헬라어 단어는 그 단어에 해당하는 히브리어, 아람어, 시리아어, 아랍어 단어와 동일하게 "부동산 관리인"을 의미한다.

미쉬나는 다시금 토지 임대를 관리하는 법과 관련해서 상당히 중요한 정보를 제공한다. 세 가지 유형의 임차인이 있었다.

① 곡식의 일정한 비율을 주인에게 주는, 이해관계를 함께하는 소작인(*aris* 또는 *kablan*)
② 추수한 곡식 중에서 정해진 분량을 바치는 소작인(*hoker*)
③ 임차료를 돈으로 지불하는 소작인(*soker*)[26]

두 번째 유형이 불의한 청지기 비유의 상황에 정확히 들어맞는다. 블랙맨(Blackman)이 편집한 미쉬나에는 *ḥakīr*(하키르)를 "산출량과는 상관없이 생산량 중에서 일정량을 지불하기로 한" **소작인**(tenant)이라고 정의한 주석에서 이 상황을 자세히 설명한다.[27] 데렛은 채무자들이 임차인일 수 없는 이유를 길게 설명한다. "그러한 협약 아래에서는 지불 날짜가 되기 전까지는 채권자가 **빚진** 것이 하나도 없다는 것"이 문제의 핵심이기 때문이다.[28] 데렛은 청지기가 그 돈을 징수하고 있던 것이 아니라는 사실을 전혀 간파하지 못했다. 그 돈은 추수 때 지불해야 하는 것이 아니며, 그

25. Michel, *TDNT*, V, 149.
26. 참조, Horowitz, *Jewish Law*, 334; Mishna *Baba Metzia* ix. 1-10.
27. *Mishnayoth, Order Nezikin*, ed. Philip Bacakman (London: Mishna Press, 1954), 223, n. 2.
28. Derrett, "Steward," 213; 강조는 데렛의 것임.

들은 계약서에 서명한 날부터 **빚을 지고** 있다. 심지어 장부의 기록을 바꾼 후에도 줄어든 금액을 징수하려는 시도는 없다. 데렛의 주장과 관련해서, 우리는 데렛이 호로비츠와 미쉬나를 폭넓게 적용하지 않았고 그가 관심을 갖지 않았던 농경문화를 오해했다고 말할 수밖에 없다.

데렛은 채무자들이 토지 임차인들이었다는 가능성을 배제하고서 고리대금을 금한 법에 저촉이 되지 않기 위해 금전적인 빚을 변제해 주고 그것을 농작물로 갚았다고 아주 그럴듯하게 주장했다.[29] 물론 이런 일은 얼마든지 있을 수 있는 일이긴 하다. 하지만 만일 우리가 채무자들을 *ḥakirīn*(하키린, 생산량 중에서 일정량을 지불하기로 한 소작인들 - 역자 주)이라고 가정한다면, 비유 자체로는 전혀 힌트를 얻을 수 없는 그와 같은 복잡한 제도를 상정할 필요는 없다.

빚이 고금리였다는 것을 어떻게 알 수 있느냐고 질문한다면, 데렛은 이렇게 대답할 것이다. "제법 많은 액수가 뭔가 의심스러운 일이 진행되고 있다는 것을 드러낸다."[30] 이러한 대답은 전체 주장의 근거가 되기에는 일고의 가치도 없다.[31] 또 데렛은 만일 주인이 토지 소유자이고 채무자들이 소작인들이라면, "예수님은 그렇게 말씀하셨을 것이다."라고 주장한다.[32] 그러나 사실은 정반대다. 나는 이 문제를 데렛이 주장한 것과 정반대 입장에서 논의할 것이다. 하키르와 관련된 법과 풍습을 잘 알고 있는 농경 사회에서는, 이야기를 듣고 있던 농부들에게 부자는 땅 주인이고 채무자들은 그 땅을 빌려 농사를 짓는 사람들이라고 말하는 것은 군말이 될 것이다. 탕자 비유에 나오는 아버지는 토지 소유자다. 이 사실은 비유의 세부 사항에서 분명하게 드러난다. 그 사실이 진술되어 있지

29. Derrett, "Steward," 244.

30. Derrett, "Steward," 244.

31. 이와는 반대로 동양의 이야기꾼은 큰 액수로 이야기하기를 좋아한다. 예수님도 예외는 아니다. 참조, 마 18:23-35.

32. Derrett, "Steward," 244.

는 않지만, 암시는 되어 있다. 반대로, 주인이 은행가라면, **그런 경우**에는 청중에게 그 사실을 알릴 필요가 있다.

청지기가 "돈을 빌려주는 자"였을 것이라는 이론이 지니는 결정적인 약점은 주인이 반드시 부정하게 거래했다는 암시가 있어야 한다는 사실이다. 피츠마이어(Fitzmyer)는 "돈을 빌려줌" 범주를 사용한다. 피츠마이어는 주인의 결백함 문제에 봉착해서는 이런 말로 주인을 옹호하려 한다. "주인은 처음에 계약이 맺어진 상황을 잘 알지 못했을 것이다."[33] 청지기가 얼마를 착복했는지를 주인이 정말 몰랐다고 해도, 주인은 자기 토지 중에서 많은 부분을 임대해 주었으니 그 임대료는 **정확히** 알고 있다. 설령 그가 대금업자라 해도 돈을 누구에게 빌려주었는지, 또 돈을 돌려받을 날이 언제인지는 정확히 아는 법이다. 이런 경우가 적용되지 않는 돈 거래가 이루어지는 상황은 어느 시대에도 없고 세상 어디에도 없다. 피츠마이어는 주인이 불의한 청지기와 공범이 아니라는 사실을 입증하려고 애를 쓴다. 만일 엄청나게 높은 이자가 장부에 기록되었다면, 주인은 불의한 청지기와 공범자일 수밖에 없다.[34]

이외에 당시 문화와 관련된 이러한 질문을 이해할 만한 정보를 제공해 주는 중요한 자료는 카이로의 이브라힘 사이드(Ibrāhīm Sa'īd) 박사가 쓴 아랍어 누가복음 주석[35]이다. 사이드는 누가복음 16:2 주석에서 다음과 같

---

33. Fitzmyer, "Manager," 36.

34. 맨슨은 채무자들이 "구매자"라고 제안함으로써, 주인이 토지 소유자인지 아니면 대금업자인지와 관련된 논쟁을 간과한다. 맨슨은 이렇게 썼다. "청지기에게 불려 온 빚진 사람들 모두 그 토지에서 난 물건을 구입하고 그 대가를 아직 지불하지 않은 사람들로 보인다." (Manson, *Sayings*, 291). 땅에서 나는 기름이나 밀 등을 상인에게 팔 때는 그 대가를 현금으로 받는 것이 자연스럽고 같은 물품으로 받지 않는다는 점에서 이 견해는 받아들일 수 없다. 기름 100병을 받기로 하고 기름 100병을 판다는 것은 말도 안 된다. 이러한 해결책은 문제를 해결하기는 고사하고 오히려 문제를 더 어렵게 만든다. 청지기라는 단어와 관련된 자료를 탁월하게 고찰한 논문인 W. L. Hendricks, "Stewardship in the New Testament," *Southwestern Journal of Theology* 13 (1971), 25-33을 보라.

35. 70대 후반의 나이로 1971년에 작고한 사이드 박사는 이를테면 아랍 세계의 헬무트 틸리케(Helmut Thielicke)였다. 그의 아랍어 실력은 레바논의 시인인 칼릴 지브란(Kahlil Gibran)과 비교되었다. 사이드는 신학교에서 가르치고 설교하고 저술 활동을 하면서 오랫

이 언급했다.

> 주인은 소작인들이 그의 밭 소산물에 대해 각각 얼마나 빚지고 있는지를 알아보기 위해, 관리인에게 소작인들이 서명하고 관리인이 이를 확인하고 서명한 계약서를 보여 달라고 요구했다.[36]

사이드는 채무자들이 임차인들이며, 농부들에게 토지를 임대해 준 것이 이 비유의 상황이라는 사실을 분명히 했다.

누가복음 15장에서와 마찬가지로 우리는 공동체를 **등장인물** 중 하나로 간주해야 한다.[37] 중동의 농부들은 공동체와 관계없는 개인으로서가 아니라 공동체의 한 일원으로서 늘 생각하고 행동한다. 일반 대중이 1절에서 제일 먼저 언급되는데, "…한다는 말이 그 주인에게 들린지라"라는 구절이다. 누가 주인에게 청지기의 행동을 일러 바쳤는지는 언급되지 않았다. 이들의 범위가 설령 동료 종들로 국한된다고 하더라도, 주인, 청지기, 채무자들 이외에 더 많은 사람들이 이 이야기에 연루되었다는 것이 분명하다.

많은 주석가들이 거의 무의식적으로 행하는 문화적인 가치 판단에서 의심스러운 추측 중 하나는 동양의 주인은 간섭받는 것을 싫어하고 자기

동안 사역했다. 1890년대에 출생한 사이드는 이집트 남부의 자그마한 외딴 마을에서 어린 시절과 청년 시절을 보냈다. 그는 누가복음과 요한복음 주석을 비롯해서 많은 책을 저술했다. 사이드는 에밀 브루너와 그 밖에 많은 학자들과 개인적인 친분을 가졌으나, 책은 아랍어로만 출판해서 아랍 세계 밖에서는 전혀 알려지지 않았다. 그는 아랍어를 사용하는 학자로서 영어, 헬라어, 히브리어, 프랑스어를 탁월하게 구사했다. 그는 양식사 비평을 아주 가끔씩 언급했지만, 그것을 논하거나 적극적으로 개진하지는 않았다. 사이드의 주석들이 어떤 측면에서는 한계가 있을 수 있으나, 비유 본문 이해에 정보를 제공하는 동양의 문화 문제와 관련해서는 그의 책을 진지하게 취급해야 한다. 해당 비유를 주해하면서 우리는 계속해서 사이드의 저술을 인용할 것이다.

36. Sa'īd, *Lūqā*, 407. 여기서나 그 밖에 인용되는 사이드의 저술은 전부 저자인 베일리가 직접 번역했다.

37. 참조, Derrett, "Steward," 217; Bruce, *Synoptic Gospels*, 584. (본서 288-292쪽도 참조하라.)

재산에 거의 관심이 없으며 심지어 자기 관리인을 감독하지도 않는다는 것이다. 이런 추측은 사실이 아니다. 동양에서는 삶이 늘 불안정했다. 세계 어디에서나 부자가 되려는 사람은 자신의 소득원을 예의 주시하는 법이다. 이 비유에 나오는 주인 역시 낭비벽이 심한 청지기를 해고해서라도 자신의 부를 지키려고 했다는 점에서 이런 유형에 속하는 것으로 구체적으로 언급되었다.

정리하자면, 불의한 청지기 비유와 관련된 가장 개연성 있는 문화적인 정황은 부동산 업무를 수행할 권한을 가지고 있었던 관리인과 관련된 땅 문제라는 것이 분명하다. 채무자들은 그 땅을 임차한 하키린일 것이다. 그들은 땅을 1년간 임차한 대가로 생산량의 일정량을 지불하기로 계약을 맺었다. 청지기는 틀림없이 "뒷거래"로 과외의 액수를 요구했을 것이다. 하지만 그들이 함께 서명한 장부에는 이 액수를 기록하지 않았다. 청지기는 매번 계약이 성립된 대가로 임차인에게서 특정 액수를 수수료로 받던 유급 관료였다. 주인은 낭비벽이 심한 관리인을 해고할 정도로 자기 재산에 관심이 있는, 공동체에서 존경받는 귀인이다. 이로써 앞에서 제기한 세 가지 질문에 비교적 분명한 대답을 했다고 생각되므로 이제 불의한 청지기 비유가 들어 있는 본문 자체를 연구하기로 하자.

누가복음 16:1-8은 비유적 발라드(유형 D)에 속하는 구조로 잘 짜여 있다. 그 구조는 다음과 같다.

A	어떤 부자에게 청지기가 있는데	**부자 – 청지기**
	그가 주인의 소유를 낭비한다는	**청지기 – 불한당**
	말이 그 주인에게 들린지라	
B	주인이 그를 불러 **이르되** 내가 네게 대하여 들은	
	이 말이 어찌됨이냐	**어찌된 일?**
	네가 보던 일을 셈하라	**해고된 청지기**
	청지기 직무를 계속하지 못하리라 하니	**일을 못함**

B 청지기가 속으로 **이르되** 주인이 내 직분을 빼앗으니 **해고된 청지기**
내가 무엇을 할까 **무엇을 할까?**
땅을 파자니 힘이 없고 빌어먹자니 부끄럽구나 **일을 못함**
C 내가 할 일을 알았도다 **이렇게 하리라**
이렇게 하면 직분을 빼앗긴 후에 **해고된 청지기**
사람들이 나를 자기 집으로 영접하리라 하고 **새로운 일**
B′ 주인에게 빚진 자를 일일이 불러다가 **청지기처럼 행동함**
먼저 온 자에게 **이르되** 네가 내 주인에게 얼마나 빚졌느냐
말하되 기름 백 말이니이다
이르되 여기 네 증서를 가지고 빨리 앉아 **호의를 얻음**
오십이라 쓰라 하고
B′ 또 다른 이에게 이르되 너는 얼마나 빚졌느냐 **청지기처럼 행동함**
이르되 밀 백 석이니이다
이르되 여기 네 증서를 가지고 팔십이라 **호의를 얻음**
쓰라 하였는지라
A′ 주인이 이 옳지 않은 청지기가
일을 지혜 있게 하였으므로 칭찬하였으니 **부자 - 청지기**
이 세대의 아들들이 자기 시대에 있어서는
빛의 아들들보다 더 지혜로움이니라 **청지기 - 지혜로운 불한당**

이 이야기는 다섯 번째 연에만 설명적인 한 행이 더 있어서 4행으로 되어 있고, 나머지는 각각 3행으로 이루어진 7연으로 구성되었다. 누가의 비유 형식에서 종종 나타나듯이, 상당히 많은 연이 직접화법으로 시작한다. 구조 오른편에 진한 글씨로 된 단어들은 대구법을 보여 주기 위한 것이다. 일곱 연을 간단하게 다음과 같이 정리할 수 있다.

부자, 청지기

문제
문제
궁리
해결
해결
부자, 청지기

선한 사마리아인 비유에서는 길에서 여행객 세 명이 등장한다. 포도원 주인은 포도원에 사람을 세 번 보낸다(눅 20:9-16). 큰 잔치 비유에서는 세 유형의 사람들이 초대를 받는다(눅 14:15-24). 왕위를 받으러 먼 나라로 간 귀인은 돌아와서 세 명의 종에게 보고를 받는다(눅 19:11-27). 그런데, 여기 불의한 청지기 비유에서는 빚을 깎아 준 예가 두 번뿐이다. 일곱 개 연으로 이루어진 비유적 발라드 형식의 구조라는 것이 밝혀지면 그 이유가 분명해진다. 두 연은 문제를 제기하고, 중앙의 절정 부분은 새로운 계획을 예고한다. B′와 또 다른 B′는 앞의 B와 B에서 발생한 문제를 해결하고, A′에서 우리는 다시 부자와 불의한 청지기로 돌아간다. 이 구조를 염두에 두고 본문을 하나씩 살펴보자.

주인이 청지기를 부르고, 그에게 첫 번째 질문을 한다. (문자적으로 번역해서) "내가 너에 대해 듣는 이것이 무엇?"(동사 "이냐"[to be]가 없음; 헬라어 어순을 따라 번역하면, "무엇, 이것이, 내가 너에 대해 듣는"이라는 순서로 되어 있다. - 역자 주). 어순은 셈어(Semitic)이고, 관용어적인 표현이며 강한 어조를 띤다. 동양어 역본은 모두 이 어순을 그대로 따른다. 시리아 역은 현재 분사를 사용해서 "What is this that I am hearing?"으로 번역했는데, 이것은 헬라어 구문과 일치한다. 물론 여기서 함의하는 내용은 이것이다. "나는 네 소문을 오랫동안 들어왔고, 지금도 여전히 동일한 내용의 소문을 듣고 있다." 이것은 주인이라면 그러한 상황에서 늘 사용하는 판에 박힌 말이다. 청지기는 주인이 어느 정도 알고 있는지, 그리고 주인이 알지 못하는 정보를 폭로

하면 주인이 얼마나 놀랄지 알지 못한다. 청지기는 똑똑한 사람이라서 이 상황에서 아무 말도 하지 않고 가만히 있다. 그는 주인에게 구체적인 내용을 추궁받는다. 청지기의 침묵은 대수롭지 않은 것으로 간과될 수 없다.

주인은 최후통첩으로 침묵을 깨뜨린다. ἀπόδος τὸν λόγον τῆς οἰκονομίας σου("네 청지기 사무를 셈하라."). 이 시점에서 두 가지 중요한 질문에 답해야 한다. 첫째, 청지기는 지금 해고되었는가, 아니면 나중에 해고될 것인가? 둘째, 주인은 청지기에게 "회계 장부를 넘겨주라."라고 요구했는가, 아니면 "회계 장부를 정리하라."라고 말했는가?

첫째 질문은 꽤 까다롭다. 채무자들을 상대하면서 청지기는 자신이 아직은 해고당하지 않은 양 행동한다. 3절에서 청지기는 "내 주인이 내 청지기 직을 나에게서 **빼앗고 있다**(is taking)."라고 속으로 말한다. 그러고 나서 "내가 직분을 빼앗기게 될 **때**"에 관해서 말한다.[38] 그와 동시에 동사의 현재시제(즉, "네가 청지기 직무를 계속하지 못하리라")는 그가 그 시점에서 해고되었음을 암시한다. 맨슨은 "주인은 즉각적인 행동을 취한다. 그는 청지기에게 회계 장부를 넘겨줄 것을 명하고, 그를 곧바로 청지기 직위에서 해고한다."라고 썼다.[39]

오늘날 보수적인 성향의 마을이라면 청지기는 그 시점에서 해고되는 것이 통례다. 주인은 이 비유에서 일어난 것과 같은 사건이 일어날까 노심초사한다. 시간만 있다면 불한당 같은 청지기는 더 많은 돈을 횡령할 것이다. 동양어 역본은 예외 없이 이 점을 분명히 한다. 고대 시리아어 역본은 "절대로 다시는"(never again)이라는 말을 첨가했고, 많은 아랍어 역본들도 동일한 의미를 전달한다.[40] 더욱이, 미쉬나는 대리인의 해고를 규

38. 시간을 지시하는 이 언급들에서 우리는 비잔틴 사본에서 현재형 δύνῃ(뒤네, "할 수 있다")가 미래형 δυνησῃ(뒤네세)로 바뀐 까닭을 알 수 있다. 비잔틴 사본 해석이 틀렸다는 것이 확실하다. 현재형 δύνῃ는 P^{75} B ℵ D Θ 등과 같은 사본의 지지를 받는다.

39. Manson, *Sayings*, 291.

40. 이븐 알 타이이브에는 "지금부터"(from now on)라고, 새예수회 역(new Jesuit)에는 "오늘 이후"(after today)라고, 디아테사론에는 "이제 못하리라"(now it is not possible)라고 번

정하는 조건들을 제시한다. 호로비츠는 이렇게 썼다.

> 정당한 이유가 있든지 없든지, 대리인 직과 권한은 언제든지 취소될 수 있으며, 취소된 후에는 그가 무슨 행동을 하더라도 주인에게 구속되지 않는다. 그러나 그것은 대리인이나 대리인이 거래하고 있는 사람에게 이 사실이 전달된 시점부터 **효력을 발휘한다**.[41]

이 청지기의 경우, 그는 통보를 받는다. 그래서 대리인으로서 그의 권한은 법적으로 즉시 취소된다. 그와 동시에, 좀 더 일반적으로 말해서 그 해고는 진행 중이다. 해고 명령이 모든 사람에게 알려지지 않았기 때문에, 그가 회계 장부를 돌려주고 건물 밖으로 나가기 전까지는 여전히 계략을 꾸밀 여지가 있었다. 한마디로 말해서, 본문이나 미쉬나, 동양어 역본들과 현대 관습에 비추어 볼 때, 청지기는 주인의 말을 들은 그 순간에 해고되었으며 그의 권한은 즉시 끝났다.

회계 장부 문제에 관해서 말하자면, ἀπόδος(아포도스)라는 단어의 의미는 분명하다. 이 단어는 "넘겨라" 또는 "반납하라"고 번역할 수 있다. 현대 중동의 농촌 마을에서 이러한 상황에 있는 청지기는 회계 장부를 넘겨 달라는 요구를 받는 것이 상례다. 아무도 그런 청지기에게 회계 장부를 정리하라고 요구하지 않는다. 주인은 청지기가 회계 장부를 기술적으로 위조하고 있으며, 그렇기 때문에 장부만으로는 청지기가 유죄인지 무죄인지를 입증할 수 없다는 것을 잘 알고 있다. 개흐터(Gächter)는 ἀπόδος τὸν λόγον τῆς οἰκονομίας의 의미가 절대로 "네가 청지기로서 일한 것을 설명해 보라."라는 의미일 수가 없다고 확신 있게 주장한다. 그런

역되었다. 그 밖에 아랍어 역본들에는 "*ba'd*"(바아드)라고 되어 있는데, 이 말은 이 문맥에서 "지금부터"를 의미한다.

41. Horowitz, *Jewish Law*, 542. 강조는 베일리의 것.

의미라면, λόγος(로고스, "말")에 관사가 없어야 한다는 것이 그 이유다.[42] 앞에서 인용한 사이드는 장부를 수지 관계를 기록한 문서로 이해한다.[43] 그래서 개흐터, 사이드, 샬레만의 주장에 동의하면서, 이 어구는 "회계 장부를 넘겨라."를 의미한다고 말할 수 있다.

이 비유의 청중/독자는 청지기가 "내가 네게 대하여 들은 이 말이 어찌됨이냐"라는 첫 번째 질문에 침묵했을 것이라고 예상한다. 그러나 "너는 해고야. 회계 장부를 가져와!"라는 말을 들었을 때에는 아주 큰 소리로, 끈질기게 자신의 무죄를 주장하는 이른바 전형적인 말싸움을 할 것이라고 청중/독자는 예상한다. 청지기가 자신을 변호하고 주인 자신을 포함해서 다른 사람들에게 책임을 전가할 수 있는 일반적인 계책은 많이 있다.[44] 그러나 모두가 놀랄 정도로, 청지기는 다시 침묵을 지킨다. 청지기가 하는 말은 혼잣말인데, 장부를 가지러 가는 도중에 한 말이다. 그는 한마디 변명도 하지 않고 밖으로 나온다. 청지기가 말을 한마디도 하지 않았다는 것은 동양 사회에서는 대단히 의미심장하다. 청지기는 침묵함으로써 적어도 아래 네 가지 내용을 간접적으로 인정한다.

① 나는 잘못했다.

② 주인이 사실을 다 알고 있다. 그는 내가 잘못했다는 것을 안다.

③ 이 주인은 순종을 기대한다. 불순종은 벌을 초래한다.

④ 변명을 늘어놓는 것으로는 일자리를 다시 얻을 수 없다.

프리델(L. M. Friedel)은 "청지기가 자신을 변호할 말이 조금이라도 있었다면, 지금 말했을 것이다. 그러나 그는 아무런 말도 하지 않음으로써 최

---

42. Gächter, "Oriental," 127. 참조, 마 12:36; 행 19:40; 롬 15:12; 히 13:17; 벧전 4:5. 샬레만은 로고스(*logos*)가 관리인이 그의 주인을 위해 기록하는 공식적인 기록이나 회계 장부라는 사실에 주목한다(Scharlemann, *Parables*, 84).

43. Sa'īd, *Lūqā*, 407.

44. 아담은 이것을 알았다. 참조, 창 3:8-12.

대한 간략하게 자신의 잘못을 인정했다."라고 지적했다.[45] 청지기는 자신이 잃은 직책을 어떻게 되찾을 수 있을지 생각하지 않는다. 그의 모든 에너지는 미래에 집중된다.

그와 동시에, 바로 그 순간 청지기는 매우 중요한 사실, 즉 주인에 관한 무엇인가를 생각해 낸다. 그는 해고되었지만 감옥에는 가지 않았다. 미쉬나는 대리인이 관리하던 상품에 손해가 발생하면 그가 보상해야 한다는 점을 분명히 한다. 청지기는 재판을 받고 감옥에 갈 수도 있다. 그런데 그는 주인에게 **꾸지람도 듣지 않았다**. 그런 상황에서 주인이 청지기에게 자비를 베푼다는 것은 이례적이다.[46] 그러므로 이 상황에서 청지기는 주인의 성품 두 가지를 경험했다. 그는 순종을 기대하며, 불순종하는 종에게는 벌을 내리는 주인이다. 또한 정직하지 않은 청지기에게라도 흔치 않은 자비와 너그러움을 베푸는 주인이다. 비유를 주의 깊게 듣거나 읽은 사람이라면 이 두 사실 중 어느 하나도 놓치지 않을 것이다.

제3연은 해결책을 찾으면서 자기에게 닥친 위기와 씨름하는 청지기로 시작한다. 특이하게도 청지기는 땅을 파야 하는지 생각한다. 권력 있고 많이 배웠다는 사람이 육체노동을 하리라고는 아무도 기대하지 않는다. 청지기가 그런 일은 자신의 품위를 떨어뜨리는 일이라서 할 수 없다고 하리라고 우리는 예상한다. 놀랍게도, 그가 말한 이유는 신체적인 연약함이다. 청지기는 구걸하는 것도 못하겠다고 한다. 구걸하는 일이 비록 멸시받는 직업이기는 하지만 합법적인 직업으로 인정하는 사회에서 그 일은 그의 체면에 영향을 미친다는 것이다.[47]

---

45. L. M. Friedel, "The Parable of the Unjust Steward," *CBQ* 3 (1941), 338.

46. 대리인은 자기가 맡은 돈이나 물건이 도둑맞았다는 것을 증명할 수 없으면 손해 본 것을 변상해야 했다. 참조, Horowitz, *Jewish Law*, 552-553. 호로비츠는 "대리인의 책임은 넓게 이야기해서 수탁자로서 가지는 책임"이었고(Horowitz, *Jewish Law*, 552), 때로는 도둑맞은 경우에도 수탁자가 책임을 지는 적이 있었다(Horowitz, *Jewish Law*, 518-526)고 주장한다. 마태복음 8:23-35에서 종들은 빚 때문에 옥에 갇혔다. 하물며 무책임하게 돈을 낭비하는 종이라면 감옥에 가는 것이 얼마나 더 당연하겠는가?

47. Sir. 40:28-30.

청지기의 문제는 단지 그가 앞으로 어떻게 먹고살 것인지에 있지 않다. 벤 시락은 영원히 남의 음식을 얻어먹는 일은 견디기 힘든 일이라고 분명히 언급한다.[48] 청지기가 다른 직업을 원하고 필요로 한 것은 그가 땅을 파거나 구걸하는 것을 고려한 사실에서 입증된다. 하지만 주인의 재산을 낭비했다고 해고된 마당에 누가 그를 고용하겠는가? 청지기는 이 충격적인 이미지를 바꿀 상황을 마련해야 한다. 절정에 해당하는 4연에서 계획이 세워진다. 청중/독자는 그의 계획이 무엇인지 아직 듣지 못했고, 그 계획이 잘 짜인 드라마처럼 전개되는 것을 본다.

청지기의 계획은 그가 이미 경험한 주인의 자비에 모든 것을 거는 것임을 우리는 비유에서 알게 된다. 실패한다면, 그는 분명히 감옥에 갈 것이다. 성공한다면, 그는 공동체에서 영웅이 될 것이다. 이야기의 세부적인 내용을 주의 깊게 따라가면서 우리는 이것이 극적인 부정과거(不定過去)인 ἔγνων(에그논, "알았노니")으로 시작되는, 청지기의 머리에 섬광처럼 번뜩인 계획이라는 사실을 제시하려고 한다.

청지기의 상황을 이해하는 열쇠는 그가 해고되었다는 사실을 아직 아무도 모른다는 것이다. 사람들은 그 사실을 곧 알게 될 것이고, 그래서 청지기는 재빠르게 행동해야 한다. 프리델은 이렇게 썼다. "청지기는 회계 장부를 넘겨주기 전에, 최종적으로 사무실에서 쫓겨나기 전에, 땅을 파거나 구걸하는 일을 모면할 길이 있다면 지금 당장 준비해야 한다는 사실을 깨닫는다."[49]

먼저, 청지기는 채무자들을 "불렀다." 그가 아직 청지기의 자리에 있었다면, 자기 수하에 있는 종들을 보내어 비교적 부자인 사람들과 동네에서 유지인 사람들에게 자신을 만나러 오라고 "부를" 권리가 있었을 것이다(이들이 부유한 사람들이라는 사실은 그들이 빚진 엄청난 액수로 알 수 있다). 청지기가

---

48. Sir. 29:21-28.

49. Friedel, "The Parable of the Unjust Steward," 339.

사람들을 불렀을 때, 그들은 청지기가 주인이 말한 중요한 소식을 자기들에게 전달해 줄 것이라고 자연스럽게 생각했을 것이다. 나중에 밝혀진 것처럼, 청지기가 그들에게 바란 것이 정확히 그것이었다. 아직은 추수 때가 아니다. 장부에 액수는 정해져 있고, 갚아야 할 돈이지만 갚을 때는 아직 이르지 않았다. 이러한 세세한 정황들이 중요하다.

청지기는 채무자들이 서로 이야기하거나 너무 많은 것을 물어보는 것을 원하지 않아 한 사람씩 안으로 부른다. 그는 매우 신속하게 권리 증서를 처리한다. 채무자들에게 "친구여"라든가 "아무개 씨"라고 부르지도 않는다. 첫 번째 사람에게 구체적으로 말한다. "빨리 쓰라."[50] 두 번째 사람에게는 무례할 정도로 "그리고 자네는"이라고 말한다.[51] 청지기는 주인이 낌새를 알아차리기 전에 일을 끝내야 했다. 이 사실이 이 이야기에서 대단히 중요하다. 이미 앞에서 살펴보았듯이, 청지기는 해고 통지를 받은 순간부터 법적으로는 권한을 상실했다. 속임수가 개입되었다는 사실을 채무자들이 어떤 경로를 통해서든지 알게 된다면 협조하지 않을 것이다. 그들 수하에 있는 종이 방에 들어와 청지기가 해고되었다는 사실을 알린다면, 계획은 실패한다.

임차인들은 의심스러워할 수는 있으나(공동체는 청지기를 알고 있다; 참조, 16:1), 잘 알지 못하는 한, 협조할 수 있고 기꺼이 협조할 것이다. 만일 임차인들이 이 사실을 **알고도, 또는 알 수 있었으면서도 협조했다면**, 그들과 주인의 신의는 심각할 정도로 깨질 것이고, 주인은 더 이상 그들에게 땅을 빌려주지 않을 것이다. 이것은 거의 모든 주석가들이 간과하고 있는, 그러나 매우 중요한 문화적 요인들 가운데 하나다. 땅 주인과 임차인

50. 본문에서 "빨리 …라고 쓰라"는 말은 주석가들이 거의 보편적으로 무시하는 어구다. 우리는 이 어구가 여기서 진행되는 일이 무엇인지를 바르게 이해하는 데 중요한 열쇠라고 생각한다. 청지기는 자신이 무슨 일을 하고 있는지 주인이 알아채기 전에, 아니 심지어 채무자들도 지금 벌어지고 있는 일이 정직하지 못한 일임을 눈치채기 전에 이 일을 끝내야 했다.

51. 비교적 부유한 임차인을 부르면서 "그리고 자네는(And you)"이라고 말을 건네는 것은 동양인들의 귀에 거슬리는 말이다. 이 단어를 사용한 동양어 역본은 독자들에게 약간의 충격을 주었을 것이다.

들 간의 관계는 중요한 개인적이고 경제적인 관계다. 랍비 펠드먼(Rabbi Feldman)은 랍비의 비유들에서 입증된 사회적인 관계를 요약하면서, 땅 주인과 임차인들 간의 관계를 이렇게 평가했다. "개인적인 관계는 종종 친구 관계였고, 가끔은 제법 친밀한 것이었다."[52] 이 비유들에서 전형적으로 사악한 임차인은 땅 주인의 이익에는 전혀 신경 쓰지 않는 사람이다.[53] 이러한 까닭에 서로 배려하는 관계가 기대된다는 것이 이 비유의 핵심이다. 불의한 청지기 비유에는 임차인들을 비난하는 어떤 언급도 없다. 그들은 지역 사회의 올곧은 시민들로 추정된다. 이 비유에서는 주인에 대해서와 마찬가지로, 채무자들이 청지기와 악한 일을 도모한 공범자라는 생각은 버려야 한다.

사이드가 이 채무자들을 "공범자"(partners)라고 명명한 것은 의미심장하다.[54] 그래서 청지기가 신속히 일을 처리한 것이나 현대와 고대의 풍습으로 미루어 볼 때, 채무자들은 장부의 금액을 바꾼 것을 합법적인 것으로 생각했던 것이 분명하다.

첫 번째로 추정할 수 있는 것은, 채무자들은 청지기가 여전히 청지기의 권한을 가지고 있다고 믿었다는 것이다. 이야기 자체로 보아 이렇게 추측하는 것이 정당하다는 것이 분명하다. 청지기는 채무자들에게 묻는다. "네가 **내 주인에게** 얼마나 빚졌느냐?" 청지기는 자신이 여전히 고용

---

52. Feldman, *Similes*, 239.

53. 펠드먼은 불의한 사람으로 묘사된 한 임차인이 "내가 농장주인 걱정하게 생겼어?"라고 말하는 한 예화를 든다(Feldman, *Similes*, 40). 이런 경우가 중동에만 있는 일이라고 믿기는 어렵다. 남의 땅을 빌려 사용하는 농부가 땅 주인을 화나게 해서 앞으로 임차할 권한을 빼앗길 수 있는 위기를 감수하려는 경우는 세상 어디에도 없을 것이다. 농부들이 자신들의 수가 더 많으니 안전하다고 생각했을 것이라고 주장하는 사람도 있다. 일할 사람이 아무도 없을까 봐, 주인은 자기 땅에서 농부들을 **모두** 쫓아내지 못한다. 그러나 이러한 생각도 불의한 청지기 비유에 적용하기는 적절하지 못하다. 랍비들의 비유에 등장하는 이와 유사한 예에 비춰 보면, 이 점이 분명해진다. 임차인과 토지 소유자의 관계는 금전적인 관계뿐만 아니라 **사회적인** 관계로서도 중요하다. 더욱이 주인이 화가 난 경우에는, 설령 주인이 임차인을 바로 내쫓지는 않는다고 해도 앙갚음할 방법을 찾을 것이다.

54. Sa'īd, *Lūqā*, 407.

된 상태임을 직접적으로 주장한다.[55] 앞에서 우리는 청지기가 그 사람들을 **불러 모았다**는 사실을 이미 주목했다. 채무자들이 그 부름에 응한 것은 청지기가 여전히 권한을 가지고 있다고 생각했다는 증거다.

두 번째로 추정할 수 있는 것은, 주인이 청지기에게 장부를 관리할 권한을 부여했고 청지기는 주인에게 그 문제에 대해 이야기했다는 것이다. 이 추정은 이 이야기에 딱 들어맞는다. 청지기는 채무자들에게 직접 장부의 내용을 고쳐 쓰라고 요구한다. 채무자들은 그 제안을 받아들인다. 금액은 원래 금액의 50%까지 내려간다. 우리는 이 제안을 주인이 승인했다고 채무자들이 확신했음을 염두에 두어야 한다.[56] 이 문제에 조금이라도 의심 가는 부분이 있다면, 앞에서도 이야기했듯이, 그들은 협조하지 않을 것이다. 위험 부담이 너무 크다.

마지막으로, 빚을 깎아 준 것은 자연히 청지기의 공이 된다. 그는 아무 말도 할 필요가 없다. 빚 갚을 날짜는 아직 남아 있다. 이처럼 갑작스럽게 빚을 깎아 준 것은, 말하자면 "느닷없이" 이루어진 일이다. 청지기는 "우리 주인 어르신에게 이야기했다."라는 식으로 알려지게 했을 것이다. 장부를 다시 쓰는 동안 오갔을 짧은 대화를 쉽게 재구성할 수 있다. 어쨌든 청지기는 매일 밭에 나가 있었다. 그는 비는 내리지 않고, 태양은 작열하고, 해충들은 우글거리고 있다는 것을 알았다. 그래서 청지기는 마치 모든 노동자를 위해 크리스마스 특별 상여금을 따낸 공장장처럼 한

---

55. 3절에 기록된 청지기의 독백도 동일한 어구로 되어 있다. 사실 이 관용 어구는 그가 입버릇처럼 하던 말이다. 그러나 5절에서 청지기는 공식적으로 말하고 있으며, 이로써 사실은 어떤 관계를 주장하고 있는 것이다.

56. 데렛은 이러한 추측에 동의하면서 "그렇게 생각하지 않았다면 아무도 청지기를 통해 주인과 계약하지 않았을 것이다."라고 썼다(Derrett, "Steward," 203). 데렛이 지적한 내용은 우리가 지적한 것과 동일하지는 않다. 데렛은 대리인이 그의 직무의 공식적인 부분으로서 광범위한 이런 권한을 가지고 있었을 것이라고 생각한다. 그래서 주인이 그를 해고하지 않는 한 대리인은 빚을 줄여 줄 수 있었고, 주인은 그 일을 좋아하지 않아도 받아들일 수밖에 없었을 것이다. 그러나 앞에서 살펴보았듯이 대리인은 면직당했다. 게다가 깎아 준 빚의 액수가 엄청났고 전례가 없는 일이었다. 설령 청지기에게 그 정도의 빚을 깎아 줄 완전한 법적 권한이 있다고 하더라도, 주인이 사전에 동의하지 않았다는 사실을 채무자들이 알았다면 그들은 협조하지 않았을 것이다.

건 올린 것이다. 상여금은 사장의 주머니에서 나온다. 그러나 사장을 설득해서 상여금을 따낸 공장장이 칭찬을 받는다. 마지막으로 추정한 이 내용 역시 불의한 청지기 비유에 그대로 적용될 수 있다. 청지기는 자기에게 의미 있는 방법으로 이익이 돌아오지 않는 계획을 수행하지는 않을 것이다. 그렇게 하는 것은 아무 의미가 없다.

지금까지 살펴본 것을 이렇게 정리할 수 있다. 청지기는 여전히 권한을 가지고 있다고 공공연히 주장한다. 채무자들은 빚을 줄여 주는 것이 주인의 인준을 받은 것이라고 생각한다. 그렇지 않았다면, 그들은 협조하지 않았을 것이다.[57] 청지기는 이 일을 계획한 사람이 자신이라는 사실을 조용히 채무자들에게 알린다. 이런 가정들은 이 비유에 연루된 모든 문화적인 요소들과 일치한다.

청지기는 그의 서랍이나 찬장 혹은 서류 보관함에서 장부를 꺼내 빚 액수를 보고 채무자들을 한 사람씩 불러 빚을 얼마나 졌는지 묻는다. 채무자들은 장부에 기록된 액수를 말한다.[58] 청지기는 빚의 일부를 깎아 주겠다고 선언한다. 매 경우 그는 500데나리온 정도의 빚을 깎아 준다.[59]

---

57. 플레처는 "그러한 계획(즉, 주인을 속이는 계획)을 공모한 이 사람들은 어떤 친구들이었을까?"라고 묻는다(Fletcher, "Riddle," 17). 플레처의 질문은 옳다. 하지만 그의 대답은 틀렸다. 플레처는 이 비유를 이해하는 열쇠는 아이러니에 있다고 결론짓는다. 자존심이 있는 채무자들은 정직하지 못한 속임수에 걸려들려고 하지 않을 게 분명하기 때문이다. 하지만 앞에서 주장했듯이, 채무자들의 관점에서 보면 그들이 정직하지 못한 속임수에 "걸려들었던" 것은 아니었다. 사실 그들은 속임수가 개입되었다는 것조차 몰랐다. 채무자들의 관점에서는 모든 것이 공명정대하다. 그러므로 그들은 협조할 것이고, 그런 이유에서만 청지기는 영웅이 된다.

58. 질문의 요지는 이것이다. "내 앞에 있는 장부에 기록된 액수가 계약할 때 이야기한 것과 동일하다는 것을 인정하는가?" 청지기는 정확한 내용을 알아보려고 물어보는 것이 아니다. 청지기 앞에는 기록된 문서가 있다. 그는 계약 내용을 확인하고 있다. 청지기와 임차인들 간의 대화를 관찰하는 것은 대단히 흥미롭다. 글을 읽지 못하는 임차인들도 간혹 있기 때문에 청지기는 계약을 체결할 당시 주변 상황을 증거로 제시함으로써 그 액수를 확실하게 해두어야 했다. 가령, 계약을 체결한 날짜와 시간, 날씨, 그 당시 일어났던 사건들, 공기 중의 냄새, 장소 등 확증할 만한 특이한 것들을 증거로 제시한다.

59. 케어드는 이렇게 언급한다. "액체용 도량 단위(*bath*, 바트)로 대략 8과 3/4갤런(35리터)이고, 곡물용 도량 단위(*cor*, 코르)로는 11부셸(bushel, 1부셸은 8갤런에 해당하는 양 - 역자 주) 조금 못되는 양이었다. 기름 50바트와 밀 20코르의 가치는 동일한 것으로 약 500데나

두 번에 걸쳐 깎아 준 액수가 대충 같은 액수라는 사실은 청지기가 이 일을 서둘러 진행했음을 암시한다. 각 사람에 대해 깎아 준 비율을 가지고 공정성 시비에 연루되기보다는 일괄적으로 500데나리온씩 깎아 주는 것이 훨씬 쉽다.[60]

하키린(*ḥakirīn*)의 경우 미쉬나는 정해진 소작료를 감해 주는 방법을 제시한다.[61] 나무가 말라 죽었거나 밭에 병충해가 퍼졌거나 샘이 마르면, 주인은 소작인에게 소작료를 할인해 주어야 했다. 중동에서는 이런 유의 문제로 소작인(임차인)과 토지 소유자 사이에 협상을 벌이는 일이 늘 발생한다. 그 문제를 법제화하지 않았다고 하더라도 말이다. 일반적으로는 임차인이 소작료를 깎아 달라고 요구하든가 요청하는 편이다. 여기서는 그들이 청하지도 않았는데 주인이 관대하게 깎아 주겠다고 제안한다.

사이드는 히브리어 낱말이 지니는 숫자적 상징체계를 가지고 이 비유에 표기된 장부의 내용을 고치는 것은 단순히 펜대를 한 번 달리 돌리기만 하면 되는 간단한 일이라고 흥미 있는 주장을 했다. 이를테면, ק(코프, 숫자 100을 의미)를 נ(눈, 숫자 50을 의미)으로 바꾸거나, 페(ף, 숫자 80을 의미)로 바꾸었다는 것이다.[62]

리온이었다."(Caird, *Luke*, 188).

60. 장부의 내용은 청지기가 아니라 채무자들이 직접 써서 변경했다. 이 사실을 근거로 청지기가 채무자들에게 변경하라고 지시를 내렸지만 그가 직접 수정하지는 않았다고 주장할 수도 있다. 그래서 청지기는 전체 사건에 대해 무죄하다고 주장할 수도 있었을 것이다. 그러나 이럴 개연성은 거의 없다. 장부는 청지기 손에 있으며, 장부와 관련해 일어나는 일은 청지기의 책임 소관이다. 좀 더 개연성 있는 것은 이것이다. 채무자들에게 직접 기록하라고 지시하는 일은 으레 있는 일이라는 점이다. 채무자들이 그들 앞에 있는 장부의 금액에 동의했다(그리고 청지기가 함부로 변경한 것이 아니다)는 것은 확실하다. 2세기 초에 랍비 시몬 벤 가말리엘이 대리인에게 계약서를 2부 만들어 달라고 요구하면서 염려했던 것이 필시 이 문제 때문이었을 것이다. 참조, *Mishnayoth, Order Nezikin*, ed. Philip Blackman (London: Mishna Press, 1954), 223. 하지만 임차인은 그가 직접 숫자를 쓰기만 한다면 보호를 받았다. 시몬 벤 가말리엘의 제안을 받아들일 수 없는 까닭이 여기에 있다. 여기서는 글씨체로 채무자의 신원을 확인한다.

61. Mishna *Baba Mitzia*, ix. 1. 6.

62. Sa'īd, *Lūqā*, 408. 불의한 청지기 비유의 아람어 본문의 헬라어 번역자는 원본의 마지막 철자 "F"와 또 다른 마지막 철자 "N"을 혼동했을 가능성이 많다. 그 당시 이 두 글자는 써 놓

2연과 3연은 문제를 제시하고, 5연과 6연은 문제의 해결을 밝힌다. 7연은 이제 1연의 거울로 등장한다. 청지기가 겁 없이 행하는 계획은 내용이 바뀐 장부를 모아 그의 주인에게 전달하는 것으로 끝난다. 주인은 장부를 들여다보면서 어떤 선택을 해야 할지 골똘히 생각한다. 그는 이 지역에서 지금까지 땅을 임대해 준 자신이 매우 고귀하고 관대한 사람으로 존경받고 있으며, 이미 "주인님"이라고 칭송을 받고 있음을 잘 알고 있다. 그가 선택할 길은 두 가지 중 하나다.

첫째는 주인이 채무자들에게 가서 이렇게 된 것이 전부 실수이고 청지기는 이미 해고되었고 그래서 청지기의 행동은 무효라고 설명하는 것이다.[63] 그러나 만일 주인이 **지금** 그렇게 행동한다면, 마을 사람들의 기쁨은 분노로 바뀌고, 주인은 인색한 사람으로 욕을 먹게 될 것이다.

둘째는 주인이 침묵을 지키면서 지금 마을 사람들이 자기에게 쏟아붓고 있는 칭찬을 그대로 받아들이고, 그 약삭빠른 청지기가 대중적인 열광의 절정을 누리도록 놔두는 것이다. 이 주인은 **진정** 너그러운 사람이다. 애초에 그는 청지기를 감옥에 가두지 않았다. 너그러움은 동양의 귀인이 갖춰야 할 주요한 덕목이다. 주인은 잠시 곰곰이 생각에 잠겨 있다가 청지기를 향해 몸을 돌리며 말한다. "너는 참 지혜 있는 놈이야."[64] "지혜"에 대한 구약성경의 정의 중 하나는 자기 보호 본능이다.[65] 돌려서 말

으면 매우 비슷했다. 참조, E. L. Sukenik, *The Dead Sea Scrolls of the Hebrew University* (Jerusalem: The Hebrew University, 1954), folio 39, lines 14-17.

63. Mishna *Gittin* iv. 1; Horowitz, *Jewish Law*, 542. 이것은 "계약서를 새로 쓰고 이전 것을 파기해 버린 채무자들은 안전했다."라고 쓴 데렛의 견해와 반대다. 데렛이 생각하듯이 이전에 썼던 계약서를 파기했다는 증거는 없다. 대리인은 일단 해고 통지를 받으면 법적인 권한을 상실하고 그의 마음대로 채무자에게 권리 행사를 해서는 안 된다는 미쉬나의 증거를 데렛은 간과했다. 참조, Derrett, "Steward," 216; Gächter, "Oriental," 129.

64. 데렛은 논의를 결론지으면서 다음과 같은 사실을 주지시킨다. "청지기의 빈틈없는 계획이 그에게 유리하게 작용했음이 분명하다. 많은 사람들 사이에 주인의 명성이 자자해진 것은 당연하다. 무례하게 거절하기는 불가능했다." Derrett, "Steward," 217. 여기서 우리는 기본적으로 데렛에 동의한다. 하지만 데렛이 볼 때 문제의 핵심은 주인의 "경건함"이다. 오히려 우리는 지역사회에 널리 알려진 주인의 관대함이 문제의 핵심이라고 주장한다.

65. 이 단어에 대한 광범위한 논의는 본서 178-179쪽을 보라.

하자면, 청지기의 행동은 주인에게는 찬사였다. 청지기는 주인이 너그럽고 자비심 많은 사람이라는 것을 알았다. 그는 자신이 알고 있는 주인의 이러한 성품에 모든 것을 걸었다. 청지기는 그의 목적을 달성했다. 주인은 진짜로 너그럽고 자비로웠기에 청지기를 구하기 위해 충분한 대가를 지불하는 쪽을 선택했다.

위의 논의에서, 우리는 8a절의 "주인"(lord)을 비유에 등장하는 주인으로 가정했다. 이 문제는 이제 자세하게 검토해 보겠다.

이 문제는 페쉬타 역에 처음 등장할 정도로 매우 오래되었고, 현대에도 계속 논의의 대상이 되어 왔다. 8a절의 주인이 부자와 동일 인물이라면, 이 구절은 불의한 청지기 비유의 절정이다. 그렇지 않다면, 비유는 7절에서 끝난다. 맨슨은 다음과 같은 사실을 주지시킨다.

> 9절의 "내가 너희에게 말하노니"에 비추어 볼 때, 8절의 "주인"을 누가가 청지기의 주인으로 이해했다는 것은 의심의 여지가 없다. 누가가 여기서 의존하고 있는 자료의 편집자는 이 단어를 비유에 등장하는 주인으로 취했을 것이다.[66]

그러나 계속해서 맨슨은 많은 주석가들이 누가가 이렇게 이해한 것을 받아들이는 것을 왜 난처해하는지, 일반적인 이유를 제시한다. 문제는 이렇다. 2절에서 자신의 재산을 낭비한다고 청지기를 해고한 주인이 어떻게 8절에서 그를 칭찬할 수 있겠는가? 맨슨은 이 질문에 이렇게 제안한다. 만일 주인이 청지기의 행동에 관한 소문을 듣고 그 행동을 중단시켜 "재정적인 손실이 발생하지 않게" 했다면, 이런 경우에만 8절의 주인이 비유의 주인과 동일한 주인일 수 있다고 말이다.[67] 하지만 앞에서 제

66. Manson, *Sayings*, 292.

67. Manson, *Sayings*, 292.

시한 우리의 해석의 흐름이 건전하다면, 비유의 마지막 부분에서 주인이 청지기를 칭찬한 매우 정당한 이유가 있다.[68]

예레미아스는 맨슨의 견해에 동의하면서 다음과 같이 언급한다.

> 9절 앞부분에서 주어를 1인칭으로 바꾼 것(Καὶ ἐγὼ ὑμῖν λέγώ "그리고 내가 너희에게 이르노니")은 이 비유의 주인을 의도하고 있다고 결론을 내릴 만한 결정적인 단서가 된다. 이것은 누가의 전형적인 문체인 ὑμῖν λέγῳ(휘민 레고, "내가 너희에게 말하노니") (ὑμῖν이 λέγω 앞에 놓임)에 비춰 볼 때, 누가가 참고한 전승 자료가 의미한 내용일 것이다.[69]

예레미아스는 누가가 8절의 κύριος(퀴리오스, "주님" 또는 "주인")를 이야기에 등장하는 주인으로 생각했으나, 이것은 누가의 실수였다고 생각한다. 그러고 나서 예레미아스는 κύριος를 예수님이라고 여길 만한 논거 세 개를 제시한다.

> ① 비유의 주인은 자신을 속인 청지기를 칭찬하지 않았을 것이다.
> ② 누가복음 여러 곳에서 κύριος는 절대적으로 하나님을 언급하는 데 사용되었으며, (눅 12:37, 42b; 14:23을 제외한) 다른 곳에서는 항상 예수님을 가리킨다(18회).
> ③ 누가복음 16:9는 18:8과 같다. 18:8에서는 비유에 예수님 자신의 설명이 삽입되었다.[70]

이 중에서 첫 번째 주장은 이미 앞에서 논의했다. 비유에 등장하는 주

68. 동양의 주인은 자신의 의표를 찌를 만큼 영악한(약삭빠른) 종을 뿌듯하게 여기는 경우가 있다. 이 사실은 인도의 하산 아스카리 박사(Dr. Hassan Askari)가 내게 이야기해 주었다.

69. Jeremias, *Parables*, 45.

70. Jeremias, *Parables*, 45; 크로산은 7절에서 이미 비유에 대한 설명이 주어졌다고 생각한다. Crossan, *In Parables*, 110-111.

인이 정직하지 못한 청지기를 칭찬할 만한 타당한 이유가 있다.

두 번째 주장에 대해, 예레미아스는 "κύριος의 절대적인 사용"을 들어 κύριος가 (호격을 제외하고는) 수식어 없는 어떤 칭호를 의미하는 것이 분명하다고 생각한다. 하지만 예레미아스가 제시한 증거는 재검토할 필요가 있다. 예레미아스가 정의한 "κύριος의 절대적인 사용"은 누가복음에 21번 등장한다. 18번은 예수님을 언급하고, 단 3번만 다른 사람을 언급한다. 그러나 우리가 비유의 자료를 살펴보면 다음과 같은 결론을 얻을 수 있다.

의미: **비유의 주인**	의미: **예수님**
12:37	12:42
12:42b	18:6
14:23	

이 목록에 우리는 본문에 나오는 논란의 대상인 16:8을 첨가한다. 예레미아스는 κύριος라는 단어의 사용 횟수에 무게를 둔 것 같다. κύριος의 절대적인 사용 중 18회가 예수님을 언급하고 3회만 다른 사람을 언급한다면, 16:8은 예수님을 언급할 가능성이 높다. 그러나 비유 자료 내에서 이러한 부담은 사라진다. 더욱이 동일한 단락에서 예레미아스는 누가가 전승 자료를 다루고 있음을 이미 주목했다.[71] 이와 같은 비(非)누가적 자료로 추정되는 곳에서 누가복음의 문체적 독특성에 근거하여 어떤 결론을 도출해 낼 때는 매우 조심해야 한다.

예레미아스의 세 번째 주장은 피츠마이어(Fitzmyer)가 논박했다.

> 예레미아스는 다른 여러 학자들(J. M. Creed, E. Klostermann, W. Grund-

---

71. 7절은 누가복음에는 드물게 사용되는 역사적 현재형으로 되어 있다. 무게와 도량을 나타내는 단어들은 히브리어를 번역하지 않고 그대로 사용했다. 이야기 자체는 문화적으로 상당히 동양적이다.

> mann, K. H. Rengstorf, J. Schmid 등)과 함께 8a절의 "주인"을 예수님으로 이해한다. 이들은 분명하게 예수님의 말씀을 반영하며 비유에 등장하는 주인의 말이라고 생각할 수 없는 8b절에 호소한다. 이들은 예수님일 수밖에 없는 누가복음 18:6의 ὁ κύριος(호 퀴리오스)를 그 근거로 제시한다. 그리고 18:8에는 λέγω ὑμῖν(레고 휘민, "내가 너희에게 말하노니"[16:9를 보라])으로 시작되는 비슷한 도입구가 따라온다. 하지만 16장의 상황은 18장과 같지 않다. 16:3, 5에는 누가복음 18장에서와는 달리 κύριος가 좀 더 일찍 언급되었다. 반면에 누가복음 18장에는 이와 비슷한 예가 없다. 누가복음 12:42에서는 ὁ κύριος의 절대적인 사용의 첫 번째 예로 예수님을 언급하기는 하지만, 두 번째 예는 포괄적인 의미에서 주인을 총칭하지, 결코 예수님을 언급하지 않는다.[72]

동양어 역 성경들은 명확하고 다양한 답을 제시한다. 고대 시리아 역은 "주인"(master)이라고 번역했다. 페쉬타 역본은 그 단어를 "우리 주님"(our Lord/master)이라고 번역함으로써 그것이 예수님을 지칭하는 것으로 이해한다. 이 단어는 요한계시록 끝에 있는, 잘 알려진 "마라나"(marana)에 해당한다.[73] 하르클레안 역본(The Harclean)은 "주인"으로 번역했고, 중세 아랍어 역들은 페쉬타 역본을 따르고 있지만, 19세기와 20세기의 모든 역본은 다시 비유의 주인을 의미하는 "주인"(master)으로 번역한다. 불루시아 역(Būlusiyah version)에서 파쿠리(Fakhūrī)는 "주인이 **그의** 청지기를 칭찬했으니"라고 번역함으로써 이 단어의 의미를 거듭해서 분명히 하고 있다(강조는 베일리의 것). 사이드 역시 주인은 비유에 등장하는 부자라고 분명

---

72. Fitzmyer, "Manager," 27-28. n. 8.

73. 고대 시리아어 역본의 "주인"(the master)이 페쉬타 역본의 "우리 주님"(our Lord/master)으로 바뀐 것은 어느 한 절의 분명한 의미를 다른 절의 모호한 단어나 구에 "일방적으로 적용한" 결과 때문에 발생한 것으로 이해된다. 9절은 분명한 주님의 말씀이다. 이 사실에 영향을 받은 페쉬타 번역자들이 8절을 "우리 주님"이라고 이해했을 것이다. 이와 동일하게 "일방적으로 적용한" 다른 예를 다른 비유들을 주해하면서 계속 만나게 될 것이다.

히 밝힌다.[74]

마지막으로, 8절의 κύριος가 예수님을 의미한다면 비유는 결론 없이 끝나고 만다. 피츠마이어의 관찰을 주목하라. "8a절이 없다면 비유는 결론다운 결론 없이 끝난다. 청지기의 행동에 대한 주인의 반응은 처음부터 기대되었던 것이며, 그 반응은 최종적으로 8a절에서 표현되었다."[75]

피츠마이어의 의견이 옳다. 동양의 이야기인 불의한 청지기 비유는 비유의 절정인 주인의 반응을 비유의 끝에 설정했다. 비유를 설명하는 불트만의 원리 가운데 하나는 이른바 "결론부 강조의 법칙"(the law of end stress)이다.[76] 8a절을 비유에 속한 것으로 읽을 경우 이는 이 원리의 거의 완벽한 예가 된다. 누가가 8절의 주인을 1절의 부자와 동일한 사람으로 이해했다는 것은 거의 보편적으로 인정받고 있다. 누가의 판단을 받아들이고 8a절을 비유의 절정으로 이해하는 것을 막을 만한 자료는 없는 것 같다.[77]

초기의 많은 주석가들은 예수님이 어떻게 정직하지 못한 사람을 예로 사용하실 수 있었는지 궁금해했다. 그러나 우리가 이것을 이해하는 데는 오래 걸리지 않는다. 경제 구조상 맨 밑바닥에 속하는 중동의 농부들은 이 비유를 읽으면서 매우 통쾌해한다. 다윗이 골리앗을 죽인 이야기만큼

---

74. Sa'īd, *Lūqā*, 409.

75. Fitzmyer, "Manager," 27. 더욱이 비유적 발라드의 문학적인 구조에 의하면, 여기서 주인은 비유에 등장하는 주인이어야 한다. 이미 주목했듯이, 7연은 1연과 대칭을 이룬다. 1연에서 독자는 한 부자와 불의한 청지기를 소개받는다. 대칭을 이루는 7연에는 비유의 형식에 따라 반드시 부자와 청지기가 등장해야 하고, 청중/독자 역시 부자와 그의 정직하지 못한 청지기가 다시 등장하기를 기대한다.

76. 참조, Bultmann, *Tradition*, 191.

77. 8절의 ὅτι (호티, "왜냐하면", "~라는 것")는 **설명적 호티**(*Hoti recitative*)로 이해할 수 있다. 개호터는 이 단어를 이런 식으로 이해해서 8a절을 다음과 같이 번역한다. "그러므로 주인은 그의 정직하지 못한 청지기를 칭찬했다: '그는 지혜 있게 행동했다.'"(Gächter, "Oriental," 130). 고대 시리아어 역본과 페쉬타 역본에는 무척 모호한 데가 있다. 하지만 두 역본을 제외한 다른 동양어 역본들은 예외 없이 원인의 의미로 번역했다. 그런데, 직접화법은 통상적으로 어떤 **사람에게** 말한다. 그래서 우리는 설명적 호티로써 이렇게 기대하게 된다. "**자네**가 지혜 있게 행동했더군." 둘 중에 어느 것을 택하든지 간에 해석에는 영향을 주지 않는다. 만일 이 ὅτι를 설명적 호티로 여긴다면 비유적 발라드에 속한 연들의 첫 번째 행은 직접화법으로 표현되는 경우가 종종 있다는 우리의 관찰이 한층 힘을 얻는다.

신나는 이야기다.

그런데, 이 이야기에 흔치 않은 특징이 있다. 동양의 이야기꾼은 그가 속한 공동체의 "거부" 또는 "권력자"를 통쾌하게 이겨 먹은 영리한 사람과 관련된 일련의 이야기를 알고 있다. 불의한 청지기 비유에서 눈에 띄는 특징은 청지기가 "의롭지 못하다"고 **평가되었고** "어둠의 아들"로 불리고 있다는 것이다. 일반적인 동양의 이야기꾼은 이런 유형의 이야기에 주인공의 성향을 정정하는 말을 첨가해야 할 필요를 느끼지 않는다. 그래서 서양의 청중/독자는 정직하지 못한 사람을 영웅 취급한 것에 놀라움을 금치 못한다. 반면에 동양의 청중/독자는 그런 영웅이 비난받는 것을 의아하게 생각한다.

예수님의 비유에는 놀랍게도 비도덕적인 인물들이 등장한다. 이 청지기 이외에도 불의한 재판장, 밤에 방해받고 싶지 않은 이웃, 남의 밭을 사서 누군가의 보화를 제 호주머니에 넣는 사람이 있다. 스미스(Smith)는 다음과 같이 언급했다.

> 악하게 행동하는 불의한 청지기 비유는 이런 부류의 비유들 중에서 단연 으뜸가는 비유다. 이런 예를 사용하는 것이 그리스도의 가르침만이 갖는 유일하고도 두드러진 특징인 것 같다.[78]

위에 열거한 네 비유 중 세 비유에서 예수님은 랍비들의 "가벼운 쪽에서 무거운 쪽으로 나아가는" 원리를 사용하시는데 곧 일반적으로 "하물며"(how much more, '얼마나 더 많이, 더욱')라는 의미를 갖는다. 이를테면, 이 과부가 이런 재판장에게서 자신이 원하던 것을 얻었다면(눅 18:1-9), 하물며 너희와 하나님은 어떠하겠는가? 만일 이 사람이 이런 이웃에게서 밤중에 빵을 빌렸다면(11:5-7), 너희는 얼마나 더 많이 하나님에게서 얻겠는

78. B. T. D. Smith, *Parables*, 109.

가? 이 정직하지 못한 청지기가 위험에 봉착했을 때 주인의 자비를 의지하여 문제를 해결했다면, 하나님의 자비를 신뢰할 때 하나님은 위험에 빠진 너희를 더욱더 잘 도와주시지 않겠느냐?

여기서 한 걸음 더 나아가, 8a절에는 검토해야 할 핵심 단어 두 개가 있다. 그것은 φρονίμως(프로니모스)와 ἐπαινέω(에파이네오)다. 고대 동양어 역본에는 모두 φρονίμως를 히브리어에서 "지혜"를 의미하는 *ḥokmah*(호크마)와 관련된 단어로 번역했다. 시리아어 역본에서 보편적으로 이 번역을 채택한 것은 의미심장하다. 동양의 교부들에게는 이 문맥에서 셈어인 *ḥokmah*라는 단어를 사용하는 데 특별한 문제가 없었다.[79] 구약성경에서 지혜는 어떤 문맥에서 현대적으로 약삭빠름(cleverness)이라는 의미를 전달한다. 포러(Fohrer)는 "חכם(*ḥkm*, "지혜")가 비도덕적인 약삭빠름과 자신을 보호하는 기술을 뜻하기 위해 사용되는 것 같다."라고 썼다.[80] 이런 특징을 지닌 지혜는 일찍이 바로가 애굽 사람들에게 "지혜롭게" 행하여 모든 이스라엘 아이를 죽이라고 명령한 출애굽 기사(출 1:10), 그리고 가깝게는 개미와 사반(오소리)과 메뚜기와 도마뱀이 가진, 자신을 보호하는 지혜를 설명하는 잠언에 등장한다(30:24-28). 지혜의 이러한 측면은 불의한 청지기 비유에서 가르치려는 것과 정확히 일치한다. 70인역에서는 σοφία(소피아, "지혜")와 φρόνησις(프로네시스, "명철")가 전부 *ḥokmah*를 번역한 것이다. φρονίμως(프로니모스, "약삭빠르게")는 σοφία보다는 덜 자주 등장하고 신학적인 함의도 덜하다. 필로(Philo)는 φρόνησις의 실천적인 특징을 강조했다.[81]

---

79. 사이드의 주석에는 해당 페이지 맨 위에 반 다이크-부스타니(Van Dyke-Bustānī)의 아랍어 본문이 인쇄되어 있다. 이로써 사이드는 청지기를 칭찬하는 주인이 직접 *ḥokmah*(호크마)라는 말을 언급했음을 분명히 한다. 사이드는 이렇게 주장한다. "그(부자)는 청지기의 *ḥikma*(히크마, 히브리어와 아람어의 *ḥokmah*에 해당하는 아랍어)를 칭찬한다. 청지기의 탁월한 지혜에 놀랐을 뿐 그의 비뚤어진 마음을 좋아한 것은 아닌 것처럼, 부자는 청지기가 훌륭한 성품을 가졌다고 칭찬한 것이 아니다. 이 사실은 주인이 청지기를 그의 지위에 복직시키지 않은 것에서 증명된다."(Sa'īd, *Lūqā*, 409).

80. G. Fohrer, *TDNT*, VII, 484.

81. Philo *Quod Deus Imm* 35, R. C. Trench, *Synonyms of the New Testament* (9th ed., London: James Clarke, 1961), 263에서 인용함. 트렌치(Trench)는 고대 자료에서 나온 두

이 이야기에서 원래 사용한 아람어 단어가 호크마(*ḥokmah*)였다고 추측하는 것이 이치에 맞는 것 같다. 이 문맥에서 호크마의 의미는 "약삭빠름, 자기를 보호하기 위해 사용하는 기술"이다.[82] 헬라어 번역자는 지혜의 이런 특징을 완화하려고 σοφία(소피아)의 사용을 피하고 φρόνιμως(프로니모스)라고 번역했다.

이에 부합하여, 이 단어가 지니는 종말론적인 함의를 간과해서는 안 된다. 예레미아스는[83] φρονίμως가 "종말론적인 함의를 지닌 것"이라는[84] 프라이스커(Preisker)의 정의에 동의하면서 본문에서 이 의미가 구체적으로 의도되었다고 주장한다. 피츠마이어는 예레미아스의 해석을 인정하면서 몇 마디 덧붙인다.

> 이 비유에서 부사("지혜롭게")는 정확히 종말론적인 의미로 사용되었다. 청지기는 하나님의 나라로 인해 인간의 삶 속에 들어온 위기에 직면한 그리스도인을 대표한다.[85]

한마디로 말해서, 청지기는 그의 지혜(즉, *ḥokmah*)로 인해 칭찬을 받았다. 이것은 그의 능숙한 자기 보호 기술을 의미한다. 청지기는 자신이 처한 상황에 소망이 없다는 사실에 민감했다. 그는 구원받을 수 있는 유일한 통로를 알았는데, 그것은 바로 주인의 너그러움이다.

코스말라(Kosmala)는 불의한 청지기 비유를 쿰란 문헌에 비추어 논의하면서 청지기가 "불의한 청지기"(the unrighteous steward)가 아니라 "불의에 속한 청지기"(steward of unrighteousness)라고 주장한다. "불의에 속한"이라는

단어를 잘 설명했다. 참조, Trench, *Notes*, 333. n. b.

82. Fohrer, *TDNT*, VII, 484.

83. Jeremias, *Parables*, 46.

84. H. Preisker, "Lukas 16, 1-7," *Theologische Literaturzeitung* 74 (1949), 89.

85. Fitzmyer, "Manager," 32, n. 21.

말은 주로 악의 권세 아래 있는 세상을 언급하는 종말론적인 용어다. 코스말라는 "그러므로 οἰκονόμος τῆς ἀδικίας(오이코노모스 테스 아디키아스, "악한 청지기")라는 표현은 ἀδικία(아디키아, "불의")의 원리가 지배하는 이 세상에 완전히 붙어사는 사람을 묘사한다."라고 주장한다.[86] 이 사실은 불의한 청지기 비유의 종말론적인 함의를 더욱 드러내 준다.

두 번째 단어인 "칭찬했으니"로 관심을 돌려보자. 고대 시리아어 역본에 이 단어가 *shabaḥ*(샤바흐, "칭찬하다, 칭송하다")로 번역되었다는 것은 의미심장하다. 이 단어는 히브리어 *shabaḥ*(샤바흐)와 동일하다. 그런데 시리아어에는 이외에도 "좋은 명성을 유지하다, 지속적으로 평판을 유지하다"라는 대단히 흥미로운 또 다른 의미가 있다.[87] 이 의미는 청지기가 처한 상황과 정확히 일치한다. 단지 이 부차적인 의미가 그 당시 팔레스타인 배경에서 이 비유의 원래 아람어에 속한 것인지에 대해서는 다만 짐작만 할 수 있을 뿐이다. 후대 유대의 아람어에서 이 단어에는 "칭찬하다"는 의미만 있을 뿐이다.

가장 중요한 것은 신약성경에서 헬라어 단어의 종말론적 사용이다. 프라이스커는 이렇게 주장한다. "'ἔπαινος'(에파이노스, "칭찬")는 최후의 심판 때 하나님에 의해서만 의인들이 용납되고 인정받음을 의미한다."[88] 신약성경에서 이 단어의 동사형은 바울의 고린도전서, 그리고 누가복음의 이곳에만 등장한다.[89] 그런데, 종말론적 상황에서 하나님이 의인을 인정하신다는 사상은 마태복음에도 있다.[90] 이런 의미에서 이야기 자체만을 놓고 볼 때, 헬라어 'ἔπαινος'는 청지기가 행한 일에 대한 단순한 인정이라

86. Hans Kosmala, "The Parables of the Unjust Steward in the Light of Qumran," *Annual of the Swedish Theological Institute* 3 (1964), 115.

87. R. P. Smith, *A Compendious Syriac Dictionary*, ed. J. P. Smith (Oxford: Clarendon, 1903), 556.

88. Preisker, *TDNT*, II, 587.

89. 고전 11:2, 17, 22a, 22b.

90. 마 25:21, 34.

는 의미를 전달한다. 그와 동시에, 신학적인 측면에서 볼 때, 이 단어는 불의한 청지기 비유를 우선적으로 종말론과 관련하여 해석할 수 있는 부가적인 증거를 제공한다.

이 비유의 신학적인 묶음을 간략히 정리해 보자. 하나님(주인)은 심판과 자비의 하나님이다. 사람(청지기)은 그가 행한 악 때문에 하나님 나라의 도래라는 위기에 처했다. 청지기에게는 변명할 말이 하나도 없다. 사람이 유일하게 선택할 수 있는 길은 너그러운 주인의 무한한 자비하심에 **모든 것**을 맡기는 것뿐이다. 그가 확신할 수 있는 것은 그분이 인간의 구원을 위해 기꺼이 대가를 지불하실 것이라는 사실이다. 그는 이 이야기 초반에 경험했던 주인의 자비로움을 전적으로 신뢰할 만큼 지혜로웠다. 그 신뢰는 정당하다는 것이 입증되었다. 제자들에게도 이와 같은 지혜가 필요하다.[91]

이 사실은 자연히 8b절과 연결된다. 여기서 우리는 이 구절이 원래 비유에 속한 것이라는 사실을 증명하려 한다. 8b절은 불의한 청지기를 인정하는 데 필요한 수정 부분을 제공한다. 불의한 청지기는 어떻게 구원

---

91. 중동의 농부들 사이에서 구전으로 내려오는 재미있는 이야기 중에 유명한 술탄(왕) 살라딘 재위 시절에 유죄 판결을 받은 한 살인범에 관한 이야기가 있다. 그 살인범은 사형 언도를 받자 "술탄을 알현하고 싶다."라고 부르짖는다. 마침내 그는 술탄 앞에 나아가서, 이렇게 외쳤다. "오, 은혜로우신 폐하, 제가 지은 죄는 큽니다. 하지만 폐하의 자비하심은 더욱 큽니다." 그는 풀려났다.
1965년에 예루살렘의 아랍인 지역 지도자 중 한 사람인 아부 알폰스(Abū Alfons)가 내게 이 비유의 현대판 이야기를 들려주었다. 1960년에 스파이로 유죄 판결을 받은 어떤 사람의 아내가 자기 남편을 풀려나게 하려면 어떻게 해야 할지 조언을 받으려고 아부 알폰스를 찾아왔다. 아부 알폰스는 그 아내에게 왕궁 밖에서 왕의 차량 행렬이 지나가는 것을 기다리고 있다가 왕이 탄 차가 지나갈 때쯤 그 앞으로 몸을 던지라고 말해 주었다. 그는 그 아내에게 무죄를 호소하지 말라고 신신당부 하면서 이렇게 조언했다. "부인, 당신은 남편이 유죄라는 것을 알고 계시죠. 왕도 그럴 겁니다. 변명을 늘어놓는 것은 모든 소망을 포기하는 것입니다. 왕의 자비에 모든 것을 거십시오!" 그 여자는 아부 알폰스가 시키는 대로 했다. 요르단의 군주는 이럴 때 고귀한 왕이라면 어떻게 행동해야 할지 잘 안다. 그 스파이는 풀려났다. 서양의 독자는 이와 비슷한 사건이 백악관 앞이나 다우닝 가(街) 10번지에서 발생한다면, 결과가 어떨지 상상할 수 있을 것이다. 이 모든 이야기의 요점은 이것이다. 예수님은 이 특정한 주제를 사용하셔서 중세의 이야기와 현대의 삶에 남아 있을 정도로 중요한, 중동의 문화적 삶의 잘 알려진 측면에 호소하신다.

받을 수 있는지를 아는 지혜 때문에 칭찬받은 것이지, 정직하지 않은 것 때문에 칭찬받은 것이 아니다. 더욱이 문학 형식에도 8b절이 원래 비유에 속했다는 것이 암시되었다. 마지막 연의 세 행은 첫 번째 연의 세 행과 균형을 이룬다.

현대에 들어 제기되는 수많은 논쟁을 논의할 필요가 있다. 예레미아스는 8b절이 8b절부터 13절에 이르는 일련의 추가 해석에 속한다고 주장한다.[92] 피츠마이어는 이 비유를 주석하면서 최근의 논의를 대부분 반영했다.

> 여기 보존된 말씀은 (누가의 것이든, 아니면 그가 사용한 자료에 의한 것이든) 원래부터 이 비유와 결합되어 있던 예수님의 독립적인 로기온(logion, 어록)이다. 어색하지만 이 구절은 8a절에 이어지고, 분명히 앞에 있는 비유 전체와도 이어지기 때문이다.[93]

그러나 비유의 이 부분에 이런 논평이 존재한다는 것은 전혀 이상하지 않다. 이미 관찰했듯이, 이 논평은 그 청지기가 정직하지 못한 것 때문에 칭찬을 받은 것이 아니라는 사실을 분명히 한다.[94]

예레미아스와 다른 여러 학자들은 이 비유가 원래는 회심하지 않은 사람들을 겨냥한 것이었고, 좀 더 후대에는 교회를 겨냥한 것이었다고 주장한다.[95] 이러한 생각은 8b절이 교회에 의해 첨가된 것이라는 주장에 무게를 둔다. 그러나 불의한 청지기 비유는 청중/독자에게 행동을 촉구하는 것 그 이상이다. 이 비유는 하나님 나라의 특성 중에서 중요한 측면

---

92. Jeremias, *Parables*, 108.

93. Fitzmyer, "Manager," 28-29.

94. 이 논평이 팔레스타인적인 특성을 지녔다는 사실은 여러 문헌에 충분한 자료가 있으며, 이러한 특성 때문에 지체할 필요는 없다. Fitzmyer, "Manager," 28, n. 10; Jeremias, *Theology*, 169.

95. Jeremias, *Parables*, 47.

을 이해하는 통찰과 믿음을 촉구하는 것이기도 하다. 코스말라는 이렇게 주장한다.

> 이 비유를 처음 들은 사람들이 "회심하지 않은 사람들"이었을 리가 없다. 그들은 예수님을 따르던 사람들이었고 분명히 "회심한 사람들"이었으며, "빛의 자녀들"이었다. 이 비유는 "또한 제자들에게 이르시되"라는 말로 시작한다(16:1). 예수님은 이 비유로써 빛의 자녀들을 비난하신다.[96]

그러므로 불의한 청지기 비유는 제자들만을 겨냥한 비유로도 적합하지 않고, 외인들만을 겨냥한 비유로도 적합하지 않다. 1절에는 제자들이 언급되어 있고, 14절에는 바리새인들이 언급되어 있어, 누가가 제시하는 비유의 정황은 모호하다. 이 모호함이 이 비유에 어울리는 것 같다.

앞에서 논의한 예루살렘 여행 기사 전체 구조에서 이 단락의 주제는 하나님 나라의 도래다. 이 구조의 전반부에 있는 병행 단락에서 베드로는 예수님께 묻는다. "주여, 이 비유를 우리에게 하심이니이까? 모든 사람에게 하심이니이까?" 이처럼 비유의 대상이 누구인지를 묻는 질문을 둘러싼 모호함이 16:1-8과 12:35-40 두 군데에 다 반영되었다.

8b절이 원래 비유에 속한 것이 아니라 정직하지 않은 청지기를 칭찬한 이야기를 의아하게 여긴 교회가 이를 비유에 덧붙인 것이라고 주장할 수는 있다. 하지만 이미 우리가 앞에서 살펴보았듯이 8b절에 사용된 단어와 표현들은 팔레스타인 특유의 어구들이다. 팔레스타인 교회는 이 비유를 이해했을 뿐만 아니라 이 비유를 의아하게 여기지 않았을 것이다. 8b절이 헬라어 어휘와 헬라적인 감흥을 언급한 것이라면, 이 주장에 무게가 실릴지도 모른다. 그런데, 본문을 보면 알 수 있듯이 8b절은 헬라어 어휘와 헬라적 감흥을 따르지 않았다. 그러므로 앞에서 언급한 문학적인

96. Kosmala, "The Parables of the Unjust Steward in the Light of Qumran," 117-118.

구조와 그 밖에 다른 요인들을 염두에 두면, 8b절은 원래 비유에 속한 것이라고 보는 것이 가장 개연성이 크다.

9-13절로 넘어가기 전에 불의한 청지기 비유와 탕자 비유 간의 비슷한 점을 몇 가지 지적하는 것이 좋을 것 같다. 두 비유의 관련성을 주목한 학자들이 제법 많이 있다.[97] 구체적으로 두 비유 간의 관계를 열거하면 다음과 같다.

① 누가복음 16:1은 예수님이 "비유"를 말씀하시려고 한다는 말로 시작하지 않는다. "비유"라는 단어를 찾으려면 15:3로 돌아가야 한다. 이런 식으로 누가는 탕자 비유와 불의한 청지기 비유를 연결시킨다.[98]

② 누가복음 15장에서는 아들이 아버지의 자비에 자신의 운명을 맡긴다. 누가복음 16장에서는 종이 주인의 자비에 자신의 운명을 맡긴다.

③ 누가복음 16:1의 δὲ καί(데 카이, "또한")는 누가가 전환구로 즐겨 사용하는 어구다. 이 어구는 "비유 이야기가 앞장에서부터 계속된다."라는 사실을 제시하기 위해 사용되었다.[99] 고대 시리아어 역본에서도 15장과 16장을 연결하는 전환구가 사용되었다.[100]

---

97. 굴더는 데렛의 해석을 따라 두 비유의 주제를 회개라고 지적하기는 하지만, 두 비유의 신학을 연결시킨다(M. D. Goulder, "The Chiastic Structure of the Lucan Journey," *Studia Evangelica*, II [1963], 198). 맨슨은 불의한 청지기 비유가 "거의 탕자 비유의 부록으로 간주될 수 있다."라고 썼다(Manson, *Sayings*, 291). 데렛은 "불의한 청지기 비유는 잃은 양 비유와 탕자 비유에서 시작된 주제의 연속이며, 두 비유의 주제와 반대되는 것이 아니다."라는 점에 주목한다(Derett, "Steward," 199). 데이비드슨은 "누가복음 15장에서 세 비유를 말한 배경이 불의한 청지기 비유의 의미를 이해하기 위한 단서를 제공하려는 데 있는 것 같다."라고 주장한다(J. A. Davidson, "A 'Conjecture' about the Parable of the Unjust Steward [Luke xvi. 1-9]," *ExpT* 66 [1954], 31). 샬레만은 "이 비유가 잃은 양 비유와 탕자 비유에서 시작된 주제의 연속이다."라고 단정한다(Scharlemann, *Parables*, 83).

98. 부자와 나사로 비유에 대해서도 같은 말을 할 수 있다는 점에서, 이 사실을 너무 강조할 필요는 없다.

99. Scharlemann, *Parables*, 83.

100. 고대 시리아어 역본은 *tōb*("이와 같이," 또는 "다시")로 되어 있다.

④ 청지기와 아들 모두 신의를 저버렸다.[101]

⑤ 탕자든 청지기든, 아무도 자신이 한 행동을 변명하지 않았다.

⑥ "낭비한다"(διασκορπίζω, 디아스코르피조)는 단어가 두 경우에 다 사용되었다. 더욱이, 시리아어 역본과 아랍어 역본에서는 불의한 청지기 비유와 탕자 비유에서 재산을 낭비하는 것을 지칭하려고 그 단어가 사용되었다.[102]

⑦ 청지기와 탕자 둘 다 자신의 윗사람에게서 특별한 자비를 경험했다. 청지기는 장부를 조작했다고 감옥에 가지 않았으며, 탕자는 가족의 재산을 탕진했다고 벌을 받지 않았다.

⑧ 두 이야기 모두 결론에 해당하는 장면이 생략되었다. 탕자의 형이 마지막으로 어떻게 반응했는지, 청지기의 행동에 따른 결과가 어떠했는지 우리는 모른다.

그러나 그와 동시에 새로운 주제로 전환된다. 탕자 비유는 복음과 소외된 사람들이라는 주제로 이어지고, 불의한 청지기 비유는 하나님 나라의 도래라는 주제 아래에 있다.[103] 누가복음 16:1-8에는 앞의 비유와 관련된 많은 연결고리가 있다. 나중에 우리는 16:1-8이 뒤에 있는 본문들보다는 앞장(15장)의 세 비유와 더 밀접하게 연결되어 있다는 것을 보게 될 것이다.

이 장에서 우리는 존경받는 주인과 그의 약삭빠르고 부정직한 부동산 관리인인 청지기를 다룬 비유적 발라드를 검토했다. 그 청지기는 월급을 받는 "대리인"이었던 것 같다. 그는 현물로 값을 지불하는 토지 임차인들을 관리했다. 청지기는 해고당했으며, 침묵으로써 자신의 유죄를 인정했다. 청지기는 감옥에 가지 않았다. 그래서 그는 주인의 자비로움을 떠

---

101. 참조, Scharemann, *Parables*, 87.

102. 이것은 문자 그대로 직역한 하르클레안 역본을 제외하고는 모든 동양어 역본에 해당한다.

103. 참조, 본서 제4장에서 제시한 예루살렘 여행 기사의 주제별 개요를 참조하라.

올렸다. 청지기는 그 자비로움에 모든 것을 걸기로 결정했다. 채무자들의 임차료를 깎아 주면 그들은 주인이 그 일을 승인했다고 생각할 것이다. 마을 사람들 사이에서는 자기들의 빚을 깎아 준 주인과 이 일을 주선한 청지기를 칭찬하는 소리가 자자했다. 이처럼 "너그러운 행동"을 주인이 무자비하게 거부하기는 불가능했다. 청지기는 자신의 살길을 마련하는 기술로 칭찬을 받았다. 마지막으로, 비유는 출발점으로 다시 돌아가 주님의 비유 설명으로 마무리된다. 주님은 하나님의 성품과 인간의 타락한 상황, 그리고 구원의 근거를 이해할 만한 잊지 못할 통찰을 주신다.

2. 재물과 하나님에 관한 시(16:9-13)

이 단락에서 우리는 누가복음 16:9-13이 재물과 하나님이라는 단일 주제를 다룬 세 연으로 잘 구성된 시(詩)라는 사실을 증명하려 한다. 세 연 전체에 역행 대구법의 원리가 사용되었다. 세 연 전체는 앞에서 논의한 형식 VI을 이루는 시(詩)다. 양 바깥쪽에 있는 두 개의 연은 재물과 하나님이라는 주제로 통합되고, 이 두 연은 재물과 진리 문제를 다루면서 전체 시의 절정을 이루는 중앙 부분과 관련된다. 이 시가 텍스트에서 이곳에 자리한 이유는 비유를 오해할지도 모르는 헬라 독자들에게 그들의 생각을 교정해 줄 자료를 주기 위함이다.

16:9-13은 그 자체로 완전한 시이며, 앞의 (불의한 청지기) 비유와 상관없이 읽고 해석해야 한다는 것이 우리의 입장이다. 누가복음 16:1-8과 16:9-13을 뚜렷이 구별하는 중요한 단서는 "내가 너희에게 말하노니"라는 도입 어구다. 이곳(16:1-13)과 누가복음 11:5-13에는 공통적으로 비유 뒤에 시가 이어진다. 각각의 시를 소개하는 간략한 어구(참조, 16:9와 11:9)에 대명사 다음에 동사가 함께 등장하는, 흔치 않은 ὑμῖν λέγω(휘민 레고, "너희에게 내가 말하노니")가 발견된다.

a. 비유

b. ὑμῖν λέγω + 주제와 관련된 주님의 시[104]

ὑμῖν λέγω는 원래는 함께 등장하지 않았던 두 단편을 편집자가 결합한 증거로 이해할 수 있다.[105]

이제 9-13절을 검토하여 이 시의 의미를 결정하고, 이 시가 통일된 시적 구조를 지니는지를 살펴보자. 학자들 중에서는 이 본문이 초대 교회에 의해 첨가된, 불의한 청지기 비유를 설명하는 독립된 일련의 세 해석들로 이루어진 것이라고 생각하는 사람들이 많다. 이 세 해석들은 비유를 비(非)종말론화해서 재물을 어떻게 사용할지를 가르치는 권면적인 명령으로 바뀐 것이라고들 한다.[106] 예레미아스는 이렇게 주장한다. "9절에서 우리는 8a절에서 제시된 것과 전혀 다른 비유 적용을 만나게 된다."[107]

율리허에서 예레미아스까지 여러 학자들은 16:9에서 시작하는 사상의 휴지(休止)에 관심을 집중해 왔다. 사실, 장면은 아주 근본적으로 바뀐다. 청지기, 그리고 재물을 가진 사람 간의 중요한 차이를 주목할 수 있다.

---

104. 누가복음 12:22는 세 번째 예일 것이다. 이 본문에서는 시에 이어 비유가 등장하며, 몇몇 본문에서는 "내가 너희에게 말하노니"라는 동일 어구로써 비유와 시를 나눈다.

105. 앞에서 논의한 경우 이외에, ὑμῖν λέγω는 누가복음(6:27)에서만 발견된다. 이곳에서도 ὑμῖν λέγω는 새로운 주제로 바뀜을 표시한다. 예레미아스는 이 특이한 어순이 누가 문체의 특징이라는 사실에 주목한다(Jeremias, *Parables*, 45). 누가복음에는 λέγω ὑμῖν(레고 휘민)이 38회 사용되었고, ὑμῖν λέγω는 4회만 사용되었을 뿐이다. 마태복음에는 ὑμῖν λέγω가 등장하지 않는다. 마가는 13:37에서만 ὑμῖν λέγω를 사용한다(그러나 D사본에서는 어순이 바뀌었다). 요한복음에서는 이 어구가 13:33과 16:4에서 발견된다. 또한 고전 15:34; 15:51; 고후 8:10; 살전 4:15; 살후 2:5; 계 2:24를 참조하라. 여기서 한 걸음 더 나아가, 역사적 현재형과 아람어 단어들처럼 비(非)누가적인 문체이며 매우 **셈어적** 특성을 지닌 본문에서 ὑμῖν λέγω처럼 관용어구로 시작하는 문장 첫머리에 동사가 정상적인 위치에 놓여 있는 비셈어적 구조를 발견한다는 것은 놀랍다. 누가복음 6:27, 11:9, 16:9를 번역한 동양어 역본들은 문자적인 번역인 하르클레안 역본을 제외하고는 동사를 이 어구 앞에 놓았다.

106. 도드는 이렇게 말한다. "우리는 본문에서 불의한 청지기 비유에 관한 거의 세 가지 독립된 설교를 볼 수 있다."(Dodd, *Parables*, 26). 참조, John Reumann, *Jesus in the Church's Gospels* (Philadelphia: Fortress, 1968), 194.

107. Jeremias, *Parables*, 30, 46.

① 비유에는 주인, 청지기, 그리고 그들 간의 문제가 있다. 9절에는 주인이나 청지기, 또는 그들 사이의 문제가 없다.

② 청지기는 무일푼이다. 그는 구걸하는 것과 땅 파는 일을 고려하고 있다. 9절에 등장하는 재물 있는 사람은 상당히 많은 재물을 가지고 있었을 것이다. 그는 재물을 어떻게 사용할지 충고를 듣는다.

③ 청지기는 비교적 부유한 사람들의 빚을 감해 주었다. 9절의 재물 있는 사람은 (추측하건대) 가난한 사람들에게 재물을 나누어 주라는 권함을 받았다.

④ 청지기는 다른 사람의 돈을 관리하고 있다. 재물 있는 사람은 자신의 돈을 관리하고 있다.

⑤ 청지기는 이미 위기에 직면해 있다. 그는 해고되었다. 재물 있는 사람은 미래를 대비하여 계획을 세우라는 충고를 받는다. 그는 아직 정해지지 않은 미래에 위기를 만날 것이다.

⑥ 청지기의 문제는 자신이 저지른 죄와 주인에 대한 그의 기대와 관련이 있다. 재물 있는 사람은 세상에 속한 것들의 불안전성이라는 문제에 직면한다.

⑦ 청지기는 아직 갚을 날짜가 이르지 않은 빚을 다룬다. 재물 있는 사람은 "수중에 있는 현금"에 대한 충고를 받는다.

⑧ 우리는 아래에서 9절과 13절 간의 관계를 살펴보려 한다. 13절에는 **하인**이 언급되었다. 비유(1-8절)에는 **청지기**가 언급되었다.

⑨ 청지기는 불성실하고 불의하다. 재물 있는 사람의 성품을 비판하는 말씀은 없다.

이 사실에 비춰 볼 때, 누가복음 16:1-8과 16:9-13은 전혀 다른 문제를 다루는 별개의 자료라는 것이 분명하다.[108]

---

108. 예레미아스는 9절의 원래 청중이 세금을 내는 농부들과 "정직하지 못한 사람들로 분류되는 사람들"이었을 것이라고 제안한다(Jeremias, *Parables*, 46). 그러나 청중 집단과 관련하여 시 전체의 핵심적인 메시지의 중요성에 비추어 볼 때, 누가복음 15:1, 2; 16:1, 14에

누가복음 16:8과 9절이 구별되는 단락이라는 것을 확인하면서, 이제 9-13절이 통일된 주제를 가지고 있는 매우 잘 짜인 시(詩)라는 사실을 증명하려 한다. 세 연은 전체적으로 다음과 같은 구조로 되어 있다.

누가복음 16:9-13

1. 재물과 하나님

내가 너희에게
말하노니: A 사귀라
B 친구를
C 불의의 재물로
C′ 그리하면 그 재물이 없어질 때에
B′ 그들이 영접하리라
A′ 너희를 영원한 처소로

2. 재물과 참된 것

D 지극히 작은 것에 충성된 자는
큰 것에도 충성되고
E 지극히 작은 것에 불의한 자는
큰 것에도 불의하니라
(그러므로)
만일 F 너희가 불의한 재물에도
충성하지 아니하면
F′ 누가 **참된 것**으로
너희에게 맡기겠느냐
(그리고)

제시된 죄인, 제자들, 바리새인들과 같은 광범위한 사람들이 이런 시의 청중으로 더 적합하다고 결론 내리게 된다.

만일　　E′ 너희가 남의 것에
충성하지 아니하면
D′ 누가 너희의 것을
너희에게 주겠느냐

3. 재물과 하나님

G 집 하인이 두 주인을 섬길 수 없나니
H 혹 이를 미워하고
I 저를 사랑하거나
I′ 혹 이를 중히 여기고
H′ 저를 경히 여길 것임이니라
G′ 너희가 하나님과 재물을 겸하여 섬길 수 없느니라

이 시는 추가적인 말이나 경건한 내용으로 설명되지 않은 채 그대로 끝난다. 이 시는 매우 복잡한 시적 구조에 기초한, 힘 있고 정교한 사상의 통일과 단순함을 보여 준다. 구조와 내용은 연(stanzas) 별로 검토할 것이며, 그런 다음에 연과 연 사이의 내적 관계를 살필 것이다. 마지막으로, 근접 자료인 다른 단락들과의 외적 관계를 연구할 것이다.

(1) 1연 – 재물과 하나님

1연은 역행 대구법이 분명하다. 각각의 행은 다음과 같은 방식으로 진행된다.

너희
그들(친구)
재물[109]

109. 하우크(Hauck)는 "재물"(mammon)이라는 단어의 어원을 어근 *'mn*에서 찾을 수 있음

재물[110]

그들

너희

이 연은 유형 A에 속하는 시 구조의 예다.

A행과 A′행에서 지배적인 의미 관계는 "너희"다. "사귀라"(만들라)와 "영원한(영주할) 처소" 사이에도 어떤 관계가 있을 수 있다. 모든 연령의 사람들은 재물(맘몬)이 "영원한 처소"를 "만드는 것", 즉 지상 생활을 안전하게 만들어 주는 것이라고 생각한다. 시는 A행과 A′행을 서로 대칭되는 곳에 놓음으로써 그렇지 않다고 당당히 말한다.[111]

예레미아스는 B행의 "친구들"이 천사들을 의미하며, B′행의 "그들이 영접하리라"는 "하나님"을 에둘러 표현한 것임을 주지시킨다. 그는 이렇게 쓴다. "'친구들'은 천사들, 즉 하나님일 가능성이 높다(이러한 추측은 3인칭 복수형이 하나님에 대한 우회적 표현인 천사들을 언급하는 9b절의 지지를 받는다)."[112]

을 주목한다. *'mn*은 일반적으로 "누군가가 신뢰하는 그 무엇", 그리고 좀 더 구체적으로는 "재산과 가치 있는 어떤 것"을 의미한다(F. Hauck, *TDNT*, IV, 388). 재물은 여기서 "불의하다"라고 일컬어진다. 맨슨은 간단히 이렇게 말한다. "돈의 역사에서 어느 단계에 이르면 모든 돈은 더러워진다."(All money gets dirty at some stage in its history.) (Manson, *Sayings*, 293). 벤 시락에는 이와 관련된 의미심장한 구절이 있다. "두 돌 사이에 박혀 있는 못은 빼기가 어렵고, 사는 일과 파는 일 사이에서 죄를 제거하기는 어렵다"(『벤 시락』 27:2). 피츠마이어는 이 인용구에서 이 단어가 사용된 것을 "부(富)가 사람들을 부정직하게 만들어야만 하는 경향성"으로 정의한다(Fitzmyer, "Manager," 30, n. 15).

110. 비잔틴 사본은 ἐκλιπήτε(에크리페테, "떠났다")로 되어 있으나, 서양 사본과 알렉산드리아 사본에서는 맘몬을 단수로 지칭한다. 두 사본은 모두 죽음을 언급한다.

111. "영원한 처소"(the eternal tents)라는 말은 과거의 성막과 비슷하다. 일시적인 것을 암시하지 않는다는 말이다. "내가 영원히 주의 장막에 머물며"(시 61:4).

112. Jeremias, *Parables*, 46, n. 85. 하지만 예레미아스는 "선행"이라는 의미를 선호한다. 많은 학자들은 "그들이 너희를 영접하리라"가 하나님이나 천사를 의미할 가능성이 있음에 주목해 왔다. 한 세기 전에 트렌치(Trench) 대주교는 (부자와 나사로 비유에서처럼) 가능성 있는 대안으로 "천사들"과 "하나님"을 다 열거했다(참조, Trench, *Notes*, 339). 맨슨은 이렇게 말한다. "랍비들의 문헌에서는 이곳에서처럼 하나님의 이름을 사용하는 것을 피하기 위해 3인칭 복수 동사를 사용하는 것이 일반화되어 있었다."(Manson, *Sayings*, 293). 또한 Oesterley, *Jewish Background*, 200; Fletcher, "Riddle," 24; B. T. D. Smith, *Parables*, 112를 참조하라.

그렇다면 1연은 세 개의 의미 단위를 가진 형식 I에 속한 시 구조다. 각각의 단위는 병행되는 단위와 강하게 연결되어 있다.

(2) 2연 – 재물과 참된 것

10-12절이 2연을 이룬다. 여기에서도 역시 3연처럼 여섯 개의 사상 단위를 제시한다. 1연과 다르게 2연은 각각의 행이 두 줄씩이다. 2연은 형식 II에 속하는 예다. 유사성과 관련해서 많은 패턴들을 주목할 수 있다.

첫째, 두 줄로 되어 있는 여섯 행은 각각 다음과 같은 형식으로 서로 연결되었다.

D 충성된 +
　E 불의한 -
　　F 불의하니라 -
　　F′ 충성된 + ?("충성되기"를 바람)
　E′ 불의한 -
D′ 충성된 ?? + ?("충성되기"를 바람)

D행은 충성됨에 대해 말하고, D′행은 충성되기를 바라는 소망을 말한다. E행과 E′행은 불의함이라는 주제를 다룬다. 중앙에서는 재물과 참된 것이 대조를 이룬다.

그렇다면 정(定) 대명사와 부정(否定) 대명사가 여덟 개의 단위로 이루어진 패턴을 형성한다.

D 어떤 사람(작은 것에 충성됨)
　어떤 사람(많은 것에 충성됨)
E 어떤 사람(작은 것에 불의함)
　어떤 사람(많은 것에 불의함)

F　너희(재물에 충성하지 아니함)

F′　너희(참된 것〔진리〕을 맡기겠느냐?)

E′　너희(남의 것에 충성하지 아니함)

D′　너희(너희의 것을 맡기겠느냐?)

더욱이 두 줄로 이루어진 처음 두 행은 역행 대구법 구조로 되어 있다. 그중에서 첫 번째 행(D)은 교차 대구법이다. 두 번째 행(E)에는 서로 병행 관계인 두 행이 있다.

D　충성된 자는, 지극히 작은 것에　(The one faithful in little)

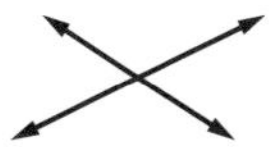

큰 것에도 충성되고　(also in much is faithful)

E　지극히 작은 것에 불의한 자는　(and the one in little unfaithful)

큰 것에도 불의하니라　(also in much unfaithful is.)

시인은 동일한 시의 형식을 연속해서 사용하지 않으려고 조심했다.

연의 중앙에는 아람어의 언어유희가 있다. 이런 유형의 시의 절정은 늘 중앙에 있기 마련이다. 그래서 이 연의 중앙이 전체 시의 핵심이다. 이 중앙에 어근이 *'mn*인 단어들이 놀라운 방식으로 사용되었다. 해당되는 아람어 단어를 사용하여 이 구절을 다시 읽어 보자(어근과 언어유희를 잘 파악하기 위해 영어를 먼저 쓰고 아래에 한글로 번역했다. - 역자 주).

if therefore in the unrighteous *mamon*

(그러므로 만일 불의한 재물〔맘몬〕에)

'amen you are not

(네가 충성[아멘]하지 않으면)

the *'emunah*

(참된 것[에무나]을)

who will *yeyminken*?[113]

(누가 맡기겠느냐[에이민켄]?)

정리하자면, 이 두 번째 연은 고도의 예술적인 형식 II에 속하는 예다. 중앙에 절정이 있음이 분명하며 눈에 띈다. 연은 완벽하여 흠 잡을 데가 없다.

(3) 3연 – 재물과 하나님

여섯 행으로 이루어진 이 연은 역행 대구법 구조가 분명하다.

두 주인
　미워하다
　　사랑하다
　　사랑하다
　미워하다
두 주인

이 연 자체만으로는 형식 II에 속하는 또 다른 예다.

---

113. Hauck, *TDNT*, IV, 388. 하우크는 이렇게 주장한다. "누가복음 16:10, 11에 있는 원래 아람어로 된 어록에는 일종의 다의어를 이용한 말장난(pun)이 포함되었을 것이다. πιστός(피스토스, "충성된"), πιστεύσει(피스튜세이, "충성하다"), τὸ ἀληθινόν(토 알레띠논, "참된 것") 역시 아람어 어근 אמן(아만)에 속하기 때문이다." 단어 ἀληθινόν(참된 것)만 놓고 보더라도 수많은 선택의 여지가 있다. 하지만 좀 더 가능성 있는 의미는 *'mn*이 세 단어의 어근이라는 사실이다. 불트만은 *'mn*이 아니라 *'mt*가 그 어근이라고 생각한다. 참조, Bultmann, *TDNT*, I, 249.

(4) 1연과 3연의 관계

바깥쪽에 있는 두 연을 연결해 주는 구체적인 세 관계가 있다.

① 각 연에 여섯 개의 사상 단위가 있다.

② 1연과 3연은 다 "너희"라는 단어로 둘러싸여 있다.

A 너희

A′ 너희

G 하인("너희"를 암시함)

G′ 너희

③ 양 바깥쪽에 있는 두 연 간의 가장 강력한 관계는 "하나님과 재물"이라는 주제의 반복에서 찾을 수 있다. 두 연은 각기 달리 취급되지만 그 주제는 같다.

(5) 바깥쪽의 두 연과 중앙 연의 관계

우리는 "하나님과 재물"이 첫째 연과 마지막 연의 핵심 주제라는 사실을 살펴보았다. 그러한 구조의 중앙에는 특별히 부각되는 주제가 놓여 있기 마련이다. 1연의 초점은 "재물"에 있는 반면에, 3연의 초점은 "사랑과 헌신"에 있다. 2연에는 "재물"과 "참된 것"이라는 두 개의 초점이 있다. 그러므로 세 연의 중앙은 다음과 같은 형식으로 두 개씩 서로 대립되어 있다.

I 재물

II 재물

참된 것

III 사랑과 헌신

정리하자면, 누가복음 16:9-13의 내적인 통일성은 강하며 예술적으로도 만족스럽다. 세 연은 형식 VI에 속하는 하나의 시 형식을 이룬다. 전체 주제는 하나님, 재물, 진리로 모인다. 바깥쪽의 두 연은, 재물은 하늘에 보화를 쌓기 위한 것이라는 사실과 하나님과 재물을 함께 섬길 수 없다는 사실을 독자에게 알려 준다.[114] 중앙 연의 절정은 청중에게 재물과 관련해 신뢰할 만한 사람임을 입증할 수 없다면 참된 것을 맡을 수 없다고 경고한다.

그렇다면 이 시의 기원에 관해 무슨 말을 할 수 있을까? 적어도 다음의 내용을 확신을 가지고 지적할 수 있다.

① 시는 하나의 단위이고, 어느 한 시인이 탁월한 기술로 현재의 형태로 만들었을 것이다.

② 여기에 사용된 역행 대구법은 성경을 기록한 선지자들이 보편적으로 사용하던 문학 형식이었다.

③ 아람어 단어와 아람어 언어유희가 존재하는 것은 이 자료가 전승의 가장 초기 단계에서 나왔다는 증거다.

④ 이 본문이 시(詩)이기 때문에, 반세기 동안 이 본문이 구전으로 보존되는 것은 아모스의 예언이 보존되는 것보다도 더 문제가 없었다.

⑤ 9절의 의미는 매우 모호하다. 플레처가 말했듯이, "아마도 전승에 소개하거나, 잘못해서 예수님 말씀으로 소개할 만큼 모호한 것은 없었던 것

---

114. 맨슨은 올바르게 주장했다: "이 말씀(9절)의 요지는 … 세상의 재물을 바르게 나누어 줌으로써 하늘에 보화를 쌓아 둘 수 있다는 것이다. 이 구절과 병행되는 본문은 마태복음 6:19-24, 마가복음 10:21, 누가복음 12:33, 34이다."(Manson, *Sayings*, 293). 누가복음 12:15은, 설령 헬라어 본문이나 대부분의 동양어 역본에서 재물(mammon)이라는 단어가 사용되지 않았더라도, 누가복음에서 소유의 문제를 다룬 몇 안 되는 본문 가운데 하나다. 시리아어 역본들에서는 다른 단어가 사용되었다. 그러나 아랍어 본문은 동일한 단어를 사용하여 두 본문을 좀 더 밀접히 연결하려 했다. 그렇다면 누가복음 12:32-34의 내러티브에서는 하늘에 쌓아 둔 보화 주제가 누가복음 16:9와 신학적으로 매우 가깝다는 것이 분명하다.

같다."[115]

⑥ 누가는 이 자료를 예수님의 말씀으로 규명한다. 누가의 판단을 받아들이지 못할 만한 증거는 없는 것 같다.

마지막 질문이 하나 남아 있다. 누가복음 16:9-13이 불의한 청지기 비유와 관련되어 있으면서도 명백히 구별되는 독자적인 주제라면, 이 단락이 불의한 청지기 비유 바로 뒤에 놓여 있는 까닭은 무엇인가? 우리는 누가가 본문을 여기에 배치한 두 가지 이유를 제시하려 한다. 첫째는 동양인이 아닌 독자들의 판단을 교정하기 위한 자료를 주려는 것이고, 둘째는 비유와 관련된 단어 조합 때문이다. 하지만 이 두 이유를 검토하기 전에 이 본문이 예루살렘 여행 기사에서 원래 위치가 어디였는지를 주목해야 한다.

논의의 첫 번째 부분은 핵심적인 16절을 중심으로 한다. "율법과 선지자는 요한의 때까지요 그 후부터는 하나님 나라의 복음이 전파되어 καὶ πᾶς εἰς αὐτὴν βιάζεται." 마지막 어구는 종종 "사람마다 그리로 난폭하게 들어가느니라"(and everyone enters it violently)나 "사람마다 그리로 침입하느니라"(everyone presses into it)로 번역되곤 한다. 이것은 동사 βιάζεται(비아제타이, "힘써서 하다")를 능동적인 의미를 가진 이태(異態) 동사(deponent, 중간태나 수동태로써 능동태를 표현하는 것 - 역자 주)로 이해한 경우다. 슈렌크는 "언어학적으로는 수동태도 가능하여 '사람마다 떠밀려 들어가다'(everyone is pressed into)라고 번역될 수 있음"을 인정한다. 그런데 슈렌크는 이 수동태적 의미는 "인위적인 것"이라고 일축한다.[116] 그러나 이븐 알 아살은 1252년에 출판한 그의 역작 비평본에서 본문을 이렇게 번역한다. "사람마다 그것 때문에 압박을 받는다."(and everyone because of it is under

115. Fletcher, "Riddle," 19.

116. G. Schrenk, *TDNT*, I, 612.

pressure).[117] 이븐 알 아살은 해당 동사를 수동태로 이해했고 전치사 εἰς(에이스, "안으로")는 원인을 표현하는 것으로 해석했다. 전치사 εἰς가 원인으로 사용된 분명한 경우가 예루살렘 여행 기사에 속하는 누가복음 11:32에서 발견된다는 것은 의미심장하다.[118] 이븐 알 아살은 앞에 언급한 전통적인 번역 두 개 모두 그의 비평 각주에 실었다. 첫 번째 것은 그가 콥틱어 번역까지 추적한 것이고, 두 번째 것은 헬라어를 번역한 아랍어 역본에서 찾은 것이다.

지금까지 우리는 누가복음 16:1-8이 청중에게 하나님의 나라가 임했고 그들이 하나님의 나라와 관련하여 결단해야 하는 위기에 놓여 있다고 경고하는 것임을 주목했다. 이븐 알 아살이 번역한 누가복음 16:16은 이 구절을 불의한 청지기의 메시지와 신학적으로 깊이 일치시키고 있다. 이와는 대조적으로, 재물, 하나님, 내세(the Life to Come)를 다루는 시는 그 뒤에 이어지는 비유(부자와 나사로 비유)와 신학적으로 깊은 관련이 있다. 누가복음에서 이 단편들은 다음과 같은 순서로 등장한다.

종말론적인 경고

16:1-8 불의한 청지기

재물과 영생: 바리새인들

16:9-15

종말론적인 경고

---

117. 참조, British Museum Oriental Ms. No. 3382 Folio 252. 이븐 알 아살은 그 당시 위대한 학자 중 한 명이며, 그의 복음서 사본은 그의 가장 위대한 작품이다. 그의 비평본에는 다양한 이문(異文)을 비롯하여, 헬라어, 콥틱어, 시리아어 역본들에서 발견한 번역들을 언급하기 위해 일련의 스물여덟 개 부호를 사용했다. 이븐 알 아살은 생략되었거나 삽입되었거나 혹은 다른 단어로 대체된 것을 전부 그의 비평 각주에 포함시켰다. 이븐 알 아살이 이 구절을 번역한 내용을 내가 처음 읽었을 때 나의 주목을 끈 것은 이 구절을 이런 식으로 번역할 수 있다는 가능성이었다. 그의 번역은 헬라어에 근거한, 문법적으로 정당한 것이며 누가복음 16장 문맥의 깊은 의미를 드러내 준다.

118. Bauer-A. G., *Lexicon*, 229.

16:16

(17절은 16절에 언급된 율법에 대한 진술을 놓고 고민하던 유대 기독교인들이 첨가한 것으로 보인다. 이들은 마태와 비슷한 입장을 지녔을 것이다. 이혼 문제를 다룬 18절 말씀은 문맥과 관련이 없는 것 같다).

재물과 영생

16:19-31

원래의 예루살렘 여행 기사에는 **재물과 영생에 관한 논의** 두 개와 **종말론적인 경고** 두 개가 함께 있었다는 것이 우리의 입장이다. 말하자면, 누가가 16:9-15를 16:16 앞에 배치했다. 만일 16:9-15을 원래의 본문에 있는 위치라고 추정되는 곳으로 옮기면, 앞에서 본 예루살렘 여행 기사의 균형이 회복된다.[119]

그렇다면 이런 질문이 자연스럽게 제기될 것이다. 왜 누가는 16:9-15을 16:16 앞으로 옮겨 배치했을까? 앞에서 제시했듯이, 그 첫 번째 이유는 누가가 헬라 독자들의 판단을 교정하려는 데 있었다. 불의한 청지기 비유는 데오빌로가 오해할 수밖에 없었던 신비한 동양적인 비유다. 데오빌로는 틀림없이 예수님이 부정직함을 독려하시는 것이라고 생각했을 것이다. 누가는 편집자로서 최선을 다했다. 그는 재물에 충성함을 다루는 시를 문제의 비유 바로 다음에 배치함으로써,[120] 데오빌로가 가질 법한 심각한 오해를 막으려 했다.

재물에 관한 시가 신학적으로 부자와 나사로 비유와 매우 비슷하다는 사실은 오랫동안 주목을 받아 왔다. 맨슨은 이렇게 기록한다. "이 구절[9절]이 과연 부자와 나사로 비유의 도덕률로 더 적절한지를 질문할 만한

119. 본서 197-198쪽을 보라.

120. 참조, Creed, *St. Luke*, 205.

여지는 있다."[121] 우리의 이론이 옳다면, 사실 재물에 관한 이 시는 원래 이 시와 신학적으로 비슷한 부자와 나사로 비유의 도입부인 셈이다.

누가가 9-15절을 16절 앞에 배치했음직한 두 번째 이유는 단어의 관련성에서 찾을 수 있다. 공관복음에서 단편들은 종종 단어의 관련성 때문에 함께 배열된다는 것은 잘 알려진 사실이다.[122] 히어스(Hiers)는 4절과 9절 단어들의 긴밀한 관련성을 주목했다.[123]

a. 이렇게 하면 직분을 빼앗긴 후에(4절)
그리하면 그 재물이 없어질 때에(9절)

b. 사람들이 나를 자기 집으로 영접하리라(4절)
그들이 너희를 영주할 처소로 영접하리라(9절)

하지만 단어의 연관성이 있다고 해서 반드시 함께 배치된 두 단락이 동일한 주제를 가지고 있다거나, 편집자가 두 단락이 동일한 주제를 가진 것으로 이해되기를 의도했다는 것을 항상 암시하는 것은 아니다.[124]

주제는 다르지만 재물을 주제로 다루는 시가 불의한 청지기 비유 바로 다음에 배치된 것에는 합당한 이유가 적어도 두 개는 있다.

---

121. Manson, *Sayings*, 293; 참조, Creed, *St. Luke*, 305.

122. 누가복음 17:20-21과 22-37절은 "보라 여기 있다. 보라 저기 있다."라는 주제로, 누가복음 11:14-23과 24-26절은 "귀신"이라는 주제로, 누가복음 11:27-28과 29-32절은 "말씀을 듣고 지키는 자"라는 주제로, 누가복음 12:22-31과 32-34절은 "염려"라는 주제로 함께 배치되었다.

123. Richard H. Hiers, "Friends by Unrighteous Mammon: The Eschatological Proletariat (Luke 16:9)," *Journal of the American Academy of Religion* 38 (1970), 30-36.

124. 개흐터는 이렇게 주장한다. "누가는 이 핵심 단어가 들어 있는 비유를 전승으로 받았을 것이다. 누가 자신이 예수님의 로기아(logia, 어록)를 약간은 앞뒤가 맞지 않는 순서로 배치했을 가능성이 무척 높다"(Gächter, "Oriental," 131, n. 40). 예루살렘 여행 기사의 문학적 구조는 로기아가 이런 순서로 배열된 것에 대해 개흐터가 관찰했던 것보다 더 많은 이유를 제시한다. 하지만 개흐터는 "핵심 단어를 중심으로 한 구성"(catchword composition)을 알아챘다.

정리하자면, 우리는 이 장에서 불의한 청지기 비유가 비유적 발라드이며, 그다음에 재물을 주제로 다룬 세 연으로 이루어진 시가 이어진다는 것을 보았다. 불의한 청지기 비유는 독특한 관점에서 신자가 반드시 의뢰해야 할 하나님의 놀라운 은혜를 잊지 못할 의외의 방법으로 제시한다. 재물을 주제로 다루는 시는 돈에 충성하는 것과 하나님과 참된 것 사이의 관계를 가르친다. 시인은 정직하지 못한 사람이 정말로 하나님의 참된 것에 충성할 수 있는지 의아해한다. 두 본문을 하나의 주제로 읽을 경우에는 두 본문 모두 초점에서 벗어난다. 모든 증거는 각각의 단락이 그만의 특별한 메시지와 문체가 있음을 입증한다. 16장의 두 번째 단락인 누가복음 16:9-13이, 초대 교회가 불의한 청지기 비유에 가한 주석을 수집한 것이라는 이론은 자료의 구조적 특성과 신학적 특성에 비춰 볼 때 적절하지 않다는 것이 밝혀졌다. 이 시는 1세기에 살았던 매우 노련한 팔레스타인 시인의 작품이다. 그 시인이 나사렛 예수님이라는 것을 의심할 만한 이유는 없다.

6

누가복음 11:5-13 주해

1. 밤중에 찾아온 친구(11:5-8)

밤중에 찾아온 친구 비유는 시의 형식 IV의 특징을 갖춘 비유적 발라드다. 이 비유에는 여섯 개의 단위를 갖춘 연이 두 개 있으며, 각각의 연은 역행 대구법으로 되어 있다. 이 비유가 강한 부정의 대답을 예상하는 질문으로 시작한다는 것을 보여 주려는 것이 이 장의 목적이다. 이 질문은 다음과 같이 풀어 쓸 수 있다. 어떤 사람에게 손님이 찾아와서 그가 빵을 빌리러 이웃을 찾아갔는데, 그 이웃은 문이 이미 잠겼고 아이들이 지금 잠을 자고 있다는 말도 안 되는 구실을 댄다. 이런 일이 일어나는 것을 상상할 수 있겠는가? 중동의 청중은 "아니, 우린 그런 일은 상상도 할 수 없다."라고 대답한다. 이 비유의 절정은 잠자고 있던 사람의 "명예(도의심)" 또는 "비난받을 점이 없음"을 중심으로 하는데, 명예(도의심) 때문에 그는 밤중에 찾아온 사람의 요구를 들어주게 된다.

"간청(끈질김)"(importunity)은 이 비유의 흐름에 맞지 않는 낯선 요소인데, 이는 바로 뒤에 이어지는 본문(11:9-10)에서 이 비유로 "흘러 들어온" 것이다. 핵심 단어인 ἀναίδεια(아나이데이아, 우리말로 "간청"이라고 번역했지만, 사실은 "창피를 당하지 않으려고"라고 번역해야 옳다. - 역자 주)를 올바로 이해하기만 하면, 이 비유의 문화적인 요소들은 앞뒤가 딱 맞아떨어진다. 이 비유는 하나님은 '명예를 아시는 하나님'(God of honor)이라는 것과 우리는 하나님이 기도를 들으신다는 굳은 확신을 가질 수 있다는 것을 교훈한다. 마지막으로, 기도 주제에 대한 다양한 측면을 다루는 시(11:9-13)가 이어진다. 여기서 우리는 밤중에 찾아온 친구 비유를 검토하고, 다음 단락에서는 이 비유에 이어지는 시를 주석할 것이다.

예루살렘 여행 기사[1]의 전체 구조에 의하면, 이 본문은 누가복음 18:1-14과 정확한 병행을 이룬다. 누가복음 11:1-13에서처럼 18:1-14에서는 원래는 나뉘어 있던 전승 단위들이 누가복음을 편집한 사람에 의해 결합되었다. 불트만은 그 본문이 1-4절, 5-8절, 9-13절 등 세 개의 별개의 단위들이 결합된 것이라고 바르게 지적했다.[2]

먼저 비유의 문학적 구조를 검토해 보자. 본문은 다음과 같다.

또 이르시되

너희 중에 누가 벗이 있는데 밤중에 그에게 가서 (**발생하지 않을 일**)

A 1 말하기를 벗이여 떡 세 덩이를 내게 꾸어 달라 **요구**(**주다**)

2 내 벗이 여행 중에 내게 왔으나 **요구하는 이유**

3 내가 먹일 것이 없노라 하면 **의무에 호소**

3′ 그가 안에서 대답하여 이르되 나를 괴롭게 하지 말라 **의무를 거절**

2′ 문이 이미 닫혔고 아이들이 나와 함께 침실에 누웠으니 **거절하는 이유**

1′ 일어나 네게 **줄** 수가 없노라 하겠느냐 **거절된 요구**(**주다**)

내가 너희에게 말하노니 (**발생할 일**)

B 1 비록 주지 아니할지라도 **요구에 응답하지 않음**(**주다**)

2 일어나서 **일어나서**

3 벗 됨으로 인하여서는 **벗 됨 때문이 아니라**

1. 본서 132-137쪽을 보라.

2. Bultmann, *Tradition*, 324. 이 본문의 경우에, 이 비유와 관련은 있지만 분명히 다른 단편인 전승이 이 비유에 이어지는데, 원래는 이 비유와 관련이 없었을 것이다.

3′ 창피를 당하지 않으려고	**명예를 위해**
2′ 일어나	**일어나**
1′ 그 소용(요구)대로 **주리라**[3]	**요구대로 주다(주다)**

이 구조에 밤중에 찾아온 친구 비유의 특징이 나타나 있다. 각 연의 바깥쪽 행들은 **'주는 것'**(giving)이라는 주제로 연결되어 있는 것을 알 수 있다. 각 연의 중앙은 **'명예(도의심)'** 주제에서 절정을 이룬다. 이 사실을 좀 더 분명하게 이해하기 위해 이 비유에 연루된 문화를 주의 깊게 검토해야 한다. 두 번째 연이 첫째 연의 패턴을 따르는 식으로 구성된 시(형식 IV)의 경우에서처럼, 전체 구조의 절정은 둘째 연의 중앙에 있다. 이 사실은 본문의 핵심 단어를 "창피를 당하지 않으려고"(avoidance of shame)라고 번역한 부분에서 특히 분명히 드러난다. 본문의 세부적인 내용과 문화를 이제 주의 깊게 살펴보려 한다.

밤중에 찾아온 친구 비유는 친숙한 어구인 τίς ἐξ ὑμῶν(티스 엑스 휘몬, "너희 중에 누가")으로 시작한다. 이 특징적인 어구는 Q 자료에 세 번,[4] 누가의 특수 자료에 네 번,[5] 요한복음에 한 번[6] 등장한다. 예레미아스는 "동시대에 [이 어구에] 병행되는 말은 없는 것 같다."라고 말한다.[7] 예레미아스는 "청중에게 어떤 확실한 관점을 갖게 할 목적으로" 이 어구가 사용되었다고 설득력 있게 주장한다.[8]

예전에는 τίς ἐξ ὑμῶν으로 시작하는 의문문이 긴 문장에서는 사용되

---

3. 이 책에 나오는 모든 문학 구조에서 그랬듯이, 위에 제시한 구조는 헬라어 어순을 따른다.

4. 마태복음 6:27은 누가복음 12:25과 병행되고, 마태복음 7:9은 누가복음 11:11과, 마태복음 12:11은 누가복음 14:5과 병행된다.

5. 눅 11:5; 14:28; 15:4; 17:7.

6. 요 8:46.

7. Jeremias, *Parables*, 103.

8. Jeremias, *Parables*, 103.

지 않았다고 이해했었다.[9] 예레미아스는 질문이 7절까지 계속되고, 강한 부정의 대답을 예상한다고 이해한다.[10] 그는 신약성경에 이 어구가 등장하는 예를 모두 조사하고 분석했다.[11]

이 어구("너희 중에 누가")가 사용된 많은 본문에서, 이 어구를 강한 부정의 대답을 예상하는 질문으로 만드는 전통적인 번역을 약간 수정할 필요는 있을 것이다. 하지만 그런 질문으로 번역하면 본문의 의미는 더욱 분명해진다. 누가복음 14:5을 예로 들어보자.

> 너희 중에 누가, 그 아들이 우물에 빠졌는데 안식일이라고 그 아들을 우물에서 곧 끌어내지 않는다는 것을 상상이라도 할 수 있겠느냐?

누가복음 15:4은 이렇게 번역할 수 있다.

> 너희 중에 누가, 어떤 사람이 양 백 마리가 있는데 그중에 하나를 잃었을 경우 아흔아홉 마리를 들에 두고 그 잃은 것을 찾지 않을 거라는 것을 상상이라도 할 수 있겠는가?

이 어구로 시작하는 다른 본문들도 이미 부정적인 대답을 예상하는 방식으로 번역한다. 예를 들어 누가복음 17:7을 보자.

> 너희 중 누구에게 밭을 갈거나 양을 치거나 하는 종이 있어 밭에서 돌아오면 그더러 곧 와 앉아서 먹으라 말할 자가 있느냐

---

9. Plummer, *St. Luke*, 298; Arndt, *St. Luke*, 297.

10. Jeremias, *Parables*, 103, 157.

11. 예레미아스는 요한복음 8:46은 검토하지 않았는데, 이 구절은 비유의 도입구가 아니다. 하지만 이 구절 역시 부정적인 대답을 예상한다. 야고보서 2:15-16에도 이런 어구가 있다. 이 구절 역시 비유의 도입구는 아니지만 부정적인 대답을 예상한다. 베드로전서 4:15은 일반적인 진술이고 질문은 아니다.

누가복음 11:5의 τίς ἐξ ὑμῶν을 강한 부정적인 대답을 예상하는 질문으로 이해하는 것이 이 비유 해석의 핵심이다. 예수님은 물으신다. "친구를 대접하려고 이웃에게 가서 도움을 요구했는데 이런 대답을 들었다는 것을 너희는 상상이라도 할 수 있느냐?" 동양인은 찾아온 손님을 잘 대접하기로 유명하다. 동양인 청중/독자라면 손님을 충분히 대접하는 것이 문제가 될 때, 문이 잠겼다거나 아이들이 잠이 들었다는 등의 구차한 변명은 상상도 할 수 없다. 이 사실을 이해하기 위해 동양인의 삶의 모습을 좀 더 자세히 살펴볼 필요가 있다.

근대의 주석에는 여행자가 더위 때문에 밤에 여행해야 한다는 언급이 많이 있다. 시리아, 요르단, 이집트의 사막 지대에서는 이런 경우가 많다. 팔레스타인과 레바논에서는 일반적인 일이 아닌데, 그곳은 표고가 높은 내륙 지방이고 해안을 따라 미풍이 불어오기 때문이다.[12] 그래서 밤중에 친구가 찾아온 것은 흔치 않은 일이다.

현대의 많은 책에서 발견된, 빵 세 덩이가 한 사람의 식사라는 정보에 대해서는 리바니(Rihbany)에게 책임이 있을 수 있다.[13] 이런 생각은 매우 작은 시리아 빵에는 해당될지 몰라도, 중동의 다른 지역에서 먹는 빵에는 해당되지 않는다. 그런 빵은 얇고 평평하며 지름이 거의 60센티나 된다. 어떤 빵은 부풀어 오른 둥근 모양이고, 시리아의 여러 빵에 비해 훨씬 크다. 일반적으로 손님에게는 자르지 않은 빵 한 덩이를 대접한다. 대개 그런 빵은 커서 한 사람이 한 번에 다 먹지 못한다. 리바니가 바르게 관찰했듯이, 주인은 "어른 한 사람의 한 끼 식사에 필요한 정량보다 더 많은 빵을 손님 앞에 내놓아야 했다."[14]

12. 이것은 농부와 사막의 베두인을 혼동한 또 다른 예다. 여름에는 강한 열기 때문에 베두인들은 밤중에 여행하곤 했다. 농부들, 특별히 팔레스타인에 사는 농부들이 밤에 여행하는 것은 극히 예외적인 일이다.

13. Rihbany, *Syrian*, 215.

14. Rihbany, *Syrian*, 215. 사이드는 빵 한 덩이는 손님을 위한 것이고, 다른 하나는 주인을 위한 것이고, 나머지 하나는 "식탁의 천사"를 위한 것이라고 말하며, 이것이 랍비의 관습이라고

예레미아스는 팔레스타인의 농부들은 빵을 매일 구웠고, "일반적으로 그 마을에서는 저녁에 누구네 집에 빵이 남아 있는지 알려지기 마련"이라고 주장한다.[15] 인도의 농부들은 매일 빵을 굽지만, 중동의 농부들은 그렇게 하지 않는다. 내가 경험한 것에 의하면, 비숍(Bishop)의 말이 옳다. 그는 이렇게 썼다.

> 문제의 집〔잠자고 있던 이웃의 집〕은 최근에 빵 한 솥〔일주일이나 그보다 더 오래 먹을 수 있는 양〕을 갓 구운 집으로 보인다. … 빵을 구하러 간 사람의 집〔손님을 맞이한 집〕에서는 빵을 다 먹었기에 〔다음 날 아침에〕 마을 사람들이 공동으로 사용하는 오븐에서 빵을 구워야 했다.[16]

마을 여인들은 공동으로 빵을 구웠다. 그래서 누구네 집이 최근에 빵을 구웠는지 다들 알았다. 이웃에게 빵을 구하러 간 사람의 집에 먹다 남은 빵이 조금은 남아 있었을지 모르지만, 손님에게는 아무도 손대지 않은 빵을 대접해야 했다. 먹다 남은 빵을 손님에게 내놓는다는 것은 손님에 대한 모욕이 될 수 있다.

주인은 손님을 **대접해야 하고**, 손님은 **먹어야 한다**. 리바니는 이렇게 쓴다. "주인은 먼 길을 온 손님이 시장하든, 시장하지 않든 그 앞에 무언가를 내놓아야 한다."[17] 더욱이, 여기서 문제가 되는 것은 그저 그런 음식이 아니라 손님을 접대하기에 적합한 음식이다. 사이드는 "주인은 자신의 능력 이상으로 손님에게 대접할 음식을 준비해야 한다. 곧 동양의 너

주장한다. 사이드는 이에 대한 증거는 제시하지 않는다. Sa'īd, *Lūqā*, 30.

15. Jeremias, *Parables*, 157. 예레미아스는 마지막에 언급한 이 내용을 A. M. Brower, *De Gelijkenessen* (Leiden: Brill, 1946), 211에서 인용해 뒷받침한다.

16. Bishop, *Jesus*, 176. 내가 팔레스타인이나 레바논 사람들과 두루 이야기를 나누고 토론한 것에 의하면, 예레미아스가 아니라 비숍의 말이 더 신빙성이 있다.

17. Rihbany, *Syrian*, 214.

그러운 가장으로서 책임이 있다."라고 쓴다.[18]

이 비유가 시작되는 첫 부분에서 핵심적인 요소는 그 손님은 단지 개인의 손님이 아니라 **공동체**의 손님이라는 점이다. 이 사실은 손님을 높이면서 사용하는 언어에도 반영된다. 주인은 손님에게 "이렇게 찾아와 주셔서 우리 **마을**에 영광입니다."라고 말하지 "제게 영광입니다."라고 말하지 않는다.[19] 이런 의미에서 손님을 대접하는 것은 공동체 전체의 책임이다. 공동체로서 마을이 보여 준 환대에 좋은 감정을 가지고 손님이 그 마을을 떠나도록 해야 한다.[20] 다시 리바니는 "동양에서는 삶의 동질적인 특성 때문에 서로 빌려주는 일이 흔했다."라고 묘사한다.[21] 손님을 대접해야 할 그 집주인은 잠을 자고 있는 이웃을 찾아가 마을의 손님에게 그의 의무를 다하기를 요구한 것이다.[22] 그 요구가 그리 대단한 것이 아니라면, 거절당하는 것은 상상할 수도 없다. 이 경우에는, 전체 식사 중에서 아주 작은 일부분, 말하자면, 흔한 접시 하나에 담을 빵을 요구했을 뿐이다.

빵은 식사가 아니다. 빵은 나이프, 포크, 스푼처럼 식사할 때 사용하는 도구다. 식사를 위해 여러 음식이 공동 접시에 담겨 있다. 각 사람 앞에는 빵 한 덩이가 놓여 있다. 각자 빵을 먹을 만큼 뜯어서 공동 접시에 담갔다가 "한 입에" 먹는다. 그러고 나서 다시 빵 조각을 뜯어 동일한 과정을 반복한다. 각자 빵을 새로 뜯어서 공동 접시에 담갔다 먹기 때문에 그 공동

18. Sa'īd, *Lūqā*, 300.

19. 손님에게 "우리 집(our house)을 찾아 주셔서 영광입니다."라고도 인사하지만 더 큰 공동체(즉, 마을)를 언급하는 것이 더 흔한 일이다. 개인은 결코 언급되지 않는다.

20. 이러한 태도가 누가복음 9:51-55에 매우 부정적으로 반영되었음이 분명하다. 예수님과 제자들을 거절한 사람들은 마을 전체였고, 요한은 한 개인이나 한 가정에 대해서가 아니라 공동체 전체에게 복수하기를 원했다.

21. Rihbany, *Syrian*, 214-215. 우리는 중동의 원시적인 여러 마을에 사는 동안 놀라운 것을 발견했다. 손님에게 대접하는 데 필요한 물건을 빌리기 위해 이웃집을 돌아다니는 이러한 풍습은 그 대상이 확대되어, 심지어 손님인 우리에게까지 빌려 달라고 하는 경우가 있었다. 우리는 마을 저편에 있는 사람들이 초대한 식사에 가서, 그들이 우리 집 요리사에게서 조용히 빌려갔던 우리 접시에 담긴 음식을 먹은 적도 있다.

22. 연의 구조에 의하면 의무에 호소하는 이러한 행동은 절정인 중앙에 놓여 있다.

접시가 더러워질 일은 없다. 빵은 무엇과 함께하느냐에 따라 맛이 달라진다. 몹시 가난해서 빵을 찍어 먹을 만한 음식이 없는 경우에는 소금에 찍어 먹는다. 그래서 동양인들의 말에 "빵과 소금을 먹는다."라는 것은 그 사람이 찢어지게 가난하여 소금 외에 다른 것으로는 빵의 맛을 낼 만한 것이 없다는 의미다. 이 비유에서 집주인은 이웃에게 빵을 빌려 달라고 요구했다. 사람들은 모두 그 사람이 빵과 같이 먹을 다른 음식도 빌려야 한다는 것을 알고 있다. 이 사실은 비유의 마지막 행에서 분명해진다.

사이드는 그 집주인은 자신의 요구가 받아들여질 것이라고 확신했다고 주석한다. 사이드에 따르면, 이러한 확신은 다음의 세 가지 사실에 근거한다.

① 그는 식사를 대접하려는 집주인이지 무엇을 빌리는 사람이 아니다. 그는 자신을 위해 무언가를 요구하는 것이 아니다.

② 그는 두 번째 친구를 예우하기 위해 한 친구에게 간 것이다.

③ 그는 겨우 연명할 만한 음식을 요구하고 있다.[23]

집주인은 계획대로 움직이기 시작한다. 그는 식사 준비를 위해 여러 이웃에게서 많은 것을 빌릴 것이다. 이웃이 빌려줘야만 하는 가장 좋은 쟁반, 주전자, 옷, 술잔도 빌릴 것이다.[24] 그가 필요한 물품의 전체 목록을

---

23. Sa'īd, *Lūqā*, 300-301. "겨우 연명할"에 해당하는 단어는 *al-kafāf*(알카파프)이다. 이 단어는 아랍어에서는 의미가 매우 강하다. 이 단어는 굶주림을 면할 정도의 음식을 의미한다. 사이드의 말에 따르면, 빌리러 온 사람은 매우 변변찮은 음식, 즉 식사할 때 떼어 먹을 빵을 요구하고 있다.
식사에 대해 주인이 칭찬을 받으면 그는 이 칭찬을 이렇게 받아넘기려 할 것이다. "이 식사는 빵과 소금에 불과해요." 이 말은 "귀한 손님이신 당신께 제가 최선을 다해 대접한 음식은 손님이 여느 때 잡수시던 빵과 소금에 지나지 않습니다. 당신은 더 좋은 것으로 대접받아야 할 귀한 분입니다."라는 뜻이다.

24. 요한복음 2:6을 알레고리가 아니라 당대에 실제로 있었던 이야기로 여긴다면, 본문에 언급된 항아리 여섯 개는 많은 손님을 위해 이 집 저 집에서 빌려 온 항아리일 것이다. 일반 가정에는 이런 항아리가 하나밖에 없다.

가지고 있었다는 것은 비유의 끝부분, 즉 잠을 자고 있던 이웃이 그에게 "그 소용대로 주리라"고 한 부분에서 알 수 있다(이 점에 있어서는 "소용대로"라고 번역한 한글 개역성경이 더 낫다. 개역개정에는 "요구대로"라고 번역했다. - 역자 주).

집주인은 음식이 풍부하게 있었다. 추수 때 거둬들인 올리브는 1년 동안 먹을 수 있게 소금에 절여 보관해 놓았다. 포도, 당밀, (신선한 우유로 만든) 치즈도 저장해 두었다. 농부는 온 가족이 먹을 음식을 모아 1년 단위로 준비해서 방 한쪽 구석 높은 곳에 저장해 둔다. 그 사람이 "내게 먹일 것이 없노라"라고 말했다면, 그것은 "내게 찾아온 손님을 대접하기 위해 우리 마을의 명예에 부끄럽지 않게 내놓을 만한 음식이 내겐 없다."라는 의미다.[25] 다시금 공동체의 의무에 호소하는 것이 이 이야기의 요지다.

이러한 배경을 염두에 두면 7절의 의미는 분명해진다. 5절부터 7절까지 긴 질문이 이어지고 강한 부정적인 대답을 예상한다. "너희에게 친구가 있는데, 그 친구에게 찾아가 손님을 대접할 수 있도록 도와 달라고 신성한 요구를 하는데, 그 친구가 아이가 잠들었고 문이 잠겨 있다는, 말도 안 되는 변명을 늘어놓는 것을 상상이라도 할 수 있겠느냐?"라고 예수님은 말씀하시는 것이다. 동양의 청중/독자는 손님을 대접해야 하는 공동

25. 맨슨은 이 점을 잘 파악했다. "식품 저장실에 있는 것들은 지금 손님을 대접하는 데에는 적당하지 않다"(Manson, *Sayings*, 267). 예레미아스는 집주인은 빌린 빵을 갚으려고 했다고 생각한다(Jeremias, *Parables*, 257). 빵 세 덩어리와 같은 하찮은 것을 갚는다는 것은 모욕이 될 수 있다. 이것은 마치 미국의 주부가 전에 빌린 설탕 한 숟가락을 갚겠다면서 그만큼의 설탕을 되돌려 주는 것과 같다. 한편으로는, 잠을 자고 있던 사람은 자신이 빌려준 것을 되돌려 받게 될 것이다(이것은 8절에 암시되었듯이, 그가 빵만 아니라 더 많은 것을 빌려주었음을 의미한다). 역으로, 잠을 자고 있던 사람에게 손님이 찾아왔다면, 그 역시 손님에게 대접할 음식을 마련하기 위해 이 집 저 집을 돌아다닐 것이고, 분명 이 이웃의 집도 들를 것이다. 예레미아스는 이 이야기의 초점이 "그 친구가 한 것처럼 하나님께서는 무조건적으로 도우신다."라는 데 있다고 결론을 내린다(Jeremias, *Parables*, 105). 이러한 언급은 우리를 헛갈리게 한다. 예레미아스는 이 비유를 집중적으로 논하는 장에서(Jeremias, *Parables*, 157-159) 거래의 "무조건적" 특성을 한 번도 언급하지 않았기 때문이다. 잠을 자고 있던 사람은 다시 갚을 것을 요구하지 않았고 빌려주는 대가로 아무것도 바라지 않은 것이 맞다. 그렇지만, 빵을 빌리는 사람의 입장에서는 급할 때 호의를 잊지 않고 갚겠다고 했음직하다. 문화적인 상황의 이러한 측면은 신학적으로 적용해서는 안 되며, 이런 문화적 상황에서 어떤 교훈을 이끌어내지 말아야 한다.

의 책임을 알고 있기 때문에, "아니요. 그런 일은 상상할 수 없습니다."라고 대답할 것이다.[26]

아이들이 잠들었고 문이 이미 닫혔다는 사실이 중요하게 여겨져 왔다. 하지만 그 사실은 중요하게 고려할 문제가 아니다. 빗장은 그다지 무겁지 않다. 설령 아이들이 빗장 푸는 소리에 놀라 잠에서 깨어난다고 해도 아이들은 금세 다시 잠들 것이다. 여기에 제시된 가상의 변명들은 생각할 수도 없는 매우 우스꽝스러운 변명들이다.[27]

학자들 중에는 동사 πορεύσεται(포류세타이, "가서")의 주어가 누구인지 모호하다고 주장하는 사람이 있다. 예레미아스는 5-7절을 다음과 같이 이해한다.

> 너희 중에 누가 벗이 있는데 밤중에 너에게 와서 말하기를 "벗이여, 떡 세 덩이를 내게 빌려주게. 내 벗이 여행 중에 내게 왔으나 내가 먹일 것이 없네."라고 하는데, 이렇게 대답하리라는 것을 상상이라도 할 수 있느냐?[28]

그래서 예레미아스는 φίλον(필론, "벗")을 πορεύσεται 동사의 선행사(주어)로 이해했다.[29] 하지만 이 본문과 거의 동일한 구성이 누가복음 17:7에 등장하는데 이 구절의 형식은 분명하다. 이 두 본문을 비교하면 본문의

26. 참조, Jeremias, *Parables*, 158. 집 안에 있는 친구가 했음직한 불평들의 세부적인 사항들은 사실이다. 잠을 자고 있던 사람은 짜증이 난다. 호칭이 없다(참조, Manson, *Sayings*, 267). 팔레스타인 농부의 집은 방 한 칸이 대부분이었다. 아이들은 바닥보다 약간 높은, 가족을 위한 공간에서 부모와 함께 잠을 잔다. 잠자리에 들기 전에 문을 잠근다(Rihbany, *Syrian*, 215-216). 7절의 ἤδη(에데, "이미")라는 말은 "시간이 늦었다"라는 의미다. 참조, Jeremias, *Parables*, 176.

27. 리바니는 잠을 자고 있던 사람의 대답이 말도 안 된다는 것을 알고 이렇게 쓴다. "안에 있는 사람의 대답은 시리아의 훌륭한 전통에 위배되는 것이다."(Rihbany, *Syrian*, 215). 리바니는 대안을 의식하지 않고 본문의 전통적인 이해에서 본문의 의미를 설명하려 한다.

28. Jeremias, *Parables*, 158.

29. 크리드도 πορεύσεται의 선행사가 φίλον이라고 생각한다. 그러면서 그렇게 하면 "주어가 어색하게 달라진다."라고 인정한다(Creed, *St. Luke*, 157).

의미가 드러날 것이다. 누가복음 17:7은 이렇다.

너희 중에 - 종이 있어 - 저(종)더러 -(말)할 자가 있느냐?

τίς δὲ ἐξ ὑμῶν δοῦλον ἔχων ἐρεῖ αὐτῷ

누가복음 11:5은 이 구문과 거의 비슷하다.

τίς ἐξ ὑμῶν ἕξει φίλον πορεύσεται αὐτὸν(벗)

그러므로 동사 "가서"의 선행사는 "너희"이지 "벗"이 아니다. 그렇다면, "벗"은 잠을 자고 있던 자라고 해야 훨씬 더 문맥에 맞는다. 비유의 청중에게 기대하는 것은 그들 자신을 잠을 자고 있던 자가 아니라 집주인과 동일시하는 것이다.[30]

본문의 의미는 8절의 핵심 단어인 ἀναίδεια의 의미에 달려 있다. 그리스도인들은 이 단어를 두 가지 의미로 사용해 왔다. (부정적인 의미에서) "창피한 줄 모름"(shamelessness)과 (긍정적인 의미인) "간청함"(끈질김, persistence)이 그것이다. 우리는 두 번째 의미("간청함")가 언어학적으로, 신학적으로 본문에 적합한지 결정할 필요가 있다.

고대 헬라 문학에서 이 단어는 "창피한 줄 모름", 즉 뻔뻔함을 의미했다. 주전 7세기의 아르킬로코스(Archilochus)를 위시하여 주전 5세기의 플라톤, 소포클레스, 헤로도토스와 핀다로스(Pindar)를 거쳐 4세기의 데모스테네스(Demosthenes)에 이르기까지 모두 "창피한 줄 모름"이라는 의미로

30. 내가 알고 있는 동양어 역본들은 명백하게 이 비유의 청중을 집주인과 동일시한다. 이와 병행 본문인 불의한 재판관 비유에서도 청중은 재판장이 아니라 그에게 탄원하는 과부와 동일시된다.

이 단어를 사용했다.[31]

에픽테토스(Epictetus, 주후 50-130)의 글에는 ἄπιστος(아피스토스, "신의가 없음")와 ἀναιδής(아나이데스)가 결합된 의미심장한 사용례가 나온다. 에픽테토스는 생의 목적을 파괴하는 외적인 것들을 멀리해야 한다고 충고하면서 이 어구를 사용했다. 그의 말을 듣고 있던 사람이 도시에서 어떤 지위를 얻어야 할지 질문하자, 에픽테토스는 이렇게 답변한다.

> 너희의 신의(πιστόν, fidelity)와 수치심(αἰδήμονα)을 동시에 유지할 수만 있다면 어떤 지위에든 있을 수 있다. 하지만 당신이 국가에 유용한 사람이 되기를 바라는데, 이러한 덕목을 잃어 창피한 것을 모르고(ἀναιδής) 신의가 없다면(ἄπιστος) 그 지위가 무슨 유익이 있겠는가?[32]

이와 같이, 2세기 초에 이 단어는 ἄπιστος(아피스토스, "신의 없음")와 결합될 수 있는 부정적인 의미로 사용되었던 것이 분명하다. 에픽테토스의 글에는 "간청함(끈질김)"이라는 의미로 사용된 예가 없다.

파피루스를 찾아보면, 몰턴(Moulton)과 밀리건(Milligan)은 세 가지 예를 제시한다. 한 예에서는 한 사람이 주민들에게 성금을 모집함으로써 자신이 ἀναιδής하다는 것을 드러낸 경우다. 두 번째 예는 주후 49년 자료에서 나온 것으로, "뻔뻔하게도 납부를 거절한"(ἀναιδευόμενοι μὴ ἀποδῶναι) 사람들을 언급하고 있다. 세 번째 예는 "탐욕스럽고(πλεονεκτικῶς) 창피한 줄 모르는(ἀναιδῶς) 사람들 때문에 정부당국이 진절머리를 냈다."라는 내용

---

31. 이것은 형용사와 추상 명사에도 해당한다. 참조, Henry G. Liddell and Robert Scott, *A Greek-English Lexicon*, rev. H. S, Jones and R. Mckenzie (Oxford: Clarendon, 1940), 105.

32. Epictetus, *Enchiridion* xxiv. 헬라어 본문은 *Simplicii Commentarius in Epicteti Enchiridion*, ed. Iohannes Schweighaeuser (Lipsiae: in Libraria Weidmannia, 1800), 232를 참조하라. 영어 번역은 *The Discourses of Epictetus*, trans. George Long(n. p.: A. L. Brut Company, n. d.), 432에서 약간 수정되었다.

이다.[33] 다시금 이 단어와 관련된 정서는 철저히 부정적이다. 여기서도 이 단어는 "간청함(끈질김)"을 암시하지 않는다.[34] 프라이지케(Preisigke)는 ἀναιδής를 schamlos(철면피인, 파렴치한)와 rücksichtlos(무분별한, 과격한, 안하무인인)로 번역하여 이 단어의 두 가지 예를 제시했다.[35]

초기 기독교 문헌에서 람페(Lampe)는 ἀναιδεύομαι(아나이듀오마이)는 "부끄러움이 없다"(lack shame)와 "뻔뻔스럽게 행동하다"(behave shamelessly)로 번역했고, ἀναιδίζομαι(아나이디조마이)는 "몰염치하게 행동하다"(act with impudence)라고 번역했다.[36]

헬라어 구약성경에서 ἀναιδής 형은 "후안무치"(impudence of face)나 "철면피"(sternness of face)와 결합된다.[37] 다니엘서가 아람어로 기록된 부분에서 다니엘 선지자는 왕이 바벨론의 지혜 있는 자들을 죽이라는 명령을 내렸다는 소식을 듣자 조심스럽게 묻는다. "어찌하여 왕의 얼굴에서 가혹한 명령이 나왔나이까?(ἡ γνώμη ἡ ἀναιδής)"[38] 아람어 단어는 *ḥaṣaf*(하사프)다. 이 언급이 중요한 것은 이와 동일한 아람어 단어가 ἀναίδεια를 뜻하는 시리아어인데, 이 단어가 시리아어 역본 전체에 등장하고 부차적인 의미로 "간청함"(persistence)의 의미가 있기(또는 그런 뜻의 의미를 요구하기) 때문이다. 분명히 다니엘서 본문에는 "간청함"이란 의미가 조금도 암시되지 않았다.

---

33. J. H. Moulton and G. Milligan, *The Vocabulary of the Greek Testament* (Grand Rapids: Eerdmans, 1930), 33. 베일리의 번역.

34. 이 중에서 두 번째의 경우는 "간청함(끈질김)"이라고 해도 말은 된다. 하지만 몰턴과 밀리건은 "창피한 줄 모르는"(shameless)이라고 번역했다.

35. Friedrich Preisigke, *Wörterbuch der griechischen Papyrusurkunden* (Berlin: Selbstverlag der Erben, 1925), I. 88.

36. G. W. H. Lampe, *A Patristic Greek Lexicon* (Oxford: Clarendon, 1961), 103.

37. 잠 25:23; 7:13; 신 28:50; 전 8:1; 단 8:23. 히브리어 단어는 עַז עָזַז עֹזפָּנִים이다. 부사는 잠언 21:29에 등장한다. 이사야 56:11에서는 개들이 ἀναιδεῖς τῇ ψυχῇ("영혼에 창피한 것을 알지 못하는") 것으로 묘사되었다.

38. 단 2:15(개역개정에는 "왕의 명령이 어찌 그리 급하냐"로 번역되었다. - 역자 주). Theodotion역도 마찬가지다. 70인역에는 πικρῶς(피크로스, "가혹한", "격렬한")로 번역되었다.

70인역에서 또 다른 특이한 언급은 예레미야 8:5이다. 이 본문은 "지속적인 배교"(*meshubah niṣṣaḥat*)를 언급하는데, 이는 70인역에서 ἀποστροφὴν ἀναιδῆ(아포스트로펜 아나이데)로 번역되었다. 그러므로 ἀναίδεια가 여전히 부정적인 문맥에 등장하지만, 여기서 "지속적으로" 또는 "영구적으로"를 의미하는 분명한 예를 본다. 70인역 번역자가 해석을 겸한 번역을 시도해서 "지속적인 배교"를 "창피한 줄 모르는 배교"로 이해했을 가능성은 있다. 하지만 예레미야 8:5의 70인역 본문은 후기 기독교 사용례에 대한 전례로 받아들여졌을 수도 있다. 『벤 시락』에는 형용사와 추상명사가 다 등장한다. 모든 경우 그 단어는 부정적인 상황을 언급하며 "창피한 줄 모름"을 의미한다.[39]

요약하면, 70인역에서 ἀναίδεια는 거의 모든 경우에서 부정적이며, 한 번의 예외가 있지만, 대부분 "창피한 줄 모르는" 또는 "무례한, 화난, 엄한"을 의미한다.

요세푸스로 넘어가 보면, 우리가 추적할 수 있는 모든 경우에서 이 단어는 절대적으로 "창피한 줄 모르는"(shameless) 또는 "무례한, 뻔뻔한"(impudent)을 의미한다. 마르쿠스(Marcus)는 이 단어를 "창피한 줄 모름"(shamelessness)으로,[40] 새커리(Thackery)는 "무례한"(impudent)이란 뜻으로 사용한다.[41] 이 단어가 주는 정서가 부정적임을 다시 한 번 확인한다. 한 번의 예외를 제외하고, 이 단어에는 '계속' 또는 '끈질김'이란 의미는 없다.

문제는 밤중에 찾아온 친구 비유에서는 "창피한 줄 모른다"는 부정적인 의미가 문제의 소지가 있다는 데 있다. 신자가 기도할 때 하나님께 무엇인가 간구하는 것이 "창피한 줄 모르는 뻔뻔한" 행동이라는 말인가? 분명히 그렇지 않다. 비유의 의미가 통하게 하려고 교회는 틀림없이 비

---

39. 참조, 형용사는 시락 23:6; 26:11; 40:30에, 추상명사는 25:23에 나온다.

40. *Josephus*, trans. and ed. R. Marcus and ed. A. Wikgren (Cambridge: Harvard University Press, 1963), 427(*Ant*. xvii, 119).

41. *Josephus, the Life*, trans. H. St. J. Thackery (London: William Heinemann, 1926), I, 131. 또한 *Wars* i, 224.

유에서 (창피한 줄 모른다는) 부정적인 의미를 없애고 어느 정도 긍정적인 의미가 있는 것으로 바꿔야 할 필요를 느꼈을 것이다. 마침내 거의 보편적으로 받아들인 해답이 "간청함, 끈질김"이었다. 12세기에 이 단어를 "창피한 줄 모름" 대신에 "간청함(끈질김)"으로 이해하는 것이 정착되자, 그리스의 수도사인 유티미우스(Euthymius)는 ἀναίδεια를 τὴν ἐπιμονὴν τῆς αἰτήσεως(텐 에피모넨 테스 아이테세오스, "끈질긴 간구")라고 정의했다.[42] 이런 의미 변화가 언제 어떻게 이루어졌는지 정확히 확인할 수 없으나, 그 변화의 과정은 어느 정도 추적할 수 있다.

라틴어에서 그 변화는 어휘의 바뀜을 수반했다. *Improbitatem*(뻔뻔함, 몰염치)[43]은 점차 *importunitatem*(귀찮게 함, 성가시게 함)[44]에 길을 내주어, 마침내 *importunitatem*이라는 의미가 지배적이 되었다. 콥틱 역에는 두 단어 *las*와 *matlas*가 다 등장한다. 두 단어 모두 일차적으로는 '뻔뻔함, 창피한 줄 모름'을 의미하지만, 부차적으로 '간청함, 끈질김'이라는 의미도 갖는다.[45] 헬라어처럼 콥틱어도 이 본문의 흐름을 고려해서 이 부가적인 의미를, 절대적인 의미로 삼지는 않더라도 주된 의미로 생각하기로 한 것일까? 동일한 내용이 시리아어 *ḥaṣaf*(하사프)에도 해당될까?

아랍어 역본에서는 한결같이 '간청함, 끈질김'으로 번역한다.[46] 그래서 내가 검토한 모든 역본에서는 밤중에 찾아온 친구 비유에 등장하는 부정적인 "뻔뻔함, 창피한 줄 모름"의 문제를 ἀναίδεια의 의미를 '간청함, 끈

---

42. 참조, Bruce, *Synoptic Gospels*, 548. 참고문헌은 제시되지 않음.

43. Old Latin d f i 1 q vg.

44. BF c ff[22] r aur.

45. 카이로에 있는 콥틱연구소(Coptic Institute of Higher Studies)의 카밀(Wahīb G. Kāmil) 교수는 친절하게도 콥틱 역본에 대한 많은 정보를 내게 제공해 주었다. 카밀 교수는 자신이 접할 수 있는 콥틱어로 된 여러 역본들을 일일이 확인했고, 콥틱-아랍어 사전 두 곳(*Qāmūs Qalādiyūs Labīb*, 251; *Qāmūs Kirām*, 151)에서 인용했다.

46. 동시에 11세기의 이븐 알 타이이브는 그의 주석에서 "창피한 줄 모름"(shamelessness)의 의미를 통하게 하려고 고민했다. 참조, Paris Ar. folio 131. 내가 알기로, 이 단어가 등장한 마지막 사례는 이븐 알 아살의 1252년 본문이다. 그는 이 단어를 난외주에 기록했다.

질김'으로 바꿈으로써 해결했다.

문제를 이런 식으로 해결한 것은 문맥적으로, 신학적으로, 언어학적으로, 문체적으로 적당하지 않다. 기도에서 끈질김은 불의한 재판장 비유에서 돋보이는 주요 주제 가운데 하나다. 여인(과부)은 끈질기게 간청(기도)했다. 그 여인은 끈질기게 간청한 결과 마침내 응답을 받았다. 하지만 누가복음 18장의 과부와 다르게, (전통적으로 해석되는 것처럼) 누가복음 11장의 주인공은 즉시 응답을 받는다. 그 응답은 '안 돼!'라는 것이다. "문을 두드리는 사람"이 잠자리에 든 이웃이 일어나 마음을 바꿀 때까지 끈질기게 문을 두드린다고 가정해 보자. 기도에 관한 공관복음의 교훈은 경건한 사람은 응답을 **받을 때까지** 끈질기게 기도해야 한다는 것이다. 하지만 응답을 받았는데, 그 응답이 그의 마음에 들지 않는다면 하나님을 설득해서 그분이 마음을 바꾸게 해야 하는가? 아니면 "하나님의 뜻이 이루어지이다"라고 반응할 것인가? 카두는 하나님이 마음을 바꾸도록 영향을 줄 수 있는 끈질김에 대해 주석하면서 이렇게 언급한다. "오늘날 누군가 이런 의미를 지닌 이와 같은 비유를 말한다면, 그 비유는 세련되지 못하고, 오도하고, 위험하고, 부적절하다고 비판받을 것이다."[47] 사이드는 "끈질김은 하나님이 우리를 긍휼히 여겨 주시도록 만드는 것이 아니라 우리가 하나님이 주시는 복을 받도록 자신을 준비시키는 것"이라고 말함으로써 문제를 피한다.[48] 이것은 훌륭한 신학이 될 수 있으나 의심의 여지가 많은 해석이다. 사이드는 문제의 핵심을 인정했다. 분명한 것은 ἀναίδεια를 "간청함, 끈질김"으로 바꿈으로써 심각한 신학적인 여러 난제가 발생했다는 사실이다.

---

47. Cadoux, *Parables*, 36. 카두는 문제의 핵심을 잘 지적했다. 그가 제시한 해결 방안은 이 비유를 누가복음 문맥으로부터, 그리고 불의한 재판장 비유와의 관련성으로부터 완전히 떼어내는 것이다. 카두는 이 비유의 요점은 윤리적인 교훈이라고 결론을 내린다. 누군가를 위해 다른 사람과의 관계에 무리가 생기는 것은 정당화될 수 있다(Cadoux, *Parables*, 152). 아래에서 보게 되겠지만 이러한 유의 근본적인 수술은 불필요하다.

48. Sa'īd, *Lūqā*, 301.

논란의 여지가 있는 이 단어를 제외하고는, 비유 자체에는 어떤 유형으로도 간청(끈질김)에 대한 기록이 전혀 **없다**.[49] 전통적으로, 사람들은 이웃을 찾아간 사람이 끈질기게 문을 두드렸다고 생각한다. 사실, 빵을 빌리러 간 사람은 문을 두드리지 않았다. 그는 이웃의 이름을 불렀다. 밤에 이웃집의 문을 두드렸다면 이웃은 겁을 먹었을 것이다. 낯선 사람이나 밤에 문을 두드리지, 친구라면 그의 이름을 부른다. 이웃의 이름을 부르면, 이웃은 그 음성을 알아듣고 두려워하지 않을 것이다. 이 비유 뒤에 이어지는 시(11:9-13)는 끈질김과 문을 두드리는 것을 분명히 언급한다. 이 시 때문에 "창피한 줄 모름, 뻔뻔함"에서 "간청함, 끈질김" 주제로 바뀌었을 가능성이 크다. "창피한 줄 모름, 뻔뻔함"이라는 생각은 이 시에서 비유로 흘러들어왔을 것이다. 비유 자체에는 그가 무엇을 고집했다는 말이 없다.

마지막으로, '간청함, 끈질김'이라는 생각은 비유의 두 번째 연의 구조에 맞지 않는다. 문제 해결의 열쇠는 전치사와 명사와 관련된 선행사를 밝히는 데 있다. 분명하게 하기 위해 우리는 이 두 번째 연의 역행 대구법을 주목할 것이다. 이번에는 각 행의 주어에 집중하려 한다.

내가 너희에게 말하노니	**각 행의 주어:**
B 1 비록 (그에게) 주지 아니할지라도	**잠자고 있던 자**
2 일어나서	**잠자고 있던 자**
3 벗 됨을 인하여서는	**잠자고 있던 자**
3′ 그의 ἀναίδεια을 인하여	?
2′ 일어나	**잠자고 있던 자**

49. 많은 라틴어 본문들은 *et se illa persevera verit pulsans*를 첨가했기에 라틴 교부들 중에는 이 사실을 분명히 의식한 사람이 더러 있었다. 참조, c. ff2 i 1 vg[cl]. 화란의 리에주 하모니(Liege Harmony)는 여기서 한 걸음 더 나아가 본문을 이렇게 읽는다. "그는 계속해서 문을 두드리고, 소리를 지른다"(He continues knocking and shouting) (M. Black, *Aramaic Approach*, 291에서 인용). 헬라어의 현재 명령형인 "나를 괴롭게 하지 말라."라는 말은 행동이 이미 시작되었음을 분명히 암시하지만, 이것은 얼마나 오랫동안 그 행동이 진행되었는지에 대해서는 우리에게 아무것도 알려 주지 않는다.

1′ 그 요구대로 주리라[50] **잠자고 있던 자**

둘째 연 전체는 잠자고 있던 사람을 언급하며, 3′행 역시 그에게 적용해야 한다는 것이 분명하다. 논란이 된 단어의 의미가 무엇이든지 간에 이 단어는 침상에 누운 사람에게 적용되지 문 밖에 있는 사람에게 적용되지 않는다. 게다가 이 비유의 첫째 연에서 이 행과 짝을 이루는 행(A-3′)은 잠자고 있던 자가 했음직한 의무 거절의 가능성을 말한다. 여기서 우리는 동일한 사람과 동일한 주제와 관련된 논의를 예상한다. 이런 의미에서, 이 행과 관련된 전통적인 이해에는 두 가지 문제가 있다. 그것은 핵심 단어인 ἀναίδεια를 잘못 번역한 것과 그 단어를 엉뚱한 사람에게 적용한 것이다.

정리하자면, 신학적으로 말해서, 응답을 받은 후에 간청한다는 것은 공관복음의 기도 이해와 부합하지 않는다. 비유에는 도움을 청하기 위한 행동을 반복했다는 기록이 없다. 시적 구조에 의하면 ἀναίδεια는 잠자고 있던 사람에게 적용되어야 한다. 기도를 가르치는 본문에서 "창피한 줄 모름, 뻔뻔함"이 연루된 것은 문제가 있다고 인식되어 왔다. 전통적으로는 이 문제를 해결하기 위해 8절의 해당 단어를 "간청함, 끈질김"으로 읽어 왔다. 이 해결은 불충분하다.

최근 학계에서는 ἀναίδεια가 기본적으로 "창피한 줄 모름, 뻔뻔함"을 의미한다고 인식하고 있다. 이 의미를 채택함으로써 야기되는 문제를 해결하려고 네 가지 방법이 제시되었다.

첫 번째 해결 방법은 '창피한 줄 모름'이라는 번역을 받아들이고 그것

---

50. 벵겔은 문장의 역행적 특성을 주목했다. "단어 배열은 δώσει, ἀναστάς, ἐγερθείς, δώσει 순으로 되어 있다. 그는 비록 **일어나 주지** 않을지라도, … **일어나 주리라**"(Bengel, *Gnomen*, I, 446). 블랙은 이 구절을 접속사 생략(asyndeton)의 예로 이해했다(Black, *Aramaic Approach*, 59). ἀναστάς(아나스타스, "일어나")는 해당 단어 앞에 놓였지만, 시간상 이야기를 시작하는 어구들 뒤에 배치된 것은 자연스럽지 못하다. 이 어색한 구조는 문학적인 균형을 위해 필요했다.

을 이웃을 찾아간 집주인에게 적용하는 경우다. 이 해결책을 선택한 소수의 학자들은 집주인이 뻔뻔스러워서 밤중에 이웃을 찾아갔다고 생각한다.[51] 또 어떤 학자들은 "창피한 줄 모름, 뻔뻔함"을 "간청함"과 결합시킨다. 이웃을 찾아간 사람은 밤에 찾아갔다는 점에서 창피한 줄 모르는 사람이며, 끈질기게 간청했다는 점에서 창피한 줄 모르는 사람이다. 그러고 나서 그들은 ἀναίδεια를 "창피한 줄 모르는 간청"(shameless persistence)이라고 번역한다.[52]

이런 해결 방법의 범위에 속하는 사람들 중에는 "창피한 줄 모름, 뻔뻔함"을 "담대함"(boldness)으로 약화시키고 긍정적인 의미로 바꾼 사람들도 있다. 이러한 의미 변화는 미묘하지만 의미심장하다. 그들은 우리가 기도할 때 하나님께 담대하게 나아가야 하며, 이것은 특히 소심한 이방인 출신 그리스도인들에게 해당하는 중요한 메시지라고 주장한다. 해리스(Harris)는 "이러한 교훈은 유대적 경건의 유산을 받지 못한 이방인 출신의 그리스도인들에게 특히 적절한 것이었다."라고 쓴다.[53]

이러한 해석들로 인해 심각한 문제가 발생했다. 앞에서 언급했듯이 ἀναίδεια라는 단어는 1세기에 간청함이나 끈질김이란 뜻으로는 사용된 예가 없으며, 이 비유 자체에서도 간청함이 전혀 언급되지 않았다. 부정적인 의미인 "창피한 줄 모름"에서 적극적인 의미인 "담대함"으로 의미를 바꾼 것은 창의력은 있지만 전혀 지지를 받지 못한다('담대함'이 본문이 의도했던 내용이었다면, 왜 παρρησία[파레시아, "담대함"]를 사용하지 않았을까?).

두 번째 해결 방법은 팔레스타인 히브리인 출신 그리스도인인 레비슨(Levison)이 제안했다. 그는 ἀναιδής가 "강하게 함"(strengthening) 사상을 담

51. Bengel, *Gnomen*, I, 446; N. Geldenhuys, *Commentary on the Gospel of Luke* (Grand Rapids: Eerdmans, 1951), 326.

52. 참조, Julicher, *Gleichnisreden*, II, 273; B. T. D. Smith, *Parables*, 147; Leaney, *St. Luke*, 187; 그 외에도 많은 사람들이 있다.

53. O. G. Harris, "Prayer in Luke-Acts"(미출판 Ph. D. 논문, Vanderbilt University, 1966), 87-88.

고 있는 'zz와 관련되었다는 사실을 주목한다. 그래서 레비슨은 히브리어 'zz 형태가 헬라어 배후에 있는 것 같다고 제안했다. 그래서 그는 "강하게 함"이 핵심이라고 결론을 내린다. 레비슨은 이렇게 주장한다. "그(잠자고 있던 자)는 찾아온 사람이 자기 친구이기 때문에 일어나서 빵을 주지는 않을 것이다. 그러나 그 친구를 강하게 하거나 기운을 북돋아 주거나 격려하기 위해서는 그렇게 할 것이다."[54] 레비슨은 구체적으로 이 비유가 불의한 재판장 비유와 관련 있음을 부인한다.[55] 이렇게 해서 레비슨은 잠자고 있던 사람을 곤궁에 처한 친구를 배려하는 고상한 마음의 소유자로 만들었다.

잠자고 있던 사람의 성품을 이런 식으로 평가한 것은 극히 의심스럽다. 그가 친구 사이라는 것 때문에는 도움을 주지 않는다면, 어떻게 그가 고귀한 사람이 될 수 있는가? 비유는 그가 사용했음직한 핑계를 암시한다. 우리가 살펴보겠지만, 그는 핑계를 대지 않았다. 예루살렘 여행 기사의 문학적 구조에 비춰 볼 때, 밤중에 찾아온 친구 비유는 특별히 불의한 재판장 비유와 관련이 있다.[56] 재판장은 과부의 요구에 관심을 기울이지 않았으며, 잠자고 있던 사람은 자기를 찾아온 사람에게 관심을 보이지 않았다. 잠자고 있던 사람은 집주인을 좋아하지 않으며, 친구라고 해서 그에게 도움을 베풀지 않는다. 분명한 것은 이 비유에서 우리가 다루고 있는 사람이 고귀하지 못한 성품의 소유자라는 사실이다. 레비슨은 이 비유에서 "간청함"의 문제를 분명하게 인식했다. 하지만 그의 해결은 부적절한 것이라고 판단할 수밖에 없다.

세 번째 해결 방법은 안톤 프리드릭슨(Anton Fridrichsen)이 제안했다. 그는 다음과 같이 썼다.

---

54. N. Levison, "Importunity? A Study of Luke XI. 8," *The Expositor*, Series 9, 3 (1925), 460; 또한 Levison, *Local Setting*, 78-84.

55. Levison, "Importunity?" 459.

56. 본서 132-137쪽을 보라.

> 이 단어[ἀναίδεια]의 의미에 대한 관례적인 모든 설명과 달리, 이 단어는 이 문맥에서 하나의 의미로만 해석될 수 있다. 그 사람[요구를 받은 사람]은 거절하면 **자신**이 창피한 줄 모르는 사람이라는 것이 드러나게 될까 봐 부탁을 들어줄 것이다. 그는 집주인에게 도움을 베풀 것이다. 친구 관계 때문이 아니라, 어떻게 해서든지 이 문제에서나 총체적으로 ἀνὴρ ἀναιδής(아네르 아나이데스, "창피한 줄 모르는 사람")라고 판단을 받지 않으려는 것 때문에 도움을 베풀 것이다.[57]

프리드릭슨은 "창피한 줄 모름"을 부정적인 특성으로 받아들인다. 그는 이 단어를 빵을 빌리러 온 사람이 아니라 잠자고 있던 사람에게 적용한다. 프리드릭슨은 공동체의 압박과 더불어 공동체가 중요하게 생각하고 있는 것을 인식하고 있으며, 잠자고 있던 사람이 창피를 모르는 사람이 아니며, 그러한 사람이 되고 싶지 않다는 것, 그래서 창피를 당하지 않으려고 행동한 것으로 본문의 의미를 이해한다. 그러나 이 방법은 αὐτοῦ(아우투, "그의")를 해결하지 못한다. 만일 잠자고 있던 사람이 "뻔뻔해서" 이렇게 저렇게 행동한 것이라고 본문을 읽는다면 이것은 아주 훌륭한 해결이 되었을 것이다. 그러나 우리는 "그가 창피한 줄 몰라"가 무엇을 뜻하는지 잘 알고 있다. 이 어구는 분명히 잠을 자고 있던 사람이 이미 가지고 있었던 성품이지, 그가 피하고 싶었던 성품을 묘사하는 말이 아니다. 프리드릭슨은 "간청함, 끈질김"의 의미를 거부했고 문제가 되는 단어를 잠자고 있던 자에게 적용해야 한다는 것을 바르게 지적했다. 또한 그는 공동체의 존재를 의식하고 있었다. 하지만 그의 해결책도 부적합하다.

예레미아스는 "간청함"(끈질김)을 거부하지는 않았지만 프리드릭슨의 해결책을 수용했다. 예레미아스는 프리드릭슨을 언급하면서 "자신의 뻔뻔스러움 때문에, 즉 이 문제로 체면이 깎이지 않도록"이라고 설명한

57. A. Fridrichsen, "Exegetisches zum Neuen Testament," *Symbolae Osloensis* 13 (1934), 40; 베일리의 번역임.

다.[58] 여기서의 문제는 예레미아스가 부정적인 의미에서 긍정적인 의미로, 미묘하지만 대단히 중요한 전환을 했다는 사실이다. 그가 프리드릭슨을 인용하면서 "자신의 뻔뻔스러움 때문에"라고 말했을 때, 우리는 어떤 부정적인 특성을 다루고 있다. 여기에 예레미아스가 "이를테면 이 문제로 인해 자기 체면이 깎이지 않도록"이라고 자신의 주석을 붙였을 때 그는 동양인의 삶에서 매우 중요한 긍정적인 특성으로 관심사를 바꾸었다. 이러한 전환은 프리드릭슨에게서도 희미하게 암시되었을 수 있다. 예레미아스는 그것을 분명히 드러냈다. 두 사람이 말한 것을 내가 바르게 이해하고 있다면, 프리드릭슨과 예레미아스가 말한 것은 이런 뜻이다.

> 프리드릭슨: 그는 자신이 가지고 있지 않은, 창피한 줄 몰라 하는 성품을 피하려고 그렇게 행동한다.
>
> 예레미아스: 그는 자신이 가지고 있는 명예를 지키려고 그렇게 행동한다.

당연한 말이지만, 이 두 가지 생각은 동전의 양면에 해당한다. 그럼에도 이러한 전환이 어떻게 해서 발생했는지 우리는 여전히 알 수 없다. 우리는 교부들이 초대 교회 당시에 직면했던 동일한 문제로 돌아가는 것이 좋을 것이다. "창피한 줄 모름"이라는 부정적인 의미가 어떻게 해서 기도를 가르치는 비유에 적절한 긍정적인 특성으로 바뀌었을까? 우리는 예레미아스와 프리드릭슨 모두 올바른 문제를 가지고 씨름했고, 예레미아스가 바른 결론에 도달했다고 확신한다. 이제 우리는 예레미아스가 내린 긍정적인 측면으로 "전환"이 이루어진 증거가 있음을 증명하려 한다.

어떤 언어든지 "d"와 "t"는 언어학적으로 매우 가깝고, 이것은 우리 문제에 대한 가능성 있는 해결책과 관련된다. 서양 사람들은 "d"와 "t"를 발음할 때 혀를 이(齒) 바로 위에 있는 입천장에 대었다 떼면서 발음한다.

---

58. Jeremias, *Parables*, 158.

중동 사람들은 입천장에 혀를 대는 대신 이와 이 사이에 혀를 대었다 뗀다. 이렇게 하면 그 두 소리는 한층 더 비슷해진다. 라이트(Wright)는 치경음(齒莖音)에 관해 설명하면서, "달렛(ד)은 타우(ת)와 종종 바꿔가며 사용되기도 한다. 히브리어의 토르(תור)와 도르(דור), 아랍어 [*tār*]와 [*dār*]를 각각 서로 바꿔 쓸 수 있는 것처럼 말이다"라고 주장한다.[59] 계속해서 라이트는 이렇게 논평한다.

> ד과 ת는 바로 앞에 모음이 놓이면 히브리어와 아람어에서 약간 수정된다. 이런 위치에서 ד과 ת는 각각 영어 that과 think의 th와 거의 유사한 소리를 낸다. … 여기서 내가 지적하고 싶은 것은 우루미아(Urumia, 이란 북서부 아제르바이잔 지역 - 역자 주) 지역의 현대 시리아어에는 ד과 ת가 여전히 남아 있는데 이 두 소리는 발음하기가 어렵고 그 두 소리 사이에는 식별할 수 있는 차이점이 거의 없다는 것이다.[60]

올리리(O'Leary)도 동일한 결론을 내린다.

> 만다이즘어(이라크 남부의 영지주의적 기독교 교도가 사용했던 아람어계의 언어 - 역자 주)에서는 t가 종종 d로 바뀌곤 한다. 아람어에서는 헬라어의 음을 적을 때 이처럼 t를 d로 바꿔 표기하는 것이 매우 일반적이다. 그러나 여기서 기억해야 할 것은 중세 헬라어와 현대 헬라어에서 t는 종종 d처럼 발음된다는 것이다. 그래서 아르타베(ἀρδαβή)=아르다베(ארדבא)다.…[61]

이러한 혼동이 신약성경에서는 누가복음 16:6에 나타나는데, 어떤 사

---

59. W. Wright, *Lectures on the Comparative Grammar of the Semitic Languages* (2nd ed. Amsterdam: Philo Press, 1966), 53.

60. Wright, *Lectures*, 53-55.

61. De Lacy O'Leary, *Comparative Grammar of the Semitic Languages* (London: Kegan Paul, Trench, Trubner, 1923), 55.

본에는 βάτους(바투스)[62]로 되어 있는 반면, 다른 사본에는 βάδους(바두스)로 되어 있다.[63]

이와 동일한 혼동이 누가복음 11:8에서 발생해서 ἀναίδεια가 원래는 ἀναίτιος였을 가능성은 없을까? 만일 그렇다면, 본문은 이렇게 읽힌다. "그는 비난을 받지 않으려고(blamelessness) 일어나 그의 소용대로 주리라." 이것은 예레미아스가 제안한 의미와 정확히 일치하며, 본문이 어떻게 이런 식으로 읽힐 수 있었는지에 대한 이해를 제공한다. 부정적인 측면에서, 누가복음 11:8에는 누가복음 16:6과는 달리 d에서 t로 바뀐 사본상의 증거가 없다. 이런 제안은 쉽게 할 수 있으며 매력적이기도 하지만 매우 주의해서 받아들여야 한다.

다른 대안이 하나 더 남아 있다. ἀναίδεια라는 단어는 어원학적으로 접두사 α(α는 종종 영어의 non이나 un처럼, 명사 앞에 사용되어 그 명사의 부정[否定]이나 부족함을 표현함. - 역자 주)가 붙은 ἀιδώς(아이도스)다. ἀιδώς에는 두 가지 의미가 있다.

① 수치심, 명예심, 자존심 (긍정적인 의미)

② 수치, 스캔들 (부정적인 의미)

헬라어에서 ἀναίδεια는 첫 번째 의미(긍정적인 의미)를 부정하지 두 번째 의미(부정적인 의미)를 부정하지 않는다. 그래서 아래와 같은 도식을 만들 수 있을 것이다.

ἀιδώς	+ 접두사 알파(α)	= ἀναίδεια
의미: 수치심		의미: 수치를 모름
(긍정적인 의미)		(부정적인 의미)

62. P45 B Θ E F G H S V U Ω.

63. P1,22,52 ℵ B C L T Z Δ ψ Origen.

그러나 나의 짧은 지식에 의하면, 셈어에는 부정적인 의미인 "수치"(shame)와 긍정적인 의미인 "수치심"(sense of shame)을 다 망라하는 단어는 없다.

'수치심, 창피'(shame)는 동양 문화에서 일반적으로 대단히 중요한 특성이다. 삶의 어떤 부분은 법이 지배하지만, 대부분의 삶은 개인의 내적인 "수치심"(긍정적인 의미) 때문에 회피하게 되는 "수치"(부정적인 의미)로 인해 통제된다. 수치는 무슨 수를 써서라도 피해야 하는 부정적인 것이다. 반면에, 수치심은 긍정적인 것이며 권장된다. 동양에서 수치 개념의 중요성은 "수치"를 지칭하는 특별한 단어가 있고 "수치심"을 의미하는 단어들과 상당히 다르다는 것에서 부분적으로 알 수 있다.

예레미아스는 "수치심"(*kissuf*)을 지칭하는 비중 있는 셈어 단어 중 하나를 언급한다.[64] 그는 이 단어를 이 비유와 연결하는데, 지금까지 우리가 추론해 오던 것이 옳다면, 예레미아스의 이 견해는 옳다. 우리가 말할 수 있는 것은 이것이다. 아람어를 사용하는 사람에게 "수치"는 절대적으로 부정적인 단어였다. 이 비유를 아람어에서 헬라어로 번역한 사람이 의도했던 것은 다음과 같을 것이다.

ἀιδώς + 접두사 알파(α) = ἀναίδεια

의미: 수치 (부정적인 의미)

의미: 수치스러운 일을 피함 (긍정적인 의미)

영어에서는 동일한 의미 전환을 "비난받을 점이 없는"(blameless)이라는 단어에 적용할 수 있다.

비난(blame) + 부정어 = 비난받을 점이 없는(blameless)

(부정적인 의미) (긍정적인 의미)

64. Jeremias, *Parables*, 158, n. 27.

그러므로 본문에 표현된 내용은 아람어를 문자적으로 번역한 것일 가능성이 많다.[65] 번역자는 부정적인 의미에서 시작하여, 거기에다 알파 접두사를 첨가해서 결국 긍정적인 의미(창피를 당하지 아니함)가 되게 했다. 예레미아스가 제안한 *kissuf*(키수프)는 정확히 "창피를 당하지 않음"이란 뜻이다. 이러한 가능성은 밤중에 찾아온 친구 비유의 문화적인 패턴에 너무도 잘 어울린다. 잠자고 있던 사람은 빵을 빌리러 온 집주인이 식사 대접에 꼭 필요한 것을 여러 이웃에게 빌려야 한다는 것을 알고 있다.[66] 잠자고 있던 사람이 빵 한 덩이밖에 안 되는 하찮은 요구를 거절한다면, 집주인은 그 사람이 별것 아닌 요구마저 들어주지 않으려고 자리에서 일어나지 않았다고 그의 인색함을 사람들에게 계속 알릴 것이다. 그 이야기는 아침이면 온 마을에 다 알려질 것이다. 잠자고 있던 사람은 어디를 가든 "창피하다"는 소리를 듣게 될 것이다. 그래서 그는 "창피를 당하지 않으려고" 자리에서 일어날 것이고 빌리러 온 사람이 무엇을 **원하든 그것을 다** 줄 것이다.

비유의 결론부에 있는 세부 사항은 일반적으로 무시되어 왔는데, 그 내용은 "간청함, 끈질김"이나 "창피한 줄 모름"을 집주인에게 적용해서는 안 된다는 결정적인 증거가 된다. 만일 이웃을 찾아간 사람이 창피한 줄도 모르고 요구하거나 문을 계속 두드리거나 이름을 불러, 잠자고 있던 사람이 내키지 않는 마음으로 일어나 그를 돌려보내려고 그의 요구를

---

65. 여기서 우리가 염두에 두고 있는 것은 아람어로 기록된 원래의 본문이나 아람어 복음서가 아니라, 단순히 그 자료가 문화적으로 팔레스타인적 특성을 지녔다는 사실이다. 이 자료는 그 자료의 중심에 순서대로 아람어 단어와 어구를 상정하고 있다. 참조, Gustav Dalman, *Jesus-Jeshua* (New York: Ktav, 1971, 1929). 몰턴은 "히브리서 저자를 제외하고는, 의식적으로 헬라의 사상과 문체에 주목한 신약성경의 유일한 저자인 누가는 그에게 전달된 아람어 단어와 어구들을 헬라어로 대충 번역했다. 그의 번역이 매끄럽지 못한 까닭은 그 어구들이 특유한 것이라 다듬어서는 안 된다고 생각했기 때문일 것이다." James H. Moulton, *A Grammar of New Testament Greek*, I *Prolegomena* (Edinburgh: T. & T. Clark, 1906, 3rd ed., 1908), 18.

66. 이것은 집주인이 아무 데서도 도움을 얻을 수 없어서 문을 계속 두드릴 수밖에 없었다고 주장하는 율리허의 의견과 상반된다(Jülicher, *Gleichnisreden*, II, 273). 그와는 반대로, 집주인은 그와 사이가 좋지 않은 사람들의 집을 제외하고는 마을의 어느 집에나 갈 수 있었다.

들어줄 수밖에 없었다면, 확신하건대 잠자고 있던 사람은 빵 세 덩이만 주고 **더 이상 아무것도** 주지 않았을 것이다. 화가 났다든지 귀찮아 하는 상황에서 요구를 들어주었다면 그를 찾아온 사람에게 "그 소용대로"(whatever) 주는 일은 없었을 것이다. 그가 빵 이외에 다른 것도 많이 받았다는 것은 전체 상황이 선한 의도에서 이루어졌다는 증거다.

kissuf(키수프)가 이 비유에 사용된 원래 아람어 단어였을 가능성이 크지만, *tam*과 *naqi*도 고려해야 한다. 이 단어들은 앞에 제시된 단어와 동일한 뜻을 지닌 ἄμωμος, ἄμεμπτος, ἀμώμητος, ἀναίτιος와 동일한 어족에 속하는 단어들이다. *naqi*는 아람어 추상명사(*neqqiyuth*)로서 "존경할 만함"(respectability) 또는 "품위"(dignity)를 의미하는데, 이 가능성은 강한 흥미를 불러일으킨다.

이 비유의 신학적 묶음에는 중요한 신학적 주제 두 개가 담겨 있다. 첫째는 **하나님의 속성**을 다룬다. 비유는 원래의 청중/독자에게 이렇게 말한다. "이런 이웃을 찾아갈 때, 모든 상황이 좋지 않다. 때는 밤이다. 이웃은 잠이 들었으며, 문은 잠겼다. 그의 아이들은 자고 있다. 그 사람은 당신을 달가워하지 않는다. **그러나** 당신은 요구한 것보다 더 많은 것을 얻을 것이다. 그 이웃은 늘 한결같은 사람이고 자기 성품에 위배되는 행동을 하지 않기 때문이다. 당신이 기도하는 하나님도 한결같은 분이라서 그분 성품에 위배되지 않게 행동하실 것이다. 아니, 그 이상으로, 그분은 당신을 사랑하신다."[67]

신학적인 묶음에서 두 번째 주제는 **인간의 확신**이다. 여기서 또다시 '**가벼운 쪽에서 무거운 쪽으로 나아가는 원리**'가 작용한다. 밤에 이런 이웃을 찾아갔을 때 우리의 필요가 채워질 수 있다고 확신한다면, 하물

---

67. 20세기 말 서양의 문화적인 전제로는 "명예를 지키는 것"을 하나님께 적합한 덕성으로 이해하기에는 꺼림칙해하는 경향이 있다. 동양의 가치 체계에서 이러한 개념의 중요성을 생각한다면, 오히려 예수님이 이러한 성품을 천부의 주요 품성으로 사용하지 않은 것이 더 이상할 것이다. 각각의 연 중앙은 명예의 문제에 그 절정이 있다.

며 사랑 많으신 아버지에게 우리의 소원을 간구할 때 얼마나 더 큰 확신을 가질 수 있겠는가?

정리하자면, 밤중에 찾아온 친구 비유는 그를 좋아하지 않는 이웃이라도, 또 설사 밤중이라 해도 그의 요구를 존중해 줄 것이라는 사실을 아는 어떤 사람에 관한 동양의 이야기로 이해해야 한다. 비유 이해의 열쇠는 ἀναίδεια라는 단어의 정의다. 이 단어는 과거에 "간청함, 끈질김"이라는 의미로 이해되었다. 그러나 본문에서 이 단어는 적극적인 의미인 "창피를 당하지 않으려고"로 번역하는 것이 더 적절하다. 이 비유 전체의 문학적인 구조에 따르면 이 구절은 잠자고 있던 사람에게 적용해야 한다. 그래서 이 비유는 자신의 명예를 지키고 이웃의 요구를 들어줄 뿐만 아니라 더 많은 것을 줄, 잠자고 있던 사람에 관한 이야기다. 그렇다면, 하나님 앞에서 우리의 간구가 응답되리라는 것을 확신할 수 있는 이유는 훨씬 더 많다.

2. 천부께서 주시는 선물에 관한 비유/시(11:9-13)

이 단락에서 우리는 누가복음 11:9-13이 기억에 남을 만한 세 가지 비교들로 구성된 비유라는 사실을 증명하려 한다. 이 비유는 형식 III의 시(계단식 대구법)로 이루어진 두 개의 연으로 싸여 있다. 이 비유는 혼합된 비유/시 구조이지만, 세 개의 연이 모여서 시 형식 VI과 거의 비슷한 한 단위를 이룬다. 이 시는 복음을 대적하는 사람들을 향해 주신 말씀일 가능성이 높으며, 천부께서 그분의 **모든** 자녀에게 선한 선물을 주신다고 단언한다.

누가복음 11:9-13은 독립된 자료이며 밤중에 찾아온 친구 비유에 속한 것이 아니라고 이해하는 것이 가장 좋다.[68] 이러한 결론을 내리게 된

68. 많은 학자들이 이 사실을 인정한다. 참조, Bultmann, *Tradition*, 324; Jeremias, *Parables*, 90; Jones, *Art*, 141, 149. 존스는 이것을 새로운 비유로 간주하면서 "빵을 구하는 아이" 비

데에는 적어도 네 가지 이유가 있다.

① 누가복음 16:1-13과 11:5-13에서는, 둘 다 비유 다음에 다른 문학적 스타일을 가진 관련 자료가 이어지고, 두 단락은 누가의 독특한 어구인 "내가 또 너희에게 이르노니"로 연결된다.

② 11:5-8과 11:9-13 사이에는 배경과 강조점에 네 가지 특별한 전환이 있다.

③ 비유는 하나의 문학 형식으로 되어 있는 반면에, 9-13절의 형식은 뚜렷이 구별된다.

④ 비유는 제자들을 대상으로 하며, 시는 복음을 대적하는 사람들을 대상으로 한다.

이 내용을 차례로 검토해 보려고 한다.

우리는 이미 매우 특이한 어구인 (동사가 맨 마지막에 등장하는) "너희에게 내가 이르노니"(and to you I say)를 주목했다. 이것 역시 원래 하나의 자료가 아니었던 두 자료를 누군가 하나로 묶으려 한 증거다.

앞의 비유를 뒤에 이어지는 비유/시와 분리해야 하는 두 번째 이유는 11:5-8과 11:9-13 사이의 배경과 강조점의 변화에 있다. 네 개의 구체적인 변화가 눈에 띈다.

① 비유에서는 이웃과 이웃의 관계를 다루고, 시에서는 아버지와 아들의 관계를 다룬다.

② 비유에서는 선한 것을 구했는데 나쁜 것을 받는 사람이 없다. 시에서는 이런 이미지가 반복된다.

③ 비유에서는 간청(끈질김)에 대한 언급이 없다. 우리가 아는 한, 주인공

유라고 명명한다(Jones, *Art*, 141, 149).

은 단 한 번 요구한다. 시에서는 지속적인 행동이 동사들의 현재형으로 암시된다.

④ 비유에서는 친구가 이웃(의 이름)을 **부르지만**, 시에서는 문을 **두드린다**는 이미지가 제시된다.

이 구체적인 이미지와 강조의 변화로 누가복음 11:9-13의 시가 독립된 자료라는 것이 분명해졌다. 이제 11:9-13의 문체를 자세하게 살펴볼 필요가 있다. 다음과 같은 문학적인 구조를 제시하고자 한다.

내가 또 너희에게 이르노니

1 **구하라** 그러면 너희에게 **주실** 것이요

  2 (너희는) 찾으라 그러면 찾아낼 것이요 **2인칭**

    3 문을 두드리라 그러면 너희에게 열릴 것이니

1′ **구하는** 이마다 받을 것이요

  2′ 찾는 이는 찾아낼 것이요 **3인칭**

    3′ 두드리는 이에게는 열릴 것이니라

너희 중에 아버지 된 자로서 누가

A 아들이 떡(빵)을 달라고 **구하는데**

A′ 돌을 **주겠느냐**

B 생선을 달라 하는데 생선 대신에

B′ 뱀을 **주겠느냐**

C 알을 달라 **구하는데**

C′ 전갈을 **주겠느냐**

그러므로

4 너희가 악할지라도 **2인칭**
5 좋은 것을
6 자식에게 **줄 줄** 알거든
4′ 하물며 너희 하늘 아버지께서 **3인칭**
5′ 하늘에서, 성령을
6′ **구하는** 자에게 **주시지** 않겠느냐

버니(Burney)는 첫째 연과 셋째 연을 시라고 밝힌다.[69] 우리는 이에 동의하지만, 첫째 연과 셋째 연이 세 연으로 구성된 시의 바깥을 둘러싸고 있다고 이해한다.

첫째 연은 계단식 대구법의 전형적인 예다. 그 패턴은 '구하라, 찾으라, 두드리라 - 구하는, 찾는, 두드리는'이다.[70] 명령법의 현재시제는 계속적인 행동을 암시하며, 다음과 같이 번역할 수 있다. "계속 구하라. 계속 찾으라. 계속 두드리라." 강조는 "~하는 이마다"(everyone)에 있고, 이는 고대 시리아어에서 강화되었다. 이 어구는 따돌림당하는 사람들을 향한 호소로 이해될 수 있다. 심지어 그들도 구한다면 받을 것이다. 이 시는 복음의 보편성을 변호하기 위해 주어진 말씀일 수 있다. 예수님은 바리새인들에게 이렇게 말씀하셨을 것이다. "구하는 이마다 받을 것이다. 소위 의인뿐만 아니라 죄인이라도 구하면 받는다."[71]

둘째 연에는 사본에 문제가 있다. 네슬-알란트(Nestle-Aland)판 성경과

---

69. Burney, *Poetry*, 67, 82.

70. 고대 시리아어 역본에는 처음 세 행은 각운으로, 두 번째 세 행은 두운으로 이루어졌다. 각각의 행은 "…하는 이마다"라는 반복 어구로 시작한다.

71. 예레미아스는 "구하라"를 강조한 것은 "**거지**의 (구걸) 경험"에서 비롯된 것이라고 추론한다(Jeremias, *Parables*, 159, 강조는 예레미아스의 것). 그보다 이 언어의 배경은 동양의 일반적인 삶이다. 구하는 것은 사회 모든 계층에서 일어나는 삶의 한 부분이다. 예수님은 사회적 경제적 생활에서 일상적으로 주고받는 행위와 관련된 언어를 사용하고 계신다. 중동에서 거지라는 직업은 합법적이고 하나님이 정하신 것으로 인정되지만, 그럼에도 불구하고 그런 처지는 멸시를 받는다. 참조, Sir. 40:28-30; 이런 내용들을 예레미아스는 간과했다(Jeremias, *Parables*, 159, n. 35).

연합성서공회(UBS)에서 발간한 헬라어 성경 모두 비유적 표현을 세 개가 아니라 두 개만 채택했다.[72] 하지만 모든 중요한 사본 계열에 속한 증거들에 따르면 떡과 돌 이미지가 누가의 본문에 포함되어 있었음이 입증되었다.[73] 마태복음 7:7-11에도 여기서 다루고 있는 것과 동일한 시가 있다. 마태복음에는 중앙에 있는 연에 돌-떡, 생선-뱀 등 두 가지 예만 등장한다. 만일 사본상의 이유와 시적 구조에 의거해서 세 개의 비유가 누가의 본문에 포함되었다면, 누가의 본문이 마태의 본문보다 더 길다고 할 수 있다. 이런 경우가 비교적 자주 발견되는 것 같다. 이 연구에서 우리는 누가복음과 마태복음에서 공통되는 자료가 마태복음에 요약된 형태로 등장하는 경우를 두 개 더 살펴볼 것이다.[74]

맨슨은 시의 원래 형태를 물을 경우에는 반드시 "Q" 자료에 대한 논의가 포함되어야 한다고 지적한다.

> 10절의 짧은 세 개의(두 강세를 가진) 행은 9절의 세 행에 대한 대답이다. 본문상의 심각한 문제가 있긴 하지만 삼중 형식은 이어지는 (11, 12절의) 짧은 비유에 연결된다. … 학자들 중에는 이것을 누가의 본문이 마태의 본문에 동화된 것이라고 간주하는 사람들이 많이 있다. 하지만 10절이 누가복음에 원래 있던 것인지를 묻는 질문은 그 본문이 Q 자료에 있던 것인지를 묻는 질문과 구별된다. 일단 누가복음 본문만을 고려한다면, 비유의 요점은 세 개다. 첫 번째는 마태복음(그리고 누가복음?)에 의해 입증되었다. 두 번째는 마태복음과 누가복음에 의해, 세 번째는 누가복음에 의해서만

72. *Novum Testamentum Graece*, ed. Eberhard Nestle and Kurt Aland(editio vicesima quinta, Stuttgart: Württembergische Bibelanstalt, 1964), 181; *The Greek New Testament*, ed. Kurt Aland et al. (2nd ed., Stuttgart: The United Bible Societies, 1968), 256.

73. 알렉산드리아 본문(ℵ L), 가이사랴 본문(Θ), 서방 본문(D^{gr} Sy^{c}), 비잔틴 본문(A E F G H).

74. 마태복음 18:12-14는 누가복음 15:3-10과 병행이고, 마태복음 6:24는 누가복음 16:9-13과 병행이다. 누가복음이 마태복음에 맞추기 위해 확대되었다면, 왜 마태복음은 누가복음과 맞추기 위해 알과 전갈 이미지를 사용해 확대되지 않았는가?

> 입증되었다. 첫 번째 요점이 Q 자료에 있는 것이라는 증거는 적어도 세 번째 요점에 대한 증거만큼 중요하다. 그리고 이 시가 삼중 형식으로 되어 있다는 사실은 본문이 세 가지 내용을 담고 있는 비유(시)라는 증거다.[75]

맨슨은 다른 곳에서도 "첫 번째 복음서 저자(마태)가 즐겨 사용한 요약(abbreviation)"을 잘 설명할 필요가 있음을 지적하면서, "마태가 시 형식을 깨뜨리면서까지 요약하곤 했다."라는 사실을 상기시킨다.[76]

맨슨이 시의 삼중 형식을 언급할 때는 9절에 관해서만 이야기한다. 13절도 삼중 형식을 갖추고 있고 누가복음 16:9-13의 재물에 관한 시 역시 2행 연구로 구성된 세 연으로 이루어졌다는 사실을 주목하면, 맨슨의 지적은 한층 더 힘을 얻는다. 그러므로 문제의 연은 원래 각각 두 개씩 짝을 이루어 등장하는 세 개의 이미지를 갖고 있었다는 사실을 인정할 수 있다.[77]

짝을 이루는 두 행마다 제시된, 서로 대비를 이루는 사항들 간의 특별한 관계에 의문을 제기하는 것은 자연스러운 일이다. 또다시 사이드의 도움이 필요하다. 그는 이렇게 썼다.

> 빵, 생선, 알은 보통 사람의 일상적인 음식이다. … 둥그렇게 생긴 돌은 둥근 빵과 같고(눅 4:3), 일종의 생선이라고 할 수 있는 바다의 뱀과 통상 뱀이라고 하는 육지의 뱀 사이에는 외관상 차이가 거의 없으며, … 온몸을 둥글게 포개고 있는 전갈은 알처럼 보인다.[78]

---

75. Manson, *Sayings*, 81.

76. Manson, *Teaching*, 53.

77. Sy^{s}를 제외한 동양어 역본들은 전부 이중적인 이미지 세 개를 모두 갖고 있다. 고대 시리아어가 헬라어보다 발음상 더 가깝게 연관되어 있다. 이 둘째 연에서는 각각의 경우 둘째 행은 "*lmu*"로 시작하고 "*leb*"로 끝난다.

78. Sa'īd, *Lūqā*, 303.

비숍(Bishop)은 길이가 1.5m에 이르고 육지에서 기어 다니기도 하며 외형이 뱀처럼 생긴, 갈릴리 호수에 서식하고 있는 생선 종류인 바르부트(*Barbut*. 학명 *clarias macamcracanthus*)에 관해 마스터맨(Masterman)의 글을 인용한다. 비숍은 그 생선이 부정한 생선에 속한다고 설명한다.[79] 바르부트가 이 이야기의 "뱀"일 가능성이 높아 보인다. 어부들은 먹을 수 있는 생선과 부정해서 먹을 수 없어 다시 바다로 던져버리는 장어처럼 생긴 물고기를 같이 잡곤 한다. 아들이 생선을 달라고 할 때 아버지가 바다에서 잡은 "뱀"을 아들에게 주겠는가?

본문에 제시된 시각적인 유사성 이외에도 청각적인 유사성의 가능성도 있다. 고대 시리아어에서 앞에 언급한 "생선"은 *nuno*(누노)이며 뱀은 *ḥewyo*(헤위오)다. 가장 오래되고 훌륭한 아랍어 역본 여섯 개에서는 생선을 *ḥūt*(후트)로, 뱀을 *ḥayyah*(하이야)로 번역했다. 뱀을 지칭하는 이 단어는 일반적인 것이지만, *ḥūt*는 생선을 지칭하기 위해서는 거의 사용하지 않는 단어다. 생선을 가리키는 일반적인 단어인 *samak*를 사용하지 않고 *ḥūt*를 사용한 것은 *ḥayyah*(뱀)와 음을 유사하게 하려는 데 목적이 있었던 것이 분명하다.[80]

그러므로 Q 자료와 어쩌면 누가복음에도 두 번째 연에 세 개의 이중 이미지가 있었다는 좋은 증거가 있다. 세 개의 이미지는 짧은 반의 대구법이다. 짝을 이루는 각각의 행에는 동일한 메시지가 담겨 있다. 아들은 틀림없이 아버지에게 받을 것이고, 그것은 선한 선물일 것이다.

세 번째 연에도 사본에 문제가 있지만 이는 다행히도 분명한 시적 구

---

79. Bishop, *Jesus*, 83. 비숍은 E. W. G. Masterman, *Studies in Galilee* (Chicago: University of Chicago Press, 1909), 45에서 인용한다. 또한 Jeremias, *Parables*, 226을 참조하라.

80. 아랍어 역본들은 물론 후대의 것이다. 하지만 번역자들은 틀림없이 그들이 번역하고 있는 시리아어의 언어유희를 감지했거나 당시 아랍어 어휘에 사용된 언어유희를 기억하고 있었을 것이다. Vat. Borg. Ar. 95는 초기 헬라어 사본에서, 같은 자료집의 no. 71은 고대 시리아어 역본에서 번역했다. 두 역본 모두 이 언어유희를 사용했다. 페쉬타에서 번역한 이븐 알 타이이브도 이러한 관련성을 표현한다.

조에 영향을 주지는 않는다.[81]

아른트는 ὁ ἐξ οὐρανοῦ(호 엑스 우라누, "하늘에 있는 이")가 ὁ ἐν οὐρανῷ ἐξ οὐρανοῦ(오 엔 우라노 엑스 우라누)의 축약형이라고 설명한다.[82] 하지만 정관사 ὁ(호)를 생략한 훌륭한 사본의 증거가 있다.[83] 초기 역본들에 보편적으로 나타나는 이러한 읽기 역시 아랍어 역본에 반영되었다.[84] 많은 시리아어 역본과 아랍어 역본에는 정관사 ὁ가 생략된 것이 본문으로 채택되었다. "하물며 아버지께서 하늘로부터 성령을 주시지 않겠느냐"(How much more the father from heaven gives holy spirit). 이로 인해 결과적으로 마지막 연의 마지막 세 행에서 단어의 배열이 약간 바뀌게 된다.

4′ πόσῳ μᾶλλον ὁ πατὴρ

(하물며[더더욱] 아버지께서)

5′ ἐξ οὐρανοῦ δώσει πνεῦμα ἅγιον

(하늘로부터 성령을 주실 것이다)

6′ τοῖς αἰτοῦσιν αὐτόν

(자기에게 구하는 자들에게)

둘째 행은 무척 길다. 그와 동시에 5행은 ἀγαθά 다음에 διδόναι를 배치했다. 그 결과 해당 연의 구조는 다음과 같이 되었다.

4 εἰ οὖν ὑμεῖς πονηροὶ ὑπάρχοντες

---

81. 마태복음 7:11은 선물을 단지 ἀγαθά(좋은 것)이라고만 표기했다. 누가는 이것을 πνεῦμα ἅγιον(성령)으로, 또는 ἀγαθόν δόμα(좋은 선물)나 δόματα ἀγαθά(좋은 선물들)로 바꾸었다. 마태복음의 형태가 좀 더 단순하고 원래의 형태인 것 같다. 누가가 이 단어를 변경한 것은 바알세불 논의로 부드럽게 넘어가려는 상황에서 그렇게 했을 가능성이 높다. 참조, Cadoux, *Parables*, 76.

82. Arndt, *St. Luke*, 298. 아른트는 그의 주장을 입증할 만한 자료를 제시하지 않는다.

83. P^{75} ℵ L X ψ $ita^{2,d,f}$ vg $syr^{c,p}$ $cop^{sa,bo}$ arm geo.

84. 이븐 알 타이이브와 이븐 알 아살 모두 "아버지께서 하늘로부터 주신다."라고 표현했다.

(그러므로 너희가 비록 악할지라도)

5 οἴδατε δόματα ἀγαθὰ

(너희는 알고 있다 좋은 선물을)

6 διδόναι τοῖς τέκνοις ὑμῶν[85]

(너희 자녀들에게 준다는 것을)

4, 5, 6행에 배열된 단어의 순서를 따라 우리는 4′, 5′, 6′행의 원래 아람어에도 "주다"라는 동사가 마지막 행 맨 앞에 있었을 것이라고 조심스럽게 추측할 수 있다. 그렇다면 동사 δώσει(도세이, "줄 것이다")는 마지막 연의 두 단어 앞으로 옮겨야 한다. 맨슨이 운율 때문에 행해진 "경솔한 여러 행위들"이라고 부른 것을 의식하면서,[86] 단어의 순서를 약간 변경한 것에 근거해서 여섯 행을 다음과 같이 배열할 수 있을 것이다.

4 εἰ οὖν ὑμεῖς πονηροὶ ὑπάρχοντες

5 οἴδατε δόματα ἀγαθὰ

6 διδόναι τοῖς τέκνοις ὑμῶν

4′ πόσῳ μᾶλλον ὁ πατὴρ

5′ ἐξ οὐρανοῦ πνεῦμα ἅγιον

6′ δώσει τοῖς αἰτοῦσιν αὐτόν

단어의 순서를 약간 변경하지 않더라도 각각의 연의 균형은 다음과 같

85. 4′, 5′, 6′행에서 동사 "주다"가 비교적 앞에 위치한 것은 셈어의 어순을 따랐다. 그러나 4, 5, 6행 문장에서 동사 "주다"가 비교적 뒤에 위치한 것은 시리아어 역본에서만 그대로 유지되었고, 아랍어에서는 그 위치를 유지하지 않았다. 이것은 시리아어 역본에서는 문장의 정상적인 어순 이외에 다른 이유에서 이 어순이 유지되고 있음을 시사한다. 시적인 균형을 이루려는 데 그 까닭이 있다는 것이 우리의 주장이다. 시적인 의미가 상실되면 셈어의 문장 구조가 점차 두드러지고 마침내 아랍어의 어순으로 나타난다. 5′행에 있는 동사의 위치가 모든 동양어 역본에서 변경되지 않은 채 유지되었다.

86. Manson, *Teaching*, 53.

이 여전히 유지된다.

주는 자(giver)

선물(gift)

받는 자(receiver)

어순의 변동으로 대칭되는 의미의 균형은 더욱 뚜렷해진다.

그러므로 셋째 연 역시 세심하게 구성된 계단식 대구법이다. 우리 주님의 말씀에서 일반적인 "가벼운 쪽에서 무거운 쪽으로 나아가는" 원리(*kal va homer*)가 다시 사용되었다. 주제의 초점이 선물의 특성으로 모인다. 하나님께 구하는 사람은 아버지가 아들에게 주는 선물보다 더 좋은 선물을 받게 된다는 것을 확신할 수 있다.

눈에 띄는 많은 특징이 첫째 연과 마지막 연을 연결시킨다. ABC-A′B′C′ 구조가 두 연에 등장한다. 이것은 수미상관법(inclusio)의 분명한 예이기도 하다. 동사 "구하다"와 "주다"가 1행과 6′행에 등장한다. 두 동사는 중앙에 있는 연의 세 예에서 각각 등장하거나 암시되었다. 그래서 이 두 동사는 매우 예술적인 형태로 전체 시를 하나로 묶는다. "성령"이 편집으로 야기된 변경이라면, 원래의 시에는 좀 더 단순하게 "좋은 것"이라고 되어 있었을 것이다. 원래 아람어에서는 첫째 연의 리듬에 맞추려고 셋째 연의 여섯 행 하나하나를 두 번 강조했을 것이다. 하지만 가장 놀라운 것은 첫째 연의 처음 세 행은 2인칭을 그 대상으로 하고 있다는 사실이다. 각각의 행은 "너희"라고 직접 언급한다. 그러고 난 다음에 1′, 2′, 3′행은 3인칭을 그 대상으로 한다. 2인칭에서 3인칭으로 바뀌는 동일한 현상이 셋째 연에서도 발생한다. 4, 5, 6행은 구체적으로 "너희"를 지칭한다. 그러고 나서 다시 셋째 연의 후반부(4′, 5′, 6′행)는 3인칭으로 바뀐다.

자연히 둘째 연은 절정이 된다. 둘째 연은 각 연의 주요 주제를 생생한 이미지를 사용하여 결합한다. 그 주제는 다음과 같다.

1연 – **모두** 받을 것이다.

2연 – **모두** 받을 것이며, 그 선물은 **좋은** 것일 것이다.

3연 – 그 선물은 **좋은** 것일 것이다.

이 둘째 연의 이미지는 단순하고 두드러진다. 그 이미지들은 잘 구성되어 있어서, 설령 청중이 그중에 하나밖에 기억하지 못한다고 하더라도 그것만으로도 충분하다. 청중은 시 전체의 중요한 강조점 두 개를 얻게 될 것이다.

이제 틀림없이 이런 질문이 제기될 것이다. 이 말씀은 원래 누구를 대상으로 한 것인가? 제자들에게 주신 말씀인가? 아니면 군중에게 주신 말씀인가? 아니면 복음을 대적하는 사람들에게 주신 말씀인가? 문제는 이 시의 도입구인 τίς ἐξ ὑμῶν(너희 중에 누가)에 초점이 모아진다. 예레미아스는 이 어구가 "일반적으로 예수님이 대적자들에게 말씀하실 때 사용하시는 도입구"라고 주장한다.[87] 본문 자체에 예레미아스가 인정하는 것보다 더 광범위한 사용례가 암시되었다. 공관복음서에 등장하는 일곱 가지 예를 다음과 같이 분류할 수 있다.

① 복음을 대적하는 사람들을 대상으로 한 것이 분명한 본문

안식일에 구덩이에 빠진 소(마 12:11과 병행구인 눅 14:5)

잃은 양(눅 15:4)

② 제자들을 대상으로 한 것이 분명한 본문[88]

무익한 종에 관한 말씀(눅 17:7)

---

87. Jeremias, *Parables*, 145.

88. 누가복음 17:7은 예수님 제자들의 경제적인 수준 그 이상을 염두에 둔 것이라고 주장할 수 있지만, 사실은 그렇지 않다. 동양에서는 그럭저럭 먹고사는 가정이라면 누구나 하인(종)을 거느렸다. 중산층 이하의 가정에서도 하인을 둘 만했다. 배 한 척을 소유할 정도의 재산이 있는 사람에게 하인이 한 명 정도 있다는 것은 당연했다. 처음부터 예수님의 첫 제자들이 찢어지게 가난한 사람들이었다는 증거는 없다. 마태복음 6:27 본문은 제자들을 대상으로 하신 말씀이 분명하다.

염려와 들의 백합(마 6:27과 병행구인 눅 12:25)

③ 군중을 대상으로 한 것이 분명한 본문

망대 건축[89](눅 14:28)

사실이 이러하다면, 누가복음 11:5-8과 11:9-13의 경우, 도입구 τίς ἐξ ὑμῶν으로는 이 말씀이 베풀어진 정황이 자동적으로 결정되지 않는다.

이제 이렇게 질문할 수밖에 없다. 이 시가 의도한 청중이 누구인지를 결정하는 것은 가능한가? 내 견해로는, 본문 자체의 내적 증거나 예루살렘 여행 기사의 외적 구조에서 비유의 대상은 제자들이고 시의 대상은 복음을 대적하는 사람들이다. 비유의 대상은 앞에서 논했으니, 이제 시의 대상에 대해 검토해 보기로 하자.

'아버지의 선물'에 대한 시의 경우, 내적 증거는 적대적인 청중을 가리키는 듯하다. 예수님은 청중에게 ὑμεῖς πονηροὶ ὑπάρχοντες(휘메이스 포네로이 휘파르콘테스, "너희가 악할지라도")라고 말씀하시는데, 이는 일반적으로 바리새인들에게 하시던 말씀이다.[90] 대적자들을 가리키는 것이 분명한 어구인 "너희가 악할지라도" 이외에, 첫째 연 전체는 이들과 동일한 대적자들을 지칭하는 것으로 이해하는 것이 최상이다. "구하는 **이마다** 받을

89. 예레미아스가 이 모든 본문을 "무익한 종"이라는 제목으로 이해하려 한 것은 설득력이 없다(Jeremias, *Parables*, 103, 145). 예레미아스는 τίς ἐξ ὑμῶν이 복음을 대적하는 사람들을 대상으로 한 것이라고 주장하면서도 이것이 밤중에 찾아온 친구 비유에 어떻게 적용될 수 있는지는 논의하지 않는다. 그는 이 비유가 하나님이 "곤궁한 자의 부르짖음을 들으시고 그들을 도우러 오시는" 하나님이심을 가르친다고 인정한다(Jeremias, *Parables*, 159).

90. 참조, 마 12:34. 예레미아스는 "2인칭에서 3인칭으로 바뀐" 것 때문에 4-6′행이 논쟁적인 성격을 띠고 있는 것이 분명하다고 주장한다(Jeremias, *Parables*, 144-145). 그의 요지는 이것이다. 예수님은 대적자들을 대상으로 말씀하실 때만 3인칭으로 바꾸셔서 "구하는 **너희에게** 주실 것이요"라는 말을 하지 않으신다는 것이다. 문제는 예레미아스가 첫째 연과 셋째 연의 균형을 맞춘 시적 구조를 주목하지 못했다는 것이다. 앞에서 주목했듯이, 첫째 연에서는 이와 동일하게 2인칭에서 3인칭으로 변경되었다. 하지만 2인칭으로 "구하라 그리하면 너희에게 주실 것이요"라고 말씀하신 행은 "구하는 이마다 받을 것이요"라고 3인칭으로 말씀하시는 행과 균형을 이루고 있음이 분명하다. 그러므로 4-6′행에서 2인칭에서 3인칭으로 바뀐 것은 이 말씀의 원래 독자가 "복음을 대적하는 사람들"임을 입증하는 자료로 사용될 수 없다.

것이요"라는 말은 죄인과 세리들을 영접하고 계신 것을 변호하는 말일 가능성이 높다. 구하라, 찾으라, 두드리라는 권면은, 아직 이런 일을 행하지 않은 사람들에게 예수님이 하시는 말씀인 것처럼 들린다.[91]

앞에서 살펴보았듯이, 예루살렘 여행 기사의 전체 구조에 따르면 누가복음 11:1-13은 18:1-14과 연결된다. 누가복음 18:1-14에서 자료의 편집자는 불의한 재판장 비유가 제자들에게 주신 말씀임을 암시한다.[92] 그 다음에 바리새인과 세리 비유는 분명히 복음을 대적하는 사람들에게 주신 비유다.[93] 누가복음 11:1-13도 동일한 구분을 염두에 두고 편집했을 것이다. 이를테면, 전반부(11:1-8)는 제자들에게, 후반부(11:9-13)는 바리새인인 청중에게 하신 말씀이다.[94] 그러므로 외적 증거뿐만 아니라 내적 증거도 '아버지의 선물'에 대한 시의 대상이 바리새인들임을 암시한다.

밤중에 찾아온 친구 비유에 이어지는 아버지(천부)의 선물에 관한 비

91. 이 시의 경우 청중이 누구인지 정확히 기술하는 것은 거의 불가능하다고 생각해 왔다. 1-3행에는 기도가 응답될 것이라는 확신의 요소가 있다. 이 주제는 복음을 대적하는 사람들이 아니라 제자들에게 가장 적절한 주제다. '확신'이라는 주제는 비유에서 시로 부드럽게 넘어가게 한다. 이와 마찬가지로 종말론 주제가 누가복음 16장의 비유와 시에 동일하게 등장하며, 비유에서 시로 부드럽게 넘어가게 한다. 하지만 누가복음 16장의 시처럼, 누가복음 11장의 이 시를 비유와 연결시키는 '기도 응답의 확신'이라는 주제는 시의 첫째 연에서 다루는 중요한 요지가 아니다. 첫째 연의 요점은 **모든** 사람이 받을 것이라는 데 있다. 고대 시리아어 역본에는 이 "모두"라는 단어가 세 번 반복되었다. 바리새인들은 주의 이름을 부르는 **몇몇 사람들만** 구원을 받을 것이라고 생각했다. 그러나 예수님은 "구하는 이마다 받을 것이다."라고 주장하신다. 이 비유는 바리새인과 세리 비유와 함께 읽으면 유익하다.

92. 누가복음 18:1의 "주제"는 17:22까지 거슬러 올라간다. 더욱이, 비유의 서론과 결론은 제자들을 그 청중으로 지칭한다.

93. 편집자는 누가복음 18:9에서 이 비유를 구체적으로 "자기를 의롭다고 믿고 다른 사람을 멸시하는 자들에게" 말씀하신 것이라고 언급한다. 이 비유는 내적으로 비유의 이러한 상황을 정확히 입증한다. 소외당한 세리의 기도가 응답을 받는다.

94. 예레미아스는 누가복음 11:9-13과 누가복음 18장의 바리새인과 세리 비유의 관계를 주목했다. 누가복음 11:9-13에 대해 예레미아스는 이렇게 쓴다. "예수님이 멸시받는 자들에게 복음을 선포하신다고 대적하는 사람들에게 예수님이 적절한 때에 말씀하신 것으로 볼 수 있다. 세리는 하나님께 기도하고(눅 18:13-14) 하나님께서는 그의 기도를 들으신다. 정말 충격적이다. 하지만 예수님은 대답하신다. '너희 눈은 감겨 하나님의 아버지다운 선하심을 보지 못한다. 너희가 너희 자녀들에게 어떻게 하는지를 생각해 보라. 너희가 악할지라도 너희 자녀에게 좋은 선물을 주리라는 것을 아는데, 어찌하여 하나님이 구하는 자에게 새 시대의 선물을 주신다는 것을 믿으려 하지 않는가?'"(Jeremias, *Parables*, 145).

유/시는 문학적으로 세 개의 연으로 나뉜다. 각각의 연에는 두 개씩 짝을 이루는 세 개의 행이 포함되었다. 이 시는 형식 VI의 시의 구조에 가깝다. 이 시는 복음을 대적하는 사람들을 그 대상으로 하는 것 같다. 비유/시는 아버지에게 구하는 **모든** 사람에게 항상 좋은 선물(성령)을 주시는 은혜로우신 아버지를 극적으로 묘사한다. 이 시는 앞에 있는 비유와 문학적으로, 신학적으로 구별된다. 비유(11:5-8)와 시(11:9-13) 모두 원래 자료에 있었고, 뒤에 등장하는 시가 비유를 주석하는 것으로 이해되어야 한다는 의도 없이 예루살렘 여행 기사의 편집자가 함께 배열한 것임을 의심할 이유는 전혀 없다.[95] 누가복음 16:9-13의 경우에서처럼 전체를 하나로 묶어 주는 밀접한 의미의 상관성을 지닌 시는 틀림없이 시인 한 사람의 마음에서 나왔을 것이다. 팔레스타인 공동체의 한 무명의 시인이 각기 다른 흐름의 전승 자료를 창의력을 발휘해서 하나의 시로 만들었다는 것은 이론적으로 얼마든지 가능하다. 그 저자가 바로 나사렛 예수님일 가능성은 매우 높다.

95. 예레미아스는 누가복음 11:9-13을 "누가가 비유의 적용으로 사용한" 일단의 로기아(예수님의 어록)로 이해하며, 비유의 요점이 "이러한 확대로 말미암아 왜곡되었다"고 생각한다(Jeremias, *Parables*, 105). (누가복음 16:9-13의 경우에서처럼) 시를 비유의 결론으로 읽을 때 왜곡이 발생한다. 누가가 바리새인과 세리 비유를 과부와 재판장 비유의 결론으로 읽기를 의도하지 않은 것이 확실하듯이, 시를 비유의 결론으로 이해하는 것은 편집자의 의도가 아니었다는 것이 분명하다.

7

누가복음 15장[1] 주해

1. 잃은 양과 잃은 동전(15:4-10)

본서 7장에서는 누가복음 15:4-10이 쌍둥이 비유의 형식을 갖춘 하나의 단위이며, 각각의 비유 전반부와 후반부에 문학적인 구조가 있음을 보여 주려 한다. 문학적인 구조를 염두에 두면서 문화적인 요소들을 재검토할 것이다. 먼저 누가복음의 정황을 검토한 후에 잃은 양 비유와 잃은 동전 비유를 살펴보기로 하자.

(1) 누가복음의 정황(15:1-3)

학자들 중에는 잃은 동전, 잃은 양, 잃은 아들 비유의 배경이 되는 정황이 이차적인 것이기는 하지만 역사적으로 정확하다고 생각하는 사람들이 있다.[2] 반면에 예레미아스는 누가복음 15:1-3이 복음서 저자의 원자료에 속하고 그가 편집한 수고의 산물이 아니라고 주장한다.[3] 예레미아스 역시 도입부를 역사적으로 정확한 것으로 이해하고, 그래서 이 세 비유의 삶의 정황은 복음의 제시라기보다는 "복음의 변호와 옹호"다.[4] 예레미아스가 지적한 내용은 2, 3절에 분명하게 확인된다. 예수님은 죄인과 어울리는 것을 변호하시는 분으로서 제시된다. 이 정황이 역사적으로 정

1. 이 장에서 다룰 자료들에 대한 간략하고 대중적인 논의는 Kenneth Bailey, *The Cross and the Prodigal* (St. Louis: Concordia, 1973; 『십자가와 탕자』, 킹덤북스 역간, 2013)을 보라.

2. Dodd, *Parables*, 193; Linnemann, *Parables*, 69.

3. Jeremias, *Parables*, 100.

4. Jeremias, *Parables*, 124.

확하다는 것에 동의할 수 있다면, 그 상황이 일차적인 것인지 아니면 이차적인 것인지는 그다지 중요한 질문이 아니다. 이보다 더 중요한 문제는 식탁 교제의 문화적인 중요성에 관한 질문이다. 이제 이 질문을 검토할 필요가 있다.

세상 어디에서나 식탁 교제는 상대적으로 중요한 문제다. 중동에서는 특히 더 중요하다. 예레미아스는 이렇게 말한다.

> 예수님이 "죄인"과 함께 식사하고 계신 것을 이해하기 위해서는, 중동에서는 심지어 오늘날에도 누군가를 식사에 초대하는 것은 영예라는 것을 인식하는 것이 중요하다. 식사에 초대하는 것은 평화와 신뢰와 형제애와 용서를 제안하는 것이다. 한마디로, 식탁을 함께하는 것은 생명을 나누는 것이다. … 그러므로 예수님이 세리와 죄인과 함께 식사를 하신 것은 … 예수님의 사명과 메시지의 표현이다(막 2:17). 이를테면 그 식사는 마지막 때에 있을 잔치를 예견하는 종말론적인 식사였다(마 8:11과 병행구). 성도들의 공동체는 종말론적인 식사가 이미 시작되었다는 표시다(막 2:19). 식탁 교제로 이루어진 구원 공동체에 죄인이 포함된 것은 하나님의 구원하시는 사랑의 메시지가 가장 의미 있게 표현된 것이다.[5]

오늘날 중동에서는, 과거에도 마찬가지인데, 상류층 사람은 자신의 관대함의 표시로 궁핍한 처지에 있는 사람들에게 얼마든지 먹을 것을 주기도 할 것이다. 하지만 그들과 함께 먹지는 **않는다**. 그런데 손님이 "초대를 받은 것"이라면, 손님을 초대한 사람은 손님과 함께 음식을 먹는다. 식사는 '받아들인다'는 특별한 표시다. 주인은 손님이 반응할 수밖에 없도록 찬사의 말을 장황하게 늘어놓음으로써 그 사실을 확인한다. 예수님은 본문에서 세리 및 죄인과 이러한 사회적인 관계를 맺으신 것으로 제

5. Jeremias, *Theology*, 115-116.

시된다. 바리새인들이 당황했다는 것은 그리 놀랍지 않다.[6]

예수님은 "죄인과 함께 식사를 하셨을" 뿐만 아니라 친히 죄인을 대접하고 계셨을 가능성이 있다. "이 사람이 죄인을 영접하고 음식을 같이 먹는다."라는 비난은 마가복음 2:15, 16과 매우 가까운 병행 구절이다. 마가복음의 본문은 예수님이 사람들을 식사에 초대하셨다고 분명히 언급한다. 누가복음 15:2에서도 동일하게 하셨을 것이다. 누가복음에서는 동사 δέχομαι(데코마이, "영접하다")가 종종 손님 대접(환대, hospitality)을 암시한다.[7] 15:2에 사용된 προσδέχομαι(프로스데코마이)는 단순한 형태(δέχομαι)의 동의어다.[8] 15:2이 의도한 바가 이것이라면, 손님이 동양인의 식사 자리에 초대를 받았다는 점을 고려할 때, 자신을 초대해 준 그 집에 경의를 표하는 것은 매우 중요하다. 앞에서 언급했던, 몇 차례 전통적인 칭찬 순서에 이 사실이 분명히 드러난다. 주인은 손님이 그 집에 표한 경의를 인용하는 것으로 시작한다. 그다음에 손님은 고매한 주인에게 하나님을 기리는 말을 하거나 자기도 이 집에 오게 되어 영광이라는 말을 함으로써 초대에 답한다.

고대 잔치의 증거로 사용하기에는 현대 마을 잔치 풍습이 너무 최근의 것이라고 판단된다 하더라도, 예수님이 죄인을 식사에 **초대하셨다**는 사실은 비공식적으로 죄인과 식사를 하거나, 여리고의 삭개오 경우에서처럼 그들이 초대한 식사에 응하신 것보다도 훨씬 더 바리새인을 매우 화나게 한 사건이라고 확신 있게 말할 수 있다.[9] 그러므로 식사의 주최자

---

6. 랍비의 교훈에는 이런 말이 있다. "지혜자가 말한다. '죄인과 어울리지 말라. 그들을 토라 근처에도 데려오지 말라.'"(*Mechita* 57b on Exod. 18:1; Montefiore, *Rabbinic*, 355에서 인용). 예레미아스는 바리새인들과 관련해서, 바리새인이 아닌 사람에게 식사를 대접하는 것은 "전적으로 금지된 것은 아니지만, 적어도 매우 세심한 규정에 의해 제한되었다."라고 지적한다(Jeremias, *Jerusalem*, 267).

7. 눅 9:5; 9:53; 10:8, 11; 16:4, 9; 22:17.

8. W. Grundmann, *TDNT*, II, 57.

9. 누가복음 15:2과 19:7의 διεγόγγυζον(디공귀존, "수군거리다")이란 단어에 반영되었듯이, 두 행동 모두 바리새인들이 불쾌하게 여겼던 것이 분명하다. 그러나 죄인을 식사에 초대해 대접

이든 손님이든 간에 예수님이 죄인과 함께 식탁 교제를 가지신 것은 바리새인들의 문화적, 신학적 정서를 거스르는 행동이었다. 예수님과 그의 대적자들 모두에게 그 문제의 중요성은 누가복음 15:4-32에서 예수님이 자신의 행동을 충분히 변호한 것에 반영되었다.

한마디로 말해서, 누가복음 15:1-3은 뒤에 이어지는 비유들의 진정한 정황으로 여겨진다. 문제는 예수님이 식사의 초대자로 또는 손님으로 식탁 교제에 죄인을 환영하셨다는 데 있다. 이 문제는 예수님과 그의 대적자들 모두에게 매우 중요하다. 15:4-32의 비유들은 예수님의 행동에 대한 변호다. 이 변호의 첫 부분으로 돌아가자.

(2) 잃은 양 비유(15:4–7)

누가복음 15:4-7은 형식 VI의 시적 구조에 속하는 비유다. 이 본문이 시인지 아니면 단순한 대구법적 산문인지를 결정하려면 더 많은 연구가 필요하다. 이번 연구에서는 세 연으로 구성된 시의 형식이 사용된 것을 주목하긴 했지만 대구법적 산문이라는 가정하에 연구를 진행하려 한다. 이 단락에서 우리는 비유의 구조와 그 구조와 관련이 있는 문화적 요소들을 검토할 것이다. 그러고 나서 이 두 측면에 비추어 비유의 신학을 이해하려 한다.

3연 형식에서 첫째 연은 의미상 셋째 연과 관련이 있고, 둘째 연은 가끔 바깥쪽에 있는 두 연과 전혀 다른 시의 구조를 사용한다. 비유의 구조는 다음과 같다.

A **너희** 중에 어떤 사람이 양 백 마리가 있는데

B 그중의 **하나**(*ḥadh*)를 잃으면

C **아흔아홉** 마리를 들에 두고

하는 것이 그들을 더 화나게 했을 것이다.

1 그 **잃은** 것을

2 **찾아내기까지 찾아다니지** 아니하겠느냐 또 **찾아낸**즉

3 **즐거워**(*ḥedhwa*) 어깨에 메고

4 **집에** 와서

그 **벗**과 이웃을 불러 모으고

3′ 말하되 나와 함께 **즐기자**(*ḥedhwa*)

2′ 나의 양을 **찾아내었노라** 하리라

1′ **잃은**

A′ 내가 **너희**에게 이르노니 하늘에서는

더 큰 **기쁨**(*ḥedhwa*)이 있으리라

B′ 죄인 **한 사람**이(*ḥadh*)

회개하면

C′ 의인 **아흔아홉**으로 말미암아

회개할 것 없는

병행되는 행들 간의 의미의 상관성은 다음과 같다.

A 너희 중에 어떤 사람이(청중에게 직접 말함)

B 하나

C 아흔아홉

1 잃음

2 찾음

3 즐거워함(기뻐함)

4 회복

3′ 즐거워함(기뻐함)

2′ 찾음

1′ 잃음

A′ 내가 너희에게 이르노니(청중에게 직접 말함)

B′ 하나

C′ 아흔아홉

이러한 시적 구조에 대해서는 이전에 알려진 바가 없지만, 대개 비유에는 이런 문학 형식이 존재한다는 것이 주목을 받았다. 존스는 "사상의 운율"(thought-rhyme) 또는 "자음의 조화"(kolometric harmony, 모음을 제외하고 자음만으로 두 단어의 관계를 설명하는 것 - 역자 주)를 언급하면서 이 비유를 그러한 방법의 한 예로 제시했다.[10] 스미스는 그리스도의 비유에 나타난 "대구법과 공식 어구들"에 대한 애정과 "도식화"의 경향을 논했다.[11] 기블린은 최근의 한 논문에서 누가복음 15장을 이와 동일한 관점에서 접근했다. 그는 다음의 사실을 주목한다.

> 문학적 구조를 자세히 살펴보면 제시된 작품의 신학적인 최종성이 드러난다. 누가복음 15장처럼 비교적 크고 잘 다듬어진 본문에 나타난 어떤 구조적인 요소들의 상호 관련성은 그 본문 전체의 구성적 특성을 연구하는 사람에게 흥미롭고 유익한 신학적인 통찰을 많이 열어 줄 것이다.[12]

기블린은 잃은 양과 잃은 동전 비유의 구조를 자신만의 방법으로 분석해서 제시한다. 그는 이 본문에 "놀랄 만한 대구법 구조"가 있다고 논평했다.[13] 그러므로 앞에 제시한 문학 구조는 다른 여러 연구에서 밝혀진 내용과 일치한다.

---

10. Jones, *Art*, 73-75. 일반적인 철자는 "colometric"이다.

11. B. T. D. Smith, *Parables*, 37.

12. Giblin, "Luke 15," 18.

13. Giblin, "Luke 15," 19. 기블린은 잃은 양 비유와 잃은 동전 비유 사이의 대구법에 초점을 맞춘다. 대구법이 존재하는 것은 확실하다. 역행 대구법이 더 정확하고 더 중요하다는 것이 나의 견해다.

잃은 양 비유의 구조 자체는 누가복음 11:9-13과 비슷하다. 두 단락 모두 세 연으로 구성되었다. 두 단락 모두 첫째 연은 약간 다른 형식으로 셋째 연에서 반영된다. 두 단락에서 바깥쪽의 두 연은 계단식 대구법을 사용한다. 두 비유에서 첫째 연과 셋째 연은 "너희에게"라는 직접적인 언급으로 시작한다. 두 단락의 바깥쪽 두 연에서 세 개의 의미 단위가 부각된다. 두 단락에서 바깥쪽의 두 연과 구별되는 중앙의 연에는 시적 장치가 사용되었다. 각 단락 모두 절정은 중앙에 있다.

그와 동시에 다른 점도 몇 개 있다. 잃은 양 비유에서는 바깥쪽의 두 연은 이중 구조가 아니다. 중앙에는 병행법이기보다는 역행된 의미 단위들이 있다.[14] 중앙에는 여섯 개가 아니라 일곱 개의 의미 단위가 등장한다. 이와 같은 다양함에도 불구하고 비유의 전체 구조에서 잃은 양 비유는 구조상 누가복음 16:9-13과 11:9-13과 동일하다.

첫째 연과 셋째 연을 이어 주는 **너희, 하나, 아흔아홉** 사이의 의미론적인 관련은 더 이상 설명할 필요가 없을 것이다. 의미론적인 연관성 이외에도 이 두 연을 함께 연결하려는 언어유희가 눈에 띈다.

매튜 블랙(Mattew Black)은 이 비유의 근원이 되는 아람어인 "하나"(*ḥadh*)와 "기뻐함"(*ḥedhwa*) 사이의 말장난(pun 또는 paronomasia)에 주목한다.[15] 비슷하게 들리는 두 단어는 비유 전체를 관통하며, 세 연의 통일성을 강화한다. *ḥadh*(하드)는 첫째 연에 등장하며, *ḥedhwa*(헤드와. "기뻐함")는 둘째 연에, 그리고 두 단어 모두 셋째 연에 등장한다. 더욱이, *ḥedhwa*는 시의 절정인 중앙에도 등장한다. 그래서 바깥쪽의 두 연은 의미론적이고 청각적인 상관관계로 연결된다.

이 사실은 중앙에 있는 연을 고찰하는 것으로 자연스럽게 이어진다.

---

14. 중앙에 있는 연에 역행 대구법이 있는, 세 연으로 이루어진 구조가 누가복음 16:9-13에서 관찰된다.

15. Black, *Aramaic Approach*, 184. 아람어로 된 7절에는 다음과 같은 내용이 포함되었을 것이다. "'*ḥadh*'보다 더 '*ḥedhwa*' 하리라.…" 블랙은 너무 희미해서 설득력이 떨어지는 다른 시적 연관어들을 같은 단락에서 언급한다.

예수님의 비유는 그 자연스러움과 삶의 모습을 잘 보여 주는 것으로 유명하다. 아르키메데스 이전과 이후 어떤 것을 발견한 사람은 "내가 발견했다(유레카)!"라고 소리쳤다. 비유에 등장하는 목자는 이 상황에서 "내가 내 양을 찾았다."라고 말하는 것이 자연스러울 것이다. 그러나 비유에는 이러한 외침 대신에, 비유의 중앙에 대구법적 형식과 "찾았을 때(회복)의 기쁨"의 절정을 채울, 누가 보더라도 사상의 역전을 준비하려고 구성된, 길고 약간은 부자연스러운 진술이 나온다. 이제 중앙의 연을 면밀히 고찰하려 한다.

매튜 블랙은 "셈어의 시 형식"[16]을 다루는 장에서 행과 행 사이에 눈에 띄는 시적 연관성을 가지고 있는 고대 시리아어로 된 일련의 본문을 언급한다. 그는 이 고대 시리아어 본문이 "원래 아람어를 정확히 번역한 것"일 수 있다고 생각한다.[17] 누가복음 15:6에서 시의 중앙부는 블랙이 제시한 또 다른 예다. 고대 시리아어 역본에서 중앙부의 내용은 다음과 같다.

wa'eto lebayteh(와에토 레바이테)
waqro lerohmaohi(와크로 레로흐마오히)

본문은 두 행 사이의 밀접한 문법적 · 청각적 관련성을 보여 준다.[18] 더욱이, 고대 시리아어에서는 C′행과 B′행에 이중적인 청각적 운율이 들어

16. Black, *Aramaic Approach*, 143-185.

17. Black, *Aramaic Approach*, 159.

18. 헬라어 본문에는 둘째 행이 시작되는 곳에 접속사 καί(카이)가 없다. 고대 시리아어 역, 페쉬타 역, 그리고 대부분의 아랍어 역에는 분명히 계사(copula)가 존재한다. 헬라어 본문에 있는 첨가어인 "이웃"은 구조에 방해가 된다. 알렉산드리아 계열에 속하는 P75와 가이사랴 본문에 속하는 Θ 사본은 이 단어를 생략했다. 이 단어는 잃은 동전 비유에서 흘러들어왔을 수 있다. 터너(Turner)는 본문의 시적 구조가 "본문 비평에 도움이 되는" 경우가 종종 있다고 지적한다. 참조, Nigel Turner, *Syntax*, Vol. III of James H. Moulton, *A Grammar of New Testament Greek* (Edinburgh: T. & T. Clark, 1963), 346.

있다.[19]

이 단락에서 논의한 구조적인 요소들을 요약하면, 잃은 양 비유에는 형식 VI의 구조가 사용되었다. 이 비유에는 의미론적인 연관성뿐만 아니라 강한 청각적 연관성이 존재한다. 역행 대구법과 계단식 대구법 둘 다 사용되었다. 비유의 절정은 "찾은(회복) 후의 기쁨"에 있으며, 이것은 대구법적 구조와 "하나"와 "기쁨"이라는 두 단어에 나타난 운율로 부각된다. 이 사실로 인해 우리는 이 비유의 문화적인 측면을 고찰할 필요를 느낀다.

바리새인들을 상대로 목자에 관한 비유를 말한다는 것은 특별한 문제가 있다. 모세는 목자로 인정을 받았다. 출애굽에 관한 미드라쉬에는 잃은 아이를 찾으러 나가서 하나님께 이스라엘을 인도할 것이라는 음성을 들은 모세 이야기가 기록되어 있다.[20] 에스겔서에는 왕들이 목자로 언급되었으며(겔 34장), 하나님 자신도 목자로 인식되었다(시 23편). 그러므로 목자 이미지는 고귀한 상징이었다. 이와는 대조적으로, 1세기에 양을 몰고 이곳저곳으로 옮겨 다니는 목자라는 직업을 가진 사람들은 분명히 **암 하아레취**(*'am ha'areṣ*, "땅의 사람들")였고 부정한 사람들이었다. 바리새인들에게 "죄인"은 율법을 지키지 않는 부도덕한 사람이든지, 금지된 직업에 종사하는 사람들을 의미했다. 그중에는 양을 치는 사람도 포함되었다.[21] 데렛은 실제로 목자들을 멸시하지만 알레고리에서는 그들을 인정한 것에 모순이 있음을 발견하고 이렇게 썼다.

> 알레고리를 말하는 사람들의 눈에는 목자라는 직업이 선망의 대상이 되는

---

19. 그 내용은 다음과 같다.
    ḥedaw 'ammi(헤다우 암미)
    deshekḥt 'erbi(데쉐크트 에르비)

20. Midrash on Exodus, *Shemoth Rabba* iii. 1, Oesterley, *Jewish Background*, 181에서 인용.

21. Jeremias, *Parables*, 132; *Jerusalem*, 304. 랍비들이 금지한 직업 목록에 양치기가 두 번 등장한다. "대부분의 경우 양치기들은 정직하지 않고 도둑질한다. 그들은 자기 양 떼를 다른 사람의 땅에서 먹이고 … 양의 새끼를 빼돌린다."(Jeremias, *Jerusalem*, 305; 또한 310-311).

> 직업으로 비춰질 수 있다고 해도, 목자는 그의 양에게 사유 재산(풀과 같은)을 먹이는 일 때문에 사회적으로 멸시를 받았다.[22]

랍비들이 구약의 목자들을 존경하면서도 이웃의 양을 치는 목자를 어떻게 멸시했는지 알기는 어렵지만, 실제로 그랬던 것 같다.

이 비유가 바리새인들을 대상으로 주신 것임을 인정한다면(눅 15:1-3), 이 비유는 바리새인들의 정서에 충격을 주는 말로 시작한다. 목자를 부정한 사람이라고 믿는 사람은 누군가 자신을 목자라고 부른다면 자연히 불쾌할 것이다. 그런데, 예수님은 "**너희** 중에 어떤 사람이 양 백 마리가 있는데 … 두고… 아니하느냐?"라고 말문을 여셨다. 그러므로 이것은 금지된 직업에 대한 바리새인들의 태도에 간접적이긴 하지만 매우 강한 공격을 가한 것으로 이해할 수 있다. 예수님이 이 문제와 관련하여 바리새인들의 감정을 존중히 여기신다는 것을 보이시려면 이런 말로 비유를 시작하셨어야 한다. "너희 중에 어떤 사람이 양 백 마리가 있는데, 그가 고용한 목자가 양 한 마리를 잃어버렸다는 말을 듣는다면, 그 목자를 불러서 양을 찾으라고 명령하고, 찾지 못했을 경우에는 변상하라고 요구하지 않겠는가?"[23] 그런데, 바리새인 중에 어떤 경우일지라도 목자의 일을 하려는 사람이 있을지 심각하게 의문을 제기할 수 있다. 그러므로 바리새인을 목자로 언급하기로 결정한 것은 문화적으로나 신학적으로 무척 중요한 결정이다.[24]

---

22. Derrett, "Prodigal Son," 66, n. 1.

23. 현대의 그리스도인은 라합에게 관대한 감정을 가지고 있다. 그러나 한 설교자가 설교를 시작하면서 "자, 여기에 계신 자매님들 중 한 분이 (라합과 같은) 그런 일을 하신다면…"이라고 말하면 교인들은 화를 낼 것이다.

24. 동양에서 사회적 신분을 어떤 특정한 직업과 동일시하는 것은 매우 심각한 문제다. 1930년대 시나이의 영국 총독을 지낸 자르비스 시장(Major Jarvis)은 엄격한 계급 차별을 주목했다. 낙타를 모는 사람은 자신이 어부로 알려지지 않도록 매우 조심했다. 만일 자기가 낚시하는 모습을 다른 사람이 본다면, 그는 자신이 어부가 **아니라** 낙타를 모는 사람이라고 설명하고는 했다(C. S. Jarvis, *Desert and Delta* [London: John Murray, 1938], 217; *idem*, *Three Deserts* [London: John Murray, 1936], 여러 곳에 언급되었음).

또 다른 문화적 요인을 고찰할 필요가 있다. 본문은 "너희 중에 어떤 사람이 양 백 마리가 있는데"라고 말한다. 시리아어나 아랍어와 마찬가지로 아람어는 "소유하다"(to have)라는 동사가 없다. 그래서 헬라어 ἔχων(에콘, "have")은 모든 동양어 역본에서 *lah*(라)로 번역되었다.[25] 팔레스타인, 시리아, 레바논의 목자인 내 친구들은 한결같이 백 마리 양을 소유할 만큼 부자인 사람이라면 목자를 고용하든지 아니면 친척 중에서 생활이 다소 넉넉하지 못한 사람에게 양을 치게 한다고 말한다. 평균적으로 한 가정에 다섯 마리에서 열다섯 마리의 가축이 있다. 많은 가정이 함께 목자 한 사람을 고용하기도 한다. 목자는 가축 중 일부를 소유할 수도 있고, 가족의 일원일 수도 있다. 그래서 약 40마리의 적은 무리를 돌보는 경우라면, 그 무리를 인도하는 목자는 단독 소유자일 것이다.[26] 양 백 마리를 치는 경우라면, 목자는 그 양들의 단독 소유자가 아닐 가능성이 많다. 신약성경에서 의문문에 사용된 동사(ἔχω)는 "책임을 맡다"(hold in one's charge)라는 의미가 있다.[27] 그래서 "양 백 마리가 있는데(have)"라는 말은 "양 백 마리를 돌볼 책임이 있는데"를 의미하고, 반드시 양 백 마리를 **소유한** 것을 의미하지는 않는다.

그렇다고 해서 이 말이 비유에 등장하는 목자가 "고용인"이라는 의미는 아니다. 대가족이 양이 소유하고 있다. 목자는 "고용된 사람"도 아니고 "남(타인)"도 아니다.[28] 목자는 대가족의 일원이며, 자연히 모든 가족에

1958-1959년에 이집트의 외딴 마을인 델 알바르샤에서 나는 벽돌 만드는 기계를 그 마을에 소개하려 했다. 그들은 아직도 모세 시대와 동일한 방법으로 벽돌을 만들고 있었다. 진흙 벽돌로 세워진 벽은 기껏해야 2, 3년 정도 버티다가 금이 가고 무너져 버린다. 기계로 만든 벽돌은 다섯 배나 더 강하다. 마을의 젊은이들은 고생을 하지 않아도 되고 벽돌 파는 가게까지 생길 것이라고 확신했는데, 이 계획은 완전히 실패했다. 벽돌을 만드는 사람은 농부보다 더 낮은 계급이었기 때문이다.

25. 이 언어들에는 "소유하다"(to own)라는 동사가 있다. 이 역본에서는 그 동사가 사용되지 않았다.

26. 이 적은 양 떼는 요한복음 10:11의 배경일 것이다.

27. Bauer-A., G., *Lexicon*, 33b.

28. 참조, 요 10:11.

게 책임을 느낀다. 어떤 손실이든 가족 모두의 손실이다. 이러한 문화를 이해하면, 비유의 중앙에 반영된 **공동체**의 기쁨이 분명해진다. 한마디로 말해서, 양 한 마리를 잃는다면 대가족 모두에게 손실이다. 잃은 양을 찾으면, 가족 전체가 기뻐한다. 비유에서 "기뻐한다"는 내용 역시 더 설명할 필요가 있다.

구조적으로 비유/시는 청중/독자에게 목자가 두 번 기뻐했다고 알려준다. 한 번은 양을 찾았을 때(3행)이고, 두 번째는 마을로 돌아와 공동체와 함께 기뻐할 때(3′행)다. 첫 번째 기뻐한 경우는 주목할 만하다. 상부 갈릴리에 있는 내 목자 친구들은 스툴뮬러(Stuhlmueller)의 통찰이 옳다고 확인해 준다. "길을 잃었던 양은 무기력하게 앉아서 꼼짝도 하지 않는다. 목자는 먼 거리를 그 양을 안고 돌아와야 한다."[29] 놀랍게도 이 목자는 자기가 해야 할, 양을 되찾아 와야 하는 힘든 일(the burden of restoration)을 하면서도 **기뻐한다**. 잃은 양 비유에서는 바로 이 주제가 부각되고, 두 번째 비유에서는 이 주제가 완전히 사라진다. 이 주제는 15:11-32에 다시 등장한다.[30] 사이드는 양을 어깨에 메고 오는 목자가 "자기 앞에 놓인 고된 일을 알고 있다."라는 사실을 주목한다.[31] 회복의 수고(the burden of restoration)라는 이 주제를 주목하는 것이 중요하다. 이 이야기는 양을 찾는 것으로 끝나지 않는다. 양을 찾았다면, 그 양은 회복되어야만 한다. 둘째 연 중앙, 그래서 전체 시의 절정에 수고가 암시되고 기쁨이 분명하게 표현된다.

중요하지는 않지만 의미심장한 전환 어구는 양을 잃어버린 목자에 대한 언급이다. 청중/독자는 목자에게 비난받을 만한 잘못이 없음을 암시하는 "양이 길을 잃었다면"이라는 수동태를 예상한다.[32] 그러나 그가 목

29. Stuhlmueller, *Luke*, 148.

30. Goebel, *Parables*, 198.

31. Sa'īd, *Lūqā*, 294.

32. 중동 전역에서 구어는 이 문제와 관련하여 공통적이다. 당사자나 제삼자로부터 어떤 사고

자로서의 의무를 게을리했다는 추론이 분명히 가능하다. 그는 양을 "잃어버린다(lose)." 여기에 사용된 동사는 부정과거 능동태 분사다.

더 심각한 문제는 "**들**에"라는 말에 있다(눅 15:4). 목자는 양 떼를 "들에, 즉 광야에"(in the wilderness) 둔다. 그러고 나서 목자는 잃은 양을 그의 어깨에 메고 "집으로" 돌아왔다. 비유에는 자세하게 언급되지 않았지만, 그것만으로도 당시의 상황을 재구성하기에 충분하다. 이곳저곳을 옮겨 다니는 부족들은 밤에 양들을 벌판에 놔두고 지킨다. 목초지 변방에 살고 있는 농부들은 매일 해 질 무렵에 양들을 집 울타리 안으로 데려간다. 비유에 "집"이라고 언급된 것으로 보아 우리가 다루고 있는 목자는 농부인 목자들이 분명하다. 레비슨은 이렇게 썼다.

> 시리아, 팔레스타인, 또는 메소포타미아에서 양 무리를 한 사람이 돌보는 것을 나는 본 적이 없다. 두 명, 심지어 세 명의 목자를 고용하는 것이 관례다. 양 한 마리를 잃으면 목자 한 명은 그 양을 찾아 나서고, 다른 목자는 남은 양 떼를 집으로 데려간다. 집에 도착하면 이웃 사람들은 목자 한 명이 없는 것을 금세 알아차리거나 그 상황 설명을 들을 것이다. 양이 없어졌을 가능성은 차치해 두고라도 사람의 안전이 달린 문제이기 때문이다. 들짐승이라도 만나게 되면 막대기와 물매만 가지고 홀로 있는 목자는

나 불행한 일이 일어났다는 소식을 들으면, 화자는 그 이야기에 등장하는 사람을 고의로 비난하고 싶은 경우가 아니라면 늘 수동태를 사용한다. 한 예로, 기차를 놓친 사람은 "내가 기차를 놓쳤다."(I missed the train.)라고 말하기보다는 "기차가 내게서 떠났다."(The train went from me.)라고 말한다. 학생의 경우에는 "내가 연필을 잃어버렸다."라고 말하지 않고 "연필이 나를 떠났다"(The pencil went from me)라고 말한다. 웨이터는 "내가 접시를 떨어뜨렸다."라고 말하지 않고 "접시가 떨어졌다."라고 말한다. 잃은 양 비유는 누가복음뿐 아니라 마태복음에도 등장한다. 마태복음에는 이러한 패턴이 예상되는 말이 반영되었다. "그중의 하나가 길을 잃었으면"(If one of them goes astray, 마 18:12). 이것이 정상적인 표현이다. 누가복음의 본문은 **의도적으로** 목자를 비난한다. 이것은 매우 충격적이며, 예수님이 바리새인에게 말씀하고 계시다는 점에서 비유의 원래 정황을 반영했을 가능성이 높다(더 자세한 내용은 다음에 논의할 것이다). 비유에서 바리새인들은 자신을 목자와 동일시해야 했다. 그들이 그렇게 한다면, 바리새인들은 돌아다니는 양들을 잃어버린 책임이 자신들에게 있음을 알게 된다.

> 아주 위험한 곤경에 빠질 수도 있다. 그러므로 잃은 양을 찾아 집으로 데려오는 일은 공동체가 매우 감사해야 할 일이다.[33]

그렇다면, 본문의 의미는 "양 떼가 아직 광야에 있는데 목자는 양 떼를 떠났다."라는 것이다. 요점은, 양들이 (마을로 돌아온 후가 아니라) 아직 광야에 있을 때 한 목자가 양의 수를 세었고, 한 마리가 없어진 것을 알자 그는 자연스럽게 다른 목자에게 양들을 마을로 데리고 가라고 부탁하고는 양들을 "광야에" 두고 길을 떠났다는 것이다.[34] 양을 광야에 남겨 두었다는 것을 이야기의 진정성을 의심할 만한 요소로 이해해서는 안 된다. 그와 동시에 아흔아홉 마리가 뒷전에 남겨졌다는 점을 주목할 필요가 있다. 우리는 우리가 읽고 싶은 것을 추정하려는 경향이 있다. 하지만 본문

---

33. Levison, *Local Setting*, 152-153. 리바니도 목자와 그의 조수를 다룬다(Rihbany, *Syrian*, 300). 나는 레비슨과 리바니 모두 중동의 마을에서 성장했다는 사실을 다시 떠올린다.

34. 나는 팔레스타인 목자들에게서 양 백 마리를 오랫동안 혼자서 돌볼 수 있는 사람은 없다는 이야기를 들었다. 그에게는 양을 먹일 사료가 없다. 목자는 매일 양을 데리고 밖으로 나가야 한다. (그의 가족과 공동체의 의무이기도 할뿐더러) 1년 365일 동안 완벽한 건강을 유지할 수 있는 사람은 없다.
비숍은 어떤 상황에서도 아무런 보호 장치가 없는 들에 양을 두고 가서는 안 된다고 강조한다(E. F. F. Bishop, "The Parable of the Lost or Wandering Sheep," *ATR* 44 [1962], 50). 톰슨은 목자에 대해 이렇게 기록한다. "목자들은 무력한 양들을 절대 홀로 내버려두지 않는다."(Thomson, *The Land*, I, 299). 동양어 역본은 예외 없이 본문상의 문제가 없다. 만일 본문이 그들이 알고 있는 목자들의 세계와 맞지 않는다면, 그들은 아주 쉽게 "광야에"("들에") 라는 말을 두 단어 앞으로 옮겨 본문을 이렇게 읽었을 것이다. "아흔아홉을 버려둔 채, 그는 광야로 갔다." 이 본문을 동양어 역본은 채택하지 않았다.
비숍(Bishop, "The Parable," 50)은 목자가 양 아흔아홉을 두고 광야로 갔다고 사람들이 추측하는 이유는 마태복음의 비유 저변에 깔려 있는 셈어의 문법 때문이라고 주장한다. 비숍은 누가복음 비유의 경우 약간의 변형을 가하지 않고는 이렇게 읽힐 수 없음을 인정한다. 마태의 비유를 이런 식으로 설명하는 비숍의 이해는 설득력이 없다. 버스비(Bussby)는 아람어 *turah*(투라, "산")가 구전 전승 기간에 *durah*(두라, "울타리")로 혼동되었다는 흥미로운 주장을 내놓았다. 아람 사람들은 'd'를 마치 't'처럼 발음하기 때문에 혼동을 일으킬 수 있다고 언급한 라이트(W. Wright)를 버스비가 인용한다; 참조, F. Bussby, "Did a Shepherd Leave Sheep Upon the Mountain or in the Desert?" *ATR* 45 (1963), 93-94. 이것은 일리가 있는 제안이다. 다만 내가 볼 때 문제는 앞에서도 언급했다시피 동양어 번역은 이 문제를 감지하지 않았다는 사실이다. 시리아 사람들이 알고 있는 양 치는 장면이 헬라어 본문에 어울리지 않는다고 판단했다면 그들은 단어의 순서를 바꾸었을 것이다.

에는 아흔아홉 마리가 마을로 돌아갔다는 기록이 없다. 우리가 아는 바로는 잃은 양은 집으로 돌아왔다. 아흔아홉 마리가 어떻게 됐는지에 대해서는 알지 못한다. 이 문제는 나중에 다시 설명하려 한다.

목자는 공동체와 함께 기뻐한다. 앞에서 주목했듯이, 공동체와 나눈 이 기쁨은 두 가지 요인에 기인하는 것 같다. 첫째, 공동체는 그 목자가 안전하다는 소식을 듣고 기뻐했다. 둘째, 바로 이 친구들과 이웃들이 양 떼의 주인이었을 것이다. 비숍은 "공동체에 손실이 생길까 걱정했던 마을의 친구와 이웃을 초대했다."라고 쓴다.[35] 양을 잃는 것은 공동체의 손실이다. 양을 다시 찾은 것은 모든 이웃에게 기쁨이다. 그런 것처럼, 죄인은 공동체의 손실이다. 그가 회복될 때 공동체 모두 기뻐할 것을 예상하는 것이 자연스럽지, 누가복음 15:2에서처럼 "수군거릴 일"이 아니다.

이 비유의 중요한 문화적인 측면을 이렇게 정리할 수 있다. 예수님은 바리새인들을 목자라고 지칭하심으로써 금지된 직업에 대한 바리새인들의 태도를 공격하기로 결정하셨다. 이야기에 등장하는 목자는 양을 전부 소유한 사람은 아니지만 그렇다고 해서 목자로 고용된 사람도 아니다. 비유에는 기쁨이 두 번 언급되었다. 양을 찾아오는 데 수고로움은 있었으나, 양을 찾았을 때의 기쁨이 있고, 양을 마을까지 성공적으로 데려왔을 때 공동체 전체가 누리는 기쁨이 있다. 양을 잃어버린 책임은 목자에게 있다. 그가 양을 광야에 내버려두고 간 것이 팔레스타인 양치기들의 관습과 아주 어긋나는 것은 아니다.

앞에서 논의한 비유의 구조와 문화적인 요인들의 신학적인 함의를 검토하고 요약하기 전에, 누가복음에 기록된 잃은 양 비유와 이와 비슷한 내용을 담고 있는 마태복음 18:12-14의 비유 간의 관계 문제를 다루는

---

35. Bishop, *Jesus*, 166. Vat. Borg. 71 사본은 "**그들이** 그의 친구와 이웃을 불렀다."라고 읽는다. 이것은 가족과 친한 친구들이 급히 이웃들을 모았음을 암시한다. 이런 식의 해석학적 논평은 공동체적 특성을 반영하며, 다시금 비유의 의미를 이해하는 중대한 정보를 제공한다. 목자는 독립된 개인이 아니라 대가족에 속한 사람이다.

것이 좋을 것 같다. 이 문제를 다루는 것은 누가의 비유가 더 오리지널이라는 것을 입증하려는 데 목적이 있다. 이미 논의한 비유의 시적이고 문화적인 요소를 논의의 초점으로 삼을 것이다.

잃은 양 비유의 누가복음 판과 마태복음 판 중에서 어느 것이 더 오리지널인지의 문제를 두고 학자들의 의견은 상반되게 나타난다. 예레미아스는 마태복음 판이 기독교의 배교자들을 찾으라고 충고하기 위해 기독교 공동체를 대상으로 한 것인 반면에, 누가복음 판은 예수님이 죄인을 용납하신 것을 변호하고 예수님을 대적한 자들의 입장을 공격하기 위한 말씀이라고 주장한다. 예레미아스는 누가의 상황이 분명히 더 오리지널이라고 생각한다.[36] 이와는 반대로 불트만은 누가복음의 "더 잘 짜인 형태"가 마태복음의 더 간결한 기록 다음이라고 확신한다.[37]

에타 린네만은 이 문제와 관련된 모든 논의를 다루면서 불트만의 입장을 따른다. 린네만은 누가의 비유가 이차적인 성격을 지녔음을 증명하려고 시도하면서 다섯 개의 주요 근거를 제시한다.

① 누가복음에는 "찾은즉"이라고 되어 있는 반면에, 마태복음에는 "만일 찾으면"이라고 되어 있다. 린네만은 "만일 …하면"이 더 실제적이고 그래서 더 오리지널이며, 불확실함을 제시함으로써 교회가 이 비유에서 "선한 목자"로 알레고리화했다고 생각한다.

② 누가복음 15:5에서 목자는 양을 그의 어깨에 메었다. 린네만은 이러한 세부 사항이 장식적인 확대라고 주장한다.

③ 목자가 무방비 상태의 양 떼를 들에 버려두고 그의 거처로 돌아올 수는 없다. 누가복음 비유의 이 세부적인 묘사는 신빙성이 없어 보인다.

④ 이웃과 함께 기뻐하는 것은 목자에게 자연스럽지 않다.

---

36. Jeremias, *Parables*, 40. 요한의 목자 이미지 역시 대적자들을 대상으로 한 것이다. 참조, 요 10:6, 19.

37. Bultmann, *Tradition*, 171.

⑤ 누가복음의 결론은 "알레고리적인 해석"이다.[38]

이 다섯 가지 주장을 하나씩 살펴보려 한다.

첫 번째 주장과 관련해서, "찾아낼 때까지" 찾는 것은 당시 얼마든지 있음직한 상황을 보여 준다. 팔레스타인의 목자는 살아 있는 양을 찾아 데려오거나 아니면 자신이 양을 팔아먹지 않았다는 것을 증명하기 위해 유해라도 가져오려고 정말로 "찾아낼 때까지" 찾아다닌다.[39] 더욱이, 이 점에서 마태복음의 비유는 실제로 누가복음의 비유와 잘 어울린다. 마태복음 18:13에는 불변사 ἐάν(에안, "만일")이 사용되었다. 신약성경에서 이 불변사는 종종 "…할 때"(when)에 해당한다.[40] 예를 들어 요한복음 12:32에 "내가 땅에서 들리면(ἐάν)"이라는 언급이 있는데, 여기서 그 단어의 의미는 분명히 "내가 땅에서 들릴 때(when)"이다.[41] 고대 시리아어 역본에도 "만일 …하면"(if)이나 "…할 때"(when)로 번역될 수 있는, 그러나 주로 "…할 때"를 의미하는 마태복음 18:13의 불변사가 사용되었다. 버킷(Burkitt)은 이 문장을 "그리고 그가 양을 찾았을 때"(and at what time he hath found it)라고 번역했다.[42] 그러므로 목자가 양을 "찾아낼 때까지" 찾는 것은 충분

38. Linnemann, *Parables*, 67-70.

39. 참조, 아모스 3:12. 겁에 질린 양은 주저앉아 큰 소리로 끊임없이 울부짖기 때문에, 양을 찾는 것은 불가능하지 않다. 양이 하루 동안 이동한 거리는 그리 많지 않으며, 목자는 부지런하기만 하면 양을 쉽게 찾을 수 있다. 양은 너무 무거워서 들짐승은 양을 멀리까지 끌고 갈 수 없다. 리바니는 자신이 아는 목자 중에 양을 한 번도 잃어버린 적이 없는 목자가 있었다고 이야기해 주었다. 리바니는 "길 잃은 양이 살아 있든지 죽었든지 간에, 선하고 신실한 목자인 유세프(Yousef)는 언제나 그 양을 찾아 우리로 데려왔다."라고 썼다(Rihbany, *Syrian*, 308).

40. Bauer-A., G., *Lexicon*, 210.

41. 참조, 요 14:3; 히 3:7; 요일 2:28.

42. F. C. Burkitt, *Evangelion da-Mepharreshe* (Cambridge: University Press, 1904), I, 103. 페쉬타 역본은 "if"(…하면)로만 해석될 수 있는 분명한 어구로 바꾸었다. 아랍어 역본들은 "if"와 "when"을 모두 의미하는 불변사 *idha*(이드하)를 사용한다. 시리아어의 불변사는 *modi*(모디)다. 콥틱어 복음서인 Thomas Logion 107에는 목자가 "양을 찾을 때까지" 찾는다고 되어 있다.

히 믿을 만한 사실이며, 마태복음 판과 누가복음 판 모두 목자가 양을 찾아낼 때까지 찾아다닌 것을 묘사하는 것으로 이해될 수 있다.

린네만은 누가복음 판이 양을 잃은 책임을 구체적으로 목자에게 묻고 있음을 주목하지 못했다. 수동태로 묘사된 마태복음 판에서는 양을 잃은 책임이 누구에게 있는지 불확실하게 남겨 두었다. 린네만이 주장하듯이, 만일 누가복음 판이 교회의 선한 목자상에 적합하게 알레고리화한 것이라면, 이 알레고리화 작업은 대단히 서툴게 행해진 것이라고 할 수 있다.

누가복음 15:5b은 "(그가) 즐거워 어깨에 메고…"로 읽는다. 린네만은 이 어구를 "장식적인 확대"로 이해한다. 하지만 린네만은 "기쁨" 주제의 반복을 요구하는 비유의 구조를 보지 못했다. 비유의 구조에 의하면, 문제의 어구가 비유가 구성된 이후에 첨가된 것이 아니라는 점이 분명히 드러난다.

그와 동시에 "양을 다시 찾은 기쁨"이 시의 중앙에 등장한다. 양을 다시 찾았다는 사실, 즉 "회복"만이 정중앙에 있고, 이것은 앞뒤로 "기쁨"을 언급하는 구절에 싸여 있다.[43] 그러므로 **기쁨**은 시의 절정에 속한다. 여기서 한 걸음 더 나아가, "하나"와 관련된 언어유희와 함께 "기쁨"이라는 주제가 전체 시-비유에서 분명히 부각된다. 린네만은 율리허의 '비유에서 하나의 요점 찾기' 방식으로 작업했다. 그 한 가지 주제가 바로 '양 한 마리가 아흔아홉 마리보다 더 가치 있다'는 것이라고 판단했기에, 린네만은 자신의 해석학적 원리 때문에 비유의 여러 세부적인 묘사에 나타난 신학적인 의미를 보지 못했다. 그래서 전체 비유의 절정에 속하는 핵심적인 내용을 이후에 첨가된 것으로 쉽게 일축해 버리고 말았다. 비유의 저자가 기쁨이라는 주제를 반복한 것은 단지 문학 형식을 완성시키려고 그런 것이 아니다. "잃으면"이라는 말을 두 번 반복한 것은 신학적인 이

43. 이와 비슷한 방식으로 앞에서 검토한 사도행전 2장 시의 중심에는 십자가와 부활이라는 서로 관련된 두 주제가 있다. 십자가는 정중앙에 있고, 그와 밀접하게 연관된 부활 주제가 이를 둘러싸고 있다.

유 때문이 아니라 예술적인 이유 때문일 것이다. 그러나 "기쁨"은 절정에도 등장하고 비유를 하나로 묶는 언어유희에도 사용되어, 두 번 반복된 기쁨이라는 주제는 예술적으로도 근거가 있을 뿐만 아니라 신학적으로도 의미가 있다. 이 중대한 의미는 잃은 양 비유를 논의하는 마지막 부분에서 간단히 검토할 것이다. 그러므로 린네만이 누가복음 15:5b을 원래 비유의 이차적인 것으로 일축한 것은 비유의 문학 형식을 파괴하고 비유의 절정을 방해하는 것으로 여겨진다.

린네만은 그의 세 번째 주장에서 팔레스타인의 목자는 양을 찾은 후 "집으로" 돌아가지 않는다고 서술한다. 이 입장은 베두인과 농부를 혼동한 것이다. 베두인은 광야(들)에 살고, 밤에 마을로 돌아가지 않는다. 농부인 목자는 매일 저녁 마을에 있는 자기 집으로 양들을 **데려간다**.

목자가 친구들과 함께 기뻐한 것을 "자연스럽지 않다"고 한 린네만의 네 번째 주장은 당시 문화적인 상황을 잘못 판단한 것이다. 마을의 남자들은 거의 매일 저녁 함께 모여 마을에서 일어난 일을 이야기하고, 시를 암송하고, 구전으로 내려오는 이야기들을 나눈다. 잃은 동전 비유에 나오는 여자의 경우처럼, 목자가 친구들을 불러 작은 잔치를 벌인 것은 지극히 자연스럽다.

린네만의 마지막 주장은 누가의 결론이 "알레고리적인 해석"이라는 것이다. 그러나 앞에서 살펴보았듯이, 비유의 마지막 세 행은 시적인 구조에 필요하고, "하나"와 "기쁨"을 아람어 언어유희로 사용하고 있다.[44] 마태복음 판의 잃은 양 비유는 뚜렷한 시적 구조가 없으며, 아람어 언어유희도 사라졌다. 이러한 특징들은 마태복음과 누가복음의 비유를 비교할 때 반드시 고려해야 할 사항이다. 어쨌든지, "알레고리의 암시"가 있다고

44. 존스는 "예수님이 설명적인 결론으로 비유를 '마무리하지' 않았다는 주장은 말도 안 된다."라고 쓴다(Jones, *Art*. 150). 린네만은 결론에 있는 여러 요소가 "은유"(metaphor)가 아니라 "알레고리"라는 사실을 보여 주기 위한 실례를 전혀 제시하지 않았다(Linnemann, *Parables*, 67-70).

해서 본문을 이차적인 것으로 규정지을 필요는 없다.[45] 사실, 누가복음의 비유는 전혀 알레고리라고 할 수 없고, 오히려 상징(symbolism)이라고 할 수 있다. 그러므로 누가복음 15:7에 나타난 소위 알레고리적인 해석에는 시적 구조와 아람어의 언어유희가 필요하다.

마지막으로, 누가복음 판의 잃은 양 비유의 자료가 "Q"(마태와 누가가 함께 사용했다는 가설적인 자료 - 역자 주)인지 아니면 "L"(누가만의 독특한 자료 - 역자 주)인지, 그리고 마태복음 비유와 다른 이유에 관련된 문제는 본 연구의 범위를 벗어난다. 다만 결론적으로 말할 수 있는 것은 현재 우리가 읽고 있는 누가복음의 비유는 언어학적으로, 문화적으로, 문체적으로 신빙성 있게 팔레스타인 상황을 잘 묘사하고 있다는 사실이다. 이 비유는 전승의 가장 초기에 나온 것으로 이해될 수 있으며, 나사렛 예수에게서 기인했을 개연성이 가장 크다.

(3) 신학적인 묶음

이 비유에는 틀림없이 서로 관련된 것으로 생각되는 일련의 주제가 적어도 네 개 있다. 이 주제들이 함께 이 비유의 효과를 만들어 낸다.[46] 이 주제 중에서 어느 하나를 다른 것보다 더 중요한 주제로 삼지는 않을 것이다. 각각의 주제는 다 중요하며, 네 주제 모두 개별적으로 이해할 것이 아니라 반드시 함께 고찰해야 한다.

첫 번째로 분명하게 강조된 것은 목자의 **기쁨**이다.[47] 기블린은 이것이

---

45. Jones, *Art*, 135-166; Raymond Brown, "Parable and Allegory Reconsidered," *Novum Testamentum* 5 (1962), 36-45. 가장 단순한 해결책은 외스터리가 제시한 것이라고 생각된다. 그는 이렇게 주장한다. "하나 이상 여러 목적으로 사용되는 비유 주제의 다른 예들이 있다."(Oesterly, *Jewish Background*, 117).

46. 비유를 알레고리화하는 사람들이 통상적으로 예로 들 때 사용하는 것이 바로 이 두 비유다. 등불은 "성령"이고, (설령 비유에서는 양을 잃은 책임이 목자에게 있다고 할지라도) 목자는 물론 "선한 목자"이신 예수님이고, 광야는 유대 국가, 집은 "교회"다. 누군가는 빗자루와 동일시된다. 율리허가 그랬듯이, 이런 식으로 관계없는 요소들을 비유에 임의로 도입하는 것은 거부해야 한다.

47. 참조, P. J. Bernadicou, "The Lucan Theology of Joy," *Science et Espirit* 25 (1973), 75-

쌍둥이 비유(잃은 양 비유와 잃은 동전 비유 - 역자 주)의 주요 요점이라고 생각하면서 이렇게 기록했다. "역동적인 주제는 죄인의 회심으로 인한 기쁨을 함께 나누라는 초대다."[48] 그래서 기쁨은 공동체 안에서, 공동체와 함께 나누는 것으로 표현된다.

이 첫 번째 주제와 밀접하게 연관된 주제는 **회복의 수고(burden, "짐")로 인한 기쁨**이다. 이 비유에서 예수님은 자신이 죄인을 용납하신 것을 변호하신다. 이러한 용납은 공동체 안으로의 회복을 포함한다. 헤매고 다니는 양을 지금 마을 안에 있는 양의 우리로 데리고 와야만 한다. 어떤 목자든 이 일을 하려면 대가를 치러야 한다. 찾기 위해서도 대가를 치러야 하고, 회복시키는 일도 마찬가지다. 회복의 수고라는 주제에는 (예수님의) 수난을 가리키는 분명한 기독론적인 암시가 있다. 이 비유에 구체적으로 묘사된 것처럼, 목자는 잃은 양이라는 짐을 그의 어깨에 메고 와야 한다. 이 짐을 어깨에 메지 않고는 회복은 일어나지 않는다. 이 일을 목자는 기쁨으로 받아들인다.

세 번째 부각되는 주제는 죄인을 찾는 **은혜로운 사랑**이다. 이는 맨슨이 잃은 양 비유와 잃은 동전 비유의 가장 중요한 주제로 선택한 내용이다. 맨슨은 이렇게 썼다.

> 두 비유에서 요지는 동일하다: 사람들이 잃은 재산을 회복하기 위해 끊임없이 감당해야 할 수고와 그 일에 성공했을 때의 깊은 만족. 여기서 추론할 수 있는 것은, 겉으로 보기에는 정반대일 것 같더라도, 세리와 죄인이 참으로 하나님께 속해 있다는 것, 하나님은 정말로 그들이 돌아오기를 원하시고 그들을 그분께로 돌이키기 위해 기꺼이 수고하시리라는 것이다. … 이 두 비유의 특징은 회개한 죄인으로 인한 기쁨이라기보다는 죄인이

98.

48. Giblin, "Luke 15," 22.

> 회개하기 전부터 그를 찾으러 나가시는 하나님의 사랑이다.[49]

이 사랑을 "하나님의" 사랑이라고 이름 붙일 때 주의해야 한다. 예수님은 비유를 듣고 있던 바리새인들에게 그들 자신을 목자와 동일시하라고 요구하신다. 예수님은 이렇게 말씀하시는 듯하다. "목자는 잃은 자를 찾아 나섰다. 나도 잃은 자를 찾고 있고, 너희도 그래야 한다!" 잃은 아들(탕자) 비유에서 바리새인 청중은 아버지가 아니라 맏아들과 동일시되었다. 그래서 두 번째 비유(아버지와 맏아들 비유)에 등장하는 아버지는 하나님의 사랑을 더 직접적으로 상징한다. 이러한 하나님의 사랑은 잃은 양 비유에서는 간접적으로만 암시되는 듯하다.

마지막으로 부각되는 주제는 **회개**다. 비유는 회개와 관련해서 두 가지 질문을 제기한다. 첫째 질문은 "누가 회개해야 하는가?"이고, 둘째 질문은 "이 회개의 본질은 무엇인가?"이다. 첫 번째 질문의 배경은 랍비들 사이에서 제기된 소위 "완전한 의인"에 관한 논쟁에서 발견된다. 랍비들 중에는 하나님이 특별히 사랑하신 "완전한 의인"이 정말로 존재한다고 주장한 사람들이 있었다. 이와는 달리 하나님의 크신 사랑은 회개한 죄인까지 품으신다고 주장하는 의견도 있었다. 이 논쟁은 탈무드에 반영되었다.

> 랍비 히야 벤 아바는 랍비 요하난의 이름으로 말했다: 모든 선지자는 회개한 죄인을 위해서만 예언했고, (죄를 전혀 짓지 않은) 완전한 의인을 위해서는 "오 하나님, 그 눈은 당신 곁에서 그가 자신을 위해 준비하여 그를 기다리고 있는 것이 무엇인지를 보지 못했나이다"라고 예언했다.[50]

이 본문에서 랍비 아바는 "완전한 의인"이 존재한다고 확신한다. 하나

---

49. Manson, *Sayings*, 283-284.

50. b. Tal. *Sanhedrin* 99a.

님은 회개한 죄인들을 사랑하시는 것보다 완전한 의인을 **더** 사랑하신다. 그러고 나서 탈무드는 "완전한 의인"보다 "회개한 죄인"이 하나님께 더 가까이 있다고 생각하는 랍비 아바후의 의견을 제시한다. 랍비 아바후는 첫 번째 의견, 즉 하나님은 "완전한 의인"을 더 사랑하신다는 것을 천명함으로써 답을 얻는다.[51] 탈무드는 랍비 아바와 요하난에게 최종적인 결론을 분명히 제시한다.[52]

그러나 이보다 수 세기 이전에 벤 시락은 "회개한 죄인을 욕하지 말라. 우리 모두 죄인인 것을 기억하라."라고 썼다.[53] 이 본문은 "완전한 의인"의 범주를 부인하는 것 같다. 이러한 부인은 양이 **다** 각기 제 길로 갔다고 전하는 이사야 53:6과 부합한다. 예수님의 견해는 탈무드보다는 이사야와 벤 시락의 견해와 더 조화를 이룬다고 생각된다. 공관복음서에는 "완전한 의인" 주제가 나타나지 않고, **모든 사람**이 회개해야 한다는 보편적인 교훈이 등장한다.[54] 그러므로 벤 시락과 이사야 53:6과 맥을 같이하여, 누가복음 15:7에 언급된 "회개할 것 없는 의인 아흔아홉"이라는 말은 아이러니로 이해하는 것이 가장 좋다.[55] 예수님이 보시기에 모든 사람은 인도해 줄 목자가 필요한 잃은 양들이다. 모든 사람은 회개해야 한다.

이 비유의 문학적인 구조에 의하면 청중은 1연과 3연을 연관시킬 수밖에 없다. 1연에서는 아흔아홉 마리 양이 **광야**에 있다. 청중은 자신이 집에 있는지 그렇지 않은지 모른다. 예수님은 "천사들은 의인 아흔아홉이 아직 집에 오지 않았기 때문에 그로 인해 기뻐할 수 없다."라고 말씀하실 수도 있다. 문학적인 형식은 아이러니가 암시하는 바를 강화한다. 이제 이 회개의 특성과 기능에 관한 문제를 다룰 차례다.

---

51. b. Tal. *Sanhedrin* 99a. "회개한 죄인"은 בעלי תשׁובה이고 "완전한 의인"은 צדיקי למורה이다.
52. *Str.-B.*, II, 211-212.
53. Sir. 8:5.
54. 참조, 눅 13:3.
55. Miller, *Luke*, 120; Plummer, *St. Luke*, 369; Stuhlmueller, *Luke*, 148; Sa'īd, *Lūqā*, 403.

1세기 유대교에서 회개는 하나님 나라에 들어가는 길이었다. 예수님의 설교에서 회개는 이미 임한 하나님 나라에 대한 반응이었다. 보른캄은 랍비들에게 회개는 은혜를 받기 위한 전제 조건이었다고 지적한다. 회개는 의인이 자신의 의로움을 보여 주는 행위였다. 이 모든 내용이 잃은 양 비유에서는 철저히 침묵한다. 보른캄이 주목했듯이 잃은 양 비유에서 "회개는 은혜를 받는 길을 준비하는 인간의 행위가 아니고, 회개는 '발견되는 것, 또는 찾아지는 것'(being found)과 동일한 수준에 놓일 수 있다."[56] 양이 길을 잃은 것을 제외하고는 목자가 양을 찾아 나서도록 양이 목자를 부추긴 것은 아무것도 없다. 비유에서는 목자가 양을 찾는다. 그러고 나서 비유의 결론에는 "**회개한** 죄인 하나"로 인한 기쁨이 보도된다. 여기서는 "발견되는" 것이 "회개"와 동일하다.[57] 이런 의미에서 잃은 양 비유는 회개의 특성에 대해 완전히 새로운 이해를 제시한다.

정리하자면, 잃은 양 비유는 형식 VI의 시의 형식과 맥을 같이하는 구조로 된 팔레스타인 비유다. 비유는 공관복음서에서 세 연으로 구성된 다른 시와 관련이 있는 특성을 갖추고 있다. 문화적인 특성들은 진정성이 있으며, 누가복음의 비유가 마태복음의 비유보다 더 이른 시기에 작성되었음이 밝혀졌다. 네 가지 신학적인 주제가 이 비유에 맞물려 있다. 신학적인 주제는 공동체로 회복된 기쁨, 회복의 수고로 인한 기쁨, 잃은 자를 찾는 무조건적인 은혜, 회개에 대한 새로운 이해 등이다. 동일한 신학이 두 번째 이야기인 잃은 동전 비유에서 재차 강조되었다. 이제 잃은 동전 비유를 논의할 차례다.

---

56. Bornkamm, *Jesus*, 82.

57. 회개에 대한 이 새로운 이해는 잃은 아들들 비유에서 확대되는데, 그 비유에서 맏아들도 "찾은" 아들로 등장한다. 그러나 그는 회개하지 않는다. 그러므로 단지 "발견되는 것"(being found) 이상의 내용이 이 비유에 담겨 있다. 발견된 사람은 자신이 길을 잃은 상태였던 것과 누가 그를 찾아줘야 하고 그는 회복되어야 할 필요가 있음을 인정해야 한다. 이 모든 사실이 잃은 양 비유에 암시되었다고 누구든지 주장할 수 있다. 어쨌든지, 이 문제는 누가복음 15:11-32에서 좀 더 광범위하게 논의했다.

(4) 잃은 동전 비유(15:8–10)

잃은 양 비유와 잃은 동전 비유는 쌍둥이 비유로 볼 수 있다. 잃은 동전 비유는 잃은 양 비유보다 더 단순하고 덜 정교한 문학적인 구조로 되어 있다. 문화적인 세부 사항은 근거가 있는 내용이다. 회복시키기 위해 짐을 져야 한다는 주제는 빠져 있다. 이 비유의 후반부는 전반부에 암시된 주제를 강화하고, 어느 정도 발전시킨다.

다시 한 번 우리는 이 비유의 구조를 분석해야 한다. 잃은 동전 비유는 다음과 같은 패턴을 따른다.

어떤 여자가 열 드라크마가 있는데[58]

A 하나를 **잃으면**

B 등불을 켜고 집을 쓸며

찾아내기까지 부지런히 **찾지** 아니하겠느냐 또 **찾아낸즉**

C 벗과 이웃을 불러 모으고

말하되 **나와 함께 즐기자**

B' 드라크마를 **찾아내었노라** 하리라

A' **잃은**

내가 너희에게 이르노니, 이와 같이 죄인 **한 사람**이 회개하면 하나님의 사자들 앞에 **기쁨**이 되느니라

---

58. 잃은 동전 비유가 원래부터 이 쌍둥이 비유에 속한 것이라는 사실은 거의 보편적으로 받아들여지고 있다. 두 이미지 사이의 유사성과 두 비유를 하나로 묶어 주는 ἤ(에, "또는") 때문이다. 여기서 ἤ는 아람어의 *min*(민)에 해당한다. 참조, Jeremias, *Parables*, 141. 예레미아스는 비록 잃은 양 비유가 독립적으로 보존되긴 했어도 두 비유를 분리할 이유가 없다고 생각한다(Jeremias, *Parables*, 91). 콥틱어로 된 Thomas Logion 107에 잃은 양 비유의 또 다른 형태가 있다. 공관복음서 비유들과 관련된 예수님의 어록(Logion)의 잃은 양 비유를 논의하기 위해서는, J. B. Sheppard, "A Study of the Parables Common to the Synoptic Gospels and the Coptic Gospel of Thomas" (미출판 Ph. D. 논문, Emory University, Atlanta, 1965), 227-244를 참조하라.

중요한 의미론적 관계는 다음과 같다.

서론 – 열 드라크마를 가진 여자[59]

A 하나를 **잃음**

B **찾아내기까지** 찾음

C 회복으로 인한 공동체의 **기쁨**

B′ **찾았기** 때문에

A′ **잃은** 것을

적용 – 회개한 한 사람으로 인한 **기쁨**

이 비유의 문체적 특성에 비춰볼 때 이 비유는 잃은 양 비유와 많은 유사점과 몇 가지 차이점이 있다. 이 비유는 단 하나의 연이다. 전체 구조는 구성이 느슨하고, 짧고 단순하다. 동양인 남자들에게 "너희 중에 어떤 여자가"라고 말하는 것은 용서받을 수 없는 모욕이 되므로 도입부는 "어떤 여자가"로 짧아졌다. 두 비유가 기본적으로 역행 대구법의 형태로 되어 있는 점은 같다. 하지만 잃은 동전 비유에서는 기쁨 주제가 두 번 강조되지 않는다. 이유는 분명하다. 잃은 동전 비유의 경우에는 회복을 위한 수고가 없기 때문이다. 돈은 일단 찾기만 하면 자동적으로 회복된다. 그렇지만 기쁨이라는 주제는 중앙과 마지막에 등장하고, 그래서 여기서도 '기쁨'은 시/비유의 절정이다. "하나"와 "기쁨"과 관련된 아람어 언어유희가 끝에 다시 나온다.

마지막으로, 두 비유를 전체적으로 보면, 누가복음 15:4-10은 형식 IV의 시적 개요로 되어 있다. 다시 말해서 두 비유는 두 연으로 구성되고, 둘째 연은 첫째 연과 동일한 어순의 의미 단위로 첫째 연을 반복한다. 앞

---

59. 예레미아스는 이 여자를 "과부"라고 부르지만, 이것을 입증할 만한 증거는 없으며, 문화적인 상황으로도 그런 의미를 제시하거나 그렇게 해석하도록 요구하지 않는다(Jeremias, *Parables*, 133).

에서 보았듯이, 잃은 양 비유가 세 연으로 이루어졌다는 점에서 두 비유가 정확히 일치하는 것은 아니다. 하지만 구조의 일반적인 반복이 있으며, 각 비유의 중앙에 역행 대구법이 있다는 점에서 두 비유는 일치한다.

몇 가지 문화적인 요소들을 주목할 필요가 있다. 리바니는 "사람들 수중에 돈이 별로 없으면 동전을 잃어버리는 것은 슬픈 일이다."라는 유용한 관찰을 했다.[60] 리바니가 지적한 것은, 농부들은 직접 옷을 만든다거나 그들이 먹을 식량을 생산하는 등 넓은 의미에서 자급자족하고 있다는 것이다. 현금은 갖기 어려운 필수품이다. 그러므로 잃어버린 동전은 직접 돈을 버는 노동자보다도 농부의 가정에서 훨씬 더 가치가 있다.

종종 동전이 여인의 보석이나 결혼 지참금의 일부일 수 있다고 여겨지고는 했다.[61] 그러나 베두인과 마을 사람들을 구별할 필요가 있다. 베두인 여자들은 베일에 동전을 매달아 결혼 지참금을 휴대하지만, 마을 여자들은 그렇게 하지 않는다. 사이드는 동전이 목걸이의 부속물일 가능성이 많다고 믿는다. 마을의 여자들은 목걸이에 동전을 매단다. 분명히, 목걸이에서 동전 하나가 빠지면 목걸이 전체의 아름다움이 망가진다. 여기서도, 동전 하나의 가치 그 이상의 손실이다.[62]

마을에서 여자 농부의 활동 반경은 과거나 현재나 극히 제한적이다.[63] 여자는 동전을 분명히 집 안에서 잃어버렸다는 것을 알았다. 밖에 나간 적이 없기 때문이다. 집 안을 계속 쓸면 잃은 동전을 찾을 수 있다고 생각하면서 부지런히 집 안을 쓸었다.[64]

---

60. Rihbany, *Syrian*, 153.

61. Bishop, *Jesus*, 191.

62. Sa'īd, *Lūqā*, 394-395.

63. Jeremias, *Jerusalem*, "Appendix: The Social Position of Women," 359-376. 예레미아스는 마을의 여자들이 우물에 물 길러 갈 수 있으나 "일반적으로 여자들, 특히 결혼하지 않은 소녀들은 아예 밖에 나가지 않는 것이 더 좋다고 생각했다."라고 지적한다(p. 360).

64. 바닥은 돌이 아니라 다진 흙이었을 것이다(Rihbany, *Syrian*, 154; 예레미아스는 이와는 반대로 생각한다. Jeremias, *Parables*, 135). 목자는 상대적으로 부요하고 여자는 가난하다고 대비시키는 것은 억지스럽다(Jeremias, *Parables*.). 두 사람 모두 비교적 가난했다.

1세기 팔레스타인의 문화적인 세계에서 예화에 여자를 사용하는 것은 도덕적인 결단을 요구한다. 여기서도 예수님은 사회에서 사람들의 집단에 대한 바리새인들의 태도를 거부하신다. 첫째는 금지된 직업인 목자였고, 지금은 사회적 지위가 낮은 여자다.[65]

잃은 양 비유에 사용된 이미지의 두 측면이 잃은 동전 비유에서 한층 강화되었다. 첫째, 잃어버린 것의 상대적인 가치가 더 커졌다. 백 개 중에서 하나를 잃은 것이 아니라, 지금은 열 개 중에 하나를 잃었다. 더구나 바로 앞에서 언급했듯이 동전은 금전적인 가치 이상의 가치를 가진다. 둘째, 잃은 것을 찾는 장소가 보다 좁고 사방이 막힌 곳이다. 그곳은 드넓은 광야가 아니라 집이라는 한정된 공간이다. 그래서 찾는 사람이 충분히 노력하기만 한다면 잃은 것을 **찾을 수 있다**는 확신이 강화된다.

정리하자면, 우리는 잃은 동전 비유의 구조가 누가복음 11:9-13과 16:9-13만큼 복잡하지도 정밀하지도 않다는 점을 확인했다. 두 비유는 후반부가 전반부의 의미를 강화하는 단일의 문학 단위를 이룬다. 여기에 묘사된 문화적인 요소들은 근거가 있고 주목할 만하다. 신학적으로, "회복시키기 위한 수고"라는 주제는 생략되었지만 기쁨, 은혜, 회개는 모두 존재한다.

2. 아버지와 잃은 두 아들 비유(15:11-32)

이 비유는 수 세기 동안 "복음 중의 복음"(*Evangelium in Evangelio*)이라고 일컬어져 왔다.[66] 이 비유와 진지하게 씨름하는 사람은 거의가 다 결국 이 비유의 무궁무진한 내용에 경외감을 갖게 된다. 스미스(C. W. F. Smith)

---

65. 벤 시락이 묘사한 여자들에 대한 태도와 예레미아스의 *Jerusalem* "Appendix"(부록)에 묘사된 내용은 내가 현대의 농부들 사이에서 경험한 것과 거의 일치한다. 보수적인 마을에서는 대화의 주제가 "여자"를 언급하는 상황으로 바뀌게 되면, 화자는 "여자"라는 단어를 사용하는 것에 대해 반드시 양해를 구해야 한다.

66. Arndt, *St. Luke*, 350.

는 이렇게 말한다.

> (일반적인 의미에서) 예수님은 철학자도 신학자도 아니었지만, 그의 비유는 어느 철학자나 신학자도 완전히 다 규명할 수 없는 자료를 제공한다. 이것은 예수님의 탁월한 천재성의 표시다. 우리는 예수님의 인간성을 다루는 중에도 그의 완전한 지적인 재능을 간과하는 별난 성향이 있다.[67]

여기서 다시 한 번, (비유의) 구조적인 요소와 문화적인 요소가 예수님의 창조적인 천재성을 새롭게 조명할 것이다.

우리는 아버지와 두 아들 비유를 비유적 발라드 형식을 사용한 쌍둥이 비유로 이해할 것이다. 먼저 발라드 형식을 제시하고, 그다음에 비유의 다양한 문화적인 측면을 비유 자체에 등장하는 순서에 따라 검토할 것이다. 마지막으로 이 비유에는 죄, 회개, 은혜, 기쁨, 아들 됨의 주제가 포함되었음을 보게 될 것이다.

비유의 발라드 형식을 검토하기 전에 먼저 이 비유에 사용된 이미지에 대해 몇 마디 언급해야 하겠다. 비유는 알레고리가 아니다. 아버지는 '**알 수 없는**(*incognito*) 하나님'이 아니라, 18절에 결론적으로 증명되어 있는 것처럼 이 세상의 아버지다. 그러나 그 아버지는 하나님을 상징한다. 예레미아스는 "아버지는 하나님이 아니라 지상의 아버지이다. 하지만 여기에 사용된 몇몇 표현들은 아버지의 사랑으로써 그가 하나님의 이미지임을 나타내려고 사용되었다."라고 썼다.[68] 존스는 "낭비벽이 심한 한 소년에 관한 비유가 아니라, 하나님과 죄인과 스스로 의롭다고 믿는 사람의 관계를 다룬 비유다."라고 주장한다.[69] 기블린은 비유의 인물을 실제 인물과 완전히 동일시하는 것과 비유의 인물을 특성화하는 것을 잘 구별했

67. C. W. F. Smith, *Parables*, 19.
68. Jeremias, *Parables*, 128.
69. Jones, *Art*, 210.

다.[70] 그의 요지는 이것이다. 맏아들을 바리새인과 동일시하는 것은 비유의 의도를 지나치게 제한하는 것이다. 예수님은 어떤 유형의 사람을 묘사하고 계신다. 우리 자신이나, 예수님 말씀을 듣고 있는 청중의 일부가, 이 비유의 등장인물에 해당한다고 생각한다면, 괜찮기는 하다.[71]

(1) 누가복음 15:11-32의 문학적 구조

우리는 이 비유 앞에 있는 본문(4-10절)이 이중 구조를 가진 비유라는 것을 증명했다. 비유의 전반부와 후반부는 비슷하지만 구별되는 구조를 가지고 있다. 동일한 경우가 11-32절에도 해당한다. 아버지와 두 아들 비유도 이중적인 비유이고, 전반부와 후반부는 그 나름대로의 구조를 가진다. 서로 비슷하면서도 다르다. 모든 비유에서처럼, 바른 해석을 위해서는 문화적인 구조와 문학적인 구조를 고찰할 필요가 있다. 전반부의 구조는 다음과 같다.

A　어떤 사람에게 두 아들이 있는데

1　그 둘째가 아버지에게 말하되 아버지여　**아들을 잃음**
재산 중에서 내게 돌아올 분깃을 내게 주소서 하는지라
아버지가 그 **살림**을 각각 나눠 주었더니

2　그 후 며칠이 안 되어 둘째 아들이 재물을 다 모아 가지고　**방탕하여**
먼 나라에 가 거기서　**재산을 낭비함**
허랑방탕하여 그 **재산**을 낭비하더니

3　다 없앤 후　**다 잃음**

70. Giblin, "Luke 15," 18.

71. 데렛은 이 비유를 "가벼운 것에서 무거운 것으로 나아가는 원리"(*kal va homer*)의 또 다른 예로 이해한다. 지상의 아버지가 이런 식으로 행동한다면, 하물며 하나님은 더하시지 않겠는가!(Derrett, "Prodigal Son," 72)

그 나라에 크게 흉년이 들어
그가 비로소 **궁핍**한지라
4 가서 그 나라 백성 중 한 사람에게 **큰 죄**
붙여 사니 **(이방인을 위해**
그가 그를 들로 보내어 돼지를 **치게 하였는데** **돼지를 침)**
5 그가 돼지 먹는 쥐엄 열매로
배를 채우고자 하되 **전적으로**
(아무것도) 주는 자가 없는지라 **버림받음**
6 이에 스스로 돌이켜 이르되
내 아버지에게는 양식이 풍족한 품꾼이 **마음을 바꿈**
얼마나 많은가 나는 여기서 **주려** 죽는구나
6′ 내가 일어나 아버지께 가서 이르기를
아버지 내가 하늘과 아버지께 죄를
지었사오니 지금부터는 아버지의 아들이라 **첫 회개**
일컬음을 감당하지 못하겠나이다
나를 품꾼의 하나로 보소서 하리라 하고
5′ 이에 일어나서 아버지께로 돌아가니라 **전적으로**
아직도 거리가 먼데 아버지가 그를 보고 **받아들임**
측은히 여겨 달려가 목을 안고 입을 맞추니
4′ 아들이 이르되 아버지
내가 하늘과 아버지께 죄를 지었사오니
지금부터는 아버지의 아들이라 일컬음을 **큰 회개**
감당하지 못하겠나이다 하나
3′ 아버지는 종들에게 이르되 **다 얻음**
제일 좋은 **옷**을 내어다가 입히고 **아들로 회복**
손에 **가락지**를 끼우고 발에 **신**을 신기라
2′ 그리고 살진 송아지를 끌어다가 잡으라 **기쁨의 잔치를 위해**

우리가 먹고 **재산을 사용함**
즐기자
1′ 이 내 아들은 죽었다가 다시 살아났으며 **아들을 찾음**
내가 잃었다가 다시 얻었노라 하니
그들이 **즐거워하더라**

좀 더 자세한 내용을 채운 역행 대구법 형태는 다음과 같다.

1 아들을 잃음 –"내 분깃을 주소서"
2 허랑방탕한 생활로 재산을 낭비함
3 다 잃음 –"재산을 낭비하더니 … 궁핍한지라"
4 큰 죄 –"이방인을 위해 돼지를 침"
5 전적으로 버림받음 –"주는 자가 없는지라"
6 마음을 바꿈 –"자신을 돌아봄 – 여기서 죽는구나"
6′ 첫 회개 –"나를 품꾼의 하나로 보소서(다 갚겠습니다)"
5′ 전적으로 받아들임 –"그의 아버지가 달려가 입을 맞춤"
4′ 큰 회개 –"아들이라 일컬음을 감당하지 못하겠나이다"
3′ 다 얻음 – 옷, 가락지, 신(아들 됨의 회복)
2′ 기쁨의 잔치를 위해 재산을 사용함
1′ 아들을 찾음 –"내 아들은 죽었다가 다시 살아났으며, 내가 잃었다가 다시 찾았노라"

구조는 유형 D(비유적 발라드)다. 이 경우는 역행 대구법을 사용하여 서로 짝을 이루는 열두 개의 연으로 구성되었다. 우리가 주목했듯이 후반부의 여섯 연은 전반부의 여섯 연을 역순으로 제시한다. 이야기는 탕자가 아버지에게 요구하는 첫마디로 시작한다. 처음의 말을 반전시키는 두 번째 말이 중앙에 나온다. 구조의 끝은 시작 부분의 반전이다. 역행 원리의 사용에서 예상되는 중앙이 다시 전환점이다. 기본적인 구조가 감지되면 그와 동시에 덜 중요한 일련의 작은 관련 어구들이 등장한다. 처음 여섯 연에서는 연마다 마지막 행(진한 글씨를 주목하라)에서 그의 육체적인 욕망, 상실, 필요를 다룬다. 두 번째 여섯 행에서는 연마다 마지막 행(진한 글씨를 주목하라)에서 점진적으로 아들로 회복되는 과정과 그에 뒤따르는 즐거움을 다룬다. 눈에 띄는 것은, 이 독보적인 발라드 역시 우리가 신약성경의 무수히 많은 문학 구조에서 목격한 대칭 유형을 갖고 있다는 사실이다. 앞에서 살펴본 역행 대구법 구조를 지닌 동일한 열두 개의 연은 주제에 있어서는 계단식 대구법을 사용하여 서로 연결된다. 이것을 다음과 같이 표현할 수 있다.

첫 번째 여섯 연

말 I
그가 떠남
궁핍하지만 회개하지 않음
돼지치기가 됨
아무것도 먹지 못함
죽어감

두 번째 여섯 연

말 II
그가 돌이킴
궁핍하며 진정으로 회개함
아들의 영광을 회복함
살진 송아지를 먹음
살아남

전반적인 대구법 이외에도, 완전히 상응하지는 않지만 주목해야 할 만한 어구들이 몇 개 있다. 1′와 2′연은 기쁨으로 끝난다. 2, 3, 4연의 둘째 행은 **나라**를 언급한다. 5, 6연의 둘째 행과 셋째 행을 비교하면 돼지도 먹고 그의 아버지의 종들도 먹지만, 그는 아무것도 먹지 못하여 주려 죽는다는 것이 드러난다. 이야기의 흐름상 5연의 셋째 행은 불필요하고 부적절한 것 같지만, 구조를 다시 보면 그 행이 중요한 기능을 하고 있음을 알게 된다. 이러한 의미 관계를 염두에 두면서 문화적인 요소를 검토하려고 한다. 몇몇 문화적인 요소들은 다른 대구법들을 이해하는 데 빛을 비춰 줄 것이다.

(2) 1연 — 이야기의 시작(15:11-12)

첫째 연은 이후에 이어지는 모든 연의 무대를 설정한다. 탕자는 자신의 분깃을 요구함으로써 아버지의 죽음을 바라는 사람으로 등장한다. 아버지는 그 요구를 수락함으로써 거의 믿을 수 없을 정도의 사랑을 보여 준다. 맏아들이 침묵한 것은 그가 그의 동생과 아버지를 화해시키는 책임을 회피했음을 암시한다.

비유는 두 아들이 있는 아버지를 제시한 후 둘째 아들이 아버지에게 "재산 중에서 내게 돌아올 분깃을 내게 주소서"라고 요구하는 것으로 시작한다.[72] 나는 15년 넘게 모로코에서 인디아, 터키에서 수단에 이르는 각계각층의 사람들에게 아버지가 아직 살아 계신데 아버지에게 유산을 요구한 아들의 태도를 어떻게 생각하느냐고 물어 보고 있다. 그 대답은 거의 언제나 전적으로 똑같았다. 내가 어디선가 언급한 대로, 그 대화는 다음과 같이 진행된다.

---

72. 데렛(Derrett, "Prodigal Son," 68)은 유대 역사에서 "동생들은 전통적으로 반항아들이다. 맏이는 세속적이고 쩨쩨하고 정통적이고 위선적이다."라는 사실을 관찰했다. 아브라함 이후의 모든 족장들은 아벨, 야곱, 요셉, 기드온, 다윗, 유다스 마카바이오스처럼 동생들이었다. 그러므로 이 비유에서 동생과 형의 구도는 전통적인 유형과 맥을 같이한다(참조, Derrett, "Prodigal Son," 68).

"당신이 사는 마을에서는 이렇게 요구한 사람이 있었나요?"

"전혀 없어요!"

"이렇게 요구하는 것이 가능한가요?"

"절대로 안 되지요!"

"혹시 어떤 사람이 그런 요구를 했다면 무슨 일이 벌어지나요?"

"아버지는 틀림없이 아들을 때릴 겁니다."

"왜죠?"

"그 요구는, 아버지가 죽기를 바란다는 뜻이니까요!"[73]

레비슨은 "유대인이나 아랍인들에게는 아버지가 살아 계시는데 아들에게 아버지의 재산을 나눠 주는 것을 다룬 법이나 풍습이 없다."라고 기록한다.[74]

고대의 문서에서 아들의 이러한 요구가 아버지에게 이루 말할 수 없는 모욕이라는 것을 확증할 만한 자료를 얻을 수 있을까? 이어지는 문단에서 우리는 이것이 고대 문서에서 확증되며, 비유의 이러한 문화적인 측면은 이후 진행되는 모든 내용을 이해하는 결정적인 단서가 된다는 사실을 증명하려 한다.

구약성경에는 주목할 만한 풍습 두 가지가 있다. 첫 번째는 구두 유언이다. 이사야는 히스기야에게 "너는 집을 정리하라 네가 죽고 살지 못하

---

73. 문자 그대로 나는 수백 번 질문했다. "당신이 알고 있는 사람 중에 이런 요구를 한 사람이 있습니까?" '그렇다'는 대답을 들은 경우는 단 두 번뿐이었다. 첫 번째 경우에, 유대인으로서 기독교로 개종한 이란 출신의 비켄 갈루스티안(Viken Galoustian) 목사는 그가 인도하는 교구의 한 성도가 노발대발하며 "내 아들은 내가 죽기를 바랍니다!"라고 말하더라고 내게 전해 주었다. 목사님이 알아보니, 그 아들이 유산 문제를 꺼냈다는 것이다. 세 달 후에, 히브리 출신의 그리스도인이고 의사이며 그동안 건강했던 그 성도가 죽었다. 그의 아내는 "남편은 그날 밤에 죽었습니다!"라고 말했는데, 이는 아들이 그가 받을 유산을 아버지에게 감히 요구했던 그 밤에 "죽었다"는 뜻이었다. 엄청나게 큰 충격을 받아서 그날 밤 인생이 끝난 것이다. 두 번째 예는 시리아 농부의 **맏아들이** 유산을 요구한 경우인데, 아버지는 격분해서 그 아들을 집에서 내쫓았다. 참조, K. E. Bailey, *The Cross and the Prodigal* (St. Louis: Concordia, 1973), 31.

74. Levison, *Local Setting*, 156.

리라"(왕하 20:1)라고 말했다.[75] 이 문맥은 분명히 죽음이 임박했다는 것을 가리킨다. 신, 구약 시대를 통틀어 구두 유언은 일반적이었다. 구두 유언은 언제든지 죽음이 임박했을 때 하는 것이므로, 이것은 탕자 비유에는 해당되지 않는다. 누가복음 15:12에서는 아버지가 건강했던 것으로 추정되기 때문이다.[76] 구약성경에는 어떤 사람이 유산과 관련해서 어떤 권리도 주장하지 못하게 하려고 그에게 재물을 주는 예가 있다. 이러한 예는 창세기 25:6에서 찾을 수 있는데, 아브라함은 그두라가 낳은 그의 아들들에게 "재물"을 주어 "자기 아들 이삭을 떠나" 먼 곳으로 가게 한다. 다음 구절에서 아브라함이 죽는다. 아브라함이 아들들에게 재물을 나누어 준 행위는 아브라함의 삶이 끝날 무렵에 행해진 일종의 총결산이다. 다우베는 다음의 사실을 언급한다.

> 이 경우 모든 일은 아브라함의 아들들이 아니라 아브라함이 주도권을 잡고 진행했다. 아브라함은 장차 있을지도 모를 경쟁자들로부터 그의 아들 이삭을 지키기를 원했다. 이런 의미에서 이 예는 비유에 등장하는 탕자의 경우와 다르다.[77]

다우베는 상속 과정을 시작한 것이 그두라의 아들들이 아니었다는 점에는 주목했지만, 문화적인 암시는 놓쳤다. 그두라의 아들들과 이삭은 아브라함이 스스로 결정을 내리기를 조심스러운 마음으로 기다렸다. 아브라함이 압박을 받았음을 암시하는 내용은 어디에도 없다. 구약성경에서는 탕자와 같은 행동을 찾아볼 수 없다.

신구약 중간기로 관심을 돌려보자. 『벤 시락』에 중요한 단락이 있는데, 자신이 살아 있는 동안에 아들이나 아내나 형제나 친구에게 재산을 나누

75. 참조, 신 21:16; 창 49:28-31; 삼하 17:22; 왕상 2:1-9.

76. 호로비츠는 유언 문제를 충분히 논의했다. *Jewish Law*, 402-421.

77. Daube, "Inheritance," 331.

어 주는 것을 강하게 금지하는 지혜자의 말씀이 나온다.[78] "인생이 죽음에 가까워질" 때가 재산을 분배하기에 가장 좋은 때다.

맨슨은 건강한 사람이 자기 재산을 물려주는 것은 정죄를 받았음에 틀림없다고, 그렇지 않다면 『벤 시락』이 이것에 대해 경고하지 않았을 것이라고 주장한다.[79] 반드시 그런 것은 아니라는 사실을 예를 통해 볼 수 있다. 19세기 말에 미국 남부 지방에서 출판된 문헌에서 "양키"(미국 북부 백인들을 가리키는 말 - 역자 주)를 믿지 말라고 강하게 충고하는 내용을 읽을 수 있다. 맨슨의 논지대로라면, "그 시대 남부 사람들은 양키를 쉽게 믿는 경향이 있었던 것이 틀림없고, 그런 까닭에 그들을 믿지 말라고 경고했다."라고 우리는 단언할 것이다. 그러나 사실은, 그 시대의 남부 사람들은 양키들을 믿지 **않았을 뿐만 아니라** 그렇게 하지 말라고 서로에게 분명히 경고했을 가능성이 더 크다. 이와 마찬가지로, 『벤 시락』의 내용은 건강한 상태에서 유산을 나누어 주는 것은 생각할 수도 없는 일이라는 사회의 통념을 반영한 것일 가능성이 크다.[80]

앞으로 계속해서 언급하겠지만, 미쉬나에서 핵심 단락은 *Baba Bathra* viii. 7인데 이런 내용이 있다.

> 어떤 사람이 서면으로 자기 재산을 자녀들에게 맡기는 경우, 그는 반드시 "오늘부터, 그리고 내가 죽은 후에"(from today and after 〔my〕 death)라고 써야 한다. … 어떤 사람이 서면으로 자기 토지를 자신이 죽고 난 후 〔아들의 소유가 되도록〕 아들에게 맡겼다면, 그 토지는 아들에게 명의가 이전되었으므로 아버지는 그 토지를 팔 수 없고, 그 토지는 아버지의 권한 아

78. Sir. 33:20-24.

79. Manson, *Sayings*, 287.

80. 이러한 양도가 언제든지 발생할 수 있다는 것을 인정한다 하더라도, 누가 이 일을 시작하느냐 하는 것이 더 핵심적인 문제다. 『벤 시락』은 아버지에게 주도권이 있음을 인정하지만 그렇게 하지는 않았을 것이라고 말한다. 이 비유에서는 아들이 아버지에게 압력을 가하고, 이는 가능성 있는 일이지만, 『벤 시락』에서는 언급조차 되지 않았다.

> 래 있으므로 아들 역시 그 토지를 팔 수 없다. … 아버지는 〔그 땅에서 생산된 것을〕 수확해서 자신이 좋아하는 사람에게 얼마든지 줄 수 있으나, 그가 수확하고 남긴 것은 전부 그의 상속자들의 소유다.[81]

"[내가] 죽은 후에"라는 어구 바로 뒤에 편집자는 이런 내용을 첨부했다. "이는 살아 있는 동안 자기 재산에서 유익을 얻을 수 있는 권리를 유지하기 원하는 건강한 사람을 언급한다." 예레미아스와 여러 사람들은 이 본문을 아버지와 두 아들 비유 배후에 있는 법적인 상황을 가장 잘 설명한 것으로 받아들였다.[82] 바벨로니아 탈무드에는 어떤 건강한 사람이 자신의 부동산을 아들들에게 넘겨주기로 서명한 예가 실려 있다. 그 내용은 앞에 인용한 미쉬나를 설명하는 것으로, 다음과 같다.

> 일례로, 건강한 어느 사람이 재혼하기를 원하고, 두 번째 부인이 그녀의 케투바(*kethubah*)의 지불로써 자신의 부동산을 차지하지 못하게 해서 자신의 첫 번째 부인에게서 태어난 아들들을 보호하고 싶은 경우.…[83]

그러므로 미쉬나는 특별한 상황에서만 자신이 죽기 전에 유산을 자진해서 넘겨주는 예를 제시할 뿐, 작은아들의 압력을 받아 그렇게 한 아버지가 있었다는 이야기는 없다.

바벨로니아 탈무드의 *Baba Mezia*(바바 메찌아)에는 이런 기록이 있다. "랍비들은 이렇게 가르쳤다. 세 사람이 부르짖지만, 아무도 응답받지 못한다. 곧, 돈이 있는데 그 돈을 증인 없이 빌려준 사람, 지배자라는 칭호를 받은 사람…" 셋 중에 둘을 언급하고 나서 본문은 "자신이 살아 있을

---

81. *Order Nezikin*, Vol. IV in *Mishnayoth*, trans. and ed. Philip Blackman (London: Mishna Press, 1954), 212.

82. Jeremias, *Parables*, 128.

83. *The Babylonian Talmud, Seder Nezikin, Baba Bathra II*, trans. and ed. I. Epstein (London: Soncino, 1935), 573, n. 1.

때 자기 재산을 자녀에게 넘겨준 사람"이 바로 "부르짖지만 응답받지 못하는 사람"이라고 설명한다.[84] 이 인용구는 『벤 시락』의 입장이 적어도 탈무드가 기록되기 전까지는 변경되지 않은 채 유지되었음을 보여 준다. 데렛은 아버지가 살아 있는 동안 부동산을 아들들에게 나눠 주고 서명한 중요한 이유가 "그가 죽은 후에 아들들이 얼마나 갖게 될지를 결정하고, 다툼을 방지하기 위함"이라고 주장한다.[85] 데렛은 아버지가 아들의 압력 때문에 이렇게 했다는 것은 전혀 언급하지 않는다.

그러므로 죽기 전에 "그 살림을 각각 나누어 주는" 아버지에 대한 내용이 문헌에 기록되어 있는 것은 사실이다. 그러나 내가 알기로는, 놀라운 사실은 (이 비유를 제외하고는) 고대로부터 현대에 이르기까지 중동의 모든 문헌에는 아버지가 건강하게 살아 계신데도 아버지에게 유산을 나누어 달라고 요구하는 아들-맏아들이든지 막내아들이든지-에 관한 예는 한 곳도 없다는 것이다.

탕자의 행동이 더 놀라운 이유는, 그의 요구가 이중적이기 때문이다. 그는 유산을 나누어 달라고 요구한다. 그 요구는 인정받는다. 하지만 그의 몫을 처분할 권리는 없고 소유권만 받은 것이다. 재산은 그의 것이지만, 그가 그것을 팔 수는 없다. 그러나 그는 그 이상을 원한다. 그는 온전한 양도권을 즉시 넘겨 달라고 아버지를 압박한다. 앞에서 인용한 미쉬나에는 법정 합의에 관한 내용은 있지만, 아버지가 살아 있는 동안 아들이 재산을 처분하는 문제에 대한 언급은 없다. 아버지는 자기 소유를 아

84. b. *Baba Metzia*, 75b.

85. Derrett, "Prodigal Son," 59. 이것은 아직도 동양에 남아 있는 관행이다. 시리아 농촌에서는 아버지가 늙거나 "은퇴"할 때를 대비해서 유산 상속을 미리 정해 두는 것이 표준적인 절차다. 아버지는 항상 이른바 "하크 알만파아"(*ḥaqq al-manfa'ah*), 직역하면 "이익을 얻을 권리"(용익권)를 가지고 있다. 그 목적은 데렛이 정확하게 말했는데, 자신이 죽은 후에 다툼이 일어나지 않게 하려는 것이다. 리바니는 "법이나 관습은 유언에 법적인 규칙으로 작용하지 않는다. … 일반적으로는, 죽기 전에 자식에게 재산을 법적으로 나누어 주지 않은 아버지는 자식들에게 위험으로 가득 찬 상황을 남겨 주게 된다."라고 지적한다(Rihbany, *Syrian*, 155-156).

들들에게 넘겨주기로 서명한 이후에도 살아 있는 동안에는 여전히 그 재산으로 살아갈 권리(용익권)를 가진다. 둘째 아들은 아버지가 돌아가실 때까지는 자신이 당연히 가질 수 없었던 그 양도권까지 얻는데, 그로 보건대 아마도 아들은 그 양도권까지 요구했을 것이다. "아버지, 저는 아버지가 돌아가실 때까지 기다릴 수가 없어요."라는 암시가 두 가지 요구 아래에 깔려 있다.

비유가 시작될 때 소개되는 이 중요한 드라마는 오랫동안 잘못 이해되어 왔다. 율리허는 둘째 아들이 전혀 버릇없는 아이가 아니고, 처음 요구사항을 이야기할 때 사용한 "아버지"라는 호칭에는 비유 끝부분에서 아버지의 입에서 나온 τέκνον(테크논, "아이")처럼 사랑이 담겨 있다고 생각한다.[86] 린네만은 우리가 검토한 성경적 자료와 랍비의 자료들 몇 가지를 인용하지만, 건강한 아버지에게 유산을 요구하는 아들을 언급한 자료는 하나도 없다는 것에 주목하지 못한다.[87] 린네만은 유대인들이 디아스포라로 꾸준히 유입되었음을 주목하고, 이것은 정상적인 사건이었다고 생각한다. 그러나 이것은 사실이 아니다. 그들만의 "디아스포라"로 전 세계에서 살면서 노동하고 있는 레바논 사람이 거의 이백만 명이나 되는 오늘날의 레바논에서도 상황은 비슷하다. 아버지가 건강하게 살아 계신 상황에서, 명예를 얻거나 돈을 벌기 위해 떠나려는 젊은이는 길을 떠나기 전에 가족의 부동산 중에서 자신의 몫을 요구하지도, 받지도, 팔지도 않는다! 그가 기대할 수 있는 것은 교통비와 약간의 용돈 정도다.[88]

린네만은 "당대의 법에 의하면, 농장은 가족의 소유였으며, 농장에 속한 모든 것은 맏아들에게 상속되었다."라는 놀라운 주장을 한다.[89] 린네

86. Jülicher, *Gleichnisreden*, II, 338.

87. Linnemann, *Parables*, 74-75.

88. 이것은 중동에서만 일어나는 일이 아니다. 이야기에서나 실제로도, 미국의 농촌 청년들 중에는 "돈과 명예"를 얻기 위해 농촌을 떠나는 이들이 많다. 집을 떠나기 전에 재산 중 자신의 지분을 요구하고, 이를 받고, 이를 파는 사람은 과연 얼마나 될까?

89. Linnemann, *Parables*, 74-75.

만은 슈미드(J. Schmid)를 인용하는데,[90] 슈미드는 "토지를 영구히 팔지 말라"는 레위기 25:23에서 이 놀랄 만한 결론을 도출했다. 이 구절은 희년을 언급하는 것이고 상속과는 전혀 관계가 없다. 누가복음 12:13의 "선생님, 내 형을 명하여 유산을 나와 나누게 하소서"라는 요구는 부동산을 아들들끼리 나누었다는 증거다.[91]

둘째 아들의 요구가 결국에는 아버지가 죽기를 바라는 것이었음을 모든 학자가 주목하지 못한 것은 아니다. 보른캄은 탕자가 "재산 중에서 자신의 몫을 요구하고, 아버지가 이미 돌아가신 것처럼 아버지를 대한다."라고 그에 대해 평가한다.[92] 밀러는 "상속자는 아버지가 돌아가실 때 자신의 몫을 받는 게" 정상적인 풍습이었다고 썼다(히 9:16-17).[93] 비아는 두 번째 요구에서 이러한 함의를 간파하면서, "탕자가 재산을 처분할 수 있는 권리를 요구한 것은 아버지를 죽은 사람으로 여긴 것이다."라고 지적한다.[94] 고대의 문헌과 현대의 풍습은 한결같이 그러한 요구를 아버지와 아들 간의 관계가 심각하게 깨진 것으로 이해한다. 진정한 의미에서 아버지는 아들을 잃었다.

탕자의 요구가 암시하는 내용에 비춰 볼 때, 더욱 놀라운 것은 아버지가 이에 동의했다는 사실이다. 중동의 상황에서 아버지는 아들의 요구 안에 담긴 잔인한 뜻을 깨닫고 아들에게 화를 내고 아들을 꾸짖는 것이 당연하다. 이 비유의 서론에 묘사된 사랑의 본질, 곧 자신을 사랑해 주는 사람을 거부하게까지 하는 자유를 주는 사랑보다 더 극적인 사랑은 상상하기 어렵다. 데렛은 아버지가 취한 행동이 파격적이라는 사실을 감지

---

90. J. Schmid, *Das Evangelium Nach Lukas* (Gütersloh: Bertelsmann, 1934), 252.

91. 참조, 또한 Horowitz, *Jewish Law*, 378.

92. Bornkamm, *Jesus*, 126.

93. Miller, *Luke*, 120. 데렛은 아들이 집에 머물며 아버지께 순종해야 했고 그의 모험 정신이 존중받지 못했다는 사실을 중요시한다(Derrett, "Prodigal Son," 60-61). 그러나 데렛은 아들의 요구가 암시하는 진정한 의미를 파악하지 못했다.

94. Via, *Parables*, 169.

하고, 『벤 시락』(시락 33:20-44)에 비추어 암묵적이지만 확실한 보류 조건을 붙이지 않고 그러한 요구를 승인할 아버지는 없을 것이라고 주장한다. 데렛은 아버지가 "절대로 자신의 입지에 손해가 되는 행동은 하지 않을 것"이라고 주장한다.[95] 데렛은, 아버지는 틀림없이 그가 늙어서 도움을 받아야 할 때가 되면 재정적으로 자신을 부양할 책임이 여전히 아들에게 있다는 조건을 달고 탕자의 요구를 "일축했을" 것이라고 설명한다. 데렛은 이 상황의 파격적인 특성을 알고 있다. 아버지가 아들의 요구를 수락한다면 아버지는 "생계"가 위태로워질 것이다. 어떤 아버지도 이렇게 하지는 않을 것이라고 데렛은 생각한다.

우리는 청중/독자가 알고 있는 사람들 중에는 데렛이 제안하듯이 어떤 것이든 조건을 달지 않고 아들의 요구를 수락할 아버지가 없었을 것이라는 데렛의 입장에 동의할 수 있다. 그러나 이 비유에 나오는 아버지는 소유권과 **처분권까지** 준다. 아들은 소유권과 그 재산을 팔 권리를 받는다. 아버지가 유산에 대해 유보 조항을 제시했다면, 처분권은 주지 않았을 것이다. 아들이 자신의 몫을 팔아 먼 나라로 가는 것을 허락받았다면, 모든 유보 조항은 의미가 없어진다.

이 문제에 대한 동일한 통찰을 사이드에게서 더 직접적으로 얻는다.

> 양을 찾는 목자와 동전을 찾는 여자는 그들의 입장이라면 누구라도 했을 것 같은 일 외에는, 즉 일상적인 일 외에는 다른 일을 하지 않는다. 그러나 세 번째 이야기에서 아버지가 취한 행동은 **과거에 어느 아버지도 행하지 않은** 독특하고 놀랍고 **신적인 행동**이다.[96]

사이드 자신이 동양의 전통적인 족장이었기 때문에 그는 이 이야기에

95. Derrett, "Prodigal Son," 62.

96. Sa'īd, *Lūqā*, 395-396. (강조는 베일리의 것).

등장하는 아버지의 행동이 독특하다는 것을 제대로 감지했다. 아버지는 여전히 이 세상의 아버지이고 믿을 만한 분이다. 그와 동시에 그는 이 세상의 아버지에게서 경험하고 기대할 수 있는 것 그 이상의 사랑의 본질을 보여 준다.[97]

다우베, 데렛, 야론(Yaron)은 이 시점에서 유산을 나누어 준 것이 아니라, 오히려 그가 둘째 아들에게 준 재산을 "없는 것처럼 여겼으며" 그렇게 되면 둘째 아들은 그 유산에 대해 더 이상 주장할 수 없다고 확신한다.[98] 이렇게 설명할 때 발생하는 난제는 "아버지가 그 살림을 (**두 아들에게**) 각각 나눠 주었더니"라는 언급과 이야기 끝에 나오는 "내 것이 다 네 것이로되"라는 아버지의 말을 적절히 다루지 못한다는 데 있다. 예레미아스와 맨슨이 지적했듯이, 아버지가 살아 계신 동안 아들들에게 재산을 "선물"로 주었다는 것이 이 이야기의 문맥에 더 잘 맞아떨어지는 같다.[99]

종종 간과되고 있는 랍비의 규정들 중에서 마지막으로 주목해야 할 것이 있다. 자신의 아들들에게 재산을 "선물"로 넘겨주면서 자신이 죽어야 처분할 수 있다는 유보 조항을 마련한 건강한 아버지의 경우, 그 "선물"은 압력을 받아 준 것이 아니라 순전히 자발적으로 준 것이라야 정당성을 얻는다.[100] 이 비유에 등장하는 아버지는 구체적으로 압박을 받고 있다. 그가 해야 할 일은 이 사실을 인정하는 것이고, 그러면 아들은 한 푼도 받지 못한다. 법적으로, 그는 자신이 스스로 결정해서 재산을 준 것처

97. 심콕스는 "이 비유에 나오는 사랑 많으신 아버지는 벤 시락이 지혜롭고 안전하다고 생각한 것보다 그의 아들을 더 믿었다"고 썼다(W. H. Simcox, "The Prodigal and His Brother," *The Expositor*, Series 3, [1889], 126). 이 비유는 두 아들에 대한 아버지의 공평한 사랑을 보여 주기도 한다. 두 아들 모두 각자의 분깃을 받았다. 누가복음 15:12에는 "아버지가 그 살림을 각각 나눠 주었더니"라고 기록되었다. 기블린은 이 구절에 "두 아들을 모두 자신의 아들로 사랑하는 아버지의 공정한 사랑이 반영되었다."라고 주석한다(Giblin, "Luke 15," 29. n. 40).

98. D. Daube, "Inheritance," 330; Derrett, "Prodigal Son," 60; Reuven Yaron, *Gifts in Contemplation of Death* (Oxford: Clarendon, 1960), 44.

99. Jeremias, *Parables*, 128; Manson, *Sayings*, 287.

100. Horowitz, *Jewish Law*, 374.

럼 행동해야 하고, 사실 그렇지 않다는 것은 무시해야만 한다. 1세기의 관점에서 이 이야기를 이해할 수 있는 여러 상황에 깊이 들어가면 갈수록 이 특별한 아버지의 놀라운 사랑이 어떠한 것인지 점점 더 명확히 드러난다.

다우베는 또 다른 제안을 하는데, 이는 렝스토르프(K. H. Rengstorf)가 선택해서 논문의 중요한 주제로 삼기도 했다.[101] 이 제안은 1세기 팔레스타인의 케차차(*qeṣaṣah*) 의식과 관련이 있다. 케차차는 문자적으로 "잘라 내기"(cutting off)라는 뜻이다. 이 의식이 *Ruth Rabba* vii. 11(4:7)에 묘사되어 있다.

> 케차차(*keẓaẓah*)가 무엇인가? 랍비 요세 벤 아빈(Jose b. Abin)은 이렇게 대답했다. 어떤 사람이 밭을 이방인에게 팔았다면, 그의 친척들은 바싹 마른 옥수수와 견과가 가득 든 통들을 가지고 와서 아이들이 보는 데서 그 통들을 깨뜨린다. 그러면, 아이들이 몰려들어 "아무개가 그의 기업에서 끊어졌다."라고 선언한다. 그 밭이 주인에게 다시 돌아오면 아이들은 "아무개가 그의 기업으로 돌아왔다."라고 말한다. 이와 마찬가지로 어떤 사람이 자기에게 어울리지 않는 여자와 결혼하면, 그의 친척들이 바싹 마른 옥수수와 견과가 가득 든 통을 가지고 와서 아이들이 보는 데서 그 통을 깨뜨린다. 그러면, 아이들이 그 주위로 몰려들어 "아무개가 가족을 잃었다."라고 선언한다. 그가 그 여자와 이혼하면, 그들은 "아무개가 그의 가족으로 돌아왔다"라고 말한다.[102]

동일한 풍습을 설명하는 다른 랍비 자료에 의하면, 사람들이 깨뜨리

101. Rengstorf, *Re-Investitur*.

102. *Ruth*, trans. L. Rabinowitz, in *Midrash Rabbah*, ed. H. Freedman and M. Simon (London: Soncino, 1939), 87.

는 것은 항아리나 솥이다.[103] 렝스토르프는 이러한 풍습이 1세기 말에는 더 이상 시행되지 않았으나 예수님 당대에는 시행되었다고 주장한다.[104] 렝스토르프는 이 "잘라 내기"와 그 이후의 회복(그가 "재임명"[reinvestiture]이라고 칭한 것)이라는 공식적인 행동이 비유의 구체적인 배경이라고 주장한다. 그러나 그의 긴 논의는 설득력이 없다. 케차차 의식을 야기한 두 행동은 이방인에게 땅을 파는 것과 부정한 여자와 결혼하는 경우에 해당한다. 렝스토르프는 탕자의 경우에 이런 의식을 하게 된 이유는 탕자가 재산을 가지고 가서 다른 나라에서 그것을 낭비해 버렸기 때문이라고 서술한다.[105] 그러나 이방인에게 무엇을 팔거나, 좀 더 일반적으로 말해서 이방인에게 재산을 잃은 일은 아들이 집을 떠날 당시 일어나지 않았다. 탕자가 집을 떠날 당시에는 케차차를 하게 할 만한 일을 하나도 범하지 않았다.[106] 탕자가 집을 나가 있는 동안 모든 재산을 이방인에게 잃었고 그럼으로써 케차차를 치렀다는 소식을 가족이 들었다면, 우리는 비유에 제시되지 않은 대단히 많은 세부 사항을 전제해야 할 것이다.[107] 탕자는 떠나면서 이방인들과 거래하지 않았다. 렝스토르프의 주장은 이 결정적인 부분에서 틀렸다.

그와 동시에 케차차 의식은 탕자 비유에 반영된 문화를 이해함에 있어 중요한 1세기 팔레스타인 공동체에 대한 통찰을 제공한다. 케차차 의식 자체는 대가족과 공동체 간의 유대감의 증거로 무척 중요하다. 가족의 재산을 이방인들에게 잃는 것은 심각한 문제였다. 공동체의 유대감을 깨

---

103. 참조, *Kid*. i. 5; *Ket*. 26d; *Kid*. 60c; *Ket*. ii. 10.

104. Rengstorf, *Re-Investitur*, 23.

105. Rengstorf, *Re-Investitur*, 71.

106. 탕자가 집을 떠날 때 그의 분깃을 이방인들에게 팔았다고 추측하지 않는다면 그렇다는 말이다. 이런 점은 렝스토르프도 주장하지 않았고 이야기 자체에도 암시되어 있지 않다.

107. 렝스토르프는 신발, 옷, 가락지에 대해서도 논의했다. 그는 좋은 자료를 제시하고 사려 깊은 관찰을 많이 했어도 중동의 문화를 적절히 다루지는 못했다. 그의 논의는 나중에 검토할 것이다.

뜨려 죄를 지은 아들은 호된 처벌을 받았다. 탕자가 집에 돌아왔을 때 그는 사실 가족의 재산을 이방인들 사이에서 다 잃은 상태였다. 마을의 공동체는 이 사실을 곧 알게 될 것이다. 그 순간 마을 사람들은 길에서 항아리를 깨며 탕자를 공동체에서 쫓아낼지도(문자적으로 "잘라 버릴"지도) 모른다. 탕자가 행한 일은 비단 그의 아버지에게만 해당하는 것이 아니라 마을 사람들과 대가족 전체와 관련해서도 심각한 문제였다.[108] 아들은 아버지와 형을 비롯하여 매우 근본적인 측면에서 넓게는 공동체와의 관계를 깨뜨렸다.

이 첫 장면에 맏아들이 두 번 언급된다. 11절에서 아버지에게 아들 둘이 있다는 것과 12절에서 맏아들도 유산 중에서 자신의 분깃을 받았다는 언급이 바로 그것이다. 우리는 맏아들이 두 가지로 반응할 것이라고 예상할 수 있다. 첫째, 맏아들은 자기 동생의 요구에 담긴 함의에 분개하여 자신은 자기 몫의 유산을 받지 않겠노라고 큰 소리로 거부 의사를 밝혀야 했다. 그가 침묵한 것은 아버지와의 관계가 정상적이지 않았음을 강하게 암시한다. 둘째, 이 시점에서 동양의 청중/독자는 맏아들이 이야기 중간에 끼어들어 뭐라고 말을 하고, 화해자라는 전통적인 역할을 해 주기를 기대한다. 중동 사람들 사이에서, 단절된 관계는 언제든지 제삼자를 통해 치유된다.[109] 제삼자는 양편 모두에게 가장 가까운 사람으로 선정된다. 모든 관례나 공동체로 봐서 이 경우 화해자의 역할은 당연히 맏아들이 수행할 수밖에 없다. 그가 아무 말도 하지 않은 것은 그가 그 역할을 거절했다는 의미다. 탈무드는 케차차 의식을 수행한 사람이 아들들이라고 구체적으로 언급한다.[110] 아들들은 화해가 깨질 조짐에 대해서뿐만 아니라 화해시키는 과정에도 책임이 있다. 맏아들은 자기 동생이 밉

108. 다우베는 "둘째 아들이 자신의 재산에 대해서뿐만 아니라 친족에 대해서도 개인적인 유대를 끊었음이 분명하다."라고 주장한다(Daube, "Inheritance," 329).

109. 헨리 키신저 미국 국무장관은 1973/74년 겨울에 중동에서 이 고전적인 역할을 기꺼이 수행한 까닭에 당시에 예민했던 정착촌 문제를 해결했다.

110. b. *Ket*. 28b.

더라도, 아버지를 위해서 동생과 아버지를 화해시키려고 해야 한다. 그러나 맏아들은 침묵을 지킨다. 다시 말하지만, 그의 침묵은 그와 아버지의 관계에 문제가 있음을 말해 준다. 마지막으로, 우리가 주목했듯이, 아버지는 "그의 살림을 **각각** 나누어 주었다." 맏아들도 그 거래의 혜택을 받았다. 그는 그 요구가 정당하지 않다는 것과 자기는 아버지에게 끊임없이 충성을 다하고 있음을 큰 소리로 주장하면서 그 분깃 받기를 거절해야 한다는 사실을 알고 있었다. 하지만 그는 침묵으로써 자기 앞에 벌어진 사실을 받아들였다. 맏아들을 "쩨쩨하고, 보수적이고, 위선적"이라고 특징짓는[111] 구약의 여러 문서에 비추어 볼 때, 탕자 비유의 첫 장면에 나타난 것처럼 맏아들을 그런 식으로 묘사하고 마무리 짓는 것은 쉬운 일이다.

이 비유와 관련하여 다우베는 구약의 전문적인 용어인 *yashabh yahadh*(야샤브 야하드, "함께 거주하다")를 논의했다. 이 용어는 아버지가 돌아가신 후에 형제들이 한곳에 함께 거주하는 것을 언급한다. 이처럼 형제가 함께 거하는 것을 일반적인 것으로 여겼고, 그것이 하나의 제도로서 이상화된 것이 시편 133:1이다.[112] (그래서 누가복음 12:13의 "내 형을 명하여 유산을 나와 나누게 하소서"는 통탄할 만한 요구로 여겨지며, 실제로 누가의 이야기에서 그렇게 취급된다). 여기서 둘째 아들은 자신의 분깃을 팔아 집을 떠남으로써 장차 그의 형과 "함께 거주하는" 미래조차 거부한다. 하지만 이 문제에 대해서는 두 아들 모두 비난을 받아야 한다. 이야기 끝에서 형이 보여 준 모습을 증거로 삼아 알 수 있는 그의 악의는 "마른 땅에서 나온 뿌리"가 아니다.

다음 연에서, "그 후 며칠이 안 되어" 둘째 아들은 자신의 분깃을 팔아 현금으로 바꾼다.[113] 그렇게 서둘러야 했던 이유를 재구성하는 것은 어렵지 않다. 그 땅을 "계속 가지고 있는 것"은 그의 관심사가 아니었기 때

---

111. Derrett, "Prodigal Son," 68.

112. Daube, "Inheritance," 327.

113. 참조, Bauer-A., G., *Lexicon*, 789, *s.v.* συνάγω.

문이다. 그가 땅을 살 사람을 분주하게 찾아다니는 동안 마을 사람들(공동체)의 증오심과 혐오감은 점점 강해진다. 언제 어디에서나 사람들은 그를 어이없어하고 혐오하고 거부한다. 땅에 대한 중동 농부의 애착은 나봇과 그의 포도원의 관계만큼이나 오래되었다. 가족의 토지는 중동 사람 개인의 정체성의 중요한 부분이다.[114] 앞에서 언급했듯이, 비유의 첫 장면에서 탕자가 케차차를 당할 만한 어떤 행동을 하지 않았다고 하더라도, 전체 공동체가 그를 심히 불쾌하게 여겼다는 것은 확실하다. 그래서 중동에서는 통상적으로 부동산을 파는 데 수개월이 소요되지만, 탕자는 서둘러 ("며칠이 안 되어") 일을 마무리 짓고 떠났다.

이 첫 장면에서 일어난 일을 요약해 보자. 탕자는 유산 중에서 자신에게 돌아올 분깃을 소유할 권리와 처분할 권리를 요구하고 이를 받는다. 그 두 가지를 요구하는 것은 동양의 삶과 사고방식에서는 전례가 없는 일이다. 이것은 아들이 아버지가 속히 죽기를 바라고 있다는 의미다. 독자는 아버지가 아들의 요구를 거절하고 아들을 혼낼 것을 기대한다. 그 대신, 유례가 없는 사랑의 행위로써, 아버지는 이 요구를 들어준다. 맏아들은 자신의 분깃을 거절하고 화해자의 역할을 수행해야 했다. 그는 이 두 가지 일에 모두 실패한다. 이는 동생과의 관계, 아버지와의 관계가 모두 깨져 있음을 암시한다. 두 아들은 함께 연합하여 살려고도 하지 않는다. 케차차 의식은 이방인들에게 재산을 판 사람들에 대한 그 공동체의 태도를 보여 주는 실례다.

(3) 2–6연: 먼 나라에서(15:13b–17)

이 단락에서는 본문에 나타난 문화적인 측면들을 다룰 것이다. 본문에

114. 이에 대한 가장 강력한 증거는 오늘날 중동 여러 곳에서 살고 있는 백만 명이 넘는 팔레스타인 난민들이 다른 곳에 정착하는 것은 바라지도 않고 그것을 받아들이지도 않으려는 것이다. 가문의 유산과 더불어 고향 마을은 그들 정체성의 본질적인 요소다. 땅이 그들의 것이 아니라, 그들이 땅의 것이다.

서 탕자는 자신이 파놓은 수렁에 점점 빠져 들어간다. 탕자 이야기 전반부의 여섯 연의 구조는 이 점을 분명히 보여 준다.

먼 나라에서 탕자의 돈은 금세 바닥난다. 푀르스터(Foerster)는 ζῶν ἀσώτως(존 아소토스, "방탕한 생활을 하다")라는 어구를 다음과 같이 설명한다.

> 이 생활을 구체적으로 명시하지는 않았지만 탕자의 방탕한 생활은 … 점점 가난해지는 것에 비해서 걱정 없고 돈을 물 쓰듯 하는 생활로 묘사된다.[115]

이 어구 자체로는 그가 돈을 도덕적으로 사용했는지 아니면 부도덕적인 방법으로 낭비했는지 알 수 없다. 이와는 대조적으로 동양어 역본들에서는 의미가 분명하다. 고대 시리아 역은 본문에 다음과 같은 말을 첨가함으로써 문제를 한 방향으로 결정짓는다. "그는 창녀와 더불어 사치스러운 생활을 하고 그에게 어울리지 않는 음식에 재산을 쏟아부었다." 페쉬타 역본을 시작으로 다른 동양어 역본에서는 이 첨가된 내용은 빠졌으며, 본문은 다른 방향으로 분명하게 번역되었다. 아랍어 역본에서는 매우 다양한 단어들이 사용되었으나, (19세기에 나온 역본 하나를 제외하고는) 모든 역본에 "비싼", "나태한", "사치스러운", "낭비가 심한"을 의미하는 단어가 사용되었다. 페쉬타 역본과 아랍어 역본의 이 단어들은 모두 푀르스터가 내린 정의와 분명히 일치한다. 이 역본들은 탕자를 "부도덕하다"고 말하지 않고 다만 "낭비가 심하다"고만 규정할 뿐이다. 헬라어 본문과 대부분의 동양어 역본이 탕자를 부도덕한 사람으로 정죄하지 않은 것은 의미심장하며, 이것은 앞으로 살펴보겠지만 30절에서 맏아들이 언급한 것을 이해하는 배경이 된다.

예레미아스는 (전쟁으로 인한 것을 제외하고) 주전 169년부터 주후 70년까지

115. W. Foerster, *TDNT*, I, 507.

예루살렘과 예루살렘 주변에서 발생한 열 번의 기근을 추적했다.[116] 기근은 1세기 팔레스타인 청중에게는 매우 강력한 이미지였을 것이다. 더욱이 먼 나라에서 돈도 친구도 없이 혼자 지내는 유대인은 대기근의 영향을 특히 더 많이 받았을 것이다. 본문은 강조형 대명사를 덧붙임으로써 이 사실을 강조하는 것 같다. 14절은 "**그가** 비로소 궁핍한지라"라고 묘사한다.[117] 다른 사람들보다도 탕자는 더 궁핍했다.[118]

그 후 본문은 탕자가 그 나라 백성 중 하나에게 "붙여" 살았다고 회화적으로 언급한다.[119] 그 나라에서 이 청년은 돈을 가지고 그곳에 온 사람으로 알려졌고, 사람들은 이제 그에게 자존심 하나밖에 남은 것이 없다고 생각한다. 중동 사람이 눈에 거슬리는 "떠돌이"를 떼 내는 의례적인 방법은 그가 분명히 거절할 만한 일을 맡기는 것이다. 심한 기근에는 먹을 것이 있는 사람의 집 대문은 구걸하는 사람들로 매일 북적였다.[120] 하지만 탕자의 자존심은 아직 완전히 무너지지 않았고, 그래서 청중/독자에게는 놀라운 일이겠지만 이 둘째 아들을 보내 버리려는 그 나라 백성의 시도는 성공하지 못한다. 탕자는 돼지치기라는 직업을 받아들인다.

여기에 언급된 그 "백성(시민)"은 "자기 재산을 가진 독자적인 거주자"였

---

116. Jeremias, *Jerusalem*, 140-144.

117. 이 본문은 유대인 풍으로 가득하다. 참조, Jack Sanders, "Tradition and Redaction in Luke XV, 11-32," *NTS* 15 (1969), 435. 헬라어 구문과 셈어 구문의 관점에서 보면 αὐτός(아우토스, "그는")는 강조 용법으로 사용되었다.

118. 14절에서 αὐτός가 강조의 용법으로 사용되었다는 사실은 24절에서 대명사 없이 καὶ ἤρξαντο εὐφραίνεσθαι("그들이 즐거워하기 시작했다")라고만 표현된 것에 비추어 보면 분명하다. 시리아어 역본, 페쉬타 역본, 하르클레안 역본 등 동양어 역본에서는 가외의 대명사(extra pronoun)가 보존되어 있다. 이븐 알 아살은 이 구절을 "**그도** 궁핍해지기 시작했다."라고 번역해서 대명사의 강조적 특성을 사용했으나, 이 구절을 단지 둘째 아들만이 아니라 모든 사람도 궁핍하게 되었다는 의미로 해석했다. 본문은 외지인으로서 탕자가 특히 더 궁핍했음을 의미할 수 있다. Goebel, *Parables*, 202도 참조하라.

119. 동양에 살았던 사람만이 이 단어를 충분히 이해할 수 있다. 중동에서 가난한 사람들은 자기에게 은혜 베풀 만한 사람에게 접착제처럼 필사적으로 달라붙는다. 여기에 해당되는 헬라어는 κολλάω(콜라오)다.

120. 아른트는 "그는 그 나라의 한 시민에게 매달릴 수밖에 없다. 그에게 일거리를 주는 사람이 없었다."라고 설명한다(Arndt, *St. Luke*, 351).

던 것 같다.[121] 공동체에서 권세를 가지고 있는 사람임을 암시하는 정치적인 용어인 πολιτής(폴리테스)의 원래 헬라어 의미는 이 본문에는 어울리지 않는다.[122]

린네만은 "백성 중 한 사람에게 붙여 사니"라는 어구가 세리들을, 그리고 그들이 이방인들을 위해 일하는 것을 지칭하는 말이라고 생각한다.[123] 예레미아스는 탕자가 안식일을 지킬 수 없었을 것이고, 부정한 동물과 접촉했을 것이고,[124] 그래서 "실제적으로 자기 종교의 정기적인 의식을 포기할 수밖에 없었다."라고 추론한다.[125]

탕자는 "돼지 먹는 쥐엄 열매로 배를 채우고자" 했다고 한다. 이 문장에는 몇 가지 문제가 있다. 쥐엄나무 열매가 어떤 것인가? 탕자가 정말 그것을 먹었을까? 먹었다면 왜 그것으로 배를 채우지 못했을까? 먹지 않았다면, 왜 먹지 않았을까? 쥐엄나무 열매는 보편적으로 케라토니아 실리쿠아(*ceratonia siliqua*)일 것으로 여겨진다.[126] 하르클레안 역본과 고대 시리아어 시나이 역본은 헬라어 단어를 번역했지만, 다른 동양어 역본들은 예외 없이 카르눕(*kharnūb*)이란 단어를 사용한다. 아람어로 된 랍비 문헌에서 이 단어는 가난한 사람들이 먹는 식용 열매를 뜻한다. 음식으로

---

121. H. Strathmann, *TDNT*, V1, 534.

122. H. Strathmann, *TDNT*, V1, 534. 동양어 역본은 이를 지지한다. 런던-파리 다중언어대역성경(Polyglots)에는 "그 도시의 귀인 출신인 어떤 사람"이라고 표현되었으나, 다른 아랍어 역과 시리아 역은 간단히 "그 도시의 아들들 가운데 한 사람"이라고 번역했다.

123. Linnemann, *Parables*, 75-76.

124. M. *Ba. Kam*. viii. 7, "어느 곳에서도 돼지를 칠 사람은 없었을 것이다."; "메시아가 오시면, 귀신들의 거처인 돼지들은 숨어야 하고, 돼지치기들은 자신들의 안전을 염려해야 한다." (Derrett, "Prodigal Son," 66). b. *Ba. Kam*. 82b에는 돼지를 바구니에 담아 예루살렘 성벽 위로 올린 이야기가 있는데, 이 일로 인해 400파라상(pharasang, 고대 페르시아의 거리 단위로 1파라상은 약 6km - 역자 주)까지 땅이 흔들렸다고 한다. 이 문헌에는 "돼지를 기르려고 하는 사람은 저주를 받을지어다. 그의 아들에게 고대 그리스의 지혜를 가르치려는 자는 저주를 받을지어다."라는 말이 있다.

125. Jeremias, *Parables*, 129.

126. Stuhlmueller, *Luke*, 148; Manson, *Sayings*, 288. 이것은 "성 요한의 떡"이라고도 불린다. 참조, Bauer-A., G., *Lexicon*, 430; *Str.-B.*, II, 241.

서 그 열매는 회개를 상징했다. 랍비 아하(Rabbi Aha)는 "이스라엘은 회개하도록 하기 위해서라도 쥐엄나무 열매(즉, 가난)가 필요하다(즉, 이스라엘은 쥐엄나무 열매를 먹을 수밖에 없는 가난한 상태로 몰리고 나서야 악하게 행한 것을 회개한다)." 라고 말했다.[127] 팔레스타인, 시리아, 레바논 농촌의 모든 지역에서 모든 연령층의 사람들이 카르눕을 먹고 즐기기는 어렵다. 쥐엄나무 열매에 관해 리바니는 이렇게 언급한다.

> 쥐엄나무 열매는 시리아 서쪽 지방 거의 모든 마을에서 음식으로 판매된다. 아이들은 케룹(*kherrūb*)을 무척 좋아한다. 쥐엄나무 열매 중에는 적지 않은 당분을 포함한 것도 있다. 내가 어렸을 때 동전 한 개 주고 산 쥐엄나무 열매 한 움큼은 내게 특별한 선물이었다.[128]

그러므로 케라토니아 실리쿠아는 먹을 수 있고 영양도 풍부하다. 랍비 문헌에는 쥐엄나무 열매로 연명한 랍비 하니나 벤 도사(Hanina ben Dosa)에 관한 언급이 있다.[129] 이러한 자료에 비춰 볼 때 쥐엄나무 열매가 너무 역겨워서 탕자가 먹을 수 없었다는 예레미아스의 결론은 받아들일 수 없다.[130] 탕자가 쥐엄나무 열매를 **먹을 수 없었다**는 문제에 대한 린네만의 해결책은 다른 사람이 돼지에게 먹이를 주면서 탕자가 돼지 먹이를 먹는 것은 아닌지 감시하고 있었음을 암시한다. 린네만의 제안은 문제를 해결하기보다는 더 많은 문제를 야기한다.[131] 리바니는 본문은 단지 탕자가 가난했음을 의미하는 것이 틀림없다고 결론을 내린다. 그러나 이 결론은 동사 ἐπεθύμει(에페뛰메이, "~을 갈망했다") 때문에 적절하지 않다.

---

127. Feldman, *Similes*, 124.

128. Rihbany, *Syrian*, 158-159. 리바니는 케룹이 과육은 많지만 음식으로서의 가치는 적다는 점을 인정한다. 케룹은 카르눕(*kharnūb*)의 구어적 표현이다.

129. *Str.-B.*, II, 214.

130. Jeremias, *Parables*, 129.

131. Linnemann, *Parables*, 151, n. 1.

예레미아스는 누가의 자료에서 부정사와 함께 사용된 ἐπεθύμει는 성취되지 않은 바람을 표현한다는 사실을 언어학적으로 밝혔다.[132] 그러므로 문제는 본문이 탕자가 κεράτιον(케라티온, "쥐엄나무 열매")으로 배를 채울 수 없었다고 말한다는 것이다. 앞에서 언급했듯이 κεράτιον이란 단어는 일반적으로 케라토니아 실리쿠아로 밝혀졌는데, 그것은 레바논과 시리아 전역에서 여름마다 일반적으로 먹는 열매다. 모든 사람이 카르눕으로 배를 채운다. 그런데, 왜 탕자는 그렇게 할 수 없었을까? 학자들이 케라토니아 실리쿠아가 모든 사람들이 먹고 즐기는 것이라는 사실을 알지 못했기 때문에, 그간 이 문제를 제대로 인식하지 못했다.

κεράτιον을 케라토니아 실리쿠아와 동일시하는 것은 분명히 의심해 보아야 한다. 케라토니아 실리쿠아는 그것으로 당밀을 만들 만큼 충분한 당분을 포함하고 있다.[133] 심한 기근에 사람이 먹을 수 있는 중요한 음식을 돼지에게 먹인다는 것은 상상하기 어렵다. 이러한 딜레마에 대한 해답은 중동에 두 종류의 카르눕이 있다는 것에서 찾을 수 있다. 이 사실에 대해서는 일찍이 1920년대에 렌델 해리스(Rendel Harris)가 주목했다.[134] 해리스는 알타이(*al-Tāj*, '면류관')[135]라는 제목의 아랍어 사전에서 다음과 같이 번역했다.

> 쥐엄나무 열매(carob): 아부 하니파(Abu Hanifa)는 말한다: 다양한 야생 쥐엄나무와 시리아 쥐엄나무가 있다. (가시 쥐엄나무[thorny carob]라고도 불

132. Jeremias, *Parables*, 129, n. 75.

133. Thomson, *The Land*, I, 22. 톰슨도 쥐엄나무와 쥐엄나무 열매 그림을 제공한다. 나무 자체는 크다. 돼지를 먹이려고 그 열매를 따는 사람은 그 과정에서 얼마든지 먹을 수 있었다.

134. Rendel Harris, "The Charobs of the Sea," *The Expositor*, Series 9, 2 (Oct. 1924), 301-304. 이 논문은 주로 고대 시리아에서 볼 수 있는 "해변의 쥐엄나무"에 관한 분명하지 않은 언급을 논하고 있다. 하지만 논문 마지막에서 해리스는 그 문제에 가장 적합하다고 생각되는 해결책을 제시한다. 문제의 사실을 인식한 사람들이 거의 없었기 때문에 해리스의 제안은 그동안 주목받지 못했을 것이다.

135. 나는 이 사전의 서지 정보를 찾을 수 없었다. 해리스는 단지 Vo1. I, 231이라고만 언급했다.

> 리는) 야생 쥐엄나무는 가시가 있고 장작으로 사용된다. 야생 쥐엄나무는 한 규빗 높이로 자라고, 가지가 많고, 그 열매는 가볍고 탱탱하다. 그러나 이 열매는 맛이 써서 **비상시가 아니고는** 먹지 않는다. 시리아 산 쥐엄나무 열매는 달고 먹을 수 있다.[136]

해리스는 계속해서 두 종류의 쥐엄나무를 구별한 고대 시리아 사전을 소개한다. 레인(Lane)은 그의 아랍어 사전에서 쥐엄나무에 관해 다음과 같이 언급한다.

> 두 종류, 즉 야생 쥐엄나무(*barrī*)와 시리아 산 쥐엄나무(*shāmī*)가 있다. … 야생 쥐엄나무는 가시가 있고 … 땔감으로 사용되고, 한 규빗 정도 높이 자라고, 열매가 맺히는데 … 검은 색이고 … 맛이 없어 … 재난 시나 비상시를 제외하고는 먹지 않는다. … 〔오늘날 일반적으로 캐럽 또는 로우커스트 나무, 케라토니아 실리쿠아라고 부르는〕 시리아 산 쥐엄나무 열매는 달고 먹을 수 있다.…[137]

케라토니아 실리쿠아가 아니라 이 야생 쥐엄나무 열매가 탕자 비유의 장면에 어울린다. 야생 쥐엄나무는 관목 그 이상이고, 돼지는 열매를 찾아 뒤질 수 있다. 사람이 야생 쥐엄나무 열매를 **먹을 수는** 있으나 맛은 쓰고 영양도 없다. 탕자는 그것으로 그의 배를 채울 수 없었다. 얼마나 먹었는지에 상관없이 그는 배부르지가 않았다. 야생 쥐엄나무 열매는 사람이 살아가는 데 충분한 영양분을 지니고 있지 않다.[138] 한마디로 말해

---

136. Harris, "The Charobs of the Sea," 304. 강조는 해리스의 것임.

137. E. W. Lane, *An Arabic-English Lexicon*, Book I, Part 2 (New York: 1955 [1865]), 717a. 1955년 판에는 괄호가 있다. 생략된 부분의 대부분은 아랍어 자료를 참조하라는 표시로 대체되었다.

138. 앞에서 언급한 랍비는 달콤한 "시리아 산 쥐엄나무 열매"를 먹으며 가까스로 연명할 수 있었다.

서, 탕자 비유는 돼지가 낮은 관목에서 찾아내는 검고 쓴맛이 나는 열매라도 먹으면서 살아가는 데 필요한 영양분을 얻으려고 필사적으로 노력하는 돼지치기를 묘사한다. 이 나무는 케라토니아 실리쿠아가 아니라 중동의 목초지에서 자라는 야생 쥐엄나무다.

"그러나 주는 자가 없는지라"(15:16b)는 이 장면을 마무리하는 결론적 논평이다. 동사는 미완료 시제이므로 "그에게 꾸준히 주는 사람이 아무도 없었다."라고 번역하는 것이 더 낫다. 이 구절은 탕자가 구걸해 보았지만 번번이 실패했음을 의미할 수 있다.[139] 그래서 이 구절은 "아무도 그에게 정기적으로 먹을 것을 주지 않고 있었다."라는 의미로 이해하는 것이 더 낫다. 그는 틀림없이 돼지 치는 대가로 무엇이든 받았을 것이다. 그러나 기근이 닥치자, 굶주리는 사람들의 값싼 노동력을 이용할 수 있게 되면서, 그의 최저 생활 수당은 턱없이 적었을 것이다. 그는 구체적으로 "나는 여기서 주려 죽는구나"(15:17)라고 말한다. 탕자는 살 수 있을 만큼 충분히 먹고 있지 못한 것이 분명하다. 추측하건대, 사람들은 돼지를 잡아먹었을 것이다. 돼지 주인이 돼지를 잡으면, (중동의 관례대로라면) 돼지치기는 자연히 돼지의 부위 중 사람들이 잘 먹지 않는 부분을 얻게 된다. 설령 그가 주려 죽어 가고 있다고 하더라도 귀한 가문 출신의 유대인이라면 그런 음식은 먹을 수 없다는 것을 쉽게 상상할 수 있다. 모든 시리아 역본에는 "be" 동사가 과거형이고 그 뒤에 현재분사가 이어진다. 그래서 본문을 구체적으로 "그에게 꾸준히 주는 사람이 아무도 없었다."(No one was giving him.)라고 읽는다. 이것은 우리가 제안한 내용이 맞을 가능성을 더욱 강화한다.[140] 어쨌든지 탕자는 굶주려 죽어 가고 있었고 어떤 해결책이 필요했다. 이제 우리는 탕자가 먼 나라에서 회개했다는 의미가

139. 그가 도적질하고 있었다는 예레미아스의 제안은 불필요하다. Vat. Borg. Ar. 71은 "아무도 그에게 자선을 베풀지 않았다."라고 기록하는데, 이 번역은 탕자가 구걸했지만 먹을 것을 얻지 못했다고 명확하게 이해한다.

140. 아랍어 역본에는 "be" 동사가 과거로 되어 있고 이어서 현재 시제가 뒤따라 나온다. 이것은 과거의 계속적인 행위를 지시한다.

무엇인지 생각해 보게 된다.

"이에 스스로 돌이켜"(he came to himself)라는 말이 어떤 의미에서 "그가 회개했다"는 뜻인지 랍비 문헌의 증거가 있다. 여기서 우리는 먼 나라에서 심사숙고하는 이 "회개"가 그가 아버지 앞에서 실제로 행한 회개와는 상당히 다른 것임을 주장하려 한다. 스트락(Strack)과 빌러벡(Billerbeck)은 "스스로 돌이켜"(he came to himself)가 "그가 회개했다"(he repented)라는 의미라고 주장한다.[141] 이 단순한 결론은 좀 더 자세히 검토할 필요가 있다.

스트락과 빌러벡은 아람어의 חזר בו(*ḥozer bo*)와 הדר ביה(*hadar beyh*)가 누가복음 15:17a의 εἰς ἑαυτὸν δὲ ἐλθών("이에 돌이켜")의 근거가 된다고 생각한다. 그들의 이 주장을 옹호해서, ἔρχομαι(에르코마이)가 종종 "돌아오다"(come back, return)라는 사상을 전달하고, 셈어의 ב(베이트, 영어의 "b")는 헬라어 εἰς(에이스, 영어의 "into")와 밀접한 관계가 있다고 말할 수 있다. 그래서 아람어 חזר בו는 언어학적으로 17절의 "그가 자신에게로 돌아왔다"(to himself he came)와 매우 비슷하다.[142]

그와 동시에, 그들의 제안과 비교 검토해야 할 중요한 요인들이 많이 있다. 첫째로, 스트락과 빌러벡이 헬라어 배후에 있다고 선택한 어구들이 반드시 누가복음 15:17a의 헬라어에 해당한다고 말할 수는 없다. 더욱이 이 어구들이 회개를 언급하는 것으로 생각된다면, 이 구절들은 상대적으로 너무 약하다. 스트락과 빌러벡은 랍비 문헌에 등장하는 두 어구를 "in sich gehen"(후회하다, 생각에 잠기다)이라고 번역했다. 이 두 가지 표현은 탈무드의 한 단락에 등장한다.[143] 첫 번째 말(חזר בו)은 본문 앞에 나오는데, אמר הקדוש ברוך הוא אם חוזר בו이다. 이 문장을 스트락과 빌

141. *Str.-B.*, II, 215.

142. Bauer-A., G., *Lexicon*, 310. 대다수의 아랍어 역본은 *raja'a*(라자아)를 사용하는데, 이 단어는 구체적으로 "그가 돌아왔다."(he came back.)라는 의미다.

143. b. *Schab*. 104a.

러벡은 "하나님이 말씀하시기를, 악인이 후회하면."이라고 번역했다.[144] 골드슈미트(Goldschmidt)는 동일한 문장을 이렇게 번역했다. "거룩하신 이가 축복하시며 말씀하시기를, 만일 그가 돌아오면."[145] 그래서 *ḥozer bo*(호제르 보)를 "in sich geht"(후회하다)라고 번역해야 하는지에 대해서는 의견이 갈린다. 두 번째 어구(*hadar beyh*) 역시 동일하다.[146] 이것은 특히 이 아람어 어구가 누가복음 15:17a의 헬라어 배후에 있는 것인지 속단할 수 없다는 의미다.

전치사를 동반한 아람어 *ḥozer bo*에는 "돌다, 돌아가다, 철회하다, 회개하다"라는 의미가 있다. 재스트로(Jastrow)는 명령형 *ḥozer beka*(호제르 베카)를 "돌아오다(회개하다)"라고 번역했다. 또다시 전치사를 동반한 완료 동사형은 결혼에 동의할 것인지를 "다시 생각하는"(reconsider) 여인에게 사용되었다. 그 여자는 *ḥozrah beh*(다시 생각했다).[147] 두 번째 어구 *hadar beyh*(하다르 베이)는 "돌다, 돌아오다"(to go around, come back, return)를 의미한다. 재스트로는 이 어구를 "자신에게로 돌아간, 자신의 의견을 바꾼" 사람으로 정의한다.[148] 그래서 이 용어들은 아람어 어구라는 것을 고려할 때, "돌아서다"(turning back)라는 독특한 의미가 있으며, 종종 "회개하다"를 의미할 뿐 아니라 "다시 생각하다" 또는 "의견을 바꾸다"라는 뜻일 수 있다.[149] 이 용어들이 "회개하다"를 의미할 수 있으나, 회개를 뜻하기 위해

---

144. *Str.-B.*, II, 215.

145. Lazarus Goldschmidt, *Der Babylonische Talmud* (Haag: Martinus Nijhoff, 1933), I, 592.

146. b. *Schab*. 104a에 등장하는 두 번째 어구 הדר ביה(하다르 베이)도 스트락과 빌러벡은 "in sich geht"(회개하다)로, 골드슈미트는 "er umkehrt"(그가 돌아오다)라고 번역했다. Goldschmidt, *Der Babylonische Talmud*, I, 592.

147. M. Jastrow, *A Dictionary of the Targumim, the Talmud Babli and Jerushalmi, and the Midrashic Literature* (New York: Pardes, 1950), I, 446.

148. M. Jastrow, *A Dictionary*, I, 334.

149. 중요한 사실은 *Ta'an*. 23b에 "그들이 회개하도록 그녀가 기도했다."라는 말이 나오는데, 이것은 아람어로 דליהדרו בתובתא(*dlyhdrw btwbta*)이다. 이 말을 문자적으로 번역하면, "그들이 회개하며(with repentance) 돌아오도록"이란 뜻이다. "회개"가 "돌아오다"에 덧붙

사용될 경우 그 의미는 비교적 약하다.

두 번째로 고려할 사항은 누가복음 15:17에는 μετανοέω(메타노에오, "회개하다")라는 단어가 없다는 사실이다. 탕자가 미리 준비한 고백이 온전한 회개였다면, 이와 같은 신학적인 용어가 왜 사용되지 않았을까?

셋째, 회개를 가리키는 랍비 용어는 아람어 *tob*(토브)이며, 이것은 히브리어 *shub*(슈브)에 해당한다. 벰(Behm)은 이렇게 말했다.

> שׁוּב(슈브, "돌아서다" 또는 "돌이키다")로 표현된 구약성경의 종교적인 용어와 תֶשׁוּבָה תשובה עשה 또는 תֶתוּבָה תתובתה עבד로 표현되는 랍비들의 신학적인 전문 용어를 신약성경은 유대인의 헬라 문헌처럼 μετανοέω(메타노에오)와 μετανοία(메타노이아)로 표현한다.[150]

그렇다면 스트락과 빌러벡이 제안하는 어구들은 랍비들이 회개를 다루는 중요한 논의에서는 사용되지 않았다. 미쉬나, 탈무드, 미드라쉬, 쉐모네 에스레에서는 회개에 관한 핵심 본문에 위에 열거한 단어들이 사용되었다.[151]

넷째, 시리아어에는 아람어(*tob*)처럼 회개를 가리키는 신학적인 용어가 있다. 이 용어가 누가복음 15:17의 시리아 역본에는 사용되지 않는다. 그 대신에 시리아 역은 이 구절을 "그가 그의 *nefesh*(네페쉬)에게 왔다."라고 번역한다.[152] *nefesh*라는 단어는 동양인의 사고에서 중요한 용어다. 본문에 이 단어가 소개된 것은 "회개"와는 확연히 구별되는 어떤 것을 강조하

여진 것으로 보아, *badar*만으로는 "회개하다"라는 의미를 갖기에 충분하지 않다.

150. J. Behm, *TDNT*, IV, 999.

151. J. Behm, *TDNT*, IV, "μετανοέω,"(메타노에오, "회개하다") 여러 곳; Montefiore, *Rabbinic*, 390-422, "Appendix III on Repentance."

152. 대다수의 아랍어 역본들도 본문 번역에 *nefesh*(네페쉬)라는 단어를 포함시켰다. 다중언어 대역 성경(Polyglots)에는 "그가 이해했다"라고 기록했고, 이븐 알 아살은 "그의 마음이 그에게로 돌아왔을 때"(when his heart returned to him)라는 아주 매력적인 표현을 썼다.

기 위해서다. 수 세기 동안 동양의 교회는 이 어구를 "그가 회개했다."라는 의미로 이해하지 않은 것이 분명하다.[153]

다섯째, 누가복음 18:4의 베자 사본(Codex Bezae)에는 동일한 어구인 ἦλθεν εἰς ἑαυτόν(그는 자신에게로 왔다)가 있는데, 이는 문맥에서는 분명히 회개가 아닌 다른 것을 의미한다. 재판장은 양심의 가책을 느끼지 않았다. 그는 골칫거리인 여자를 단지 떼어 내고 싶었고, 그래서 자기 마음을 바꾼다.

결론적으로, 우리는 스트락과 빌러벡이 헬라어 본문 배후에 바로 그 어구가 있을 수 있다고 한 것을 받아들일 수는 있다. 하지만 설령 그렇다고 하더라도, 헬라어 본문은 *shūb*나 *tūb*를 사용하는 어떤 표현보다도 신학적인 용어로서는 그 의미가 무척 약하다. "돌아가다"나 "회개하다"와 관련된 내용이 17절에 암시되었을 수는 있으나 제한적인 의미에서만 그렇다.

이 회개의 정확한 내용을 이제 자세히 검토할 필요가 있다. 누가복음 16장에 등장하는 불의한 청지기처럼 탕자는 변명을 하지 않는다. 그는 회개한다. 그런데, 무엇에 대해 회개하는가? 보른캄은 먼 나라에 있는 아들의 동기를 정확히 밝혔다. 보른캄은 "이것은 자신이 지은 죄에 대한 탕자의 회한(후회)이 아니다. 이는 그가 이제 한계에 이르렀다는 깨달음일 뿐이고, 그 한계점에서 그는 돌아선다."라고 말한다.[154] 데렛은 유대인의 관점에서 이 비유를 해석하면서 의미심장한 질문을 던진다. "어떻게 회

---

153. 중동의 현대 마을에서 사용되는 구어체에는 매우 중요하고 눈에 띄는 어구가 있다. 마치 예상치 못한 자동차 경적 소리를 들은 어린아이처럼 어떤 사람이 자신이 어디에 있는지, 자기 주변에 무슨 일이 벌어지고 있는지 몰라 당황하고 있을 때, 사람들은 "그는 그의 *nefesh*가 어디로 갔는지 모른다."라고 말한다. 이 말에 함의된 내용은 이것이다. 한 사람의 *nefesh*는 그 사람에게서 분리될 수 있는 어떤 것이며, 이런 일이 일어나면 그 결과로 혼란이 발생한다는 것이다. 헬라어 ἐξίστημι(엑시스테미, "정신이 나갔다")는 어원학적으로 동일한 배경의 무엇인가를 암시한다.

154. Bornkamm, *Jesus*, 126-127. 존스는 먼 나라에 있는 탕자의 동기가 얼마나 얄팍한지를 주목한다(Jones, *Art*, 182). 브루스도 "그가 회개한 근본적인 이유는 굶주림이며, 그 동기는 빵 한 조각을 얻는 것이다."라고 이해한다(Bruce, *Parabolic*, 285).

개가 그런 돌이킴보다 앞설 수 있는지 많은 사람이 의아해한다. 무엇에 대한 회개란 말인가? 그는 진지했는가? 아버지는 처음에 탕자에게 그의 분깃을 준 것처럼 다시 그를 받아들일 만큼 어리석은가?" 데렛은 다음과 같은 진술로 자신의 질문에 암묵적으로 대답한다. "이것이 바로 비유의 근본적인 취약점일 수 있다."[155] 또한 데렛은 둘째 아들이 "내가 하늘과 아버지께 죄를 지었사오니"라고 말하는 것에서 그가 나이 많으신 아버지를 돌봐 드리지 못한 것을 고백하고 있다는 점을 주목한다. 아들이 고백할 수밖에 없었던 죄는, 지금까지는 인정하기를 거부했지만 그의 도덕적인 책임이 따르는, 돈을 낭비한 것이다.[156] 둘째 아들의 죄를 이런 식으로 이해하는 것에 함축된 의미가 매우 중요하다. 데렛은 만일 탕자가 돈을 다 잃지 않았다면 회개하지 않았을 것이라고 생각한다. 그래서 탕자는 배가 고팠기 때문에 돈을 낭비한 것을 후회한다.

다음으로 고향 공동체 안에서 탕자의 인간관계 문제를 검토해야 한다. 그의 주된 관계는 아버지, 형, 마을 공동체와의 관계다.

이 세 관계 중에서 우선 가장 중요한 관계는 그와 아버지의 관계다. 아버지와 관련해서 탕자의 의도를 이해하는 열쇠는 그의 면목을 세우기 위한 계획에서 찾을 수 있다. 그는 품꾼의 한 사람으로 일하려고 한다(6'연). 품꾼이 정확히 어떤 사람이고 어떤 일을 하는지에 대해서는 문헌에서 일반적으로 간과했다. 외스터리는 1세기 유대인 토지에서 일하는 종이 세 계층임을 밝힌다.

---

155. Derrett, "Prodigal Son," 58. 데렛의 관찰은 옳다. 나중에 살펴보겠지만, 회개에 대한 유대인의 이해의 관점에서 보면, 먼 나라에서 탕자가 품은 동기는 의심스러운 부분이 있고, 좀 더 분명하게 확인할 필요가 있다. 그 동기는 굶주림이다. 탕자가 경제적으로 성공했다면 그는 고향으로 돌아갈 생각을 하지 않았을 것이다.

156. Derrett, "Prodigal Son," 65. 데렛의 요지는 탕자가 십계명의 다섯 번째 계명을 어겼다는 것이다. 브루스는 이렇게 덧붙인다. "탕자는 고향으로 돌아가, 상처받은 아버지를 즉시 달래기에 적합한, 사전에 잘 계획한 말로 자신의 죄를 고백할 것이다."(Bruce, *Parabolic*, 287).

1. 농노 또는 종(δοῦλος, 둘로스). 이들은 재산의 일부였고, 실제로 가족의 일부였다.
2. 낮은 계층의 노예(παῖδες, 파이데스). 이들은 농노의 수하에 있는 사람들이다.
3. 품꾼, 고용된 하인(μίσθιοι, 미스띠오이)

품꾼에 대해 외스터리는 이렇게 썼다.

> "품꾼"(hired servant)은 외인이었다. 그는 재산에 속하지 않았으며, 임시 주인의 일에 개인적인 관심이 없었다. 그는 단지 필요할 때 채용된 일용직 노동자에 불과했다. … 그러므로 그는 **그들(농노와 노예)과 달리 자유롭지만**, 그의 지위는 불안정했다.…[157]

그러나 외스터리는 "품꾼"이 다른 두 유형의 종들보다 자유롭긴 하지만 계급이 낮았다고 진술한다. 품꾼의 사회적인 지위를 이런 식으로 평가한 것은 유대학자들이 평가한 것과 상반된다. 하이네만(Heinemann)은 다음과 같이 기록했다.

> 타나임 시대에는 노동과 노동자가 무척 존경을 받았다. … 대부분의 타나임들이 기술공이었다는 것은 잘 알려진 사실이다. 훌륭한 기술공 중 많은 사람들이 일용 노동자들이었다. 누구에게 속해서 월급을 받는 노동자와 그보다 독립적인 기술공들 사이의 사회적인 지위의 차이는 없었던 듯하다 (법적인 지위도 동일했다. 이 둘 모두 "품꾼"으로 불렸다). 또한 노동자가 고용주보다 사회적으로 더 열등하게 여겨지지도 않았다.[158]

---

157. Oesterley, *Jewish Background*, 186; 강조는 베일리의 것임.
158. Joseph H. Heinemann, "The Status of the Labourers in Jewish Law and Society in the Tannaitic Period," *HUCA* 25 (1954), 265-266. 타나임 시대는 랍비 힐렐 이후(부터 주후

하이네만의 논문은 증거가 잘 제시되고 있어, 그의 견해는 신뢰할 만하다고 할 수 있다. 하이네만의 주장은 탕자가 아버지 집안과의 관계를 어떻게 해결해 나가려고 계획하고 있는지를 이해하는 데 결정적이다. 탕자는 "품꾼"이 되면 그 마을에서 독립적으로 생활하면서 자체적으로 수입이 있는 자유인이 될 것이다.[159] 그의 사회적인 지위는 아버지나 형보다 낮지 않을 것이다. 그는 자존심과 독립성을 다 지킬 수 있다. 그러나 이보다 더 중요한 것이 있다.

탕자가 품꾼이 된다면 자신이 잃은 돈을 변상할 수도 있을 것이다. 이와 관련하여 데렛은 이렇게 쓴다.

> 다른 방법이 없다면, 그는 (잠은 다른 곳에서 자고) 품꾼으로 일하면서, 스스로 번 품삯으로 아버지가 살아 있을 동안에 자신이 갚아야 할 빚을 아버지께 갚으려고 할 것이다.[160]

탕자가 일을 해서 돈을 벌고 그것으로 아버지에 대한 자신의 도덕적 책임을 다할 생각이었다는 데렛의 견해에 우리는 동의할 수 있다. 돈을 다 낭비함으로써 탕자는 이 책임을 다하지 못했다. 이제 그는 자신이 낭비한 돈을 보상하려 한다. 한마디로 말해서, 그는 스스로 자신을 구원하려 한다. 그는 은혜를 바라지 않는다.[161]

2세기 말까지에 해당한다. - 역자 주)로 여겨지는데, 타나임 시대는 우리를 다시 1세기로 데려간다. 참조, Horowitz, *Jewish Law*, xxxvii. 힐렐 자신도 적어도 학생일 때는 일용 노동자였다. 참조, Jeremias, *Jerusalem*, 112-113, 116.

159. 현대 마을에서 "품꾼"은 주인의 사유지에 거주하지 않고 마을에서 산다. 어떤 부자는 기능공을 채용해서 그의 조수들과 함께 그를 집으로 데려오기도 했다. 예외적인 경우, 기능공과 그의 조수들은 일시적으로 주인의 사유지에 거처를 마련하기도 한다. 예를 들어, 그 지역에 유명한 미장이 팀이 있다면, 그들은 계약한 일이 끝날 때까지 사유지에 임시 거처를 마련할 것이다.

160. Derrett, "Prodigal Son," 65. 율리허 역시 "품꾼"을 일용 노동자(*a Tagelöhner*)와 동일시한다(Jülicher, *Gleichnisreden*, II, 347). 또한 Arndt, *St. Luke*, 351을 참조하라.

161. 팔레스타인 탈무드에는 범죄와 관련한 배상에 대해 흥미로운 언급이 있다. 그것은 "참된

탕자가 아버지에게 하려고 계획했던 말에 다른 측면이 있을 수 있다. 이것은 탕자가 아버지와의 관계가 앞으로 어떠하기를 바라고 있는지를 이해하는 데 빛을 비춰 준다. 885년에 복사된 〈Vatican Borgianus Arabic 95〉 사본의 번역에 이러한 측면이 분명히 나타나 있다. 그 역본에서는 "나를 품꾼의 하나로 보소서"에서 "보소서"(make me)라는 말을 *iṣna'nī*(이츠나니)로 번역했다.[162] 이 말은 "나를 만드소서"(Fashion out of me)라고 번역될 수 있다. 헬라어 ποιέω(포이에오, do 또는 make)의 배경에 근거한다면 얼마든지 이런 뜻이 전달될 수 있다. 브라운(Braun)은 이 단어가 성경 문헌 전체에서 하나님의 창조적인 활동을 언급하는 용어라고 지적하고, 이 단어를 구약 어근에서부터 추적한다. 신약성경에서 ποιέω는 "하나님이 도우시고 구원하시는 행위와 관련해서" 사용된다.[163] 탕자가 아버지에게 말하려고 했던 것이 이런 내용일 수도 있다. 아들은 본질적으로 의미심장한 요구를 아버지께 하고 있다. 탕자는 자신이 생각하기에 실행할 가치가 있는 계획을 가지고 있다. 그는 아버지에게 그렇게 해 달라고 요구할 생각이다. 그는 이렇게 생각하고 있었을 것이다. "지난 일은 잊으세요. 제가 한 일에 대해서는 죄송해요. 하지만 저는 아버지에게 쓸모없는 사람이 아니에요. 저는 아직도 쓸 만한 사람입니다. 저를 품꾼으로

회복"(true restoration, חזרת גמורה)에 관한 것인데, 돈(mammon)이 연루되었을 때에는 데바림(דברים, things)만 아니라 반드시 돈도 돌려주어야 한다는 규정이다. p. Tal. *Rosh Hash-Shaneh*, i. 57c. Jastrow, *A Dictionary of the Targumim*, I, 446-447에서 인용.

162. Vat. Bor. Ar. 95는 매우 중요한 사본이다. 이 사본은 매우 우수한 헬라어 사본을 조심스럽게 번역한 것이다. 내가 알기로는 지금까지 누가복음은 그 헬라어가 라틴어로 전사된 적이 없고 마태복음과 마가복음은 과거에 (전사되어) 출판된 적이 있다. (참조, B. Levin, *Die griechish-arabische Evangelien-Übersetzung* [Uppsala: n. p., 1938]). 번역자는 헬라어 원본에 충실하게 번역했고, 때로는 조금 지나치게 문자적으로 번역한 경우도 있다. 하지만 번역자는 자신의 주석학적 이해가 느껴질 만한 여지를 충분히 남겨 두었다. 이 사본을 연구하면서, 나는 핵심 단어나 표현 방식을 선택하는 데 몇 번이고 나타나는 매우 직관력 있는 해석학적 통찰에 깊은 감명을 받았다. 누가복음 15장에서 이 사본 번역자는 적어도 네 군데에서 문화적 또는 신학적 경향이 있는 해석학적 결정을 내린다. 이것은 그중 첫 번째다.

163. H. Braun, *TDNT*, VI, 464.

삼으세요."[164] 그래서 아버지께라면 탕자는 자신의 실패를 고백할 의향이 충분히 있다. 그 실패는 잃어버린 돈과 관련해서 이해될 수 있을 것 같다. 탕자의 계획은 아버지에게서 독립해 자신의 실수를 보상할 기회를 마련하는 것이었다. 여전히 남아 있는 자존심으로, 그는 아버지에게 자신을 품꾼으로 삼아 달라고 요구할 참이었다. 6′연은 6연과 정확히 대칭을 이룬다. 이 사실에 근거해서 우리는 탕자와 형의 관계를 숙고하게 된다.

탕자가 품꾼으로 일하게 되면 형의 양식을 먹지 않아도 될 것이다. 탕자는 남아 있는 재산이 전부 법적으로 형에게 이전되었다는 것을 잘 알고 있다. 아버지는 밭에서 생산되는 열매로 그가 좋아하는 사람을 먹일 권리가 있다. 하지만 미쉬나의 원리를 적용하면, 아버지와 그의 벗들이 소비하지 않은 것은 맏아들이 언젠가 상속하게 될 재산에 전부 귀속된다.[165] 그래서 형은 탕자가 나타난 것에 분개했을 것이다. 탕자가 집에서 살려면 형과 화해해야 하는데, 분명히 이 일은 거절당한다. 어쨌든 탕자는 이런 식의 화해를 하지 않아도 되는, 다른 방법을 생각해 낸다.

탕자에게 남은 마지막 문제는 마을 사람들과의 관계다. 마을에서 어떤 지위를 인정받는다는 것은 처음에는 매우 힘든 일이다. 탕자가 먼 나라에서는 그 일에 실패했다. 성공하지 않고서는 이민 갔던 사람이 다시 고향 마을로 돌아오는 것은 늘 힘든 일이다.[166] 탕자의 경우, 그가 고향 마을로 돌아오는 것은 그가 떠날 때 했던 행동과 복잡하게 얽혀 있다. 탕자는 아버지가 살아 계신데도 자신이 받은 유산을 받아 팔아 치움으로써 전체 공동체를 모욕하고 떠났다. 지금 그는 돈을 전부 이방인에게 잃었

---

164. 동사는 새로운 행동의 시작을 암시하는 부정과거 명령형이다. 참조, A. T. Robertson, *A Grammar of the Greek New Testament in the Light of Historical Research* (Nashville: Broadman, 1934).

165. 참조, Mishna *Baba Bathra* viii 7, "아버지는 뽑은 것(생산한 것)을 그가 좋아하는 사람에게 얼마든지 먹일 수 있다. 하지만 뽑고 남은 것은 그의 상속자에게 속한다."

166. 나의 레바논 친구들이 해 준 이야기에 따르면, 해외로 이민 간 레바논 사람은 외지(디아스포라)에서 경제적으로 성공하지 못하면 어떤 이유에서든지 절대로 고향으로 돌아오지 않는다고 한다.

다. 그래서 탕자는 그 대가족이 케차차 의식을 통해 자신을 잘라 내버릴 것을 충분히 예상했을 것이다. 탕자가 아버지를 모욕하고 땅을 팔고 지금 그 모든 것을 잃은 대가로 마을 사람들이 억누르고 있는 적개심이 그에게 폭발할 것이기 때문에, 탕자는 마을에 들어가면 굴욕을 당하고 무자비한 일을 당할 것이다. 이 문제에 대해서는 그에게 아무런 해결책이 없다. 마을 사람들과는 대면할 수밖에 없다.

탕자가 먼 나라에 있으면서 생각했던 세 가지 주요 관계를 이제 요약할 수 있다. 탕자는 마을에서 품꾼으로 살기로 계획한다. 그런 자리라면 그의 지위는 안전할 것이었다. 아마도 탕자는 아버지에 대한 책임을 다할 수 있을 것이며, 형과의 관계에서 있을 수 있는 문제도 사라진다. 다만 마을 사람들의 조롱은 직면하는 수밖에 없다. 집에 돌아가기 위해서는 이 정도의 쓰라린 대가는 치러야 한다. 그는 주려 죽어 가고 있으므로 집으로 가야만 한다.

탕자가 계획한 고백이 이 세 관계와 관련하여 어떤 의미를 지니는지를 보았으므로, 이제 이 고백을 회개에 관한 랍비들의 교훈에 비추어 검토할 수 있다. 이 단락에서 우리는 탕자가 계획한 회개가 랍비들의 교훈과 부합한다는 것을 보여 주려 한다.

회개에 대한 랍비들의 교훈은 예레미야애가 5:21과 말라기 3:7에 근거했다.[167] 예레미야애가 5:21은 이렇게 말씀한다. "여호와여 우리를 주께로 돌이키소서 그리하시면 우리가 주께로 돌아가겠사오니." 말라기 3:7은 이렇게 말씀한다. "내게로 돌아오라 그리하면 나도 너희에게로 돌아가리라." 예레미야애가와 말라기 본문에서는 누가 먼저 돌아와야 하는지를 놓고 혼란이 있다. 이스라엘인가 아니면 하나님인가? 이에 대해 랍비들이 해결책을 내놓았다. "성경은 '우리를 주께로 돌이키소서 그리하시면 우리가 주께로 돌아가겠사오니'라고 말씀한다. 그러므로 하나님이 먼

167. Montefiore, *Rabbinic*, 390-422.

저 시작하셔야 한다. 그러나 다른 구절에서는 '내게로 돌아오라 그리하면 나도 너희에게로 돌아가리라'라고 말씀한다. 그러므로 동시에 함께 돌아가야 한다."[168]

『18기도문』(The Eighteen Benedictions)에도 회개에 관해 다음과 같은 내용이 언급되었다. "오, 우리 아버지, 우리를 당신의 율법으로 돌아가게 하소서. 오, 우리 왕이시여, 주를 섬기도록 우리를 가까이 이끄시며, 주님 앞에서의 완전한 회개로 우리를 돌이키소서. 오, 주님, 회개를 기뻐하는 너희에게 복이 있을지어다."(*Teshubah*, 5번). 이 내용은 사람이 진정한 회개를 하기 위해서는 하나님의 도우심이 필요하다는 것을 뜻하는 듯하다. 그와 동시에, 『18기도문』을 기도하는 예배자는 이미 참회했고, 하나님의 은총을 확신하기 위해 무엇을 해야 하는지에 관심을 갖는다. 그는 회개의 일(the work of repentance)을 할 수 없을까 두려워한다. 그래서 하나님의 도우심을 구한다. 회개가 하나님이 사람을 용납하시기 전에 사람이 행하는 "일"(work)이라는 생각은 랍비 문헌 전체에서 발견된다. 다른 미드라쉬에는 이런 언급이 있다. "악하다는 판결을 취소할 수 있는 세 가지가 있으니, 곧 기도와 구제와 회개다."[169] 계속해서 이런 내용이 이어진다.

> 이스라엘이 "우리는 가난하여 예물 드릴 것이 없나이다."라고 말하면, 하나님께서는 "나는 말씀(words)만 필요하다."라고 대답하신다. 그들이 다시 "우리는 아는 것이 없나이다."〔미드라쉬에서 말씀(words)은 곧 율법의 말씀을 의미한다〕라고 말하면, 하나님께서는 "그렇다면 내 앞에서 울며 기도하라. 그리하면 내가 너희 기도를 열납하리라."라고 대답하신다.[170]

그러므로 랍비들에게 회개는 사람에게 하나님의 은총을 확신시켜 주

168. Lam. R. on v. 21; Midrash Ps. 85:4.

169. Midr, Ps. 18:3.

170. Montefiore, *Rabbinic*, 404.

는 사람의 일이었다.

더욱이 배상과 속죄 사상이 회개 교리의 일부가 되었다. 회개를 할 수 있기 전에 먼저 배상을 해야 했다. 목자가 온전히 회개할 수 없었던 이유가 이것이다. 목자는 (남의) 사유지를 얼마나 범했는지 알지 못해서 적절히 배상할 수가 없었다.[171] 회개 행위 자체는 속죄하는 일이었다. 배상과 속죄는 회개의 행위로 이루어졌다. 예루살렘 성전 파괴 이후 회개의 속죄적 측면이 부각되었다. 마이모니데스(Maimonides)에 따르면, 회개는 제사 제도를 대체했다. 마이모니데스는 이렇게 쓴다. "그러나 모든 죄를 속죄하는 회개 이외에는 우리에게 남은 것이 아무것도 없나이다."[172] 이와 관련하여 몬티피오리(Montefiore)는 이렇게 설명했다.

> 희생 제사와 상관없고 그것을 능가하는 최고의 교리인 금식과 기도, 회개, 그리고 "선한 행위"는 백성과 그들의 교사들이 성전 상실의 충격을 극복하게 하고, 제사장들의 종교보다 더욱 탁월한 종교를 가능하게 했다.[173]

이 글에서 몬티피오리는 회개를 예루살렘 멸망과 더불어 종결된 전체 제사 제도를 대체하기 위해 랍비들이 사용한 신학적인 요소 가운데 하나로 열거한다.

한마디로 말해서, 랍비들에게 회개는 사람이 하나님의 은총을 얻기 위해 행하는 행위였다고 말할 수 있다. 때때로 사람은 하나님의 도움이 필요했다. 사람이 일단 회개하기 시작하면, 하나님이 도중에 오셔야 했다. 회개의 행위는 진실해야 하고, 더 이상 죄를 짓지 않겠다는 결심과 함께 죄에 대한 배상을 동반해야 한다. 회개는 죄를 대속했다.

---

171. Montefiore, *Rabbinic*, 402. 몬티피오리는 목자를 폄하하는 이 말은 가감해서 들어야 한다고 생각한다.

172. Montefiore, *Rabbinic*, 396.

173. Montefiore, *Rabbinic*, 394.

이것을 탕자에게 적용해 보자. 우리는 자신의 진실함을 보이기 위해 배상을 준비하는 탕자를 본다. 고백 자체는 탕자가 전에 행한 일을 배상하기 시작하는 속죄 행위로 이해될 수 있다. 유대적 관점에서 볼 때, 데렛은 이러한 계획이 실행되면 비유는 더욱 신빙성을 얻고 이 비유가 안고 있는 "근본적인 약점"을 피하게 된다고 생각한다.[174]

동양의 농부와 토지 주인은 자기 땅에서 홀로 사는 것이 아니라 마을에서 산다. 이런 상황은 늘 동일했다. 이사야 5:8의 배경은 이 사실을 분명히 한다.

> 가옥에 가옥을 이으며
> 　전토에 전토를 더하여
> 빈틈이 없도록 하고
> 　이 땅 가운데에서
> 　홀로 거주하려 하는 자들은 화 있을진저

분명히 이 장면은 집들이 빼곡히 붙어 있는 마을에서 집과 집을 연결하고, 농지 옆에 또 땅을 사들이는 모습이다. 부자들이 계속 이런 식으로 행한다면, 마침내 그들이 인근 땅을 다 사게 되고, 마을 사람들은 강제로 마을과 그 땅에서 쫓겨날 위험이 있다. 그렇게 되면 부자는 그 넓은 땅 한 가운데 결국 혼자 거주하게 되고, 이것은 집단생활을 하는 중동의 마을 사람들에게는 최악의 상황이다. 현대까지도 고대 동양의 토지에 있는 저택은 경작지 한가운데 완전히 동떨어진 채 홀로 서 있지 않다.[175] 그래서 우리는 탕자의 아버지가 공동체의 일부인 마을에 살고 있다고 확신할 수 있다.

---

174. Derrett, "Prodigal Son," 58.

175. 톰슨은 19세기 시리아, 레바논, 팔레스타인의 모든 주요 도시의 인구를 열거하고는 "전체 인구가 도시와 마을에 모여 있다는 사실을 당신에게 상기시킬 필요는 없다."라고 덧붙였다(Thomson, *The Land*, I, 247). 이것은 증거 자료가 필요 없을 만큼 보편적인 현상이었음이 고고학적으로 증명되었다.

아마도 아버지는 그의 아들이 파산하리라고 예상했을 것이다. 죽었다고 생각했는지도 모른다. 아들이 무사히 돌아온다면, 틀림없이 거지가 되어 돌아올 것이다. 아버지는 (애당초 아들에게 유산을 나누어 주어서는 안 된다고 말했던) 마을 사람들이 돌아온 아들을 어떻게 대우할지도 알았다. 아들이 돌아왔다는 소식이 마을 전체에 퍼지는 순간 사람들은 모여들 것이고, 탕자는 많은 사람들의 조롱의 대상이 될 것이다. 벤 시락은 탕자를 위협하는 네 가지를 언급한다. 그중에 둘은 "마을 전체의 비방, 몰려드는 무리"다.[176] 탕자는 돌아오는 즉시 벤 시락이 언급한 공포의 대상인 마을 전체의 비방과 몰려드는 무리를 마주하게 될 것이다. 탕자가 마을 어귀에 도착하고 사람들이 그를 알아보게 되면, 사람들은 그에게 몰려들기 시작할 것이다. 그는 놀림의 대상이 되고, 여러 가지 말로, 어쩌면 신체적으로도 곤욕을 치를 것이다.

아버지는 아들이 등을 돌리고 나간 마을에 비참한 모습으로 돌아온다면, 그가 마을 사람들에게서 어떤 취급을 받게 될지를 너무도 잘 알고 있었다. 탕자가 집으로 돌아오는 장면에서 아버지가 행한 행동은 아들을 마을의 적개심으로부터 보호하고 공동체 안에서 그가 교제를 회복할 수 있도록 계획한 일련의 극적인 행동으로 이해하는 것이 가장 좋다. 일련의 행동은 아버지가 길을 달려 내려가는 것으로 시작한다.

동양에서 고귀한 사람은 늘어지는 옷을 입고 달리는 법이 절대 없다. 그렇게 하는 것은 굴욕적인 일이다.[177] 벤 시락은 이 일이 사실임을 확인

---

176. Sir. 26:5, 6. 결속력이 매우 강한 동양 마을에서는 얼마든지 공동체의 압력을 느낄 수 있다. 어떤 유형이든 혼외 성관계를 하다가 발각된 어머니나 딸이나 아내는 그 가족의 남자들에게 죽임을 당하는 것이 관습이었다. 처형은 틀림없이 즉각 이루어졌다. 관련된 사람들과의 심도 있는 대화로 흥미로운 사실을 알게 되었다. 질문: "어떻게 이런 일을 할 수가 있습니까? 어머니를 사랑하지 않으세요?" 대답: "아, 물론 매우 사랑합니다." 질문: "그런데 어떻게 직접 어머니를 죽일 수 있습니까?" 대답: "사람들이 말이 많아요! 당신은 사람들이 수군대는 소리를 견뎌 내지 못할 걸요! 당신도 그럴 수밖에 없을 거예요!"

177. 나와 알고 지내는 어떤 목사님은 어느 교회에서 목회자로 청빙을 받지 못했다. 장로님들이 판단하기에 그 목사님은 너무 빨리 걸었기 때문이다. 현대 중동 지방의 대도시에서는 아직도 이러한 풍습이 긴 옷을 입고 천천히 위엄 있는 발걸음으로 조심스럽게 걷는 동방 정

하고, "걸음걸이를 보면 그 사람이 어떤 사람인지 알 수 있다."라고 말한다.[178] 웨더헤드(Weatherhead)는 "나이 든 사람이 달려가는 것은 동양인의 눈에 대단히 품위 없는 행동으로 비친다. 아리스토텔레스는 '대인(大人)은 사람들 앞에서 절대로 달리지 않는다.'라고 말했다."라고 언급한다.[179] 본문은 아버지가 "측은히 여겼다"라고 기록한다. 우리는 이 "측은히 여김"이 구체적으로 아들이 마을을 지나오면서 직면해야만 할 봉변을 의식한 것임을 제안하려 한다. 아버지는 굴욕적인 태도를 취함으로써 아들을 대신해 그 시련을 감당한다! 브루스는 이러한 행동이 "사람들이 그 장소로 곧바로 모이게 할 만한" 행동이었다고 논평한다.[180]

아버지는 마을 어귀에서 공개적으로 화해했다. 그런 까닭에 그의 아들은 아버지의 용납을 받아 보호 아래 마을로 들어온다. 봉변을 당할지 몰라 잔뜩 긴장한 아들은 너무나 놀랍게도 그를 향해 달려오는 아버지를 본다. 본인이 받아야 마땅하고 그러리라고 예상했던 가차 없는 적개심을 맞닥뜨리는 대신에, 아들은 전혀 예기하지 못했던, 굴욕당함으로 증명해 보이는 사랑의 행동을 목격한다. 아버지의 행동이 말을 대신한다. 그를 받아들인다거나 환영한다는 말은 없다. 표현된 사랑은 말로 다 할 수 없

교회 사제들 사이에서 지켜지고 있다.

178. Sir. 19:30. 벤 시락이 언급하는 것이 무엇인지는 분명하지 않다. 하지만 가장 자연스러운 추측은 그가 사회에서 지위, 연령, 신분에 따라 기대되는 모습으로 천천히 위엄 있게 걷는 것을 논하고 있다는 점이다.

179. L. Weatherhead, *In Quest of a Kingdom* (London: Hodder and Stoughton, 1943), 90. 웨더헤드는 아리스토텔레스를 인용한 정확한 문헌을 밝히지 않았다. 참조, Jeremias, *Parables*, 130. 18세기에 벵겔은 "일반적으로는 부모가 아이들을 마중하러 달려가려고 하지는 않는다."라고 썼다(Bengel, *Gnomen*, I, 474); 참조, E. C. B. MacLaurin, "The Semitic Background of the use of 'En Splachnois'," *Palestinian Exploration Quarterly* 103 (1971), 42-45.

180. Bruce, *Synoptic Gospels*, 582. 내가 알기에 브루스는 군중이 순식간에 모여서 그 자리에 나타날 수밖에 없음을 주목한 유일한 사람이다. 데렛은 "꼬마들"이 이전에 있던 마을에서 소문을 전해 왔을 것이라고 생각한다. 그럴 가능성은 없지만, 데렛은 어린아이들이 그곳에 있었다는 것은 마을에 무언가 중대한 일이 발생했음을 의미한다는 사실을 주목했다. 참조, Derrett, "Prodigal Son," 65.

을 만큼 심오하다. 행동만이 그 사랑을 표현할 뿐이다. 사이드는 이렇게 기록했다.

> 그리스도께서는 그 아들이 아버지께 했던 말을 우리에게 전해 주시지만 아버지가 아들에게 한 말에 관해서는 아무것도 전해 주지 않으신다. 사실은,
>
> 아버지는 말을 입맞춤으로 대신하고,
> 자기주장을 감정 표현으로 대체하고,
> 혀 대신에 눈으로 말씀하신다.[181]

5연의 장면은 완전한 거절이다. 여기 5′연에는 완전한 용납이 있다. 목자와 여자가 그들이 잃은 것을 찾는 것처럼, 아버지는 누구도 예상하지 못했던 사랑을 이렇게 대중 앞에서 보여 줌으로써 자기 아들을 진심으로 찾고 있다.[182]

린네만은 보른호이저(Bornhäuser)를 인용해서, 뺨에 입을 맞춘 것은 동등함의 표시이며, 아버지가 이렇게 입을 맞춤으로써 아들이 아버지의 손이나 발에 입을 맞추지 못하게 했다고 주장한다.[183] 이 주장의 마지막 부분은 상당히 옳다. 아들은 아버지의 손, 또는 심지어 그의 발에 입을 맞추려고 했겠지만, 아버지가 그것을 막았다.[184]

보른호이저 주장에서 앞부분은 틀렸다. 아버지의 입맞춤은 동등함의 표시가 아니다. 동양의 아버지는 절대 아들과 동등하지 않다. 그보다는

---

181. Sa'īd, *Lūqā*, 401. 사이드는 탁월한 아랍어 실력을 발휘해서, 운율 있는 문단을 여기서 나눈다. 그러고는 아버지가 더러운 아들에게 계속 입 맞추고 있음을 주목하고는 "아버지는 아들의 정결함이 아니라 그의 인격(*nafsahu*)에 입을 맞춘 것이다."라고 주장한다(Sa'īd, *Lūqā*, 401).

182. Miller, *Luke*, 120-121.

183. Linnemann, *Parables*, 77. 린네만은 K. Bornhäuser, *Studien zum Sondergut des Lukas* (Gütersloh: n. p., 1934), 114를 인용한다.

184. 리바니는 "여행을 끝내고 집으로 돌아오면 나는 언제나 사랑과 순종의 표로 부모님의 손에 입을 맞추며 인사한다."라고 썼다(Rihbany, *Syrian*, 337).

화해와 용서의 표시다. 마을 안에서 심각한 다툼이 일어나고 화해하게 되면, 화해 의식의 하나로 사건에 연루된 사람 중에서 주도적인 사람이 공식적으로 상대편에게 입을 맞춘다.[185] “동등함”을 암시하는 것은 없다. 한쪽 당사자는 높은 지위에 있고 다른 쪽은 낮은 지위에 있을 수도 있다. 어느 아버지라도 자기 아들이 자신과 동등하다고 공개적으로 선언하는 것은 생각할 수 없는 일이다.

καταφιλέω(카타필레오)라는 단어는 “부드럽게 입을 맞추다” 또는 “거듭 입을 맞추다”를 의미할 수 있다. 첫 번째 의미는 여성적이며 이 문맥에는 어울리지 않는다. 두 번째 의미는 중동의 관습으로는 완전히 남성적이며 문화적으로 정확하다.[186]

아들은 그가 준비한 말의 **일부분만** 말하며 이에 반응할 뿐이다. 청중/독자는 아들이 준비한 모든 말을 이미 들었고 그래서 무엇을 기대해야 할지도 알고 있다. “나를 (당신의) 품꾼의 하나로 보소서”라는 해결책 제안이 빠졌다.[187] 수많은 주석가들은 아버지가 아들의 말을 가로막았다고 설명한다.[188] 이것은 이 이야기에서 가장 중요한 곳인 이 부분에서 벌어지고 있는 일의 결정적인 본질을 놓치는 것이라고 우리는 이해한다. 아버지가 아들의 말을 방해했다면, 아들은 아버지가 종들에게 명령을 다 내린 이후에라도 자기 말을 마칠 수 있었을 것이다. 그가 그렇게 하지 않은

185. 참조, 창세기 33:4에서 에서는 “너는 나와 동등한 사람이다.”라고 말하는 것이 아니라, “내가 너를 용서한다.”라고 말하고 있다.

186. 맨슨은 이 견해에 반대한다(Manson, *Sayings*, 288).

187. 앞뒤 말을 조화시키려는 사람들은 이 구절에 “나를 아버지의 품꾼의 하나로 보소서”라는 말을 첨가함으로써 이야기를 “개선하려고” 한다. 가장 훌륭한 사본은 이 내용을 생략한다. 하르클레안 역본을 제외한 모든 동양어 역본에도 이 말이 생략되었다. 이븐 알 아살은 비평 각주에도 이 말을 열거하지 않았다.

188. 적어도 종교개혁 시대부터 내려오는 강력한 해석 전통에 따르면 21절 처음에 나오는 εἶπεν δέ(에이펜 데)를 대조를 의미하는 “**그러나** 아들이 가로되”(but he said)라고 번역한다(Luther, KJV, ASV, RSV, NEB, JB). 현대어 번역에서는 NAB만 예외다. 그러나 (페쉬타 역본과 하르클레안 역을 제외하고) 동양어 역본에서 이 어구는 대조보다는 계속을 의미한다. 동양어 역본에 맞춰 본문을 이해하면, 아버지의 행동은 아들이 말하는 중간에 갑자기 나타난 완전히 새로운 태도와 연속되는 행동으로 이해된다.

것은 이기심을 보여 준다고 우리는 추측할 수도 있다. "이건 내가 예상했던 것보다 더 나은데, 내가 얻을 수 있는 것을 갖지 말아야 이유가 없지. 잠자코 받아들여야겠어. 아버지가 나를 아들로 받아 주신다고 하는데, 굳이 품꾼이 될 필요가 있겠어?"

아들이 말을 꺼내지 않은 것이 이런 의미가 아닌 것은 확실하다. 탕자가 전에 생각한 대로라면, 아들의 신분이면 분명히 몇 가지 불리한 점이 있다. 형과 함께 살아야 하고 형의 양식을 얻어먹어야 한다. 다시 아버지의 전적인 권위 아래 있어야 한다. "마음대로 하려던" 자기만족은 용납되지 않을 것이다. 아들의 신분을 받아들이려면 그로 인한 여러 결과를 생각해서 신중하게 결정해야 한다. 탕자가 마음을 바꾼 것이 분명하다. 비아는 이 변화의 의미를 이해하고 이렇게 쓴다. "결국 회개는 자만심을 버리고 은혜를 받아들이는 능력으로 판명된다."[189]

비아의 이러한 주장에 동의하면서, 이런 질문을 해야 한다. "탕자는 왜 마음을 바꾸었는가?" 좀 더 정확히 말해서, "그의 결정은 어떤 결과를 가져올 것인가?" 앞에서 보았듯이, 탕자는 회개를 랍비식으로 이해하고 집으로 돌아왔다. 그는 아버지가 굴욕을 감당하며 보여 준 사랑에 엄청난 충격을 받는다. 불안하고 두려운 상태에서, 자연히 그는 이 예상치 못한 구원을 완전히 압도적인 사건으로 경험한다. 이제 탕자는 아버지와 아들로서의 지속적인 관계에 다른 해결책을 제시할 수 없음을 안다. 그는 문제는 낭비한 돈이 아니라 그로서는 치유할 수 없는 깨진 관계라는 것을 안다. 이제 그는 새로운 관계는 아버지가 주시는 순전한 선물임이 분명하다는 사실을 이해한다. 그는 어떠한 해결책도 제안할 수 없다. 일을 해서 아버지에게 배상하려는 생각은 (아버지에 대한) 모독이다. "저는 감당하지 못하겠나이다"(I am unworthy)라는 말이 지금 유일하게 합당한 반응이다.[190]

---

189. Via, *Parables*, 171.

190. 비아는 둘째 아들이 마을 어귀에서 매우 중대한 변화를 경험했다는 점을 주목한다. 비아는 이렇게 썼다. "용서의 사건이 발생하고 자신의 견해가 완전히 깨질 때에만 그의 이해

이븐 알 타이이브는 아랍어로 된 그의 11세기 유명한 복음서 주석에서 본문에 대한 동양인의 빈틈없는 통찰을 반영했다.

> 본문은 "나를 당신의 품꾼의 하나로 만드소서"라고 말한다. 이것은 회개했지만 아들의 지위를 감당하기 어려운 사람을 의미하는데, 그의 회개가 온전하지 않기 때문이다. 본문은 "그가 일어나서 아버지께로 돌아가니라"라고 말한다. 이것은 그가 회개로써 하나님에게 향하고 있음을 의미한다. … 본문은 "아버지가 그를 보고 측은히 여겨 달려가 목을 안고 입을 맞추니"라고 말한다. 이것은 아버지의 큰 자비와 사랑의 표시이며, 아들의 극악무도한 죄 때문에 그를 비난하지 않고 기쁨으로 그를 환영한다는 표시다. 본문은 이렇게 말한다. "아들이 이르되 아버지 내가 하늘과 아버지께 죄를 지었사오니 지금부터는 아버지의 아들이라 일컬음을 감당하지 못하겠나이다(아버지는 선하고 나는 악하기 때문입니다.)" 본문에 의하면, 탕자는 아버지를 만나기 전에 "나를 품꾼의 하나로 보소서"라고 말하려고 결심했었다. 그러나 아버지를 만나서는 이 말을 하지 않았다. 우리는 탕자가 아버지의 사랑을 보았기 때문에 그렇게 말하지 않은 것이라고 말할 수 있다.[191]

가 바뀐다. … 하나님과 인간의 관계를 바라보는 자연인의 율법주의적 이해는 자신을 넘어 위로부터 그에게 임하는 예기치 못한 용서의 사건에 의해서만 완전히 깨진다."(Via, *Parables*, 174).

19세기에 고데는 다음과 같이 기록했다. "21절에서 탕자가 고백한 것과 극히 비참한 상태에서 말한 것(18, 19절) 사이에는 커다란 차이가 있다. 후자는 절망의 외침이었다. 하지만 지금은 이러한 절망이 끝났다. 그러므로 이 고백은 회개하는 사랑의 외침이다. 사용된 용어는 동일하다: '**내가 죄를 지었나이다**.' 하지만 어조는 분명히 다르다. 루터는 이것을 깊이 이해했다. 두려움의 회개와 사랑의 회개 사이의 차이를 발견한 것은 종교개혁의 참된 원리였다. 탕자는 말을 다 마칠 수가 없었다. 용서의 확신으로 인해 탕자는 처음에 계획한 대로 '**저를** … 여기소서'라고 말하며 자신의 말을 마칠 수가 없었다."(Godet, *St. Luke*, 378). 고데의 요지를 비아만은 제대로 이해했다. (비유의) 문화적인 정황은 고데의 통찰이 옳다는 강력한 증거를 제시한다.

191. *Sharḥ al-Injil li-Ibn al-Ṭayyib*, Paris Arabic 86, folio 131. 베일리의 번역.

이 주석에서 이븐 알 타이이브는 품꾼이 되려는 계획은 불완전한 회개 또는 부분적인 회개를 의미한다고 주장한다. 아버지가 아들을 환영한 것은 분명히 은혜를 부어 준 것이다. 그러나 우리의 논의상 특별히 중요하게 눈여겨봐야 할 것은 품꾼이 되겠다는 말이 생략된 이유에 대한 이븐 알 타이이브의 주석이다. 그는 탕자가 마음을 바꾼 것이 "아버지의 사랑을 보았기 때문"이라고 주석한다. 사랑이 증명되었고 가시화되었다. 이것으로 탕자의 마음이 바뀌었다. 아들은 품꾼의 하나로 써 달라는 말을 하지 않기로 결정했다. 이븐 알 타이이브가 생각하기에, 품꾼이 되겠다는 의도는 부분적인 회개를 의미한다. 온전한 회개는 사랑을 보여 준 결과다.

탕자의 회개와 고백(4′연) 이후 아버지는 종들에게 명령을 내린다(3′연). 군중이 거리로 몰려나올 때 종들도 거기 끼어 있었다.[192] 마치 하인이 왕에게 하듯이 종들은 아들에게 옷을 입히라는 명령을 받았다. 아버지는 아들에게 가서 목욕하고 옷을 갈아입으라고 말하지 않았다. 탕자에게 옷을 입히라는 이 명령은 종들이 그를 어떻게 존중해야 하는지를 확인해 준다. 당연히 종들은 아들을 어떻게 예우해야 하는지 아버지에게서 단서를 얻기 위해 마음 졸이며 기다리고 있었다. 아버지가 무심하게 어깨나 으쓱하면서 불만족스러운 표정을 지었다면 종들은 아들을 위해 아무 일도 하지 않았을 것이다.

"제일 좋은 옷"은 아버지의 옷이라는 것이 확실하다.[193] 동양의 청중/

192. 아른트(Arndt)는 바르게 주목했다. "아버지는 종들에게 명령을 내린다. 아버지가 저 멀리서 오고 있는 거지같은 사람을 만나러 갈 때 종들은 그를 따라 나섰을 것이다."(*St. Luke*, 352; 이것은 Plummer, *St. Luke*, 375와 반대 견해임).

193. 플러머는 그것이 αὐτοῦ(아우투, "그의")가 없이는 아들의 옷이 될 수 없다는 사실을 제대로 주목했다(Plummer, *St. Luke*, 376). 렝스토르프는 탕자의 옷이 공식적인 예복으로서 그가 케차차 의식으로 쫓겨날 때 사람들 앞에서 벗겨졌던 옷이라고 길게 논한다(Rengstorf, *Re-Investitur*, 39). 나는 렝스토르프의 논의는 설득력이 없다고 생각한다. 이야기는 탕자가 자신의 모든 것을 "모아 가지고 떠났다"고 구체적으로 서술한다. 그와 같은 예복이 있다는 사실은 제시되지 않았다. 케차차가 적용되지는 않았을 것이다. 더욱이, 랍비 자료의 케차차에는 예복에 대한 언급이 없다.

독자는 즉각적으로 이렇게 생각할 것이다. "첫 번째"(즉, 제일 좋은) 옷은 아버지가 명절이나 그 밖에 큰 행사에서 입는 옷일 것이다.[194] 요지는 이것이다. 손님들이 잔치에 도착하고, 아들을 보고 아들의 이야기를 듣고 아들이 돌아온 것을 축하해 주기 위해 사람들이 모여들 때, 아버지의 옷은 공동체가 그를 받아준 것을 확증할 것이다. 이렇게 명령함으로써 아버지는 아들과 종들 사이의 화해를 확실히 보여 준다. 그와 동시에 아버지는 아들이 공동체와도 완전히 화해했음을 확인한다.[195]

옷이 종말론적인 의미를 전달하는가? 그럴 가능성이 많다. 예레미아스는 옷이 그런 의미를 지닌다고 길게 논한다. 이사야 61장은 예수님의 교훈에서 특별한 주목을 받는다. "이는 그가 구원의 옷을 내게 입히시며 공의의 겉옷을 내게 더하심이"(사 61:10).[196] 예레미아스는 이렇게 설명한다.

> 예수님이 메시아 시대를 새 옷으로(막 2:21과 병행구) 말씀하셨으며, 죄 사함을 아버지가 탕자에게 입힌 가장 좋은 옷(눅 15:22)에 비교하신 것을 기억할 수 있다. 그러므로 우리는 마태복음 22:11-13 저변에 이 비교가 놓여 있음을 의심할 수 없다. 하나님은 당신에게 죄 사함의 깨끗한 옷을 주시고 의를 전가하셨다.[197]

가락지는 인장 반지일 가능성이 크고, 이것은 탕자가 특별한 방법으로 신임을 받는다는 의미다.[198] 신은 그가 집에서 종이 아니라 자유인이라는

---

194. 참조, 에스더 6:9에서는 왕의 옷을 입는 것이 특별한 영예로 묘사된다.

195. 공동체와의 화해는 사람들 앞에서 아들을 환영함으로 이미 상당히 이루어졌다. 탕자에게 아버지의 옷을 입힌 것은 아버지가 마을 어귀에서 이미 행한 것을 확인하고 확정짓는다.

196. 참조, 마 5:3; 11:5; 눅 4:18; 7:33. 참조, L. C. Crockett, "The Old Testament in the Gospel of Luke with Emphasis on the Interpretation of Isaiah 61:1-2" (미출판 Ph. D. 논문, Brown University, Providence, R. I., 1966).

197. Jeremias, *Parables*, 189.

198. 참조, Derrett, "Prodigal Son," 66; 1 Macc. 6:15; 창 41:42; 에 3:10; 8:2; Jeremias, *Parables*, 130; Rengstorf, *Re-Investitur*, 30.

표시다.[199] 데렛은 종과 관련해서 이렇게 썼다. "종들은 그(탕자)를 그들의 주인으로 받아들인다는 표로 그에게 신을 신겼다. 이보다 더 결정적으로 표현할 수 있는 명령은 없다."[200]

마지막으로 아버지는 살진 송아지를 잡으라고 명령한다. 염소나 양이 아니라 송아지를 선택한 것은 전부는 아니더라도 대부분의 마을 사람들이 그날 저녁 잔치에 참석한다는 의미다. 잡은 고기는 몇 시간 안에 먹지 않으면 상할 것이다. 예레미아스는 아버지가 베푼 잔치가 가족과 종만을 위한 것이라고 생각한다.[201] 이것은 확실한 오해다. 송아지를 잡고 공동체를 초대하지 않는 것은 공동체를 모독하는 것이며, 가족에게도 낭비다. 이렇게 큰 짐승을 잡는 것은 공동체 전체를 초대하기 위해서다. 동전을 찾은 여자와 잃은 양을 찾은 목자처럼 기쁨은 모든 사람과 나눠야 한다.

---

199. Jeremias, *Parables*, 130.

200. Derrett, "Prodigal Son," 66. 렝스토르프는 신을 신는 행위는 소유권을 주장하는 표라고 주장한다. 중동에서는 어떤 대화에서든지 신발이나 발을 언급하는 것은 수치스럽고 모욕적이다. 신발은 부정하다. 신발과 발은 온갖 모독적인 언사에 공통으로 등장한다. 렝스토르프는 불타는 가시떨기 나무 앞에서 신발을 벗은 것을 "하나님께서 이 땅의 주인이시라는 표로 제가 신을 벗습니다."라고 해석한다. 이 말은 "저의 정결하지 못한 신으로 **거룩한 땅**을 더럽히고 싶지 않아서 제 신을 벗습니다."라고 이해하는 편이 낫다. 렝스토르프는 사람이 집안으로 들어갈 때 신을 신기보다는 신을 벗는다고 주장한다. 이것 역시 사실이 아니다. 사람은 발을 씻기 위해 신을 벗는다. 하지만 맨발로 돌아다니지는 않는다. 바닥이 다져진 흙이라면 더럽고, 돌이라면 차갑다. 평상에 기대어 눕는다거나 평상 위에 발을 올려놓을 때는 신을 벗는다. 신약성경에 나오는 발 씻는 여러 장면에서 그 사람들은 기대어 누워 있다. 렝스토르프는 시편 60:8의 "에돔에는 나의 신발을 던지리라"는 말씀을 소유권 주장의 증거로 사용한다. 그러나 사실 이 구절은 매우 강한 모독을 뜻한다. 1960년대 초 이집트의 아씨우트 대학(Assiut College)에서 신발과 관련한 동양인의 태도가 어떤지를 잘 몰랐던 한 젊은 미국 선생이 어느 날 아침 잠자는 학생을 깨우려고 그를 향해 신발을 던졌다. 그날 이 "모독적인" 행위에 분개해서 천여 명의 학생들이 폭동을 일으켰다. 공적인 연설 석상에서 연사는 "신발"이라는 단어를 사용하기 전에 그 말이 거의 욕설과 비슷한 것을 고려해서 사람들에게 양해를 구한다. 신발과 소유권 간의 일종의 관계를 다룬 유일한 성경 구절은 룻기 4:7이다. 하지만 그 당시 이런 풍습은 이미 사라졌기 때문에 저자는 독자들에게 그 풍습을 설명해야 했다. 그러므로 이 부분에 대한 렝스토르프의 논의는 설득력이 없다. 참조, Rengstorf, *Re-Investitur*, 39.

201. Jeremias, *Parables*, 130.

리바니는 손님을 위해 짐승을 잡는 일의 언약적 특성을 논한다.

> 동양에 아직 사라지지 않고 남아 있는 고대 풍습에는 손님이 도착할 즈음에 주인이 문지방에서 양을 잡고 손님에게 그 피를 넘어 집으로 들어오게 함으로써 손님을 지극히 예우하는 풍습이 있다. 이 행동은 손님과 주인의 "피의 언약"(blood covenant)을 이룬다. 이 의식으로 그들은 하나가 된다. 특히 먼 고장에서 오는 손님을 맞이하면서 가장 따뜻하고 품위 있게 환영하는 표현은 "당신이 우리 집을 찾아 주셔서 하나님께서 우리에게 은총을 내리셨으니 제비하트(*zebibat*)를 잡겠습니다!"라고 말하는 것이다.
>
> 아들이 돌아온 것을 크게 기뻐하며 탕자의 아버지는 가장 귀한 손님께 하듯이 아들을 맞아들인다. 사랑이 많으신 아버지와 "죽었다가 살았으며 잃었다가 다시 얻은" 아들 사이에 맺은 새 언약의 제비하트로서 겨우 양 한 마리가 아니라 "살진 송아지"를 잡는다.[202]

중동의 농부들은 고대로부터 이런 풍습을 보존해 왔다. 새 집을 건축하면, 출애굽기 12:21-27과 매우 비슷하게 보이는 방식으로 양을 잡아 그 피를 "상인방과 두 개의 문설주"에 뿌린다. 그러나 다른 증거 자료가 없기 때문에, 리바니의 결론을 받아들이기에는 마음에 걸린다. 나는 리바니의 제안이 보편적인 태도를 반영하는지는 알아내지 못했다. 하지만 긍정적인 측면에서, 리바니는 그렇게 큰 짐승을 죽임으로써 아들에게 베풀어진 특별한 명예를 강조한다. 이런 규모의 잔치라면 송아지를 먹으려고 참석한 손님이 백 명은 넘을 것이다. 맏아들이 결혼할 때, 그 지방의 총독이 방문할 때, 또는 이에 준하는 행사에서 송아지를 잡는다. 송아지를 잡았다는 것은, 너무 기쁜 나머지 사람들이 상상할 수 없을 정도로 성대한 잔치를 베풀었음을 의미한다. 이렇게 성대한 잔치를 베푼 목적에는

202. Rihbany, *Syrian*, 160.

아들을 공동체 **전체**와 화해시키려는 바람도 포함된다.

아버지의 말은 1′연에서 끝난다. 탕자에게는 형과 함께 살아야 한다는 껄끄러움을 피해 마을에서 독자적인 지위를 누리기로 선택할 여지가 여전히 있다. 왜곡된 자존심 때문에 그는 자신이 아들이라 불리기에 "너무나도 비천한 존재"라는 것을 주장하려 했다. 그러나 그는 순전한 은혜를 받아들인다. 은혜가 승리했다. 탕자가 짧게 말한 고백이 그의 마지막 말이다. 비아는 탕자가 은혜를 받아들인 것을 무책임으로부터 새로운 상황에서의 자유로 이동한 것으로 묘사한다.[203] 이제 아버지와 둘째 아들은 즐거워하기 시작한다. 참으로 그는 아들을 찾았다.

비유의 전반부는 둘째 아들의 귀향을 축하하는 잔치가 시작되는 것으로 끝난다. 이제 이야기는 한 바퀴 돌아 다시 원점에 이른다. 앞에서 제시한 문학 구조를 더욱 충분히 이해할 수 있게 되었다. 이 이야기의 근저에 깔린 문화에 비추어 볼 때, 비유가 시작될 때 했던 탕자의 첫 번째 말과 비유 중앙에 있는 그의 두 번째 말을 비교하는 것은 특히 흥미롭다. 각각의 행에는 짝이 있다. 이것을 아래와 같이 쓸 수 있다.

말 I

a 아버지여

b 분깃을 내게 주소서

c (아버지가 그 살림을 각각 나눠 주었더니)

말 II

a′ 아버지

b′ 내가 하늘과 아버지께 죄를 지었사오니

c′ 지금부터는 아버지의 아들이라 일컬음을 감당하지 못하겠나이다

---

203. Via, *Parables*, 166.

a행과 a′행은 아버지를 부르는 말이다. b행은 아들이 아버지가 죽기를 바라는 것을 의미한다. b′행은 아들이 자신의 죄가 극악하다고 고백함으로 이 사실을 반영한다. c행은 탕자가 그의 몫을 다 받았다는 것과 그럼으로써 가족과의 관계를 끊었음을 이야기한다. c′행은 이 사실을 인정한다. 6연에서 탕자는 자신에게 도움이 필요하다는 것을 인정한다. 그는 주려 죽어 가고 있다. 6′연에서 그가 제시하는 스스로의 힘으로 해 보려는 해결책은 이것과 짝을 이룬다. 이런 구조에서 일반적으로 그러하듯이, 이야기의 진정한 전환점은 중앙을 지나자마자 바로 등장한다. 5′연에서는 굴욕을 감당하는, 예상치 못한 사랑을 놀라운 방법으로 증명해 보여준다. 4′연에서는 그 사랑으로 인해 진정한 회개가 흘러나오고 나머지 연들은 순서대로 흘러간다. 그러므로 문학적 구조는 이야기의 흐름을 결정하는 데 있어 문화적인 요소를 강화한다.

집으로 돌아오는 이 장면은 죄를 고백하고 보상하려는 계획을 세운 품꾼의 모습을 제시한다. 그때 아버지는 자신을 비천하게 낮춤으로써 예상하지 못한 사랑을 표명하신다. 품꾼은 은혜에 압도되어 아들이 된다. 이 장면은 은혜를 받아들이고 무가치함을 고백하는 것이 회개라는 새로운 이해를 제시한다. 아버지와 아들은 함께 즐거워한다.

(4) 집으로 돌아오는 장면의 기독론적 의미

이 비유에는 예수 그리스도의 사역에 대한 언급이 없다. 오늘날 이 문제를 해결하기 위해 네 가지 유형의 대답이 제시되었다. 이 내용을 고찰하려 한다.

첫 번째로 진정한 복음에는 속죄가 없다고 기뻐했던 19세기 자유주의자들이 있었다. 하르낙(Harnack)은 복음을 "성부와만 관련이 있고 성자와는 관련이 없는 것"이라고 이해했다.[204] 이 견해는 우리가 앞에서 고찰한

---

204. Adolf von Harnack, *What Is Christianity?* trans. Thomas B. Saunders (New York: Harper, 1957, 1900), 144. 하르낙은 성전에서 기도하는 세리, 과부와 그의 적은 액수의

문화적인 배경을 전혀 고려하지 않았다. 그래서 19세기 자유주의는 "문제가 없다."라고 말함으로써 문제를 해결한다.

두 번째 접근은 결국 이 비유는 "완전한 신학대전"이 아니라는 주장이다. 이 관점을 취하는 사람들은 사실상 이렇게 주장한다. "비유는 사람들이 여전히 죄인**일지라도** 하나님께서 그들을 사랑하신다는 사실을 가르친다. 이것으로 충분하다. 우리는 충분한 신학적 진술을 기대해서는 안 된다. 속죄가 빠져 있지만, 신경 쓰지 말라."[205] 이 대답은 문제를 아예 무시한다. 비유를 "완전한 신학대전"으로 생각해서 안 된다는 것은 너무도 당연하다. 그와 동시에 비유는 분명 하나님이 어떻게 사람들을 자신과 화해시키는지를 그린다.

세 번째 입장은 비유에 간접적이긴 하지만 분명한 기독론적 언급이 있다고 주장한다. 그러나 속죄에 대해서는 신경 쓰지 않는다. 예레미아스가 이렇게 서술했다.

> **예수님은 … 회개하는 죄인을 향한 하나님의 사랑이 그의 행동으로 나타났다고 주장하신다**. 그래서 탕자 비유는 기독론적인 내용을 서술하지 않으면서도 여기에는 은근한 권위 주장이 나타나 있다. 예수님은 자신이 하나님을 대신하여 행동하고 있으며 하나님의 대리인이라고 친히 주장하신다.[206]

연보, 잃은 아들을 주요 증거로 사용한다(von Harnack, *What Is Christianity?*, 143). 수세기 동안 이슬람은 기독교 신학이 예수님의 메시지와 모순된다는 것을 증명하기 위한 반기독교적인 논쟁에 탕자 비유를 사용해 왔다. 그들은 탕자 비유가 무슬림 신학과 정확하게 일치한다고 주장한다. 율리허는 이렇게 질문한다. "그러면 그리스도의 중보와 희생의 죽음이 없이, 죄인이 스스로 회개하고 죄 용서를 받을 수 있을까?" 이 질문에 율리허는 분명하게 "그렇다"고 대답한다. 참조, Jülicher, *Gleichnisreden*, II, 364-365. 율리허에게 속죄는 단지 "'성서주의자들'이 좋아하는 신조"에 불과하다(Jülicher, *Gleichnisreden*, II, 334).

205. Manson, *Sayings*, 286.

206. Jeremias, *Parables*, 132; 강조는 예레미아스의 것임. 참조, Via, *Parables*, 171-172.

기블린은 이렇게 주장한다.

> 인간으로서 예수님의 활동은 하나님의 자비가 나타나고 실현되는 수단이다. 그러므로 누가복음 15장에 요한복음 14:9와 비슷한 신학적인 주장이 있다고 생각된다. "나를 본 자는 아버지를 보았거늘" … 예수님은 성부 하나님이 어떤 분이신지를 가장 잘 보여 주시는 분이다.[207]

이 견해는 기독론적 질문에 대한 사려 깊은 대답을 개괄적으로 제시하기는 하지만 구체적으로 속죄와 관련해서는 동일한 질문에 대답하지 않는다.

네 번째 견해는 비유의 어떤 요소들에서 기독론과 속죄의 암시를 찾는다. 바르트(Karl Barth)는 소위 "알레고리적인 것이 아니라 유형론적 또는 구체적으로 기독론적 해석…"을 시도한다.[208] 바르트는 예수님을 잃은 아들과 단순히 동일시하지 않는다. 그 대신 그는 다음과 같이 설명한다.

> 탕자가 아버지와의 관계에서, 집을 나오고 다시 집으로 들어가는 과정에서 예수 그리스도께서 속죄 사역을 수행하며 걸어가신 길, 그의 낮아지심 및 높아지심과 분명히 병행되고 있음을 보지 않거나 말하지 않는다면, 우리는 이 비유를 정당하게 평가한 것이 아니다.[209]

기블린은 누가복음 15장에서 동일한 상징을 발견한다.[210] 바르트와 기

---

207. Giblin, "Luke 15," 25. 기블린은 비유의 핵심이 "엄격한 정의를 넘어서는 구원 계획을 설명하는 것"이라고 주장한다(Giblin, "Luke 15," 24).

208. Karl Barth, *Church Dogmatics*, trans. G. W. Bromiley (Edinburgh: T. & T. Clark, 1958), IV/2, 25.

209. Barth, *Church Dogmatics*, 23. 스툴뮬러도 이 견해에 동의한다. Stuhlmueller, *Luke*, 148-149.

210. Giblin, "Luke 15," 30.

블린이 탕자에게서 기독론적 요소들을 밝힌 것이 부자연스러워 보일 수도 있다. 탕자는 세리와 죄인의 상징이다.[211] 이것은 그런 사람들에게서 예수님에게로 건너뛴 것이다. 동일한 탕자로써 예수님과 세리를 상징할 수 있을까?

골비처(Gollwitzer)는 비유의 다른 면들에서도 기독론적으로 함축된 의미를 찾았다. 그는 이렇게 쓴다. "예수는 집에서 쫓겨나 바깥에 있는 성부의 역주행자(Entgegenlaufen des Vaters)다. 하지만 예수는 하나님의 아버지 되심을 추억하게 해 주는 기억의 힘(die Kraft der Erinnerung)이기도 하다."[212] 그런 다음에 그는 두 번째 주장에 초점을 맞춘다.[213] 이 네 번째 견해를 가진 사람 중에서 기블린이 가장 만족스러운 대답을 제시한다. 그는 새로운 유형의 알레고리화를 소개하지 않을 뿐더러 본문의 배경이 되는 문화적인 영향을 무시하지도 않는다. 기블린은 이렇게 언급한다.

> 그리스도의 구원하는 사랑은 갈보리(그리스도의 희생적인 사랑이 완전히 성취되고 하나님의 요구를 만족시켜 드리는 행위가 완성된 곳)에서만 아니라 그의 공생애 활동에도 반영되었다. 구원하는 사랑은 우리 자신과는 상관없이 우리를 참으로 하나님의 백성으로 만드는 **창조적인** 사랑이다. … 누가복음 15

211. 적어도 어거스틴 이후, 그리고 어쩌면 어거스틴 이전에도 탕자는 이방인들과 동일시되었다. 탕자를 이방인과 일치시키는 것은 예수님의 의도와는 너무도 거리가 멀다. 탕자는 **집에서** 시작한다. 그는 외부에서 들어온 낯선 이가 아니다. 이븐 알 타이이브는 이런 식으로 탕자를 이방인과 일치시킨 예를 언급하고 이를 반박한다(Paris Arabic Ms. 86, folio 129).

212. Helmut Gollwitzer, *Die Freude Gottes, Einführung in das Lukasevangelium* (Berlin-Dahlem: Burckhardthaus-Verlag, 1952), 176.

213. 그러나 아버지에 대한 탕자의 기억과 관련해서, 만일 여기서 우리가 어떤 신학적인 동일시를 찾으려 한다면, 성령이 더 적절할 것이다. 아들은 아버지의 "영"(spirit)에 의해 흔들렸다. 그는 더 나은 교제 속에서 누리는 더 나은 생활을 기억한다. 하지만 이 주장 역시 거절할 수밖에 없다. 비유를 이런 방향으로 몰고 가는 것은 실제로 비유를 완전히 신학대전으로 만들려는 것이나 다름없다. 이런 유혹에는 저항해야 한다. 비유에서 "사실적인 것"보다 "우연한 것"에 해당하는 신학을 찾으려 한다면, 그것은 비유가 맨 처음에 선포된 문화적인 배경에 속한 것이어야 한다. 방법론적인 원리인 이 원칙을 무시하면, 다시 비유를 새로운 형태의 무책임한 알레고리화에 넘겨주게 된다.

> 장에 정교하게 묘사된 구원하는 사랑에서, 사람들은 예수님 안에서, 그리고 예수님을 통해 하늘의 기쁨을 본다. 또한 사람들은 예수님과 사람의 맞닿음("중보") 안에서, 그리고 그것을 통해 성부 하나님을 본다. 예수님 그분은 화해와 새 생명의 효과 있는 표다(참조, 눅 15:32, ἔζησεν).…[214]

앞에서 개괄한 문화적인 배경과 부합되게 이 네 번째 입장을 확대해 보려 한다.

팔레스타인 청중에게 먼저 아버지는 자연히 하나님을 상징할 것이다.[215] 그런 다음에 이야기가 진행되면서, 아버지가 집에서 나와, 극적인 행동으로, 사람들 앞에서 굴욕적인 모습을 취하며 전혀 예상치 못했던 사랑을 보여 준다.[216] 이야기의 문학적 구조와 문화적 배경에서 이 극적인 행동은 비유 전반부의 전환점으로 작용한다. 예수님은 참으로 청중이 이러한 행동에서 죄인을 영접하시는 예수님의 극적인 행동을 보기를 원하셨다. 아버지가 사랑과 낮아짐으로 아들을 맞이하기 위해 집을 떠날 때 그는 적어도 성육신과 속죄의 의미의 한 부분을 증명한다.[217]

아버지가 예상치 못한 사랑을 가시적으로 보이지 않았다면 이 이야기에서 어떤 일이 벌어졌을지 생각해 보는 것은 유익하다. 그 결과로 분명히 품꾼은 한 명 더 많아지고 아들은 없을 것이다. 앞으로 살펴보겠지만 아버지에게는 이미 집에 종 같은 아들이 한 명 있었다. 아버지는 무언가를 더 원했다. 그 아들이 멀어졌다는 사실과 그의 사고방식을 고려하면, 이렇게 하는 것이 아들을 얻는 유일한 방법이었다. 아버지의 사랑은 항상 깊고 변하지 않는다. 그러나 아들은 그 사랑을 깨닫지 못했다. 아버지

---

214. Giblin, "Luke 15," 30.

215. 참조, 이사야 63:16, "주는 우리 아버지시라."

216. 아버지가 맏아들에게도 동일하게 행해야 한다는 사실을 우리는 보게 될 것이다(Via, *Parables*, 171).

217. 이것은 앞에 언급된 골비처의 첫 번째 주장을 확대한 것이다. 본서 327쪽을 보라.

가 집에서 기다렸다면 그는 종을 한 명 더 갖게 되었을 것이다. 아버지가 나가서 충격적이고 자신을 낮추는 모습으로 사랑을 증명한다면, 아들은 그것을 보고 아버지의 사랑을 이해할 수 있을 것이다. 아들이 그렇게 한다면, 아버지는 아들을 얻게 될 것이다. 그렇다면, 결론적으로 우리는 비유에서 적어도 "우연이긴 하지만" 속죄를 발견한다.

(5) 맏아들(15:24-32)[218]

이 단락에서는 문학적 구조를 검토하고 비유의 문화적인 측면을 논할 것이다. 마지막으로 신학적인 묶음을 분석할 것이다. 우선 논의의 중심은 비유의 후반부가 문화적으로, 문체적으로 전반부의 반복임을 보이려는 데 집중된다. 전반부와 후반부는 외양은 다르지만 본질적인 특성은 동일하다. 더욱이, 두 아들 각자에게 아버지가 반응한 방식은 똑같다.

맏아들은 밭에 있는 것으로 비유에 등장한다. 그는 집 밖에 있다. 그가 잔치가 벌어지는 집으로 가는 길은 한 단계 한 단계가 탕자의 여행길과 병행을 이룬다. 이 길을 문학적인 구조로 설명할 수 있고, 이제 이것을 검토하려고 한다.

B 맏아들은 밭에 있다가

1 돌아와 집에 가까이 왔을 때에 **그가 옴**
풍악과 춤추는 소리를 듣고
한 종을 불러 이 무슨 일인가 물은대

---

218. 과거 1930~1970년대 다수의 학자들은 누가복음 15:11-32의 통일성을 인정했다. 역사적 순서에 따라 학자들을 열거하면 다음과 같다: Jülicher, Manson, C. W. F. Smith, Daube, Jeremias, Bultmann, Linnemann 등. 가장 최근에 비유의 통일성에 도전한 사람은 샌더스이다(Jack T. Sanders "Tradition and Redaction in Luke XV, 11-32," *NTS* 15 [1969], 433-438). 샌더스의 도전에 예레미아스가 충분히 답변했다(Jeremias, "Tradition und Redaktion in Lukas 15," *ZNW* 42 [1971], 172-189). 또한 Jeremias, *Parables*, 131을 참조하라. 맨슨의 판단은 여전히 건재하다. "사실 이 이야기가 완벽한 통일성을 이루고 있다고 생각하지 않을 합당한 이유는 없다"(Manson, *Sayings*, 285).

2 대답하되 당신의 동생이 돌아왔으매 **당신의 동생-안전**
당신의 아버지가 건강한 그를 다시 맞아들이게 됨으로 인하여 **잔치**
살진 송아지를 잡았나이다 하니
3 (그러나) 그가 노하여 들어가고자 하지 아니하거늘 **아버지가**
아버지가 나와서 **화해하러 나옴**
권한대
4 아버지께 대답하여 이르되 내가 여러 해 **아버지를**
섬겨 명을 어김이 없거늘 **불평** I
내게는 염소 새끼라도 주어 **(내게 어떻게 이럴 수가?)**
나와 내 벗으로 **즐기게 하신 일이 없더니**
4′ **아버지의 살림을 창녀들과 함께 삼켜 버린** **불평** II
이 아들이 돌아오매 **(그에게 어떻게 그럴 수가?)**
이를 위하여 살진 송아지를 잡으셨나이다
3′ 아버지가 이르되 얘 **아버지가**
너는 항상 나와 함께 있으니 **화해하고자 함**
내 것이 다 네 것이로되
2′ 이 네 동생은 죽었다가 살아났으며 **네 동생-안전**
내가 잃었다가 얻었기로
우리가 즐거워하고 기뻐하는 것이 마땅하다 하니라 **잔치**
〔그래서 그는 와서 집으로 들어가
풍악이 있고 춤추는 자리에 참석해서 ???〔**생략**〕
기뻐하기 시작했다.
그래서 두 아들은 아버지와 화해했다.〕

다시 우리는 3행 연들로 구성되는 비유적 발라드(유형 D)를 다루고 있다. 역행 원리가 다시 사용된다. 짝을 이루는 연들 사이의 연관성은 분명하고 강하다. 절정을 이루는 중앙부에는 두 개의 불평이 계단식 대구법을 이루며 행과 행이 짝을 이룬다. 3연에서 아버지는 화해하기 위해 나오고, 3′연에서 우리는 아버지의 화해의 말을 듣는다. 2연은 둘째 아들이 돌아와서 잔치와 연회가 벌어졌다고 보도하고, 2′연은 아버지가 잔치를 벌인 이유를 설명한다. 결론은 생략되어 있으므로 1′연이 없는 셈이다. 이러한 구조의 중요성은 앞으로 분명하게 드러날 것이다. 여기서 우리는 비유적 발라드 구조에서 뭔가 미완성되었음이 분명하다는 것을 주목할 수 있다. 우리는 비유의 후반부가 전반부처럼 기쁨으로 끝난다면 있을 법한 내용을 괄호 안에 재현하려 했다. 이 구조를 염두에 두면서 본문의 세부 사항을 살펴보자.

맏아들은 집 가까이 와서 συμφωνίας(쉼포니아스)와 춤추는 소리를 들었다. συμφωνίας는 이중관 피리(a double pipe)를 언급하는 것 같다.[219] 고대 동양어 역본에는 보편적으로 노랫소리(singing)가 언급되어 있다. 대부분의 경우 이것은 συμφωνία가 "소리를 합하여"(voices together, 즉 συμ + φωνία)를 의미하는 것으로 이해되기 때문인 것 같다. 이 연구를 위해 검토한 여러 구절 중에서 이 구절(25절)이 동양어 역본에서 정말 다양하게 번역되었다. 아래와 같이 정리할 수 있다.

1. "노랫소리와 심포니아"(고대 시리아어)
2. "많은 노랫소리"(페쉬타, 디아테사론, 이븐 알 타이이브)
3. "노랫소리와 춤"(하르클레안)
4. "노랫소리와 떠들썩한 박수"(Vat. Borg. Ar. 71)
5. "함께 노래하는 소리"(이븐 알 아살)

---

219. George F. Moore, "συμφωνία-Not a Bagpipe," *JBL* 24 (1905), 166-175. 이전에 그것이 백파이프였다고 주장한 배리(Barry)에게 무어는 이렇게 답변한다. 무어는 이 단어가 악기를 언급한다는 점에는 동의한다. 그것이 정확히 어떤 종류의 악기였는지는 확신하지 못한다면서 "συμφωνία라는 명칭은 그 어원학적 의미에서 이중관 피리(double pipe)를 의미한다고 하는 것이 더 적절할 것이다."라고 말한다(Moore, "συμφωνία-Not a Bagpipe," 172). 참조, Phillips Barry, "On Luke xv. 25, συμφωνία: Bagpipe," *JBL* 23 (1904), 180-190.

6. "소리와 춤"(Vat. Borg. Ar. 95, Polyglots)

7. "소리와 춤의 어울림"(Propagandist)

8. "노래와 춤"(Shidiac, Jesuti-1, Jesuit-2)

9. "악기 소리와 춤"(Van Dyke, 'Abd al-Malik)[220]

맏아들이 집에 가까이 왔을 때 큰 소리가 들리고 활기가 넘치면서 사람들이 즐거워하는 축제가 벌어지고 있었던 것이 분명하다.

맏아들이 즉시 알아차리지 못한 이유에 관한 문제는 린네만이 적절히 다루었는데, 린네만은 그것을 "연출" 효과라고 명명한다. 린네만은 이렇게 말한다.

> 비유의 청중은 그런 일이 일어날 법하기는 하지만 실제로 일어날 가능성은 없는 것으로 이 이야기가 전해지는 한, 그와 같은 비유의 "연출 기법"에 상당히 만족한다. 이야기 전체가 믿을 만하다면 그들의 실생활 풍습과 약간 다르더라도 신경 쓰지 않을 것이다.[221]

이와 아울러, 맏아들에게 이 사실을 알리지 않은 이유가 있다. 맏아들이 이 사실을 알았다면 흥분해서 어쩌면 잔치를 열지도 못하게 했을 것

---

220. 매우 흥미로운 것은 이처럼 다양한 표현에도 불구하고 (현대 개신교의 역본 두 개를 제외하고는) 모두 "노래하다"가 포함된다는 사실이다. 심지어 1970년에 번역이 완료되고 비평적으로 번역된, 학문적인 "Jesuit-2" 번역 성경에도 "노래하다"가 들어 있다. 이 역본들 배후에 있는 본문의 복잡한 점들을 열거하는 것은 본 연구의 범위를 넘어서는 일이다. "노래하다"에 특히 강조를 둔 것은 동양의 교회들이 이 상황을 손님들이 잔치에 참여해서 떠들썩하게 즐기고 있던 것으로 이해했다고 말할 수 있다. (꼭 전문가는 아니었겠지만) 몇 사람이 악기도 연주했을 것이다. 춤은 남자들이 한 명씩 춤을 추기 시작하다가 나중에는 몇몇 사람의 솜씨 겨루기 무대가 되었을 것이다. (흥겨운 박자에 맞춰 손뼉을 치면서) 부르는 노래는 더 많은 사람들이 참여하여 즐기는 여흥이었을 것이다(참조, Vat. Borg. Ar. 71). 전체 분위기는 전문적인 여흥꾼들이 주도하여 조용히 즐기는 점잖은 손님들의 축제가 아니라 누구나 큰 소리로 참여하는 시끌벅적한 잔치였다. 적어도 동양의 교회가 이해하기로는 이런 분위기였다. 손님들은 "함께 즐거워했다"(참조, 눅 15:4, 7).

221. Linnemann, *Parables*, 10.

임을 아버지는 분명히 알고 있다. 어쨌든, 비유는 두 아들 간의 비교를 고조시키기 위해 적당한 때에 형을 등장시킨다.

잔치가 베풀어진 시간이 중요하다. 예레미아스는 "잔치가 끝난 후에 남자들이 노래하고(큰 소리로 노래하고 손뼉 치고) 춤을 춘다."라고 썼다.[222] 하지만 이것은 동양 마을의 조직화되지 않은 생활에서 행해지는 관습보다는 더 격식을 갖춘 것임을 전제한다.[223] 아버지가 송아지를 잡고 전부는 아니더라도 마을 사람 대부분을 잔치에 초대하기로 결정하자마자 마을의 모든 시선은 아버지의 집에 집중된다. 송아지는 통째로 쇠꼬챙이에 꽂아 굽는 것이 아니라 부위별로 잘라 빵 굽는 오븐에 넣어 굽는다. 이 모든 일은 남자들이 밭에서 돌아올 무렵인 초저녁에 맞추어 준비를 완료해야 했다. 고기가 얼마간 구워지면 음악이 시작된다. 대개는 피리와(또는) 북 연주로 시작된다. 음악은 동네 사람들에게 먹을 것이 준비되었다는 신호다. 공식적이거나 관례적인 식사 선언 같은 것은 없다. 사람들이 오고, 노래하고, 춤추고, (이런 경우에 으레 있기 마련인) 술을 마시고, 이야기하고, 먹고, 밖에 나갔다가 다시 들어오기도 한다. 모든 것이 움직이고 있다. 음악은 식사가 다 끝난 후가 아니라 식사 전에 시작한다. 대부분의 남자들이 밭에서 돌아오고 있는 시간에 식사가 다 끝날 수는 없고, 당연히 이때가 탕자의 형도 돌아올 시간이다. 먹고 마시는 일은 밤중까지 계속된다. 한마디로 말해서, 음악 소리는 잔치가 진행되고 있고 음식을 대접하고 있고 손님들이 도착했다는 것을 의미한다. 우리는 많은 사람들이 밭에서 돌아와 도착하는 중이었다고 생각할 수 있다.

맏아들은 그의 성격대로 처음에는 미심쩍어한다. 가족과 정상적인 관계에 있는 아들이라면 어떤 연유로 잔치가 벌어졌든지 즉시 집으로 들어

222. Jeremias, *Parables*, 130.

223. 이것은 동양 마을에서 일어나는 거의 모든 일의 중요한 측면이다. "움직이는 것이 복이다." (Movement is blessing)라는 아랍의 속담은 곧 "혼란이 복이다."라는 의미와 같다. 요지는, 마을의 생활은 지루하다는 것이다. 어떤 사건이 발생하면, 그것은 움직임을 야기하고 혼란을 낳는다. 혼란할수록 더 열광하며, 열광할수록 더욱 바라카(*barakah*)하다(복되다).

가 즐거움에 동참하려 할 것이다. 음악 소리를 듣자마자 그는 좋은 일이 있다는 것을 즉시 알아차린다. 마을의 생활 리듬은 일정하고 누구나 다 알고 있다. 예상대로 맏아들은 빨리 들어가지 않는다. 그는 이상할 정도로 의심한다.

그는 "어린 소년"(young boy)에게 설명해 달라고 요구한다. 이 단어는 "아들" 또는 "종" 또는 "어린 소년"을 의미할 수 있다. 전통적으로는 "종"이라고 번역해 왔다. 수많은 증거 자료를 통해 볼 때 "어린 소년"이라고 번역하는 것이 낫다. 시리아어 역본들은 전부 주로 "어린 소년"을 뜻하는 *ṭalyo*(탈리오)로 표기했다. 버킷은 고대 시리아어 역본에 있는 이 구절을 "그가 사내아이 하나를 불러"(He called one of lads)라고 번역했다.[224] 이븐 알 타이이브, Polyglots, 〈Vat. Borg. Ar. 71〉은 *al-fityān*(알피티얀)이라는 단어로 번역했는데, 이 단어의 뜻은 분명하게 "어린 소년"(young boy)이다.[225]

동양어 역본에서 나온 이 증거 이외에 이야기 속에 있는 구체적인 두 요소를 보면, 형이 물어본 사람은 종이 아니라 어린 소년이라는 것이 분명하다. 첫째, 본문의 맏아들은 ἕνα τῶν παίδων(헤나 톤 파이돈, "아이 하나")을 불렀다. 그는 무리 중에서 한 사람을 부른다. 우리는 지금 미국 농장

224. Burkitt, *Evangelion da-Mepharreshe*, I, 353. 페쉬타 역본은 분명하게 "어린 소년"이라고 번역했다. 시리아어의 이 단어에는 복수형이 두 개가 있다. 자음은 동일하지만 모음이 다르다. *ṭulye*(툴리에)라고 쓰면 "어린 소년들"(young boys)이 되고, *ṭalyo*(탈리오)라고 쓰면 "종들"(servants)이 된다. 페쉬타 역본은 *ṭulye*를 사용하여 "어린 소년"이라고 기록한다. 참조, T. H. Robinson, *Paradigms and Exercises in Syriac Grammar*(Oxford: Clarendon, 1962), 48; R. Smith, *A Compendious Syriac Dictionary*, ed. J. P. Smith (Oxford: Clarendon, 1903), 174; C. Brockelmann, *Lexicon Syriacum* (2nd ed., Halle: Max Niemyer, 1928), 276.

225. 아브드 알라 알부스타니('Abd Allah al-Bustānī)는 이 단어를 분명하게 "어린 소년"이라고 정의한다. 그는 이 단어가 "종"을 암시할 수 있다고 모호하게 인정할 뿐이다. 참조, 'Abd Allah al-Bustānī, *Fākihat al-Bustān* (Beirut: American Press, 1930), 1055. 시리아어와 초기 아랍어의 도움을 받아 우리는 이 단어를 영어의 "boy"(꼬마)에 해당하는 것으로 취급할 것이다. 어떤 문맥에서는 "꼬마"가 종을 의미할 수 있다. 식민지에서 영국 장교가 식사 시간에 "Boy"하고 부르면, 이것은 시중드는 아이(종)를 의미한다. 하지만 영어, 시리아어, 아랍어에서 평상시에는 이 단어가 이런 의미를 갖지 않는다. 다른 아랍어 역본에는 *ghilmān*(길만)이란 단어가 사용되었는데, 이 단어는 주로 "어린 소년"을 의미하지만, 어떤 문맥에서는 "종"을 의미할 수 있다.

을 이야기하는 것이 아니다. 집에 들어가기 위해 부엌을 거치지 않는다. 동양의 집은 길가에 나 있는 문을 열고 들어가면 집 정면과 이어지는 마당이 있다. 맏아들은 집에 들어가기 전에 παῖς(파이스)를 만난다.[226] 동양 마을에서는 큰 잔치가 열리면 어른들은 참석하지만 아이들은 참석하지 않는다. 특히 어린아이들은 집 밖에서 무리를 지어 모여 있으며, 먼지를 일으키며 음악의 곡조에 맞추어 노래도 하고 춤도 추면서 잔치의 흥겨움에 참여한다. 공식적으로 참석하지는 않지만 아이들은 마을 축제에서 빼놓을 수 없는 존재다. 맏아들이 첫 번째로 만난 사람들이 바로 이 아이들 집단이다.

두 번째 세부 사항은 더욱 결정적이다. 어린 소년은 아버지를 "당신의 아버지"라고 부른다. 종이라면 이런 식으로 말하지 않을 것이다. 그 아이가 종이었다면 "제 주인님께서 이렇게 저렇게 하셨습니다."라고 말했을 것이다. 그가 사용한 단어가 자신이 종이 아니라 어린 소년이라는 사실을 결정적으로 입증한다.[227]

아른트(Arndt)는 26절의 미완료시제를 주목한다. 이것은 "그가 그 아이에게 계속 물었다."라는 뜻으로, 맏아들이 여러 번 질문했음을 암시한다.[228] 과거진행형이 의미 있는 이유는, 맏아들은 동생이 부자가 되어 돌아왔는지 아니면 가난뱅이가 되어 돌아왔는지 알아야 했기 때문이다. 이야기 후반부에서 맏아들은 사실 동생이 모든 것을 잃었다는 것을 알고 있다. 맏아들이 이 사실을 이 소년에게 들었는지는 청중/독자의 추측에 맡긴다.

---

226. 하인들은 모두 집 **안에서** 잔치 때문에 분주하다.

227. 이러한 증거 이외에 δοῦλος(둘로스)와 μίσθιος(미스띠오스)라는 두 단어가 다 이야기에서 이미 사용되었다. παῖς가 종(하인)이라면 왜 두 단어 중에 한 단어를 사용하지 않았을까? 더욱이 그날에 벌어진 일들과 관련해서 종이 행한 가장 중요한 일은 탕자에게 옷을 입혀 준 것이다. 맏아들과 이야기하던 παῖς는 이 일은 생략했다. 거리에 있는 "어린 소년"에게 가장 중요한 사건은 잔치이고, 그 소년은 맏아들에게 대답하면서 이를 언급한다.

228. Arndt, *St. Luke*, 352. 동양어 역본 중에서 세 곳에서만 과거진행형을 사용한다.

맏아들은 사건의 전모를 머릿속에 그려 보고는 집에 들어가지 않기로 재빨리 결정한다. 풍습에 따르면, 잔치에는 반드시 맏아들이 있어야 한다. 그러한 잔치에서 맏아들은 특별히 약간의 공식적인 책임이 있기 때문이다. 그는 손님들 사이를 다니면서 감사도 표하고, 사람들이 식사를 잘 하고 있는지 확인도 하고, 주변에 있는 종들에게 지시도 하면서, 일반적으로 잔치의 집사 노릇을 해야 한다. 이러한 풍습은 아랍 국가나 이란에 널리 퍼져 있는데, 그 나라 마을에서는 맏아들이 손님을 맞이하기 위해 대문에 맨발로 서 있다. 이러한 풍습의 한 가지 의미는 아버지가 "제 맏아들은 여러분의 종입니다."라고 말하는 것과 같은 상징적인 표현이다.

이 상징적인 의미를 강화하기 위해 많은 경우 맏아들은 손님들과 함께 식사를 하지 않는다. 이러한 풍습과 태도는 비유에서 매우 중요하다. 설령 이것이 중동 마을에서 이후에 발전된 것이라 할지라도, 분명한 것은 잔치를 베푼 사람의 아들들은 잔치를 베풀고 특별한 손님에게 경의를 표하는 가족의 일원이라는 사실이다. 맏아들이 집 안으로 들어간다면 적어도 그는 탕자를 환영하는 가족들과 함께하는 것으로 보인다. 맏아들이 "내게는 염소 새끼라도 주어 나와 내 벗으로 즐기게 하신 일이 없더니"라고 말한 것으로 보아, 그는 여러 손님이 집 안에 있음을 알고 있었다. 이 말이 함의하는 바는 분명하다. "아버지는 아버지의 벗과 함께 즐기면서, 제게는 제 벗과 함께 즐길 특권을 허락하지 않으셨습니다." 맏아들이 그의 동생을 환영하는 방식과 관련해서 아버지와 다투기를 원한다면, 그는 먼저 집으로 들어가 그 집의 부(副) 주인으로서 그의 역할을 수행해야 한다. 그는 사람들이 보는 앞에서 동생을 품에 안고 축하해 주고, 동생이 돌아왔으니 형이 기뻐할 것이라고 생각하는 손님들이 그에게 수없이 건네는 찬사를 다 받아들여야 한다. 형은 동생을 고귀한 손님으로 특별히 예우하는 모습을 보여야 한다. 손님들이 모두 집으로 돌아가고 나면 **그제야** 그는 그의 동생을 믿어서는 안 되고 이런 공적인 방법으로 환영해서는 안 된다고 불평할 수 있다. 맏아들은 그렇게 하기보다는 손님들이 보는 앞에서 아버지와 말다툼을 함으로써 공개적으로 아버지에게 망신을 주기로 선택한다.

중동의 풍습과 동양에서 아버지의 권위를 크게 존중하는 것을 생각할 때 맏아들의 이런 행동은 극히 모욕적이다. 그뿐만 아니라 아버지가 베푸는 잔치에 참여하기를 거부하고 사람들이 보는 앞에서 가족과 심각하게 언쟁을 벌이는 것은 어느 문화에서나 무례한 행동이다.[229]

비유 초반에 제시된 아버지와 둘째 아들 사이의 관계의 단절만큼이나 근본적인 관계의 단절이 아버지와 맏아들 사이에도 있다.[230] 에스더 이야기에 비슷한 장면이 있다. 아하수에로 왕은 잔치에 나오라고 왕후 와스디를 불렀다. 와스디는 거절했다. 왕은 "진노하여 마음속이 불붙는 듯했다."[231] 왕후 와스디가 거절한 것은 매우 심각한 문제였다. 와스디는 폐위되었다.

아랍 문헌에는 잔치 자리에서 아들이 아버지를 모독한, 이와 동일한 주제를 다룬 매우 흥미로운 이야기가 있다. 3세기 마립(Ma'rib, 오늘날의 예멘)의 왕이었던 아미르 이븐 아미르 마 알사마에 관한 이야기다. 이 기간에 마립 왕국의 농업은 마립 댐이라고 하는 보(洑) 취수댐으로 유지되고 있었다. 이야기에 의하면, 왕은 댐에 금이 가 있는 것을 발견했는데, 일반 백성은 아직 댐의 상황을 의심하기 전이었다. 왕은 이 사실이 알려지면 부동산 가치가 하락하고 자기 땅을 좋은 가격에 팔 수 없을까 봐 불안해서 교묘한 계략을 세웠다. 왕은 성대한 연회를 열어 도시의 원로들을 초대하고는, 맏아들에게 손님들 앞에서 자신을 모욕하라고 일러두었다. 이

229. 동사의 시제에 너무 많은 비중을 둘 필요는 없다. 눅 15:28은 이렇게 읽을 수 있다. "그가 노하여(부정과거) 들어가고자 하지 아니하거늘(미완료시제)." 맏아들이 아버지에게 한 말로 미루어 볼 때, 그가 집 안으로 들어가기를 거절한 것은 분명 계속적인 행동이었고 그가 노한 것 역시 그렇다.

230. 데렛은 맏아들의 행동이 십계명 중에서 다섯 번째 계명을 명백히 위반한 것이라고 밝힌다(Derrett, "Prodigal Son," 68).

231. 에스더 1:12.

위장극이 시작되자 왕은 그의 아들을 죽여 버리겠다고 맹세한다. 손님들이 이를 만류하자, 왕은 자신이 아들을 죽일 수 없다면, 손님들 앞에서 아들에게 모욕을 당한 이 도시에서는 더 이상 살 수 없다고 주장한다. 그러고 나서 왕은 그의 모든 땅을 좋은 가격에 팔고, 댐이 곧 무너질 것이라고 공포한 후에 순례자들을 데리고 죽음의 계곡을 떠났다.[232]

이 이야기는 중동에서 아들이 잔치에서 아버지를 모독하는 것이 얼마나 심각한 문제인지를 보여 주는 훌륭한 예다. 이 이야기의 경우 아들이 아버지를 모독한 일은 왕이 그의 재산을 파는 데 설득력 있는 이유를 제공할 정도로 심각하다. 누가복음 15:28은 이러한 관점에 비추어 이해해야 한다. 아버지는 송아지를 잡았다. 자연히 마을의 중요한 인물들이 다 잔치에 참여할 것이다. 맏아들이 화를 내고 잔치에 참석하기를 거절한 것은 심각하게 아버지를 공개적으로 모독한 것이다.

청중/독자는 아버지의 마음에 아하수에로 왕의 경우와 비슷한 분노가 불타오를 것이라고 예상한다. 아버지가 아들의 모독적인 언행을 무시하고 계속 잔치를 진행하거나, 어떤 모양으로든지 그의 오만 불손한 행동을 사람들 앞에서 징벌하거나 아니면 적어도 극도의 불쾌감을 표명할 것이라고 사람들은 생각한다. 그러나 그날 두 번째로, 아버지는 집 밖으로 나가 사람들 앞에서 굴욕을 기꺼이 감당하며 예기치 못한 사랑을 보여 준다. 보른캄은 "여기서도 아버지는 나가서 둘째 아들에게 했던 것처럼 맏아들의 언행에 전혀 개의치 않고 그에게 간절히 부탁한다."라고 설명한다.[233] 사람들의 예상과 다르게, 아버지는 아들을 꾸짖거나 나무라지

---

232. Reynold A. Nicholson, *A Literary History of the Arabs* (Cambridge: University Press, 1962), 15-16.

233. Bornkamm, *Jesus*, 127-128. 플러머가 지적했듯이, 본문의 ἐξελθών(엑셀손, "나가서")은 20절의 δραμών(드라몬, "달려가")과 병행구다(Plummer, *St. Luke*, 378). 린네만은 "동일한 사랑의 몸짓이 되풀이된다."라고 말한다(Linnemann, *Parables*, 79). 참조, Manson, *Sayings*, 289; Jones, *Art*, 202. 이 모든 자료는 사랑이 베풀어졌지만 그 가치를 인정받지 못했다는 사실에 주목한다.

않고, 그에게 간절히 부탁하기 위해 밖으로 나간다.[234] 맏아들은 어떻게 반응할 것인가? 이제 우리는 이 비유 후반부의 절정에 이른다(4와 4′연).

문학사에서 이 맏아들처럼 자기 자신의 말로 스스로를 그렇게 완벽히 정죄한 사람은 찾아보기 어렵다. 둘째 아들은 아버지가 예기치 못한 사랑을 공개적으로 보여 주기 위해 어떤 대가를 치르셨는지를 깨닫고는 어리둥절했다. 둘째 아들의 태도 전반에 중요한 변화가 일어났다. 맏아들은 오만불손한 행동으로 가혹한 벌을 자초했다. 아버지는 그에게 간절히 부탁하러 온다. 아버지가 보여 주신 이 예기치 못한 사랑이 맏아들에게도 매우 비슷한 효력이 있을 것이라고 예상하는 것이 이치에 맞다. 불행하게도 이런 일은 일어나지 않는다.

그렇다면, 맏아들은 어떻게 반응했을까? 고백 대신에 두 가지 불평이 있다.[235] 맏아들은 구체적으로 무어라고 말했으며, 그의 말에 암시된 내용은 무엇일까? 적어도 다음과 같은 내용을 주목할 수 있다.

① 맏아들은 아버지와 이야기를 하면서 아무런 호칭을 사용하지 않는다(우리말 성경에는 '아버지'라고 번역했지만, 원어 성경에서 아들은 '아버지'라고 직접 부르지 않는다. - 역자 주). 지금까지 이야기가 진행되어 오는 동안 직접화법에서는 호칭이 사용되었는데, 갑자기 아들이 아버지에게 어떤 칭호도 사용하지 않는 것은 의미심장하다.[236]

② 맏아들은 아들이 아니라 종의 태도와 종의 정신을 보여 준다. 글자 그대로 그는 아버지에게 "내가 여러 해 당신을 **섬겨**(slaved)…"라고 말한다.

사이드는 맏아들의 주요 특징을 열거한다. 그중 첫 번째로 "그는 아버

---

234. 다시 미완료시제 παρεκάλει(파레칼레이, "권했다")가 사용되었다. 설득하는 일이 진행 중이다.

235. 데렛이 지적하듯이, 송아지를 잡은 것이 맏아들에게 문제가 된다면, 아버지는 자신이 생각하는 것처럼 부동산 용익권을 사용할 완전한 권한이 있다. 참조, Mishna *Baba Bathra* viii. 7.

236. 요한복음에 기록된 우물가의 여인 이야기에서 여인이 놀라 당황하자 칭호가 극적으로 사라진다(참조, 요 4:17). 누가복음 16장의 청지기도 급한 나머지 어떤 칭호도 사용하지 않는다.

지에게 아들로서의 존경을 표하지 않는다. … 그는 아들다운 친근함이 아니라 노예 같은 정신으로 집안에서 살고 있었다."[237] 맏아들의 모든 인식은 이러한 태도로 뒤틀렸다. 기블린은 이렇게 쓴다.

> 맏아들은 그가 오랫동안 섬긴 대가로 받아야 마땅한 대우를 지금 동생이 받고 있는 거라고 생각했다. 그래서 맏아들의 불평에는 잔치가 벌어진 것은 동생이 그럴 만한 가치가 있음을 의미하는 것이라는 그의 판단이 반영되어 있다. 사실 이 잔치는 아버지의 진심 어린 기쁨의 표현이었다.[238]

그의 태도는 분명하다. "나는 지금까지 일했습니다. 제 몫은 어디에 있습니까?" 그는 임금으로 인한 노동 쟁의 분위기를 나타낸다.

③ 그는 방금 전에 사람들 앞에서 아버지를 공개적으로 모욕했으면서도 "내가 지금까지 당신의 명을 어긴 적이 없습니다."라고 말한다.[239] 사이드는 다시 이렇게 쓴다.

> 이것은 바리새인의 정신으로, 맏아들은 자신이 "회개할 것 없는 아흔아홉"의 수준에 있다고 생각한다. 그래서 설령 그가 전에는 아버지의 명을 어긴 적이 없었다고 해도 지금 그는 이 행동으로써 사랑의 계명을 어겼다.[240]

---

237. Sa'īd, *Lūqā*, 403. 데렛은 "형이 기꺼이 자신을 종으로 생각하려 했던 것처럼(29절), 과거에 탕자였던 동생은 기꺼이 종이 되려 했다."라고 쓴다(Derrett, "Prodigal Son," 66).

238. Giblin, "Luke 15," 28. 존스는 "맏아들의 순종은 언제나 오해에 근거하고 있었다."라고 주석한다(Jones, *Art*, 171).

239. 사람들은 틀림없이 이 말을 들었을 것이다. 동양의 청중/독자는 맏아들의 기이한 행동에 이상한 느낌을 받았을 것이다. 거리에는 어린아이들이 나와 있었다. 아버지의 예기치 못한 사랑의 행동에 군중이 어리둥절한 순간, 음악과 춤은 자동적으로 멈추었을 것이다. 모든 손님은 이 상황을 지켜보면서 아버지가 아들을 벌할 것을 예상하고 있었다. 아들이 한 말은 말 그대로 수년간 마을 사람들 사이에 기억되고 입에서 입으로 전해질 것이다.

240. Sa'īd, *Lūqā*, 402.

사이드는 두 아들을 비교하면서 맏아들이 행한 행동의 의미를 자세히 설명한다.

> 형과 동생의 차이는, 동생은 집을 떠나 있는 동안 아버지와 소원해지고 아버지에게 반항했지만, 형은 집에 있는 동안 아버지와 소원해지고 아버지에게 반항했다는 점이다. 동생이 아버지와 소원해지고 반항한 것은 그의 정욕에 굴복해 아버지의 집을 떠나겠다고 요구한 것에서 나타난다. **형이 아버지와 소원해지고 아버지에게 반항한 것은 그가 분노하고 집에 들어가기를 거절한 것에서 나타난다**.[241]

④ 맏아들은 "내게는 염소 새끼라도 주신 일이 없었다."라는 말로써 아버지가 편애한다고 비난한다. 이 문장은 무척 이기적이다. "내게"라는 말이 문장 맨 처음에 있다.[242] 맏아들의 불평에는 비교가 들어 있다. "그를 위해서는 송아지를 잡고, 내게는 염소 새끼 한 마리도 주지 않으셨습니다." 이 말은 여러 방식으로 읽을 수 있다. 데렛은 이것이 거짓된 비하라고 생각한다. 이 생각의 문제는 거짓된 비하의 분위기가 분노의 감정

---

241. Sa'īd, *Lūqā*, 403. 강조는 베일리의 것임. 물론 사이드는 아랍어 독자를 위해 글을 썼다. 그래서 이러한 지적에 대한 또 다른 설명이나 수정 혹은 변명의 말이 없는 것이 자연스럽다. 사이드가 지적한 내용들은 동양 문화에서는 자명하다. 핵심 단어인 *murtaddan*(무르타단)을 나는 "멀어짐, 반항"으로 번역했다. 의미가 강한 이 단어는 무슬림들 사이에서는 이슬람 종교를 배교하고 떠난 무슬림 교도를 지칭한다. 그래서 이슬람 용어에서 이 단어는 그의 가정, 그의 나라, 그의 종교를 배반한 사람을 가리킨다. 이 단어는 사이드가 이 문맥에서 사용할 수 있었던 가장 강력한 단어다. 케어드는 "동생이 이방 땅 돼지우리에 있었던 것처럼, 형은 집을 떠나지 않고도 어떻게든 아버지에게서 멀리 떠나 있으려고 했다."라고 설명한다(Caird, *St. Luke*, 182).

242. Goebel, *Parables*, 208. 동양어 역본 중에서는 문자적으로 번역한 하르클레안 역본에서만 문장 맨 앞에 전치사를 배치했다. 문장 앞에 전치사를 놓은 것은 셈어 문장에서는 흔히 있는 일이 아니라서 동양어 역본에 전치사가 맨 앞에 등장하지 않은 것이다. 헬라어 문장에서도 그렇듯이, 괴벨은 문장 앞에 오는 단어는 강조를 위한 것이라고 주장한다. 중세의 위대한 콥틱어 주석가인 이븐 알 아살은 이러한 강조를 그의 번역에 반영했다. "*lam tu 'ṭini ana*(람 투 티니 아나"). (여기서 대명사는 동사의 어미 변화로 표현되었다. 그런 다음에 그 대명사는 강조를 위해 두 번 반복되었다).

에 어울리지 않는다는 데 있다.[243] 이것을 냉소의 말이라고 생각하는 것도 받아들일 수 없다.[244] 이 문장은 편애를 비난하는 것으로 이해하는 것이 가장 좋다. 맏아들은 "아버지는 나를 사랑하시는 것보다 이 무가치한 놈을 더 사랑하시는군요. 그에게는 송아지를 주셨는데 나는 지금껏 염소 새끼 한 마리 받아본 적이 없으니까요."라고 말하고 있다.[245] 사이드는 이렇게 쓴다. "맏아들은 아버지가 그에게 베풀어 주신 과분한 은혜를 일절 부인한다. '내게는 염소 새끼 한 마리 주신 일이 없다.' 그런데 누구를 위해 살진 송아지를 잡으셨단 말인가?"[246] 편애를 비난하는 것은 부당하다.

⑤ 맏아들은 자신이 가족에 속하지 않았다고 선언한다. 다시 한 번, 가족 관계에 대한 동양의 관점과 여기에 사용된 어구의 의미에 대한 사이드의 이해는 우리에게 도움이 된다.

---

243. Derrett, "Prodigal Son," 70. 데렛은 "이는 대체적으로 동생과 비교해서 자기 자신의 검소함을 암시한다."라고 이해한다(Derrett, "Prodigal Son," 70). 미쉬나는 완악하고 반항하는 아들을 게걸스럽게 고기를 먹는 사람으로 특징짓는다(M. *San*. viii. 2; b. *San*. 68-70). 이런 사고의 흐름에 비추어 볼 때, 맏아들은 지금 자신이 동생보다 도덕적으로 우월하다고 주장하면서, 아버지가 "반항적인" 동생에게 고기를 실컷 먹을 기회를 주었다고 비난한다. 이것은 너무도 복잡한 문제다.

244. 비꼬는 말은 중동의 언어 형식이 아니다. 아랍어에도 이에 해당하는 단어가 없다. 내 아랍 친구들에게 비꼬거나 냉소적인 말이 어떤 것인지를 설명해 보았지만 납득시킬 수 없었다. 그들은 아이러니는 알지만 냉소는 모른다.

245. 이 해석은 *ḥadd*(하드, "하나")라는 단어를 첨가한 고대 시리아어의 지지를 받는다("내게는 염소 새끼 **한 마리도** 주지 않았습니다." …). 중세의 전도용 책자로 사용되는 본문뿐 아니라 최근 예수회 역본에도 이 어구가 들어 있다. 19세기 예수회 역본과 현대 불루시야(Bulusiyya) 역본은 "그런데 당신, 당신은 내게 주신 일이 없으십니다(And you, you never gave me)."라고 번역했는데, 이는 약간 다른 방법이기는 하지만 더 강조해서 편애를 비난하고 있다.

246. Sa'īd, *Lūqā*, 403. 맏아들은 아버지의 용익권에 의존해서 생활하고 있다. 매일매일의 식사는 아버지의 너그러움에서 나오는 선물이다. 마지막 문장에서 사이드는 진정 온 가족을 위해 송아지를 잡은 것이고 온 가족이 잔치를 베푼 것이라고 말하고 싶어 한다. 맏아들은 잔치의 완전한 파트너다. 그는 온전히 잔치에 참여해야 한다. **이** 잔치에서 그는 사람들을 "즐겁게" 해주어야 한다. 탕자가 집을 나간 이후 집에서 잔치가 한 번도 베풀어지지 않았다고 린네만은 잘못 결론 내린다. 이 이야기에는 그런 암시가 전혀 없다. 맏아들은 친구들하고만 **특별한** 잔치를 가질 기회가 없었다고 불평한다. 린네만이 "염소 새끼"를 "양 새끼"라고 부른 것도 잘못이다(Linnemann, *Parables*, 79).

> 맏아들은 아버지 집에 대한 혐오감을 보여 준다. 그는 "나와 내 벗으로 즐기게"라고 말한다. 그는 자신의 분깃을 챙겨 먼 나라로 떠났던 탕자보다 나을 것이 없다. 그들 사이의 차이점은, 탕자는 아버지에게 마음을 완전히 열었다는 점에서 "칭찬받은 죄인"이었다는 점이다. 둘째 아들은 자기 마음에 있는 것을 아버지에게 다 말했다. 그러나 맏아들은 자기 감정을 마음에 감추고 있었기 때문에 "위선적인 성자"였다. 그는 집에 있는 내내 아버지를 미워했다. 그는 동생과의 관계를 부인했고, 그럼으로써 실질적으로 아버지와의 관계도 부인했다. 맏아들은 아버지에게 "내 동생"이라고 말하는 대신에 "(당신의) 이 아들"이라고 말한다. … 이렇게 말함으로써 그는 자신을 성스러운 가정과 단절시켰으며, 자신에게 스스로 "외인"(outcast , 쫓겨난 자)이라는 판결을 내렸다.[247]

사이드는 강하지만 적절한 용어로 이 문제를 서술한다. 맏아들은 가족과의 친교를 스스로 끊어 버렸다. 이러한 사실은 맏아들의 친구 범위 안에 동생이나 아버지나 가족의 손님들이 포함되지 않는다는 사실에서 한층 더 분명히 드러난다. 정서상, 맏아들의 공동체는 어떤 다른 곳에 있었고, 그는 그 사실을 말하고 있다.

⑥ 맏아들은 자신에게 "기쁨"이 무엇을 의미하는지를 선언한다. 맏아들에게는 동료들과 함께 맛있는 식사를 하는 것이 기쁨에 어울리는 행사다. 동생이 죽었다가 살아 돌아온 것은 그런 경우에 해당하지 않는다.[248] 맏아들은 이 잔치를 즐기려고 하지 않는다. 그에게 염소 한 마리를 주고

---

247. Sa'īd, *Lūqā*, 403-404. 플러머는 맏아들이 "**아버지를 떠나** 홀로 즐기기 위해 아버지의 재산을 갖기를 원했다."라는 사실을 주목한다(Plummer, *St. Luke*, 378; 강조는 플러머의 것).

248. 동양어 역본에 반영된 동양 교회들의 해석 전통에서는 이 구절이 흥미롭게 강조되었다. Vat. Borg. Ar. 95과 몇 개의 디아테사론 역본을 비롯하여(참조, A. S. Marmardji, *Diatessaron de Tatien* [Beyrouth: Imprimerie Catholique, 1935], 253, n. 291) 현대의 예수회 역본에 이르기까지 *bibi*(비히, "그것으로")가 첨가되어 있다. 동양어 역본에 따라 본문을 읽으면, "내가 **그것으로**(with it) 내 벗과 더불어 즐기게"가 된다. 맏아들이 생각한 기쁨은 배가 부르는 것이었다는 점이 강조된다.

가족을 떠나게 한다면, 그는 즐거워할 것이다. 아버지에게 송아지는 기쁨이 이미 현존한다는 공개적인 상징이다. 맏아들은 다른 유의 "기쁨"을 만들어 내기 위해 좋은 고기를 원한다. 누가복음 15장 전체에서 기쁨을 분명하게 강조하는데 이로 인해 이렇게 대조되는 개념들이 한층 더 부각된다.

⑦ 형은 동생을 공격한다. 데렛은 다음과 같이 설득력 있게 주장한다. (우리가 "그의 살림"일 것이라고 예상한 곳에) 쓰인 "당신(아버지)의 살림"이라는 어구는 실제로 이런 의미를 갖는다는 것이다. "그(동생)는 아버지를 사랑하지 않습니다. 그가 아버지를 사랑했다면 아버지의 노년에 아버지를 봉양하기 위해 자기 분깃을 지켰을 것입니다. 보십시오. 그 아이는 당신의(아버지의) 살림을 창녀들과 함께 삼켜 버리지 않았습니까!"[249] 더욱 분명한 모독은 창기를 언급한 것이다. 사이드는 이렇게 주석한다.

> "창녀"라는 말은 이야기 자체에는 언급되지 않았다. 맏아들은 이 더러운 비난의 말로 자기 동생을 낙인찍기 위해 의도적으로 과장했다.[250]

동생이 아버지께 반항하는 아들임을 맏아들이 입증하려고 시도한다는 가능성도 분명히 있다. 탕자를 이런 부류에 맞는 사람으로 만들 수만 있다면, 신명기 21:18-21의 율법에 따라 탕자는 죽임을 당해야만 한다.[251] 한마디로 말해서, 맏아들이 아버지께 한 말은 대조되는 두 연(4와 4′연)으

249. Derrett, "Prodigal Son," 65. Vat. Borg. Ar. 95는 동일한 사실을 강조하며 또 다른 해석학적 뉘앙스를 더했다. "당신의 살림을 창녀와 함께 **다**(all of it) 먹어 버린." 이 본문은 둘째 아들이 나이 많은 아버지를 돌봐 드려야 할 지속적인 도덕적 책임에 관심이 없었음을 강조한다.

250. Sa'īd, *Lūqā*, 404.

251. Derrett, "Prodigal Son," 56, n. 2. 예레미아스는 "당신의 이 아들"(This son of yours)에서 οὗτος(후토스, "이")가 멸시의 의미로 사용되었다고 생각한다(Jeremias, *Parables*, 131). 그러나 24절과 32절에서 아버지가 동일한 단어를 쓰고 있는데 멸시의 뜻은 전혀 암시되지 않은 것으로 보아, 예레미아스의 견해는 받아들일 수 없다.

로 그려진 하나의 멋진 그림이다. 우리는 태도와 인간관계가 몹시 뒤틀린 한 아들, 유일한 장점은 명령대로 행하는 것뿐인 아들을 본다.[252]

맏아들이 자신의 진실함을 공격했을 때 아버지는 어떻게 반응할까? 이 비유의 전반부에서 주목했듯이, 문학적 구조가 역행적인 경우에는 일반적으로 중앙을 지나자마자 등장하는 새로운 요소에 전환점 곧 특별히 강조되는 지점이 있다. 후반부에서도 예외는 아니다. 청중은 아버지가 분노하리라고 예상한다. 그러나 오히려 사랑이 부어진다. 아버지가 아들에게 집으로 들어와 가족의 일원으로서 의무를 다하라고 명령한다면, 아들은 분명히 그대로 순종했을 것이다. 그러나 얻는 것이 무엇이겠는가? 이 젊은 아들은 아버지에게 이미 종이나 다름없었다. 아버지는 "아들"을 원한다. '아버지'라 부르지 않은 것, 씁쓸함, 오만함, 모욕, 사실 왜곡, 부당한 비난을 모두 다 묵과한다. 심판도, 질책도, 내쫓음도 없고, 다만 사랑만이 부어진다. 맏아들의 행동과 현저하게 다르게, 아버지는 그 순간 아들을 사랑스러운 호칭으로 부르며 말하기 시작한다. 아버지는 υἱός(휘오스, "아들") 대신에 이제 τέκνον(테크논, "아이")을 사용하신다.

아들을 달래려는 의도가 담긴 단어 τέκνον은 아버지가 사랑을 거부당하고 고통스러워한 것에 비추어 볼 때 더 주목할 만하다. 많은 사람 앞에서 자신을 낮춰 가면서 베푼 예기치 못한 사랑에 맏아들은 탕자의 경

---

252. 놀랍게도, 현대 학자들 중에는 맏아들의 태도가 지극히 자연스럽고 이치에 맞는다고 여기는 그룹이 있다(예: Linnemann, *Parables*, 79). 리니(Leaney)는 이렇게 주장한다. "맏아들의 분노는 당연하다. 맏아들을 이기심을 숨긴 괴물로 생각하는 것은 이야기의 전체 정신에 어긋난다. 아버지는 맏아들을 꾸짖지 않았고, 자신이 '항상 그 아들과 함께 있었다'는 사실을 상기시킨다. 아버지와 아들의 관계에 개선해야 할 것은 아무것도 없었다."(Leaney, *St. Luke*, 219). 리니의 논리는 분명하다. 만약 맏아들이 엄청난 잘못을 범했다면 호되게 꾸지람을 들었을 것이라고 리니는 가정한다. 그러나 탕자의 경우는 이와는 상당히 달랐다. 탕자는 엄청난 잘못을 저질렀다. 그는 꾸지람을 듣지 않았다. 비유의 후반부는 전반부의 반복이다. 린네만과 리니는 앞에서 사이드가 지적한 비유의 배경이 되는 동양의 문화를 놓쳤다. 기블린은 리니의 주석을 주목하면서 이렇게 주장한다. "맏아들의 반응은 '당연'했다. 그것은 적어도 이와 비슷한 상황에 있는 사람들의 대부분이 내놓을 수 있는 반응이라는 점에서 그렇다."(Giblin, "Luke 15," 17-18). 우리는 기블린의 말에 동의할 수 있다. 평범한 사람들은 맏아들이 이해한 수준 이상으로는 은혜와 복음을 이해하지 못한다.

우처럼 겸손하게 고백하지 않고, 오히려 몰인정하고 거만하게 반응한다. 사이드는 아버지의 마지막 말을 이렇게 주석한다.

> 이 말은 상처받고 고통스러워하는 마음에서 나왔다. 아버지는 두 아들을 다 보게 된다면 매우 기쁠 것이라는 그의 기쁨의 완성을 갈망해 왔기 때문이다. 그러나 피곤을 모르는 사랑으로 가장 은혜로운 선언이 주어진다.[253]

아버지의 마지막 말(3′연)은 3연에 언급된 "권면"을 말로 표현한 것이다.[254] 이 말에는 적어도 네 가지 핵심 내용이 들어 있다.

① 아버지의 말은 맏아들에게 동생이 돌아온 것을 기뻐하라는 호소다. 헬라어 본문은 모호하다. 누가 기뻐해야 하는지 구체적으로 언급되지 않았다. 그 의도가 "우리가" 기뻐해야 한다는 것인가, 아니면 "네가" 기뻐해야 한다는 것인가? 본문은 단지 εὐφρανθῆναι δὲ καὶ χαρῆναι ἔδει라고만 되어 있다. 현대의 대부분 영어 번역 성경에서는 본문에 대한 해석학적 이해를 주입해서 "우리"라는 말을 첨가함으로써 본문의 모호함을 해결한다.[255] 과거 600년 전에 나온 아랍어 역본들도 이렇게 번역했다. 그러나 보다 초기의 역본은 헬라어 본문처럼 본문을 중성으로 남겨 놓든지, 아니면 "너는"이라고 번역했다.[256] 〈Vat. Borg. Ar. 95〉 사본은 특히 주

---

253. 이 마지막 문장에서 사이드는 아버지의 마지막 말을 언급한다(Sa'īd, *Lūqā*, 404). 예레미야 3:19b는 비유와 연결되지는 않지만 동일한 정서를 반영한다.

254. 28절에서는 시제가 중요한 것 같다. "아버지가 나와서(부정과거) 권한대(미완료시제)." 여기에서 맨슨은 아버지가 아들을 권하고 있었는데 아들의 격한 불평 때문에 아버지의 호소가 중단되었다고 이해한다(Manson, *Sayings*, 298). 이러한 시제의 변화는 이야기의 상황과 어울린다. 그러나 우리는 이와 비슷한 과거형의 변화가 그리 중요하지 않으며, 또는 그런 식으로 이해하는 것이 적절하지 않은 예들을 이미 살펴보았다. 그러므로 여기서도 주의해야 한다.

255. 예를 들어, KJV, NAB, NEB, JB, J. B. Phillips 번역 등(한글개역, 한글개역개정 등도 이 부류에 속한다. - 역자 주). RSV는 모호하다.

256. 본문을 "네가 기뻐하는 것이 마땅하다"(you must rejoice)라고 번역한 역본들 중에서 탁월한 역본들은 Curetonian Old Syriac, the Diatessaron, Vat. Borg. Ar. 95, Ibn al-'Assal이 있다. 루터는 "Du solltest aber fröhlich."(그러나 너는 기뻐해야 한다.)라고 번역했다.

목할 만한 가치가 있다. 우리는 앞에서 이 구체적인 본문이 맏아들의 기쁨은 배부르게 먹는 데 초점이 맞춰져 있음을 밝혔다는 데 주목했다. 이 역본에서는 진정한 기쁨의 본질이 무엇인지를 32절 번역에서 계속 논의한다. "너는 즐거워하고 할렐루야(tahallal)를 노래해야 한다." 이 본문은 맏아들에게 그가 현재 무엇을 기뻐하고 있는지와 대조해서, 기쁨의 초점을 어디에 맞춰야 하는지를 말해 준다.

본문의 의도와 관련해서 독단적으로 판단할 수는 없다. 하지만 루터와 그 밖에 고대 동양어 역본들의 번역에 의하면, 본문은 "우리가"보다는 "네가"를 암시하는 것 같다. 이 본문 앞에 있는 "네 것"과 본문에 이어지는 "네 동생"이라는 언급에 비춰 볼 때, "네가"라는 번역이 힘을 얻는다. 어쨌든, 문제의 핵심은 분명하다. 잃은 재산을 배상하지 않고 자신의 성실함을 입증하지 않는 동생을 환영하는 것이 크게 기뻐할 만한 경우인가, 그렇지 않은가? 아니면, 마음 맞는 친구들과 어울려 맛있는 음식을 먹는 것에서 그런 기쁨을 찾을 수 있는가? 기블린은 이렇게 쓴다.

> 그(맏아들)는 자기 아버지가 다른 아들, 곧 그의 동생에게 어떻게 마음을 쓰고 있는지(*esplagchnisthē*, 20절)를 이해하는 사람으로서, 그 기쁨에 자발적으로 동참해야 했다.[257]

양, 동전, 탕자 이야기는 모두 비유의 중앙 근처에, 그리고 마지막 부분에 절정으로서 기쁨이라는 주제가 있다. 여기서는 두 부분 모두 기쁨이 극적으로 생략되어 있다. 아버지가 이 맏아들을 찾아 기뻐했다고는 상상하기 어렵다. 결론부는 생략되었다. 과연 아버지가 아들을 찾은 기쁨을 누렸는지 본문은 말해 주지 않는다. 1′연이 없다. 이야기는 기뻐하라고

257. Giblin, "Luke 15," 29.

권한 것만을 말해 줄 뿐이다. 그러나 그는 기뻐하지 않았다.[258]

② 아버지는 탕자가 순전한 은혜를 받기는 했지만 맏아들의 권리는 충분히 보호받는다는 사실을 맏아들에게 확신시킨다. 맨슨은 "'내 것이 다 네 것이로되'라는 확신의 말은 탕자가 돌아온 것이 맏아들의 권리에 조금도 영향을 주지 않는다는 점을 이야기하는 것이 분명하다."라고 지적한다.[259]

③ 아버지는 맏아들에게 그들의 관계에서 종의 범주는 어울리지 않는다고 은근히 지적한다. 아들은 "내가 여러 해 아버지를 섬겼으나 내게는 염소 새끼 한 마리 주신 일이 없습니다."라고 말한다. 아버지는 "너는 상속자다. 너는 이미 모든 것을 소유하고 있다. 내 것이 다 네 것이다. 네게 얼마나 더 줄 수 있겠느냐?"라고 대답한다. 맏아들의 요구는 오해에 근거한다. 기블린은 이렇게 쓴다.

> 맏아들은 아버지의 것이 모두 다 그의 것이라는 말을 들었다. 즉 그는 품꾼(*misthios*)인 양 품삯을 받는 위치에 있는 것이 아니라는 충고를 받는다. 더군다나 그는 종(*doulos*)처럼 일하지 않아도 된다.[260]

이 사실은 아버지가 맏아들을 맞이하러 나왔을 때 베푼 사랑에서 입증된다. 사람들 앞에서 자신을 낮추고, 무례한 종에게 사랑을 베풀기 위해 잔치 자리를 떠나는 주인은 없다. 그러나 맏아들은 이러한 사랑을 목격하고 난 **후에도** "나는 종입니다. 내 품삯은 어디 있습니까?"라고 말한다.

이와 아울러 두 사람이 나눈 대화에 또 다른 불행한 측면이 있다. 앞에서 논의한 미쉬나의 규정에 근거해서,[261] 대화가 진행되는 방향을 생각해

258. 기블린은 여기서 수미상관의 예를 발견한다(Giblin, "Luke 15," 22, n. 23).

259. Manson, *Sayings*, 290.

260. Giblin, "Luke 15," 29.

261. 본서 281-282쪽을 보라.

보는 것이 유익하다.

> 맏아들: "제게 염소 새끼 한 마리 주신 일이 없습니다."
> 아버지: "내 것이 다 네 것이다."
> 맏아들: "예, 압니다. 하지만 그것을 내 마음대로 할 수 있는 권한이 없습니다. 내가 모든 것을 소유하고는 있지만 여전히 저는 염소 한 마리 잡아 내 벗들과 잔치를 즐길 권한이 없습니다."
> 아버지: "오, 이제 알겠다. 너도 내가 죽기를 바라는구나."

대화가 이 지경까지 이르지는 않았지만 맏아들의 마음은 이 방향으로 움직이고 있었다. 그는 동생이 떠난 이후 줄곧 모든 것을 소유해 왔다. 그는 자신의 뜻대로 재산을 처분해서 그의 벗들과 잔치를 베풀 수 없어 안달이 났다. 이것을 그는 공공연하게 인정한다. 그의 관점에서 볼 때, 그가 제기한 문제에서 시작하면 분명한 해결책은 **처분권**(disposition)을 갖는 것인데, 이는 아버지가 돌아가신 후에라야 그가 가질 수 있는 권한이다. 그의 동생은 처분권을 받았고, 그가 원하는 모든 잔치를 누렸다. 왜 맏아들은 동일한 특권을 가질 수 없는가? 그래서 이야기는 다시 원점으로 돌아온 듯하다.

④ 아버지의 말은 잔치 연 것을 변명하는 것도 아니고 맏아들을 꾸짖는 것도 아니다. 무엇보다도 은혜를 깨달으라고 마음으로부터 외치는 것이다.[262] 매우 부드럽게 아버지는 형에게 이 아이가 **네** 동생이라는 사실을 상기시켜 준다. 그러나 이 말을 비난으로 분류해서는 안 된다.[263] 다

---

262. 주석가가 본문을 "너는 기뻐하는 것이 마땅하다."라고 번역하면 이것은 책망 곧 "너는 기뻐하고, 노를 그치라."라고 이해한 것이다. 만일 본문을 "우리가 기뻐하는 것이 마땅하다."라고 번역하면, 기뻐하는 것을 변호한 것으로 이해한 것이다. "우리는 기뻐해야 해. 우리를 비난하지 말라." 린네만은 두 번역 모두 본질적인 면에서 동일하다고 생각한다(Linnemann, *Parables*, 79).

263. Sanders, *NTS* 15(1969), 438에 반대함.

른 한편, 나는 아버지가 "변명했다"는 뉘앙스가 불편하다. 동양의 아버지는 마치 어떤 변명이 필요한 것처럼 행동하지도 않고 아들에게 자신이 한 행동을 변명하지도 않는다. 오히려 아버지의 말은 마을 사람들이 보는 앞에서 맏아들에게 나아간, 맏아들에게 이미 보여 준 사랑이 담긴 호소의 표현으로 이해해야 한다.

둘째 아들의 경우에서처럼 아버지는 선택권이 없다. 아버지가 아들을 벌한다면, 아들은 이렇게 대답할 것이다. "왜 벌을 주십니까? 나는 아무 잘못도 하지 않았어요." 아버지가 맏아들을 무시한다면, 그 "종"은 자기 분깃만을 요구할 것이다. 종이 아니라 아들을 원하는 아버지에게는 눈으로 볼 수 있고 귀로 들을 수 있는 사랑의 호소만이 유일한 소망이다. 둘째 아들은 죽었다가 살아났다. 이와 마찬가지로, 맏아들은 죽어 있다. 그는 다시 살아날 수 있을까?

바리새인을 맏아들과, 세리를 둘째 아들과 일대일로 동일시하는 것은 옳지 않다. 사실 예수님은 기본적으로 두 부류의 사람을 논하고 계신다. 한 부류는 율법 밖에 있는 무법자이고, 또 다른 부류는 율법 안에 있는 무법자다. 둘 다 반항한다. 둘 다 아버지의 마음을 상하게 한다. 결국 한 사람은 육체적으로, 다른 한 사람은 영적으로, 먼 나라로 가 버린다. 예기치 못한 사랑이 스스로 굴욕을 감당하는 모습으로 동일하게 각 사람에게 베풀어진다. 종이 아들이 되고자 한다면, 두 사람 모두에게 이 사랑은 결정적이다.

탕자 비유의 후반부는 첫 쌍둥이 비유에서 추론할 수 있는 회개에 대한 오해를 분명하게 밝혀 준다. 회개는 '찾아지는 것'(being found)과 같지 않다. 아버지는 나가서 두 아들을 찾는다. 한 아들은 찾아진 자의 신분을 이해하고 그것을 받아들인다. 그러나 우리가 아는 한, 다른 아들은 그렇게 하지 않았으며, 잃어버린 상태로 남아 있다.

결론이 생략되었다. 우리가 주목한 대로 1′연이 없다. 존스는 이것이

이 비유가 참으로 위대한 예술임을 보여 주는 표라고 생각한다.[264] 누가복음 15장은 식사 문제로 시작해서 불평하는 사람들에게 잔치에 합류하라는 공개적인 초청으로 끝난다. 사이드는 이렇게 주석한다.

> 이 드라마가 맏아들을 여전히 밖에 놔둔 채 "막"을 내렸다는 것은 못내 아쉽다!! 아버지는 맏아들을 설득하는 일에 성공했을까? 아니면 맏아들은 끝까지 밖에 머물러 있었을까? 바리새인들은 이 질문에 대답해야 했다.[265]

이 비유는 민감한 청중/독자의 마음을 사로잡는다. 서기관과 바리새인뿐만 아니라 사람마다 자신은 어떻게 반응할지 결정해야 한다.

후반부의 이 기독론적인 함의도 전반부와 동일하다. 아버지는 집 밖으로 나가 자신을 낮추어 가면서까지 예기치 못한 사랑을 눈에 보이게 증명하셨다. 비유의 전반부에서 "우연히 들은" 동일한 은근한 기독론을 이곳에서도 발견할 수 있다.

최근에 누가복음 15장의 통일성에 의문을 제기한 학자들이 있다.[266] 몇 가지 요소들이 이 장을 통합시킨다. 쌍둥이 비유 두 개 모두는 잃은 것과 찾은 것, 함께 공유해야 할 즐거움, 회개 주제를 다룬다. 몇 가지 다른 요소들에 의해 15:4-10과 15:11-32이 나뉜다. 잃은 양 비유와 잃은 동전 비유의 전 · 후반부에는 서론과 결론이 있다. 반면에 15:11-32에는 서론과 결론 모두 생략되었다. 더욱이, 15:11-32은 잃은 동전 비유에서처럼 ἤ("또는")로 연결되지 않는다. 탕자 비유는 3절과 병행되는 εἶπεν δέ(에이펜 데, "그러나 그는 말했다")로 시작된다.[267]

264. Jones, *Art*, 168.

265. Sa'īd, *Lūqā*, 404.

266. Giblin, "Luke 15," 20; Bultmann, *Tradition*, 328.

267. 기블린은 아버지가 아들을 찾지 않았다고 주장한다(Giblin, "Luke 15," 20). 기블린은 이

이 사소한 언어학적 특성 이외에 이 두 자료가 편집상 연결되었다고 볼 수 있는 가장 설득력 있는 이유는 지시 대상의 변화다. 첫 번째 쌍둥이 비유에서 예수님이 청중을 목자 및 여자와 동일시하기를 원하신다는 것은 분명하다. 이것은 "너희 중에 누가"라는 질문에 의해 암시된다.[268] 그리고 두 번째 쌍둥이 비유(탕자 비유)에서 청중은 아버지가 아니라 맏아들과 동일시된다. 결론부가 생략되었다는 사실이 이에 대한 강력한 증거다. 청중은 잔치 자리에 앉아 있는 "죄인"에 대해 수군거리는 맏아들의 모습으로 그곳에 서 있는 자신을 돌아봐야 했다. 이 자료는 누가가 사용한 자료에 의해 두 단위로 적절히 연결되었든지,[269] 아니면 누가 자신이 연결했다고 이해하는 것이 가장 좋을 듯하다.[270] 각각의 단위는 쌍둥이 비유다. 예수님이 죄인과 함께 식사하신다고 여러 차례 바리새인들의 불평을 들으셨다는 것은 의심의 여지가 없다. 그러한 상황에서 말씀하신 두 비유가 여기에 결합된 것이다.

폭스(Fuchs)는 누가복음 15장 마지막에 언급된 잔치를 "하나님 나라에 있을 것이라 예상되는(proleptic) 축제"라고 밝힌다.[271] 이곳에 보도된 잔치

부분에서 두 단위가 훨씬 더 뚜렷이 나뉜다고 이해한다. 그러나 아버지는 찾으러 밖으로 나간다. 그것도 한 번이 아니라 두 번씩이나 나간다. 아버지는 먼 나라까지 가지는 않는다. 그 이유는 이제 분명하다. 예수님은 두 아들을 비교하고 아버지가 차례대로 두 아들을 찾으러 나가야 했다는 것을 강조하고 싶으셨다. 아버지는 한 장소에서 이 목적을 성취하셨다(장소의 통일성 - 두 번에 걸친 아버지와 아들의 만남은 거의 정확히 동일한 장소에서 이루어졌다). 시간의 통일성(모두 같은 날 발생함)과 행동의 통일성(두 번 다 아버지가 집 밖으로 나가서, 사람들이 보는 앞에서 자신을 낮추어 예기치 못한 사랑을 보여 줌)이 있다.

268. 설령 청중에 여성이 있다 하더라도 "너희 중에 어떤 여자가"라는 어구는 모욕적일 수 있기 때문에 예수님은 그렇게 말씀하실 수 없었다. 예수님은 "어떤 여자가 …"라고 말씀하시는 것으로 만족하셨다.

269. Manson, *Sayings*, 283.

270. Bultmann, *Tradition*, 328.

271. E. Fuchs, *Das Urchristliche Sakramentsverständnis* (Schriftenreihe der Kirchlich-Theologische Sozietät in Württemberg, 8 Bad Cannstatt, 1958), 24, 38; Linnemann, *Parables*, 80; Jeremias, *Theology*, 115-116. 2절과 관련하여 기블린은 "prosdechomai"(오다)라는 단어는 신약성경에서 하나님 나라의 도래, 구속, 파루시아(재림), '복음'의 사도 및 참여자와 같은 주제와 지속적으로 결합된다."라고 썼다(Giblin, "Luke 15," 16).

와 마지막 때의 메시아 잔치 사이의 관계를 연구하는 것은 그 자체로도 중요한 연구가 되지만, 본 연구의 범위를 벗어난다.[272] 그 주제는 훌륭한 제안이며 깊이 생각해 볼 만한 가치가 있다. 이것이 입증될 수 있다면 바리새인들이 당황한 것은 놀랄 일이 아니다. 유대교에서도 하나님의 나라를 잔치와 동일시하지만, "죄인들"은 그 잔치의 귀한 손님이 될 수 없다고 믿었다.

이 비유의 전반부와 후반부의 문학적 구조를 비교하는 것은 주목할 만한 가치가 있다. 두 비유 모두 절정의 중심은 아들이 한 말에 있다. 처음 등장하는 아들(6과 6′연)은 자신이 잃은 자이고 곤경에 처해 있음을 깨닫는다. 그는 어디서 도움을 찾을 수 있는지를 안다. 두 번째로 등장하는 아들도 문학 형식의 중앙에서(4와 4′연) 말을 하지만, 그의 말은 불평이다. 각각의 경우 예기치 못한 사랑이 이 중앙에 있는 두 연에 대한 대답에서 증명되었다. 첫 번째 연의 둘째 아들은 1-6연에서 내리막길을 가고 6′-1′연에서 다시 올라서기 시작한다. 맏아들도 내리막길을 간다. 1, 2연에서 그는 이 기쁜 잔치의 의미가 무엇인지 의심스러워하며 물어본다. 3연에서 그는 분을 내며 아버지를 모독한다. 4와 4′연에서 우리는 쓰디쓴 불평의 소리를 두 번 듣는다. 그런 다음에는 대답도, 베풀어진 은혜에 대한 반응도, 구조상 냉랭한 절정의 역전도 없다. 첫 번째 구조는 완벽하고, 문제가 해결되어 기쁨으로 끝을 맺는다. 두 번째 구조는 아버지 말로 끝을 맺는데, 첫 번째 구조에서 둘째 아들에 대해 했던 말과 거의 동일하다(A-1′연과 B-2′연). 마지막으로, 비유의 마지막 언급은 수미상관을 암시한다. 비유 처음에는 살아 계신 아버지가 죽기를 바라는 장면이 나온다. 비유 마지막에서는 "죽은 아들"이 살아났다. 대화의 유사성, 아버지 행동의 유사성,

272. 본 연구의 범위를 넘는 또 다른 중요한 주제는 누가복음 15장의 신학과 바울의 칭의론과의 관계다. 고데는 "바울이 이 비유에서 어떻게 이신칭의 교리를 이끌어 낼 수 있었는지 쉽게 이해할 수 있다."라고 주장한다(Godet, *St. Luke*, 381; 참조, Rengstorf, *Re-Investitur*, 69).

아버지를 모독하는 말의 유사성에 비춰 볼 때, 두 아들은 비유에서 본질적으로 동일한 존재로 제시되고 있음이 분명하다. 두 아들이 예기치 못한 사랑에 반응하는 방식만 다르다.

비유를 듣고 있던 바리새인들은 자신의 모습을 맏아들로 여기고 "내가 바로 그 사람입니다."라고 판단하도록 압력을 받는다. 이러한 판단의 근거와 내용은 적어도 다섯 개의 주요 주제를 포함하고 있는 신학적인 묶음에서 발견된다. 그 주요 주제는 다음과 같다.

① 죄

비유는 기본적인 두 유형의 죄인을 묘사하고 그들 죄의 본질과 그 결과를 분명히 보여 준다.

② 회개

두 유형의 회개를 실례를 들어 제시한다. 첫 번째는 자기가 자신을 구원할 수 있다고 생각하는 사람의 회개다. 두 번째는 자기가 자신을 구원할 수 없음을 아는 사람의 회개다.

③ 은혜

비유는 하나님이 거저 주시는 사랑의 본질을 실례를 들어 보여 주고 그 사랑의 가치를 이야기한다. 그것은 구원하기 위해 찾아다니고 고통당하는 사랑이다.

④ 기쁨

기쁨은 잃은 자를 찾고 그의 회복을 공동체적으로 함께 축하하는 일에 있다.

⑤ 아들 됨

한 아들은 죽음과 종의 신분에서 벗어나 회복되었다. 다른 아들은 계속 종으로 남겠다고 우긴다.

이 주제들 중에 독립적으로 다룰 수 있는 주제는 없다. 각각의 주제는 다른 주제들과 역동적인 긴장이 있는 것으로 이해된다. 각각의 주제는 개별적으로 성찰할 수도 있지만, 한 주제를 다루는 것은 모든 주제를 다루는 것이다.

마지막으로, 누가복음 15:11-21 전체를 요약해 보자. 아버지의 둘째 아들은 유산 중에서 자신의 분깃을 소유하고 그것을 마음대로 처분할 수 있는 권한을 요구했고 그 권한을 받았다. 그런 것을 요구하고 또 그 요구를 들어주는 것은 동양의 삶과 사고에서 예외적인 일이다. 탕자는 아버지가 속히 돌아가시기를 바란다. 사람들은 아버지가 아들의 요구를 거절하고 그를 벌할 것이라고 예상한다. 아버지는 아들을 벌하는 대신에 전례 없는 사랑의 행위로써 그 요구를 들어준다. 맏아들은 화해자가 되기를 거절한다. 두 아들은 함께 모여서 살려고 하지 않는다.

탕자는 모든 재산을 팔고, 집을 떠나고, 모든 것을 잃는다. 그는 자신의 죄가 돈을 낭비한 것과 아버지를 계속해서 돌볼 수 없게 된 것이라고 이해한다. 이방인을 위해 돼지를 치고 쓴 야생 쥐엄나무 열매를 먹는 처지에 처하자 탕자는 고향으로 돌아가기로 결정한다. 자기 집으로 돌아가려는 것이 아니다. 종으로 일을 하고 마을에서 살 계획을 세움으로써 그는 자신을 구원할 계획을 세운다. 그는 마을에 들어가자마자 맞닥트릴 사람들의 반응을 무척 두려워하고 있었고, 여기에는 타당한 이유가 있다.

마을로 돌아오는 중에 탕자는 자신을 낮춤으로써 보여 주시는 전혀 예상치 못했던 사랑의 행위에 압도된다. 그의 마음은 그 은혜에 산산이 부서지고, 아버지께 자신의 무가치함을 고백하고, 아들의 신분으로 회복되는 것을 진정 겸손한 마음으로 받아들인다. 죄란 이제 자신의 힘으로는 회복할 수 없는 깨진 관계다. 회개는 이제 은혜를 받아들이고 무가치함을 고백하는 것으로 이해된다. 공동체는 함께 즐거워한다. 자신을 낮추며 눈에 보이도록 입증해 준 사랑은 그리스도의 속죄 사역에 대한 분명한 암시로 여겨진다.

그런데 맏아들은 공개적으로 아버지를 모독하고, 동생이 먼 나라로 떠났던 것처럼 그 자신도 "잃은 자"임을 드러낸다. 아버지는 이 아들에게도 자신을 낮추면서까지 동일한 사랑을 보이지만, 그 결과로 고백과 회개는 없다. 맏아들은 오히려 아버지를 격렬하게 비난한다. 비유는 화해를 촉구하는 마지막 호소로 끝난다. 두 아들 모두 종의 신분에서 벗어나 아들의 신분을 얻도록, 가시적인 사랑을 증명해 주어야 할 반항아들로 보인다. 문화적인 상황과 비유의 문학적인 구조를 고려하면 두 아들 사이에 이러한 유사점이 분명히 드러난다. 비유를 듣는 바리새인들은 맏아들에게서 자신의 모습을 보고 화해를 받아들임으로써 이에 반응하라는 압박을 받는다. 이 비유의 주요 주제는 죄, 회개, 은혜, 기쁨, 아들 됨이다. 본문 이해의 배경이 되는 동양의 문화에 비춰 이 비유를 연구해 보면 이 비유야말로 참으로 "복음 중의 복음"(*Evangelium in Evangelio*)이다.[273]

---

273. Arndt, *St. Luke*, 350.

결론

정리하자면, 새로운 방법론은 비유 이해에 정보를 제공하는 문화적인 요소들을 더욱 정확하게 설명하는 데 도움이 된다고 말할 수 있다. 이러한 요소들을 의식하면 비유 해석의 새로운 차원으로 이끄는 일련의 새로운 질문들이 드러난다. 문학 유형과 시적 형식을 발견함으로써 전통적인 자료들을 몇몇 단위로 좀 더 정확히 나누고 자료 자체의 원래 의미를 이해할 수 있게 되었다. 비유에 사용된 비유적 발라드 형식은 본 연구에서 비유의 핵심적인 요소들을 밝히는 데 도움이 되었다. 신학적 묶음 개념을 파악했는데, 이는 비유의 신학이 되는 통일성 속에서의 다양성을 파악하는 방법을 제공한다. 이전에 비유의 이차적인 논평으로 밝혀진 단위들이 지금은 그 자체로 독특한 형식과 통일성과 주제를 가지고 있다고 여겨진다. 어느 한 단위에서 흘러나온 의미가 그 단위 옆에 나란히 놓인 두 번째 단위 속으로 흡수되어 들어가는 "흡수" 현상(spilling phenomenon)이 편집자에 의해 일어났음을 확인했다. 해석자가 두 단위를 함께 이해하려 할 때 "흡수" 현상은 두 단위 모두의 번역과 해석을 모호하게 만든다. 누가복음 9:51-19:48의 문학적 개요에 따르면, 이 자료는 누가 이전의 문서에 속하는 것 같다.

이 연구로 말미암아 문화와 문학적 구조에 대한 연구가 더욱 활발해지고, 예수님의 비유에 수 세기 동안 쌓인 먼지가 제거되며, 우리가 첫 청중처럼 비유를 듣고 생각하고 반응하는 것이 본서를 쓴 저자의 간절한 바람이다.

부록 A

이 연구에 사용된 동양어 역본에 대한 간략한 설명

본 연구에 사용된 중동의 주요 역본은 시리아어, 콥틱어, 아랍어로 된 역본들이다. 필자의 언어적 한계 때문에 여기에 사용한 콥틱어 역본들은 아랍어로 번역된 성경이다.

언어 이외에 역본 선정에 지침이 되었던 세 원리는 시기, 지역, 유형이다. 시기와 관련해서는, 2, 3세기에서 12세기에 이르는 역본을 선택했다. 가능한 한 넓은 지역을 대표하는 것으로 선정했다. 유형과 관련해서 역본은 세 범주로 나뉜다. 역본 중에는 "교회 번역 성경"(church translations)이 있다. 그 번역자는 알려지지 않았다. 이 역본들은 유명한 동양의 교회들에서 널리 회람되었으며, 공동체로서 교회의 주석학적 이해를 반영한다. 두 번째 범주는 소위 "개인 번역 성경"(individual versions)이다. 이 역본들은 동양 교회에 잘 알려진 유명한 주석가들의 작품이다. 세 번째 범주는 "동서양 공동 번역 성경"(Eastern-Western versions)으로 명명했다. 이 역본들은 중동에 거주한 서양 학자들이 동양의 교인들과 함께 작업한 작품이다.

1. 교회 번역 성경

The Old Syriac(고대 시리아어 역본, 200년경)

고대 시리아어 역본은 시내(Sinaitic) 사본과 큐레토니아(Curetonian) 사본으로 보존되었다. 각 사본은 19세기에 인쇄되었다.[1]

---

1. 모든 고대 시리아어 사본에 대한 상세한 설명은 다음 문헌을 참조하라. Arthur Vööbus, "The Syriac Versions," in *Early Versions of the New Testament. Papers of the Estonian*

The Peshitta(페쉬타 역본, 5세기경)

페쉬타 역본의 기원은 신비에 싸여 있다. 라불라(Rabulla)가 페쉬타 역본의 저자라는 버킷(Burkitt)의 이론은 오랫동안 인정을 받아왔는데, 푀부스(Vööbus)가 이를 논파했다.[2] 이 역본은 시리아의 표준성경(Syriac Vulgate)이 되었다. 페쉬타 역본은 그 고대성과 대중성 때문에, 그리고 많은 손을 거쳐 점차적으로 출현했기 때문에, 교회의 역본으로서 우리의 주해 목적에 합당한 독보적인 중요성을 갖는다. 이 연구에서는 Vatican Syriac 269과 함께 미국 성서공회(American Bible Society) 판을 사용했다.[3]

Vatican Borgianus Arabic 71

푀부스는 12세기에 만들어진 이 역본이 헬라어가 아니라 고대 시리아어를 번역한 것이라고 설득력 있게 주장한다.[4] 이 역본은 동양의 멜카이트 교회(Melkite churches)에서 널리 회람되었다.[5] 이러한 이유로 우리는 이것을 우리의 "교회 역본" 중 하나로 선정했다.

Theological Society in Exile (Stockholm: n. p., 1954), V1, 67-132. 보다 최근의 논의로는 H. S. Pelser, "The Origen of the Ancient Syriac New Testament Texts - A Historical Study," in *De Fructu Oris Sui*를 참조하라. *Essays in Honour of Adrianus van Selms*, ed. I. H. Eybers *et al*. *Pretoria Oriental Series* 9 (Leiden: Brill, 1971), 152-163. 펠서(Pelser)는 고대 시리아어 역본과 디아테사론 모두 초기 본문(text) 전승에 기원한다고 확신한다. 본 연구에 사용된 본문들(texts)은 다음과 같다. R. L. Bensly, J. Rendel Harris, and F. C. Burkitt, *The Four Gospels in Syriac Transcribed from the Sinaitic Palimpsest* (Cambridge: University Press, 1894); F. Crawford Burkitt, *Evangelion da-Mepharreshe* (Cambridge: University Press, 1904), 2 vols.; Agnes S. Lewis, *The Old Syriac Gospels* (London: Williams and Norgate, 1910).

2. Vööbus, "The Syriac Versions," 90.

3. *The New Testament in Syriac* (London: British and Foreign Bible Society, 1905-1920). 복음서는 1901년 G. H. Gwilliam(Oxford: Clarendon, 1901)이 출판한 페쉬타 비평본의 재판이다. 펠서는 페쉬타 역본이 3세기에 나온 것이라고 주장한다. 참조, Pelser, "The Origen of the Ancient Syriac," 162.

4. Vööbus, "The Syriac Versions," 290; 반대 의견도 있다. Ignazio Guidi, "Le Traduzione degli Evangelii in Arabo e in Etiopico," *Reale Accademia dei Lincei* 275 (1888), 6.

5. Vööbus, "The Syriac Versions," 289.

The Coptic Vulgate(10세기)

이 역본의 가장 오래된 사본은 베이루트 대학에 있으며 연대는 1048년으로 추정된다. 번역 자체는 10세기에 이루어졌다.[6] 이 탁월한 역본은 거의 1000년 동안 콥틱 교회의 주요 성경으로 사용되었다. 우리는 Vatican Coptic 9를 사용했다.

The Paris and London Polyglots(17세기)

파리에서 출간된 신약 대조성경은 1630년과 1633년에 파리에서 두 권으로 출간되었다. 런던에서 출간된 대조성경은 1654-1658년에 등장했다. 이 역본들은 최초로 인쇄된 아랍어 성경이었고, 이 아랍어 성경은 키텔 구약성경(Kittel Old Testament)과 네슬-알란트 신약성경(Nestle-Aland New Testament)의 비평 각주에 인용되었다. 이 아랍어 역본은 1811년에 영국에서 별도로 다시 출판했다. 우리는 1811년 판을 사용했다.[7]

Propagandist Version(17세기)

이 역본은 로마 가톨릭 전도회(Roman Catholic Congregatio de Propaganda Fide)가 로마에서 출판한 것이다. 작업은 1622년에 시작했는데, 50년 동안 완성되지 못했다. 유능한 시리아 교회 신부들이 그 당시 광범위하게 사용되는 동양의 사본들을 이용해서 이 역본을 만들었다.[8]

---

6. John A. Thompson, "The Origin and Nature of the Chief Printed Arabic Bibles," *The Bible Translator* 6 (January 1955), 10.

7. *The Holy Bible Containing the Old and New Testaments, in the Arabic Language* (Newcastle-upon-Tyne: Printed by Sarah Hodgson, 1811).

8. 이 역본에 대한 충분한 설명은 Thompson, "The Origin and Nature of the Chief Printed Arabic Bibles" 51-55을 참조하라. 이 역본은 *Kitāb al-'Ahd al-Jadīd* (London: Charles Watson, 1833)로 다시 출간되었다.

2. 개인 번역 성경

The Arabic Diatessaron

아랍어 디아테사론이 타티안(Tatian[120-180년] 앗시리아 출신 교부. 최초로 사복음서를 대조하는 디아테사론을 만들었다. - 역자 주)의 사본을 얼마나 반영하느냐는 우리의 관심사가 아니다. 아랍어 번역은 11세기 초 바그다드에서 유명한 아부 알 파라지 압달라 이븐 알 타이이브(Abu al-Faraj ʻAbd Allah Ibn al-Ṭayyib)가 했다는 설이 가장 유력하다. 주석가 그라프(Graf)는 아랍의 이 대가를 "철학자, 예술가, 수도사, 사제의 모습이 다 그 안에 있는 인물"이라고 평가했다.[9] 이렇게 해서 우리는 11세기 아랍 그리스도인 학자가 만든 이 역본을 갖게 되었다. 이 연구에서는 Marmardji 비평 판을 사용했다.[10]

Abu al-Faraj ʻAbd Allah Ibn al-Ṭayyib(11세기)

이 이라크 학자는 페쉬타를 아랍어로 번역한 사람들 중 한 사람이다.[11] 여기서 우리는 1368년 사본인 Vat. Syr. 269를 사용했다. 많은 경우에 아랍어는 시리아어가 저자의 귀에 어떻게 들렸는지를 이해하는 통찰을 제공한다.[12]

The Harclean Syriac(7세기)

이는 토마스 하르클레안(Thomas Harclean)이 번역했을 것이다. 이 역본은

---

9. Georg Graf, *Geschichte der Christlichen Arabischen Literatur. Studi e Testi* 133 (Rome: Citta del Vaticano Biblioteca Apostolica Vaticana, 1947), II, 160.

10. A. S. Marmardji, *Diatessaron de Tatien* (Beirut: Catholic Press, 1935).

11. 참조, Graf, *Geschichte*, I, 150.

12. 이 역본에 대한 상세한 정보는 Louis Cheikho, "Nusakh ʻArabiyah Qadīmah fi al-Sharq min al-Injīl al-Tāhir," *Al Machriq* 4 (1901), 97-109를 참조하라. 이것은 Jūsif Qūshaqjī, *Taʻrīb al-Anajīl wa-Aʻmāl al-Rusul* (Beirut: Catholic Press, 1964), 148-155에 다시 인쇄되었다.

원본일 것이라고 생각되는 훌륭한 사본(Vat. Syr. 268)에 보존되었다.[13]

Vatican Borgianus Arabic 95(8-9세기)

이 유명한 사본은 헬라어에서 번역한 사본들 중에서 단연 으뜸이다. 이슬람 발흥 이전에 번역된 것으로 알려졌다.[14] 마태복음과 마가복음은 레빈(Levin)이 만들고 필사했다.[15] 내가 알기로는, 이전에는 누가복음은 연구된 적이 없다. 누가복음 사본은 물이 묻어 얼룩졌으나, 얼룩을 지우면 고어체의 대본이 멋지다. 본 연구에 사용된 판본은 9세기 것이다. 원래 이 사본이 있던 곳은 시내 산 수도원이다. 내 판단으로는, 이 역본은 매우 통찰력 있는 주석가의 작품이다.[16]

Hibat Allah Ibn al-'Assāl(13세기)

히바트 알라(Hibat Allah)는 13세기 카이로에 살면서 글을 썼던 유명한 세 형제 중 한 사람이다. 그는 정교한 기호 체계를 가지고 사복음서의 **비평본**을 출판했다. 그래서 그가 이용한 콥틱어, 헬라어, 시리아어 역본들 간의 차이점들을 기록했다.[17]

---

13. Vööbus, "The Syriac Versions," 376. 더 많은 정보를 얻으려면 같은 책 pp. 118-121을 보라. Vat. Syr. 268과 아울러, 우리는 J. White, *Sacrorum evangeliorum versio syriaca philoxeniana* (Oxford: Clarendon, 1778)를 사용했다.

14. Vööbus, "The Syriac Versions," 293. 뵈부스는 바움스타크(Baumstark)가 이 의견을 주창했으나 그라프가 거부했다고 지적한다.

15. Bernhard Levin, *Die Griechisch-Arabische Evangelien-Übersetzung Vat. Borg. Ar. 95 und Ber. orient. oct.* 1108 (Uppsala: Almquist & Wiksells, 1938).

16. 이 역본의 서론 전문은 Levin, 1-69를 보라.

17. 이 비평 시스템 전체 내용을 보려면, Duncan B. Macdonald, "The Gospels in Arabic," *The Hartford Seminary Record* 3 (April 1893), 163-176; 특히 169-170을 참조하라. 이 세 형제들과 그들의 작품에 대한 간략한 서평은 A. J. B. Higgins, "Ibn al-'Assal," *JTS* 44 (1943), 73-75; D. B. Macdonald, "Ibn al-'Assal," *Encyclopedia of Islam* (Leiden: Brill, 1927), II, 364을 보라. 맥도날드는 이 사본을 검토할 시간이 조금밖에 없었다는 것을 인정한다. 그는 이븐 알 아살이 그 시대의 역본들에서 **다양한 번역**만이 아니라 본문과 관련해서도 **다양한 독본**을 제시한 범위를 발견하지 못했다. 참조, British Museum Oriental Ms. 3382.

3. 동양-서양 공동 번역 성경

The Shidiac Version(1851)

별로 중요하지 않은 이 역본은 캠브리지의 토마스 제럿(Thomas Jerrett)의 도움을 받아 파리스 알 시디악(Faris al-Shidiac)이 만든 것이다.[18]

Van Dyke-Bustānī(1860)[19]

이 개신교 역본은 그 단순성, 정확성, 아름다움으로 유명하다. 이 역본은 금세 중동의 개신교와 정교회 미사를 위한 주요 아랍어 성경으로 자리 잡았다. 이 역본의 번역과 관련된 이야기는 톰슨에게 자세히 들었다.[20]

Jesuit-1(1878)[21]

레바논에서 활동하는 예수회가 1878년에 이 역본을 출판했다. 다시 동양의 학자들과 서양의 학자들이 공동으로 작업했다. 문체가 다른 역본들보다 더 고전적이다.[22]

Būlusiyah-Fakhūrī(1954)[23]

이 역본은 20세기에 나온 최초의 새로운 아랍어 역본이다. 바울회(Paulist order)에 속한 레바논 수도사인 파쿠리(George Fakhūrī) 신부가 이 깊이 있는 역본의 유일한 저자다.

---

18. *Kitāb al-'Ahd al-Jadīd Lerabbinā Jasū' al-Masīīh* (London: SPCK, 1851).
19. *Kitāb al-'Ahd al-Jadīd* (Beirut: American Press, 1860).
20. Thompson, "The Origin," 98-105.
21. *Al-Kitāb al-Muqaddas al-'Ahd al-Jadīd* (Beirut: Jesuit Press, 1878).
22. 참조, Thompson, "The Origin," 146-149.
23. *Al-Kitāb al-Muqaddas al-'Ahd al-Jadīd* (Harisa, Lebanon: Paulist Press, 1954).

Jesuit-2(1969)

두 번째 현대 예수회 역본은 프랑스 예수회의 베이루트 가톨릭 출판사의 하마비(Hamawie) 신부,[24] 잘 알려진 기독교 아랍 학자인 우스타즈 부스타니(Ustaz Bustānī), 그리고 예수회의 탁월한 시리아 주석가인 주시프 쿠샤크지(Jūsīf Qūshaqjī) 신부의 작품이다.

'Abd al-Malik-Thompson(1973)

톰슨(John A. Thompson)과 압달 말리크(Butrus 'Abd al-Malik)는 미국 성서공회의 후원을 받아, 판 다이크 부스타니(Van Dyke-Bustānī) 역본의 새로운 개신교 개정판을 완성했다.[25]

책을 출판한 구약 학자인 톰슨 박사는 이집트 카이로에 있는 카이로복음주의신학교(Cairo Evangelical Seminary)에서 20년 넘게 구약학 교수로 있었다. 압달 말리크는 카이로에 있는 아메리칸대학교(American University)의 동양어 교수였다.

---

24. *Al-Kitāb al-Muqaddis al-'Ahd al-Jadīd* (Beirut: Catholic Press, 1969).

25. *Kitāb al-'Ahd al-Jadīd* (Beirut: The Bible societies in the Near East, 1973).

부록 B

자료 제공자들

여기에 열거한 사람들은 필자가 예수님 비유의 배경이 되는 중동 문화를 이해하는 데 20년 이상 도움을 준 초기 자료 제공자들이다. 이런 식으로 나에게 자료를 제공해 준 사람을 일일이 나열한다면 수백 명은 족히 될 것이다. 여기에 열거하지 않은 모든 중동 친구들에게도 감사의 말을 전한다.

1. 수단

Wesley Stāsī

스타시 목사는 카르토움에 있는 수단 복음주의 교회(Sudan Evangelical Church)의 문서 담당 총책임자다.

Nathaniel Kur

쿠르는 영어와 종교학을 가르치는 교사다. 그는 남부 수단 딘카족(Dinka tribe)이며 레바논 베이루트에 있는 근동 신학교 학생이었다. 수 세기 동안 철저하게 구전 형태로 그들 민족의 지혜를 지켜왔던 사람들에게서 나온 구전 전승을 이해하는 데 많은 통찰을 제공해 준 쿠르를 비롯해서 아프리카 학생들에게 나는 많은 빚을 졌다. 쿠르의 통찰은 중동의 문화적 관점으로, 또는 그 관점과 대조해서 접점을 제공해 주었다.

2. 이집트

Adīb Qaldas

칼다스 목사는 다이르 아부 힌니스(Dayr abu Hinnis) 마을의 목사다. 그 마을 사람들은 적어도 1600년 전 공동체 모습으로 나일 강 맞은편에서 고립되어 생활하고 있다. 1년 이상, 나는 칼다스 목사가 마을 주민들에게 설교하는 내용을 듣는 특권을 누렸다. 칼다스 목사와 회중이 알고 있는 많은 문화적 의미들이 내게는 새로운 출발점이었다.

***Fahīm 'Azīz,* Ph. D.**

파힘 아지즈 박사는 거의 20년간 이집트 남부 교회 목사였다. 지금은 카이로에 있는 카이로 복음주의 신학교에서 신약을 가르친다. 그는 상세하게 드러난 동양의 진짜 모습과 서양의 비평적 연구를 결합한다.

***Ḥannā al-Khuḍārī*, Ph. D.**

쿠다리 박사는 이집트 남부 지역 알바야디야(al-Bayādīyyah)라는 소박한 마을에서 성장했다. 나는 다이르 알바르샤(Dayr al-Barshā)와 알이찌야(al-'Izzīyah) 마을에서 그와 함께 사역하는 특권을 가졌다. 그는 조직신학을 전공했지만, 소박한 농부들과 함께 성장한 까닭에 비유 본문과 관련해서 내가 바르게 질문할 수 있도록 도울 만한 능력을 충분히 갖추고 있었다.

Ḥāris Qurişah

하리스 목사는 25년간 이집트 남부 지방 마을 교회의 목사였다. 전통적인 목회자적 소명에 비춰 볼 때 하리스 목사는 농부의 가정에서 주석의 달인이다. 그의 가르침과 마을 사람들의 반응을 들은 것이 새로운 통찰의 중요한 자료가 되었다.

***Ibrāhīm Saʿīd*, D. D.**

사이드 박사의 누가복음 주석은 본 연구의 주해 부문 내내 인용되었다. 나는 그의 누가복음, 요한복음, 에베소서, 요한계시록 주석에서 많은 도움을 얻었다. 사이드 박사의 동양적 관점과 예리한 통찰력 덕분에 그의 주석은 본 주제에 귀한 기여를 했다.

Rifqī Matūshāliḥ

리프키 목사는 나와 내 아내가 거의 2년간 머물렀던 다이르 알바르샤(Dayr al-Barshā) 마을의 목사다. 우리는 리프키 목사와 같은 집에서 살면서 무수히 많은 대화를 나누었고, 그는 그 대화를 기회로 삼아 우리 주변에서 일어나는 일을 해석해 주었다. 우리는 마을에서 일어나는 일을 직접 볼 수 있었고, 그들이 말하는 언어를 이해할 수 있었다. 리프키 목사는 우리에게 그 의미를 설명해 주었다.

Ṣamū'īl Ḥabīb

하비브 목사는 콥틱 복음주의 협회의 사회사업 총책임자다. 예리한 탐구 정신을 가진 그는 믿을 만한 정보의 중요한 정보원이 되어 주었다.

Shaykh Mus'ad

무사드 장로는 다이르 알바르샤 마을의 족장이다. 그는 전통적인 현자가 갖추어야 할 풍채와 위엄과 지혜를 고루 구비한 족장이며, 내가 만나본 동양의 현인 중에서 가장 탁월하다. 무사드 장로가 본 연구에 간접적으로 기여한 내용은 이루 헤아릴 수 없다.

다이르 알바르샤(*Dayr al-Barshā*) 주민들

나는 이들과 함께 살면서 동양의 외딴 마을이 어떻게 생활하고 이동하고 그들 생각대로 행하는지를 보았다. 2년이 지난 후에도 연락은 계속되었고, 살아 있는 이 공동체로 말미암아 동양인의 삶에 대한 나의 관찰과 이해가 무척 깊어졌다.

3. 레바논, 시리아, 팔레스타인[1]

알마 알샤브(*'Almā al-sha'b*) 주민들

이 마을은 레바논 남부 국경 지대에 있으며, 주민들은 나를 따뜻하게 영접해 주었다. 목자, 농부, 상인, 교사들과의 많은 대화는 많은 질문에 대한 답이 되었다.

Ibrāhīm Dāghir

다기르 목사는 35년간 남부 레바논의 여러 교회에서 사역했다. 이제 70대인 그는 내게 레바논-시리아 문화를 누구보다도 많이 가르쳐 주었다. 그는 시돈 상부 지방의 외딴 마을에서 어린 시절을 보냈으며, 헬몬 산 중턱에 있는 마을에서 오랫동안 목회했다. 평생 성경을 묵상한 덕택에 동양의 생활과 그것이 본문의 의미에 어떤 영향을 주는지와 관련해서 내게 가르침을 줄 수 있었다.

Samū'īl Ḥannā

사무일은 아인 알샤라('Ayn al-Sha'rah) 마을 출신의 신학생이다. 이 마을은 아직까지 아람어를 사용하는 마을에서 그리 멀지 않은 헬몬 산 동쪽 중턱에 있다. 이 마을로 가는 도로가 나 있지 않기 때문에 여전히 고대의 분위기를 유지하고 있다. 사무일의 의견은 당연히 고려할 만하다.

---

1. 이 세 지역의 문화는 일치하기 때문에 이 지역 사람들에게서 얻은 정보와 자료는 함께 취급하는 것이 좋다.

Jabrā Ḥelū

나는 레바논 미니아라(Miniyāra) 마을에 사는 헬루 목사의 손님으로 그 집에 머물면서 그 가족과 시리아 사람들이 구전으로 전하는 이야기를 들으면서 오랫동안 즐거운 저녁 시간을 보내는 특권을 누렸다.

Riyāḍ Jarjūr

시리아 사람 리야드는 근동 신학교 학생이다. (아래 언급할) 누하드, 그리고 리야드와 사무일은 내게 대단히 많은 가르침을 준 시리아 레바논 학생들 중 일부다.

Nabīl Jabbūr

시리아 사람 자부르는 자청해서 동양적인 질문을 하고 그것이 성경 본문과 관련하여 어떤 의미가 있는지를 알아보았다.

Qayṣar Ma'lūf

말루프는 레바논 산 중턱에 있는 마을의 농부이면서 목회자다. 키르빗 카나파르(Khirbit Qanafār)에서 나는 말루프의 교회와 가정에 손님으로 머물면서, 내가 가르칠 수 있는 것보다 훨씬 더 많을 것을 배울 수 있었다.

Nuhād Ibrāhīm

근동 신학교 학생인 누하드는 자신이 연구할 질문들을 마을과 집으로 가져가 확인했고, 이는 본 연구가 점차 발전하는 데 상당히 중요한 공헌을 했다.

Butruṣ Talyā

시리아 알자지라(al-Jazīrah) 마을 주민이었던 탈리야는 상부 시리아의 기독교 마을에서 가족과 함께 사는 동안 2년간 목자로 이곳저곳으로 옮겨 다녔다. 그래서 그는 공동체 생활의 고대 문화적 형태를 젊은 시절에 접할 수 있었다. 잘 훈련된 성경학자인 탈리야의 도움은 막대했다.

4. 이라크

본문 비평의 경우에서와 마찬가지로, 주어진 증거의 중요성을 결정하는 것은 증거의 수가 아니라 다른 요인들이다. 이라크에서 내게 유일하게 자료를 제공해 준 사람은 모술과 바그다드의 주시프 마따(Jūsif Mattā)이다. 마따는 북부 이라크 마을 출신이다. 그는 사제가 되기 위해 시리아 정교회 소속 수도원에서 9년을 보냈으나, 그 후 개신교인이 되었다. 시리아어 지식과 오랫동안 북부 이라크 마을과 교회에서 생활한 경험 덕분에 그는 본 연구에 필수적인 자료 제공자가 되어 주었다.

5. 이란

이라크와 이란 사이의 거리 때문에, 또 일단 이라크에서 이란으로 건너가면 양국 간의 문화적 · 언어적 경계선이 교차하기 때문에, 이란에서는 자료를 제공해 줄 사람을 찾지 못했다. 하지만 비켄 갈루스티안(Viken Galoustian) 목사의 독특한 배경과 사역으로 인해 성경에 나타난 문화적 요인들을 탐구하는 데 그의 통찰력을 참조하지 않을 수 없었다. 갈루스티안 목사는 거의 절반은 무슬림에서 기독교로 개종한 신자들이고 나머지 절반은 유대교에서 개종한 신자들로 구성된, 테헤란의 독특한 교회에서 수년간 목회했다. 그가 사역을 하면서 갖게 된 질문들과 그 질문에 대해 그가 깨달은 대답들은 문화적인 퍼즐에서 한 조각 이상의 의미를 가지고 있다는 것이 입증되었다.

참고 문헌

A. 총서

Beare, F. W. "Concerning Jesus of Nazareth." *JBL* 87 (1968), 125–135.

———. *The Earliest Records of Jesus*. New York: Abingdon, 1962.

Bornkamm, Gunther. *Jesus of Nazareth*. Translated by Irene and Fraser McLuskey with James M. Robinson from the 3rd German edition. New York: Harper, 1960.

Bultmann, Rudolf. *The History of the Synoptic Tradition*. Translated from the German by John Marsh. Revised Edition. New York: Harper, 1963.

———. *Theology of the New Testament*. 2 vols. Translated from the German by Kendrick Grobel. London: SCM, 1955.

Conzelmann, Hans. *An Outline of the Theology of the New Testament*. Translated from the German by John Bowden. New York: Harper, 1969.

Daube, David. *The New Testament and Rabbinic Judaism*. London: University of London, 1956.

———. *Studies in Biblical Law*. Cambridge: University Press, 1947.

Derrett, J. Duncan M. *Law in the New Testament*. London: Darton, Longman and Todd, 1970.

Fuchs, Ernst, "Studies of the Historical Jesus." *Studies in Biblical Theology*, No. 42. Translated from the German by Andrew Scobie. London: SCM, 1964.

Jeremias, Joachim. *New Testament Theology*. New York: Scribner, 1971.

———. *The Problem of the Historical Jesus*. Translated from the German by Norman Perrin. Philadelphia: Fortress, 1964.

Jülicher, Adolf. *Itala Das Neue Testament in Altlateinischer überlieferung*, III. Lucas Evangelium, Berlin: de Gruyter, 1954.

Nicholson, R. A. *A Literary History of the Arabs*. Cambridge: University Press, 1962.

O'Leary, de Lacy E. *Comparative Grammar of the Semitic Languages*. London: Kegan Paul, Trench, Trubner, 1923.

Taylor, Vincent. *The Formation of the Gospel Tradition*. London: Macmillan, 1935.

Wright, William. *Lectures on the Comparative Grammar of the Semitic Languages*. 2nd edition. Amsterdam: Philo, 1966.

B. 동양어 역본

Bensly, Robert L., J. Rendel Harris, and F. Crawford Burkitt, editors. *The Four Gospels in Syriac Transcribed from the Sinaitic Palimpsest*. Cambridge: University Press, 1894.

Burkitt, F. C. *Evangelion da-Mapharreshe*. 2 vols. Cambridge: University Press, 1904.

Cureton, W. C. *Remains of a Very Ancient Recension of the Four Gospels in Syriac*. London: J. Murray, 1858.

Darlow, T. H. and H. F. Moule. *Polyglots and Languages Other Than English*. Vol. II in *Historical Catalogue of the Printed Editions of Holy Scripture in the Library of the British and Foreign Bible Society*. New York: Kraus Reprint, 1964.

Graf, Georg. *Geschichte der Christlichen Arabischen Literature*. Vol. I. Vatican City: Biblioteca Apostolica Vaticana, 1944.

———. *Verzeichnis arabischer kirchlicher Termini*. Louvain: L. Durbecq, 1954.

Guidi, Ignazio, "Le traduzioni degli Evangelii in Arabo e in Etiopico." *Atti della Reale Accademia dei Lincei*, anno cclxxv [1888], 5-37.

Guillaume, Alfred, "The Version of the Gospels Used in Medina circa A.D. 700." *Al-Andalus* 15 (1950), 289-296.

Higgins, A. J. B. "The Arabic Version of Tatian's Diatessaron." *JTS* 45 (1944), 187-199.

———. "Ibn al-'Assal," *JTS* 44 (1943) 73-75.

———. "The Persian and Arabic Gospel Harmonies." *Studia Evangelica*, I. Edited by Kurt Aland et al. Berlin: Akademie-Verlag, 1959. 793-810.

Hill, J. H. *The Earliest Life of Christ*. 2nd edition. Edinburgh: T. & T. Clark, 1910.

———. *The Holy Bible containing the Old and New Testaments in the Arabic Language*. Newcastle-upon-Tyne: Sarah Hodgson, 1811.

Hyatt, J. P. "Recent Contributions to the Study of the Ancient Versions of the New Testament," *The Bible in Modern Scholarship*. Edited by J. P. Hyatt, Nashville: Abingdon, 1965. 357-369.

de Lagarde, Paul, editor. *Die Vier Evangelien arabisch*. Leipzig: F. A. Brockhaus, 1864.

Levin, Bernhard. *Die Griechisch-Arabische Evangelien-Übersetzung Vat. Borg. ar. 95 und Ber. orient oct. 1108*. Uppsala: Almquist & Wiksells, 1938.

Lewis, Agnes S. and Margaret D. Gibson. *The Palestinian Syriac Lectionary of the Gospels*. London: n. p., 1899.

Macdonald, Duncan B. "The Gospels in Arabic," Hartford Seminary Record 3 (April 1893), 163-176.

Metzger, Bruce M. "A Survey of Recent Research on the Ancient Versions of the New Testament." *NTS* 2 (1955/56), 1-16.

The New Testament in Syriac. London: British and Foreign Bible Society, 1905-1920, 1950.

Pelser, H. S. "The Origin of the Ancient Syriac New Testament Texts - A Historical Study," *De Fructu Oris Sui. Essays in Honour of*

Adrianus van Selms. Edited by I. H. Eybers et al. Pretoria Oriental Series 9. Leiden: Brill, 1971. 152-163.

Pusey, P. E. and G. H. Gwilliam. *Teraevangelium Sanctum Iuxta Simplicem Syrorum Versionem ad fidem Codicum*. Oxford, Clarendon, 1901.

Qūshaqjī, Jusif. *Ta'rib al-Anajīl wa-A'māl al-Rusul*. Beirut: Catholic Press, 1964.

Vööbus, Arthur. *Early Versions of the New Testament. Papers of the Estonian Theological Society in Exile*, VI. Stockholm: n. p., 1954.

———. *Studies in the History of the Gospel Text in Syriac. Corpus Christianorum Orientalium Subsidia Tome III*, CXXVIII. Louvain: L. Durbecq, 1951.

White, J. *Sacrorum Evangeliorum Versio Syriaca Philoxeniana*. Oxford: n. p., 1778.

Wright, William. *A Short History of Syriac Literature*. Amsterdam: Philo, 1966 [1894].

C. 현대 중동 농부의 문화와 비유

Bishop, E. F. F. *Apostles of Palestine*. London: Lutterworth, 1958.

———. *Jesus of Palestine*. London: Lutterworth, 1955.

———. "Local-Colour in Proto-Luke," *ExpT* 45 (1933/34), 151-156.

———. *Prophets of Palestine*. London: Lutterworth, 1962.

Dalman, G. H. *Arbeit und Sitte in Palästina*. 7 vols. Gütersloh: Bertelsmann, 1928-1942.

———. *Sacred Sites and Ways*. Translated from the German by Paul P, Levertoff. London: SPCK, 1935.

Grant, Elihu. *The Peasantry of Palestine: The Life, Manners and Customs of the Village*. Boston: Pilgrim Press, 1907.

Hanauer, James. *The Folklore of the Holy Land*. London: Duckworth, 1907.

Jeremias, Joachim. *Jerusalem in the Time of Jesus*. 3rd edition. Translated from the German by F. H. and C. H. Cave. Philadelphia: Fortress, 1969.

Levison, N. *The Parables: Their Background and Local Setting*. Edinburgh: T. & T. Clark, 1926.

Masterman, Ernest William Garney. *Studies in Galilee*. Chicago: University of Chicago Press, 1909.

Neil, James. *Everyday Life in the Holy Land*. London: SPCK, 1924.

Newton, F. E. *Fifty Years in Palestine*. London: Coldharbour Press, 1948.

Rihbany, A. M. *The Syrian Christ*. Boston: Houghton Mifflin, 1916.

Scherer, George H. *The Eastern Colour of the Bible*. London: National Sunday School Union, 1929.

Thomson, W. M. *The Land and the Book*. 2 vols. New York: Harper, 1871.

Wilson, Charles Thomas. Peasant Life in the Holy Land. London: John Murray, 1906.

D. 비유의 고대 유대 및 아람 배경

Billerbeck, P. and H. Strack. *Kommentar zum Neuen Testament aus Talmud und Midrasch*. 6 vols. 2nd edition. Munich: C. H. Beck, 1924.

Black, Matthew. *An Aramaic Approach to the Gospels and Acts*. 3rd edition. Oxford: Clarendon, 1967.

———. "The Recovery of the Language of Jesus," *NTS* 3 (1957), 305-313.

Crockett, L. C. "The Old Testament in the Gospel of Luke with Emphasis on the Interpretation of Isaiah 61:1-2." Unpublished Ph. D. Thesis, Brown University, Providence, R. I., 1966.

Dalman, Gustaf. *The Words of Jesus*. Translated from the German by D. M. Kay. Edinburgh: T. & T. Clark, 1902.

Dalman, G. H. *Jesus-Joshua; Studies in the Gospels*. Translated from the German by Paul Levertoff. New York: Macmillan, 1929.

Edersheim, Alfred. *The Life and Times of Jesus the Messiah*. 2 vols. 2nd edition. London: Longmans, Green, 1883.

———. *Sketches of Jewish Social Life in the Days of Christ*. New York: Hodder and Stoughton, n. d.

Epstein, I., editor. *The Babylonian Talmud*. 35 vols. London: Soncino, 1935-1960.

Falk, Z. W. *Hebrew Law in Biblical Times*. Jerusalem: Wahrmann Books, 1964.

Feldman, Asher. *The Parables and Similes of the Rabbis*. Cambridge: University Press, 1924, 2nd ed. 1927.

Fiebig, Paul W. J. *Altjüdische Gleichnisse und die Gleichnisse Jesu*. Tübingen: J. C. B. Mohr, 1904.

———. *Die Gleichnisreden Jesu im Lichte der rabbinischen Gleichnisse des neutestamentlichen Zeitalters*. Tübingen: J. C. B. Mohr, 1912.

Goldschmidt, Lazarus, editor. *Der Babylonische Talmud*. 11 vols. Haag: Martinus Nijhoff, 1933.

Heinemann, Joseph H. "The Status of the Laborer in Jewish Law and Society in the Tannaitic Period." *HUCA* 25 (1954), 263-325.

Horowitz, George. *The Spirit of Jewish Law*. New York: Central Book, 1953.

———. *The Mishnah*. Translated from the Hebrew by Herbert Danby with Introduction and Brief Explanatory Notes. 7 vols. London: Oxford, 1950.

Mishnayoth. 7 vols. Translated and edited by Philip Blackman. London: Mishna Press, 1954.

Montefiore, C. J. G. *Rabbinic Literature and Gospel Teaching*. London: Macmillan, 1930.

———. *The Synoptic Gospels*. 3 vols. 2nd edition. London: Macmillan, 1927.

Moore, George F. *Judaism in the First Centuries of the Christian Era, the Age of the Tannaim*. 2 vols. Cambridge: Harvard, 1927.

Oesterley, W. O. E. *The Gospel Parables in the Light of Their Jewish Background*. London: SPCK, 1936.

Seale, Morris S. *The Desert Bible. Nomadic Tribal Culture and Old Testament Interpretation*. London: Weidenfeld and Nicolson, 1974.

Smith, Morton, *Tannaitic Parallels to the Gospels*. Vol. VI of *JBL Monograph Series*. Philadelphia: Society of Biblical Literature, 1951.

Stewart, Roy A. "The Parable Form in the Old Testament and the Rabbinic Literature," *Evangelical Quarterly* 36 (1964), 133-147.

Torrey, Charles C. *Our Translated Gospels*. New York: Harper, 1936.

Yaron, R. *Gifts in Contemplation of Death in Jewish and Roman Law*. Oxford: Clarendon, 1960.

E. 누가복음 연구서

Arndt, William F. *The Gospel According to St. Luke*. St. Louis: Concordia, 1956.

Bengel, Johann *A. Gnomon of the New Testament*. Translated from the Latin by C. T. Lewis and M. R. Vincent. 2 vols. New York: Sheldon, 1862 (1742).

Cadbury, Henry J. *The Making of Luke-Acts*. London: SPCK, 1958.

Caird, G. B. *The Gospel of St. Luke*. Baltimore: Penguin, 1963.

Conzelmann, Hans. *The Theology of St. Luke*. Translated from the German by Geoffrey Buswell. New York: Harper, 1961.

Creed, John Martin. *The Gospel According to St. Luke*. London: St. Martin, 1930; Macmillan, 1965.

Davies, J. H. "The Purpose of the Central Section of Luke's Gospel," *Studia Evangelica*, II. Edited by F. L. Cross. Berlin: Akademie-Verlag, 1963, 164-169.

Dillersberger, Josef. *The Gospel of Saint Luke*. Translated from the German. Westminster, Md.: Newman, 1958.

Ellis, E. Earle. *The Gospel of Luke*. London: Thomas Nelson, 1966.

Evans, C. F. "The Central Section of St. Luke's Gospel," *Studies in the Gospels. Essays in Memory of R. H. Lightfoot*. Edited by D. E. Nineham. Oxford: Blackwell, 1957. 37-53.

Farmer, W. R. "Notes on a Literary and Form-Critical Analysis of Some of the Synoptic Materials Peculiar to Luke." *NTS* 8 (1962), 301-316.

Geldenhuys, Norval. *Commentary on the Gospel of Luke*. Grand Rapids: Eerdmans, 1951.

Gollwitzer, Helmut. *Die Freude Gottes. Einführung in das Lukasevangelium*. Berlin-Dahlem: Burckhardthaus-Verlag, 1952.

Goulder, M. D. "The Chiastic Structure of the Lucan Journey," *Studia Evangelica*, II. Edited by F. L. Cross. Berlin: Akademie-Verlag, 1963. 195-202.

Hull, William E. "A Structural Analysis of the Gospel of Luke." *Review and Expositor* 64 (1967), 421-425.

Lampe, G. W. H. "The Lucan Portrait of Christ." *NTS* 2 (1956), 160-195.

Leaney, Alfred R. C. *A Commentary on the Gospel According to St. Luke*. 2nd edition. Black's New Testament Commentaries. London: A. & C. Black, 1958.

Manson, William. *The Gospel of Luke*. The Moffatt New Testament Commentary, III. New York: Harper, n. d.

Miller, Donald G. *The Gospel According to Luke*. Richmond: John Knox, 1959.

Ogg, G. "The Central Section of the Gospel According to St. Luke," *NTS* 18 (1971), 39-53.

Plummer, Alfred. *The Gospel According to St. Luke*. International Critical

Commentary, XXVII. Edited by C. A. Briggs et al. New York: Scribner, 1906.

Reicke, Bo. "Instruction and Discussion in the Travel Narrative" *Studia Evangelica*, I. Edited by Kurt Aland et al. Berlin: Akademie-Verlag, 1959. 206-216.

Rengstorf, Karl Heinrich. *Das Evangelium nach Lukas. Das Neue Testament Deutsch*, V. Edited by Paul Althaus and Johannes Behm. Neubearbeitete Auflage. Göttingen: Vandenhoeck & Ruprecht, 1949.

Robinson, W. C., Jr. "The Theological Context for Interpreting Luke's Travel Narrative (9. 51 ff.)," *JBL* 79 (1960), 20-31.

Sa'īd, Ibrāhīm. *Sharḥ Bishārat Lūqā*. Beirut: Near East Council of Churches, 1970.

Schlatter, Adolf von. *Das Evangelium des Lukas. Aus seinen Quellen erklärt*. Stuttgart: Calwer Verlag, 1960.

Schneider, J. "Zur Analyse des Lukanischen Reiseberichtes." *Synoptische Studien. Alfred Wikenhauser zum siebzigsten Geburtstag*. Munich: K. Zink, 1953, 207-229.

Stagg, Frank. "The Journey Toward Jerusalem in Luke's Gospel." *Review and Expositor* 64 (1967), 499-512.

Talbert, Charles H. "The Redactional Critical Quest for Luke the Theologian," *Pittsburgh Perspective* II (1970), 171-222.

F. 시적, 문학적 분석

Albright, William F. "A Catalogue of Early Hebrew Lyric Poems (Psalm 63)," HUCA 23 (1950/51), 1-19.

———. "The Earliest Forms of Hebrew Verse," *Journal of the Palestine Oriental Society* 2 (1922), 69-86.

Bertram, Stephen. "Symmetrical Design in the Book of Ruth," *JBL* 84 (1965), 165-168.

Bligh, John. *Galatians in Greek, A Structural Analysis of St. Paul's Epis-*

tle to the Galatians. Detroit: University of Detroit Press, 1966.

Boling, Robert G. "Synonymous' Parallelism in the Psalms," *JSS* 5 (1960), 221-255.

Brown, Raymond. *The Gospel According to John*. 2 vols. The Anchor Bible. New York: Doubleday, 1966. 참조, cxxxv-cxxxvii, 267, 597, 667, 728, 859, 911.

Burney, C. F. *The Poetry of Our Lord*. Oxford: Clarendon, 1925.

Cross, F. M. and D. N. Freedman, "Studies in Ancient Yahwistic Poetry." Unpublished Ph. D. Thesis, Johns Hopkins University, Baltimore, 1950.

Curtis, William H. "His Form and Method of Teaching." *Jesus Christ the Teacher*. London: Oxford, 1943. 참조, 66-82.

Dewey, J. "The Literary Structure of the Controversy Stories in Mark 2:1-3:6." *JBL* 92 (1973), 394-401.

Dupont, L. et al. "Recherche sur la structure de Jean 20," *Bilbica* 54 (1973), 482-498.

Ehlen, A. J. "The Poetic Structure of a Hodayat from Qumran." Unpublished Ph. D. Thesis, Harvard Divinity School, Harvard University, Cambridge, Mass., 1970.

Fenton, J. C. "Inclusio and Chiasmus in Matthew," *Studia Evangelica*, I. Edited by Kurt Aland et al. Berlin: Akademie-Verlag, 1959. 174-179.

Fitzgerald, A. "Hebrew Poetry." *The Jerome Biblical Commentary*. Edited by R. E. Brown et al. Englewood Cliffs, N. J.: Prentice-Hall, 1968, 238-244.

Forbes, John. *The Symmetrical Structure of Scripture*. Edinburgh: T. & T. Clark, 1854.

Freedman, D. N. "Prolegomenon" to G. B. Gray, *The Forms of Hebrew Poetry*. New York: Ktav, 1972. vii-liii.

———. "Archaic Forms in Early Hebrew Poetry." *Zeitschrift für die alttestamentliche Wissenschaft* 72 (1960), 101-107.

Goulder, M. D. "The Chiastic Structure of the Lucan Journey," *Studia Evangelica*, II. Edited by F. L. Cross. Berlin: Akademie-Verlag, 1963. 195-202.

Gray, G. B. *The Forms of Hebrew Poetry*. New York: Ktav, 1972 (1915).

Grobel, Kendrick. "A Chiastic Retribution Formula in Romans 2," *Zeit und Geschichte*. Dankesgabe an Rudolf Bultmann zum 80. Geburtstag. Herausgegeben von Erich Dinkler. Tübingen: J. C. B. Mohr, 1964. 255-261.

Holladay, W. L. "Chiasmus, the Key to Hosea 12:3-6." *Vetus Testamentum* 16 (1966), 53-64.

———. "The Recovery of Poetic Passages of Jeremiah." *JBL* 85 (1966), 401-435.

Jebb, John. *Sacred Literature*. London: n. p., 1820.

Jeremias, J. "Chiasmus in den Paulusbriefen," *Abba*. Göttingen: Vandenhoeck & Ruprecht, 1966, 276-289.

Kosmala, Hans. "Form and Structure in Ancient Hebrew Poetry (a New Approach)." *Vetus Testamentum* 14 (1964), 423-445; 16 (1966), 152-160.

Kraft, Charles F. "Poetic Structure of the Qumran Thanksgiving Psalms," *Biblical Research* 2 (1957), 1-18.

———. *The Strophic Structure of Hebrew Poetry*. Chicago: University of Chicago Press, 1938.

Leon-Dufour, Xavier. "Trois Chiasmus Johanniques." *NTS* 7 (1961), 249-255.

Lohfink, Norbert. *Das Hauptgebot: Eine Untersuchung Literarischer Einleitungstragen zu Dtn 5-11*. Rome: Pontifical Biblical Institute, 1963.

Lohr, C. H. "Oral Techniques in Matthew's Gospel." *CBQ* 23 (1961), 403-435.

Louw, J, P. "Discourse Analysis and the Greek New Testament." *The Bible Translator* 24 (1973), 101-118.

Lund, N. W. *Chiasmus in the New Testament*. Chapel Hill: University of North Carolina Press, 1942.

Malatesta, E. "The Literary Structure of John 17," *Biblica* 52 (1971), 67-78, 190-214.

Manson, T. W. "Poetic Form," *The Teaching of Jesus*. 2nd edition. Cambridge: University Press, 1935. 50-56.

Miesner, D. R. "Chiasm and the Composition and Message of Paul's Missionary Sermons." Unpublished Th. D. Thesis, Concordia Seminary in Exile, 306 North Grand, St. Louis, 1974.

Mowry, Lucetta M. "Poetry in the Synoptic Gospels and Revelation, a Study of Methods and Materials." Unpublished Ph. D. Thesis, Yale University, New Haven, 1946.

Robinson, D, W, B. "The Literary Structure of Hebrews 1:1-4." *Australian Journal of Biblical Archeology* 2 (1972), 178-186.

Robinson, T. H. *The Poetry of the Old Testament*. London: Oxford, 1947.

Schnackenburg, R. "Strukturanalyse von John 17," *Biblische Zeitschrift* N. F. 17 (1973), 196-202.

Schnider, F. and W. Stenger. "Beobachtungen zur Struktur der Emmausperikope (Lu 24:13-35)," *Biblische Zeitschrift* N. F. 16 (1972), 94-114.

Schubert, Paul. "The Structure and Significance of Luke 24." *Neutestamentliche Studien für Rudolf Bultmann*. Edited by Walter Eltester. Berlin: A. Töpelmann, 1954. 163-184.

Sider, R. D. "On Symmetrical Composition in Tertullian," *JTS* N. S. 24 (1973), 405-423.

Streeter, B. H. "Poems of Jesus," *The Hibbert Journal* 32 (1933/34), 9-16.

Talbert, C. H. "Artistry and Theology. An Analysis of the Architecture of Jn. 1, 19-5, 48." *CBQ* 32 (1970), 341-366.

Taylor, Vincent. "Sayings and Parables," *The Formation of the Gospel Tradition*. London: Macmillan, 1935. 88-118.

Thiering, Barbara. "The Poetic Forms of the Hodayoth." *JSS* 8 (1963), 189-209.

Torrey, C. C. "Metric Forms and Details," *The Second Isaiah*. Edinburgh: T. & T. Clark, 1928. 151-172.

Wilder, Amos. "The Poem," *Early Christian Rhetoric*. Cambridge: Harvard, 1971. 89-117.

Vanhoye, Albert. *A Structured Translation of the Epistle to the Hebrews*. Translated from the Greek and the French by James Swetnam. Rome: Pontifical Biblical Institute, 1964.

G. 비유 해석학

Achtemeier, Paul J. *An Introduction to the New Hermeneutic*. Philadelphia: Westminster, 1969.

Barr, Allan. "The Interpretation of the Parables." *ExpT* 53 (1941/42), 20-25.

Black, Matthew. "The Parables as Allegory," *BJRL* 42 (1960), 273-287.

Brown, Raymond E. "Parable and Allegory Reconsidered," *Novum Testamentum* 5 (1962), 36-45.

Dodd, C. H. "The Gospel Parables," *BJRL* 16 (1932), 396-412.

Eaton, David. "Professor Jülicher on the Parables of Jesus." *ExpT* 10 (1898/99), 539-543.

Fuchs, Ernst. "Proclamation and Speech-Event," *Theology Today* 19 (1962), 341-354.

Hunter, Archibald M. "The Interpretation of the Parables," *Teaching and Preaching the New Testament*. Philadelphia: Westminster, 1963. 51-58.

———. "The Interpreter and the Parables," *Interpretation* 14 (1960), 70-84, 167-185, 315-332, 440-454.

———. *Interpreting the Parables*. London: SCM, 1964.

Marty, Martin E. "The Purpose of the Parables According to Mk. 4:10-12." Unpublished Bachelor's Thesis, Concordia Seminary, St. Louis, 1952.

Manson, W. "The Purpose of the Parables: A Re-examination of St. Mark 4:10-12," *ExpT* 68 (1957), 132-135.

Perrin, Norman. "The Modern Interpretation of the Parables of Jesus and the Problem of Hermeneutics." *Interpretation* 25 (1971), 131-148.

Piper, Otto A. "The Understanding of the Synoptic Parables," *Evangelical Quarterly* 14 (1942), 42-53.

Smart, James D. "A Redefinition of Jesus' Use of the Parables," *ExpT* 47 (1935/36), 551-555.

Vincent, J. J. "The Parables of Jesus as Self-Revelation," *Studia Evangelica*, II. Edited by F. L. Cross. Berlin: Akademie-Verlag, 1959, 74-99.

H. 비유 연구서

Barry, Colman. "The Literary and Artistic Beauty of Christ's Parables," *CBQ* 10 (1948), 376-383.

Beardslee, William A. "The Wisdom Tradition and the Synoptic Gospels," *Journal of the American Academy of Religion* 35 (1967), 232-240.

Brown, R. E. *The Parables of the Gospels*. New York: Paulist Press Doctrinal Pamphlet, 1963.

———. "Parables of Jesus," *The New Catholic Encyclopedia*, X. Edited By The Catholic University of America. New York: McGraw-Hill, 1967. 984-988.

Bruce, Alexander Balmain. *The Parabolic Teaching of Christ*. 3rd revised edition. New York: A. C. Armstrong, 1890.

Bugge, C. A. *Die Haupt-Parabeln Jesu*. Giessen: J. Ricker, 1903.

Cadoux, A. T. *The Parables of Jesus: Their Art and Use*. London: James Clark, n. d.

Cantinat, Jean. "The Parables of Mercy," *Contemporary New Testament Studies*. Edited by M. Rosalie Ryan. Collegeville, Minn: Liturgical Press, 1965. 213-228.

Crossan, John D. *In Parables*. New York: Harper, 1973.

Dodd, C. H. *The Parables of the Kingdom*. Revised edition. London: Nisbet, 1961.

Findlay, J. A. *Jesus and His Parables*. London: Epworth, 1951.

Fonck, Leopold. *The Parables of the Gospel*. Translated from the 3rd German edition by E. Leahy. New York & Cincinnati: Frederick Pustet, 1914.

Funk, Robert W. "The Parables: A Fragmentary Agenda," *Jesus and Man's Hope*, II. Edited by Donald G. Miller and Dikran Y. Hadidian. Pittsburgh: A Perspective Book, Pittsburgh Theological Seminary, 1971, 287-304.

Goebel, Siegfried. *The Parables of Jesus: a Methodological Exposition*. Translated from the German by Professor Banks. Edinburgh: T. & T. Clark, 1883.

Jeremias, Joachim. *The Parables of Jesus*. Revised edition. Translated from the 6th German edition by S. H. Hooke. London: SCM, 1963.

Jones, Geraint Vaughan. *The Art and Truth of the Parables: A Study in Their Literary Form and Modern Interpretation*. London: SPCK, 1964.

Jülicher, Adolf. *Die Gleichnisreden Jesu*. 2 vols. Tübingen: J. C. B. Mohr, 1910.

Ladd, George Eldon. "The Life-Setting of the Parables of the Kingdom." *Journal of Bible and Religion* 31 (1963), 193-199.

Linnemann, E. *Jesus of the Parables*. Translated from the German by

John Sturdy. New York: Harper, 1966.

Lithgow, R. M. *The Parabolic Gospel*. Edinburgh: T. & T. Clark, 1914.

Manson, T. W. The Sayings of Jesus. London: SCM, 1937, 1961.

———. *The Teaching of Jesus*. 2nd edition. Cambridge: University Press, 1935.

Martin, Hugh. *The Parables of the Gospels and their Meaning for Today*. London: SCM, 1937.

Michaelis, W. *Die Gleichnisse Jesu*. Vol. XXXII of *Die urchristliche Botschaft*. Dritte Auflage. Hamburg: Furche Verlag, 1956.

Mullins, Terence Y. "Parables as Literary Forms in the New Testament." *The Lutheran Quarterly* 12 (1960), 235-241.

Navone, John. "The Lucan Banquet Community." *The Bible Today* (December 1970), 155-161.

Robinson, Willard H. *The Parables of Jesus: In Their Relation to His Ministry*. Chicago: University of Chicago Press, 1928.

Scharlemann, Martin H. *Proclaiming the Parables*. St. Louis: Concordia, 1963.

Smith, B. T. D. *The Parables of the Synoptic Gospels*. Cambridge: University Press, 1937.

Smith, Charles W. F. *The Jesus of the Parables*. Philadelphia: Westminster, 1948.

Stewart, R. A. "The Parable Form in the Old Testament and Rabbinic Literature." *Evangelical Quarterly* 36 (1964), 133-147.

Thielicke, Helmut. *The Waiting Father: Sermons on the Parables of Jesus*. Translated from the German by John W. Doberstein. New York: Harper, 1959.

Trench, Richard Chenevix. *Notes on the Parables of Our Lord*. New York: Harper/Revell, n. d.

Via, Dan Otto. *The Parables: Their Literary and Existential Dimension*. Philadelphia: Fortress, 1967.

Wilder, Amos. *Early Christian Rhetoric*. Cambridge: Harvard, 1971.

Wiles, M. F. "Early Exegesis of the Parables." *The Scottish Journal of Theology* 11 (1958), 287-301.

I. 특정 비유와 관련된 특별 연구

Arnott, William. "The Unjust Steward in a New Light," *ExpT* 24 (1913), 508-511.

Barry, Phillips. "On Luke xv. 25, συμφωνία: Bagpipe," *JBL* 23 (1904), 180-190.

Bishop, E. F. F. "The Parable of the Lost or Wandering Sheep," *ATR* 44 (1962), 44-57.

Bretscher, Paul G. "Brief Studies: The Parable of the Unjust Steward-a new approach to Luke 16:1-9," *Concordia Theological Monthly* 22 (October 1951), 756-762.

Bussby, F. "Did a Shepherd Leave Sheep Upon the Mountains or in the Desert?" *ATR* 45 (1963), 93-94.

Danker, F. W. "Luke 16:16-An Opposition Logion." *JBL* 77 (1958), 231-243.

Davidson, J. A. "A 'Conjecture' About the Parable of the Unjust Steward (Luke xvi. 1-9)," *ExpT* 66 (1954/55), 31.

Daube, David. "Inheritance in Two Lukan Pericopes," *Zeitschrift der Savigny-Stiftung für Rechtsgeschichte, Romanistische Abteilung* 72 (1955), 326-344.

Derrett, J. D. M. "Fresh Light on St. Luke XVI. 1. The Parable of the Unjust Steward," *NTS* 7 (March 1961), 198-219.

———. "Law in the New Testament: The Parable of the Prodigal Son." *NTS* 14 (1967), 56-74.

Fitzmyer, J. A. "The Story of the Dishonest Manager (Lk. 16:1-13)," *Theological Studies* 25 (1964), 23-42.

Fletcher, D. R. "The Riddle of the Unjust Steward. Is Irony the Key?" *JBL*

82 (1963), 15-30.

Francis, F. J. "The Parable of the Unjust Steward," *ATR* 47 (1965), 103-105.

Fridrichsen, Anton. "Exegetisches zum Neuen Testament," *Symbolae Osloensis* 13 (1934), 38-41.

Friedel, Lawrence M. "The Parable of the Unjust Steward," *CBQ* 3 (1941), 337-348.

Gächter, P. "The Parable of the Dishonest Steward after Oriental Conceptions," *CBQ* 12 (1950), 121-131.

Giblin, Charles H. "Structural and Theological Considerations on Luke 15," *CBQ* 24 (1962), 15-31.

———. "Why Jesus Spoke in Parables-An Answer from Luke 15," *Chicago Studies* 7 (1968), 213-220.

Hiers, Richard H. "Friends by Unrighteous Mammon: The Eschatological Proletariat (Luke 16:9)." *Journal of the American Academy of Religion* 38 (1970), 30-36.

Kelley, Robert. "The Significance of the Parable of the Prodigal Son for Three Major Issues in Current Synoptic Study." Unpublished Ph. D. Thesis, Princeton University, Princeton, N. J., 1971.

Jeremias, Joachim. "Zum Gleichnis vom verlorenen Sohn," *Theologische Zeitschrift* 5 (1949), 228-231.

Kilpatrick, G. D. "φρόνιμος, σοφός and συνετός in Matthew and Luke." *JTS* 48 (1947), 63-64.

Kosmala, Hans. "The Parable of the Unjust Steward in the Light of Qumran," *Annual of the Swedish Theological Institute* 3 (1964), 114-121.

Levison, N. "Importunity? A Study of Luke XI. 8." *The Expositor*, Series 9, 3 (1925), 456-460.

Lunt, R. C. "Expounding the Parables: III. The Parable of the Unjust Steward (Luke 16:1-15)." *ExpT* 77 (1966), 132-136.

Marshall, I. H. "Luke xvi 8-Who Condemned the Unjust Steward?" *JTS* N.S. 19 (1968), 617-619.

Mitton, C. Leslie. "The Unjust Steward," *ExpT* 64 (1953), 307-308.

Moore, F. J. "The Parable of the Unjust Steward," *ATR* 47 (1965), 103-105.

Moore, George F. "συμφωνία-Not a Bagpipe." *JBL* 24 (1905), 166-175.

Murphy, J. J. "Two Parables: The Prodigal Son (Luke xv. 11-32); The Labourers in the Vineyard (Matt. xix. 27; xx.16)," *Expositor*, Series 3, 9 (1889), 290-303.

Paul, Geoffrey. "The Unjust Steward and the Interpretation of Luke 16:9," *Theology* 61 (1958), 189-193.

Preisker, Herbert. "Lukas 16:1-7," *Theologische Literaturzeitung* 74 (1949), 85-92.

Rengstorf, Karl H. *Die Re-Investitur des Verlorenen Sohnes in der Gleichniserzählung Jesu Luke 15:11-32*. Cologne: Westdeutscher Verlag, 1957.

Riggenbach, Eduard. "Zur Exegese und Textkritik zweier Gleichnisse Jesu." *Aus Schrift und Geschichte. Theologische Abhandlungen Adolf Schlatter zu seinem* 70. *Gebürtstage*. Stuttgart: Calwer, 1922. 17-34.

Sanders, Jack T. "Tradition and Redaction in Lk. XV, 11-32." *NTS* 15 (1969), 433-438.

Schniewind, Julius D. "Das Gleichnis vom verlorenen Sohn," *Die Freude der Busse*. Göttingen: Vandenhoeck & Ruprecht, 1960, 34-87.

Sheppard, J. B. "A Study of the Parables Common to the Synoptic Gospels and the Coptic Gospel of Thomas," Unpublished Ph. D. Thesis, Emory University, Atlanta, 1965.

Walls, A. F. "In the Presence of the Angels (Luke XV 10)." *Novum Testamentum* 3 (1959), 314-316.

Williams, F. E. "Is Almsgiving the point of the 'Unjust Steward'?" *JBL* 83 (1964), 293-297.

저자 색인

성구 색인

예루살렘 탈무드

Midrash Rabbah

신약성경 초기 시리아어 및 아랍어 역본